新时代背景下中国政府投资与管理研究

马海涛　温来成　主编

中国财经出版传媒集团
中国财政经济出版社

图书在版编目（CIP）数据

新时代背景下中国政府投资与管理研究 / 马海涛，温来成主编. -- 北京：中国财政经济出版社，2021.9
ISBN 978-7-5223-0689-6

Ⅰ.①新… Ⅱ.①马… ②温… Ⅲ.①政府投资－投资管理－研究－中国 Ⅳ.①F832.48

中国版本图书馆 CIP 数据核字（2021）第 156752 号

责任编辑：胡　博　　　　责任校对：胡永立
封面设计：孙俪铭　　　　责任印制：刘春年

新时代背景下中国政府投资与管理研究
XINSHIDAI BEIJINGXIA ZHONGGUO ZHENGFU TOUZI YU GUANLI YANJIU

中国财政经济出版社 出版

URL：http：//www. cfeph. cn
E－mail：cfeph@ cfeph. cn

社址：北京市海淀区阜成路甲 28 号　邮政编码：100142
营销中心电话：010－88191522
天猫网店：中国财政经济出版社旗舰店
网址：https：//zgczjjcbs. tmall. com
北京财经印刷厂印刷　各地新华书店经销
成品尺寸：185mm×260mm　16 开　23.75 印张　334 000 字
2021 年 9 月第 1 版　2021 年 9 月北京第 1 次印刷
定价：90.00 元
ISBN 978－7－5223－0689－6
（图书出现印装问题，本社负责调换，电话：010－88190548）
本社质量投诉电话：010－88190744
打击盗版举报热线：010－88191661　QQ：2242791300

—— 前言 ——

党的十九大报告明确指出，中国特色社会主义进入了新时代。我国提出了2035年基本实现社会主义现代化、21世纪中叶建成富强民主文明和谐美丽的社会主义现代化强国的宏伟蓝图。为此要建设现代化经济体系，建立现代财政制度。而政府投资作为国家宏观经济社会治理的重要政策工具，有诸多重要的议题需要研究。在国民经济恢复和计划经济时期，政府投资动员社会资源，为新中国建立完整的国民经济体系，特别是工业体系，以及建设社会主义基本经济制度，做出了不可磨灭的历史功勋。改革开放后，我国对政府投资管理进行了一系列的改革和探索，取得了显著成效，也存在不少的问题。在新时代有中国特色社会主义市场经济中，政府投资管理需要在现行《政府投资条例》的基础上，进一步研究政府投资最优规模、优化政府投资结构、选择恰当政府投资方式、提高政府投资绩效、推进政府投资法制建设等问题，需要学术界和政府部门的艰苦探索。

为了深入开展新时代政府投资研究，中央财经大学中财—中证鹏元地方财政投融资研究所组织了本书的撰写。马海涛、温来成任主编，负责大纲设计、总撰定稿。各章具体分工如下：第一章由温来成撰写，第二章由温来成、贺志强撰写，第三章由李燕、韩知非撰写，第四章由姜爱华撰写，第五章由李升、丁凌云、陆琛撰写，第六章由王威、袁满、赵雅南撰写，第七章由李慧杰撰写，第八章由温来成、贺志强撰写，第九章由杨华撰写，第十章由温来成、丁盈撰写。由于我们的理论水平和思想认识有限，欢迎广大读者对本书的错误和不足之处，提出宝贵的意见，帮助我们继续推进这一领域的学术研究。

中央财经大学中财—中证鹏元地方财政投融资研究所

2021 年 6 月 3 日

—— 目录 ——

1

绪论

1.1 研究背景

改革开放以来，我国政府投资职能，以及政府投资规模、结构和管理方式等，已发生了重大变化。与计划经济体制时期相比，在社会主义市场经济体制下，政府投资在全社会固定资产投资中的比例大幅度下降，企业已成为社会的投资主体，政府投资更多发挥经济社会调节功能，具有“四两拨千斤”的特征。政府投资主要在市场失灵领域，以及国家重点支持领域发挥作用。2019 年《政府投资条例》的颁布，是我国政府资管理的里程碑。该条例总结了我国改革开放以来政府投资改革的成果，在政府投资边界、政府投资方式、政府投资决策、政府投资计划、政府项目管理、监督管理和法律责任等方面，取得了重要进展。同时，该条例在政府投资管理体制改革等方面，还存在诸多不足，需要进一步改革和完善，并提高政府投资管理的法律层级。

“十四五”时期，我国经济社会发展将进入一个新的历史阶段，政府投资将面临更多的发展机遇与挑战，有众多的课题需要研究。“十四五”时期，是我国实现第二个百年计划的重要历史阶段，经济社会发展的主要任务，都离不开政府投资的支持。在创新发展、全面塑造发展新优势的过程中，需要发挥政府投资在促进科技进步、建设创新国家中的独特作用；在发展现代产业体系、推动产业优化升级中，需要政府投资基金等政策工具的有力支持；在国内大市场建设过程中，需要政府大量投资基础设施建设；社会主义市场经济体制建设，离不开政府投资体制的建设；乡村振兴和新型城镇化建设，离不开政府投资的支持；等等。同时，在我国新时代有中国特色社会主义的建设中，政府投资面临着一系列的挑战：政府投资规模需要根据经济社会发展的需要进一步优化，政府投资边界需要明确界定，政府投资绩效需要进一步提高，政府投资管理体制需要深化改革，政府投资管理的法制化水平需要更上一层楼，等等。这些问题的存在，就构成了我们组织教学科研人员撰写本书的主要动机。

1.2 研究意义

1.2.1 新时代政府投资研究的理论意义

研究新时代政府投资，有利于丰富和发展有中国特色的社会主义财政理论。如前所述，改革开放以来，我国政府投资已经发生重大变化。“十四五”时期，我国经济社会发展将面临一系列新的形势和挑战。新时代政府投资研究，有利于进一步探索政府投资规律，推动财政学科发展。在政府投资规模方面，通过总结、研究政府投资最佳规模，恰当处理政府投资与社会资本投资关系，避免所谓的“挤出效应”，充分发挥政府投资与社会资本投资各自的优势，推动国家经济社会发展；在政府投资结构方面，进一步明确政府投资边界，探索政府投资克服市场失灵、发挥政府投宏观调控功能的规律；在政府投资绩效评价方面，结合国内外政府投资绩效评价的经验教训，探索新时代政府投资绩效评价规律；在政府方式方面，总结政府投资各类不同方式的运行规律，为优化政府投资方式服务；在政府投资法制建设方面，探索政府投资法制建设的具体途径，总结新时代政府投资法制建设规律；等等。这些政府投资的规律性认识，有利于中国特色社会主义财政学发展，对于我国现阶段财政学科建设具有十分重要的意义。

1.2.2 新时代政府投资研究的实践意义

（1）研究新时代政府投资，为深化政府投资管理体制改革实践服务。

目前，我国政府投资管理体制不够完善。从纵向来看，中央、省、市、县各级政府投资管理权限划分不够明确；从横向来看，发改委、财政部门和各个主管部门之间政府投资管理权限划分存在模糊地带，难以达到政府投责权利相结合，无法充分发挥政府投资的作用。本书研究有利于探索各级政府之间明确划分投资管理权限的具体途径，理顺财政、发展改革委和各个政府主管部门之间的关系，不断完善政府投资管理体制，充分发挥政府投资的功能。

（2）研究新时代政府投资，为优化政府投资规模实践服务。在社会主义市场经条件下，市场投资呈现多元化，需要处理政府与其他社会投资主体的关系。在市场资金有限的情况下，政府投资和其他社会投资之间会出现彼此消长的关系，即所谓的挤出效应。通过研究，总结在目前市场经济条件下，政府投资的最佳规模。在效率优先、兼顾公平的条件下，充分发挥政府投资作用，又不挤占其他社会投资，充分发挥政府和社会投资各自的优势，相互配合，促进国家经济社会的发展。

（3）研究新时代政府投资，为明确界定政府投资范围实践服务。2019年颁布的《政府投资条例》，总结了改革开放以来我国政府投资实践，从原则上明确了政府投资的范围。但是，该范围的划分仍较为粗略，是一种基本方向的描述，可操作性较差，不适合市场经济条件下政府投资管理工作的需要。因此，通过研究，以《政府投资条例》为基础，进一步明确政府投资的具体范围。以农村农业投资为例，需要明确在农业农村经济社会发展过程中，哪些由农民、农村集体经济组织、农业专业合作社来投资，哪些由政府来投资。需要以政府投资目录的方式，明确划分他们之间的具体边界。因此，通过进一步细化政府投资范围，编制各级政府投资目录，并不断提高政府投资管理的可操作性。

（4）研究新时代政府投资，为提高政府投资绩效实践服务。提高政府投资绩效，是投资管理的重要内容。政府投资绩效的提高，意味着可以取得更多的经济效益、社会效益和生态效益。通过研究，进一步探索完善政府投资绩效评价制度，设置更加合理的、科学的评价指标体系，完善各项评价制度，健全评价程序，提高评价结果的应用，从而推动政府投资绩效的提高，为社会提供更多、更好的公共服务，满足社会公共需要。

（5）研究新时代政府投资，为政府投资的法律制度建设实践服务。市场经济是法制经济，政府投资需要完善的法律保障。在政府投资管理的各个环节、各个方面，需要明确的法律依据。通过研究，总结国内外政府投资的法律实践，探索在政府投资决策、政府投资项目建设、政府投资项目运营，以及项目后评价等各个环节的法律制度建设途径，实现政府投资项目管理的权责利相结合，依法管理政府投资。对政府投资项目建设过程中的各种违法违纪行为，依法严惩，维护社会公共利益。

1.3 研究框架

本书主要包括以下内容。

第 1 章绪论，主要介绍研究的背景，新时代政府投资研究的理论和实践意义，以及本书的章节结构。

第 2 章文献综述，介绍了国内外专家学者对政府投资规模、结构、投资方式、投资绩效、投资管理体制、投资法制建设等问题的研究成果，为本书的研究奠定了良好的基础。

第 3 章新时代政府投资理论基础研究，介绍了马克思主义社会再生产理论、新时代中国特色社会主义理论，以及当代西方经济学投资理论对投资的研究，构成本书的理论基础。

第 4 章新时代政府投资规模研究，包括新时代政府投资规模的主要决定因素、我国政府投资规模的现状及问题、新时代政府投资规模的优化。

第 5 章新时代政府投资结构研究，包括新时代政府投资结构的客观需求、我国政府投资结构的现状及问题、优化新时代政府投资结构的政策建议。

第 6 章新时代政府投资方式研究，包括政府投资方式概述、我国政府投资方式的现状及问题、新时代政府投资方式的优化。

第 7 章新时代政府投资绩效研究，包括政府投资绩效概论、我国政府投资绩效管理的现状及问题、新时代提高政府投资绩效的政策建议。

第 8 章新时代政府投资管理体制研究，包括政府投资管理体制概论、我国政府投资管理体制的现状及问题、新时代政府投资管理体制改革的对策建议。

第 9 章新时代政府投资法制建设研究，包括政府投资法制建设概述、新时代政府投资法制建设的现状及问题、新时代政府投资法制建设的对策建议。

第 10 章新时代政府投资的国际比较研究，包括发达国家政府投资、发展中国家政府投资、政府投资的国际经验借鉴。

2

文献综述

2.1 国内文献综述

2.1.1 政府投资规模研究

2.1.1.1 政府投资规模的规范性分析研究

当前有许多研究者从不同的角度出发，对政府投资的内涵进行了阐述。万其龙[①]认为，政府投资是政府为实现其经济社会职能，以自身作为投资主体，在严格限定的权责范围内，利用财政资金及其他可以利用的资源，投向特定部门形成实物资产的行为。李振华[②]认为政府投资就是政府为了履行其职能，满足公共需要，实现经济和社会发展战略，利用政府预算资金及举债等方式筹措资金，用以转化为公共实物资产的行为和过程。温来成[③]对政府投资做出了如下定义：政府投资是指各级政府为了履行公共管理职责，实现经济社会发展目标，将从社会产品或国民收入中筹集起来的财政资金，用于国家经济建设，是财政支出的重要部分。杨云燕[④]强调政府投资是政府为了弥补市场失灵，基于满足社会公共需要之目的，依法使用财政资金用以转化为实物资产的活动。2019 年 5 月公布的《政府投资条例》对政府投资的内涵做出了详细说明："政府投资是指在中国境内使用预算安排的资金进行固定资产投资建设活动，包括新建、扩建、改

① 万其龙．我国政府投资的影响因素分析［J］．内蒙古财经大学学报，2017，15（1）：43－47.

② 李振华．政府投资学［M］．北京：科学出版社，2018：7.

③ 温来成．财政投融资专题研究［M］．北京：中国财政经济出版社，2018：78.

④ 杨云燕．我国政府投资立法研究［D］．合肥：安徽大学，2019.

建、技术改造等。”①

还有些学者基于财政决算中支出项目逐渐累加的视角，认为政府投资由财政决算中的基本建设支出、企业挖潜改造资金、科技三项费用、支农投资、城市维护建设费、支援不发达地区建设费②、简易建筑费支出、地质勘探费③、增拨国有企业流动资金、工业交通商业等部门的事业费支出④、农业综合开发⑤等项目支出额的加总项构成。

2.1.1.2 政府投资规模的实证性分析研究

政府投资的合理规模很大程度上取决于其对民间投资的挤入挤出效应。关于政府投资与民间投资挤出或挤入关系的研究成果十分丰富。目前学术界关于政府投资与民间投资的挤入挤出关系的研究结论可以分为以下六大类。

一是政府投资对民间投资有挤出效应。董彦立⑥利用新疆 1981—2013 年的时间序列数据，结合 VECM 模型及 Granger 因果检验等计量方法的使用，对民间投资与政府投资的挤入挤出关系进行实证分析。研究结果显示，在长期内，新疆政府投资对民间投资存在挤出效应，而在短期内前者对后者作用不显著。万其龙⑦采用 2004—2013 年的面板数据，通过构建动态面板 GMM 估计模型，就政府投资如何影响私人投资和经济发展的机制

---

① 政府投资条例．http：//www.gov.cn/zhengce/content/2019－5/05/content_5388798.htm.

② 苑德宇．地方政府投资的决定因素研究：基于税收预决算偏离的视角［J］．世界经济，2014，37（8）：173－192.

③ 刘生龙，鄢一龙，胡鞍钢．公共投资对私人投资的影响：挤出还是引致［J］．学术研究，2015（11）：64－73，160.

④ 张卫国，刘颖，韩青．地方政府投资、二氧化碳排放与二氧化碳减排——来自中国省级面板数据的证据［J］．生态经济，2015，31（7）：14－21.

⑤ 陈国进，尹鲁晋，赵向琴．地方政府投资如何影响上市公司融资成本？［J］．金融研究，2016（8）：127－142.

⑥ 董彦立．政府投资对民间投资的影响分析——以新疆为例［J］．对外经贸，2015（3）：127－129.

⑦ 万其龙．我国政府投资的影响因素分析［J］．内蒙古财经大学学报，2017，15（1）：43－47.

和途径展开分析。实证结果表明，当期政府投资对私人投资具有挤入效应，滞后一期政府投资对私人投资具有挤出效应，但总体来看，样本期间内政府投资对私人投资的挤出效应大于挤入效应，表明政府投资对私人投资具有挤出效应。陈守东、吴业强、孙彦林①基于2006—2014年30个省（区、市）的面板数据，选取被解释变量民间投资（PI）、主要解释变量政府投资（GI）、控制变量外商投资（FDI）和经济发展水平（GDP）作为空间杜宾模型（SDM）的核心变量，然后利用SDM模型来分析政府投资及其空间溢出效应对民间投资的影响。实证结果表明，从全国整体来看，政府投资对民间投资具有挤出效应。但是具体来看，政府投资对本地区民间投资具有挤出效应，对邻近地区的民间投资具有挤入效应。管敏、刘长生②选取中国30个省（区、市）1995—2017年的面板数据，分别运用OLS、DIF－GMM、SYS－GMM估计方法对政府投资与民营投资之间的关系进行实证分析。研究结果显示，政府投资对民营投资具有明显的挤出效应。

二是政府投资对民间投资有挤入效应。程贵、范玉恒、陶增强③为探求甘肃省政府投资与民间投资的关系，首先对甘肃省政府投资和民间投资的现状进行了分析，在此基础上，选取了甘肃省1993—2016年的宏观指标数据，运用VAR模型对两者之间的关系进行了实证分析。实证结果显示，甘肃省政府投资对民间投资具有挤入效应。王晶④以陕西省为例，采用1994—2014年的年度数据，利用协整分析和脉冲响应函数对政府投资与民间投资以及地区经济增长三者之间的关系进行探究。实证结果表明，

---

① 陈守东，吴业强，孙彦林．国有投资对民间投资的溢出效应研究——兼论外商投资在其中的作用发挥［J］．东北大学学报（社会科学版），2018，20（4）：351－357．

② 管敏，刘长生．新兴大国政府投资规模和结构对民营资本投资的影响研究［J］．湖南师范大学社会科学学报，2019，48（6）：37－45．

③ 程贵，范玉恒，陶增强．甘肃省政府投资对民间投资的挤入挤出效应研究［J］．甘肃金融，2019（1）：37－40．

④ 王晶．政府投资与民间投资对地区经济增长的效应分析——以陕西省为例［J］．金融经济，2017（16）：38－40．

无论在短期还是在长期，政府投资对民间投资具有挤入效应。刘任重、吴迪[①]运用我国 1981—2013 年的相关数据构建 VAR 模型来研究政府投资与民间投资的因果关系。从脉冲响应函数分析的结果来看，政府投资仅在长期中对民间投资有挤入效应。

三是政府投资对民间投资没有显著的挤入和挤出效应。武文卿[②]认为尽管当前我国基础设施的投资力度越来越大，但是来自预算内的政府资金占社会总投资的比重太低，无法对民间投资产生显著的影响，即政府投资对民间投资不存在挤入挤出效应。

四是在短期内，政府投资对民间投资产生挤入效应；在长期内，政府投资对民间投资产生挤出效应。周晓燕、徐崇波[③]在新古典经济增长模型拉姆齐模型的理论框架下，通过构建被解释变量为民间投资，解释变量为 GDP、税收收入和狭义货币供应量 M1 的可变参数状态空间模型，来分析政府投资与民间投资的挤入挤出效应，并以 1990—2014 年的时间序列数据作为样本数据进行回归分析。实证结果表明，在短期内，政府投资对民间投资有挤入效应；在长期内，政府投资对民间投资有挤出效应。

五是在短期内，政府投资对民间投资产生挤出效应；在长期内，政府投资对民间投资产生挤入效应。蔡正西[④]基于希克斯汉森模型和阿肖尔模型的理论分析，结合我国政府投资和民间投资的现状，选取中国 1982—2014 年宏观变量的时间序列数据，运用向量误差修正模型和协助分析，对我国政府投资对民间投资的挤入挤出效应展开实证研究。研究结果显示，政府投资对民间投资在短期产生挤出效应，在长期产生挤入效应。陈

① 刘任重，吴迪．基于 VAR 模型的政府投资与民间投资关系研究［J］．黑龙江金融，2016（1）：53－57.

② 武文卿．政府投资对民间投资不存在挤出效应［J］．中国招标，2016（33）：7－9.

③ 周晓燕，徐崇波．政府投资对民间投资的影响：挤入效应还是挤出效应？［J］．经济问题探索，2016（9）：128－134.

④ 蔡正西．我国政府投资对民间投资的挤入挤出效应研究［D］．西安：西北大学，2016.

守东、吴业强、孙彦林[①]从投资主体结构视角出发，选取了2008年1月至2017年2月的月度数据，并通过引入更加符合现实经济的时变系数来构建TVP—VAR模型，然后利用模型对政府投资、民间投资和外商投资三者之间的关系进行影响因素分析。实证结果表明，国有投资在短期内对民间投资具有挤出效应，但在长期内表现为挤入效应。

六是不同行业领域内政府投资对民间投资的挤入挤出效应差异明显。王婧[②]为研究不同行业领域内政府投资与民间投资之间的关系，选取了具有代表性的农业、制造业和房地产业等八个大类行业作为研究目标领域，并利用宏观总投资模型对有关解释变量的系数进行参数估计。实证结果表明，在农业、房地产业、科学研究和技术服务业、环保产业领域，政府投资对民间投资有挤入效应；在制造业、煤炭业、教育和金融业领域，政府投资对民间投资有挤出效应。

还有许多研究者对政府投资与经济增长、产业结构升级的关系进行了实证研究。总体来看，一方认为政府投资对经济增长和产业结构升级有显著的促进作用；另一方持不同意见，认为政府投资对经济增长和产业结构升级没有显著的促进作用，有些时候前者对后者产生抑制作用。

林柏汝[③]以湖北省为例，选取湖北省1980—2015年的时间序列数据，构建了向量自回归（VAR）模型，同时使用脉冲函数对其进行实证量化分析。研究结论表明，湖北省政府投资对该地区经济增长具有正向的促进作用。张清玉[④]以河南省为例，采用1978—2014年河南省的时间序列数据，利用VAR模型对当地政府投资与经济增长的关系进行实证分析。回

---

① 陈守东，吴业强，孙彦林．国有投资对民间投资的溢出效应研究——兼论外商投资在其中的作用发挥［J］．东北大学学报（社会科学版），2018，20（4）：351－357.

② 王婧．供给侧结构性改革助推产业结构转型升级——基于政府投资引导民间投资的实证分析［J］．经济学家，2017（6）：42－49.

③ 林柏汝．政府投资、民间投资与经济增长的VAR模型分析——基于湖北省的实证研究［J］．住宅与房地产，2016（24）：266－267.

④ 张清玉．河南省政府投资与经济增长关系研究［J］．河南牧业经济学院学报，2018，31（1）：29－34.

归结果表明，在样本期间内，该省政府投资显著地促进了当地的经济增长。杨飞虎、晏朝飞、熊毅①在供给侧结构性改革的背景下，采用2003—2014年30个省（区、市）的面板数据，构建面板向量自回归模型（PVAR），对政府投资、人力资本提升与产业结构升级之间的动态关系进行计量分析。研究发现政府投资能够显著促进产业结构的升级。陈航、张俊美、顾佳林②利用1994—2012年江西省11个地级市的相关面板数据，运用C－D生产函数法建立计量经济学模型，探究政府投资对地区经济增长的效应。研究发现江西省政府投资对经济增长具有显著正向的促进作用。

有些学者对此持不同意见。万其龙③选取了2004—2013年的31个省级面板数据，运用内生经济增长模型和固定效应模型对政府投资与经济增长的因果关系进行实证分析。结论表明，政府投资对经济增长的促进作用不显著，这就意味着政府投资不能有效拉动经济增长。古昌银④基于2000—2010年31个省（区、市）的面板数据，建立柯布道格拉斯生产函数模型，并运用计量软件Eviews对政府投资与经济增长之间的关系进行实证分析。研究结论表明，样本期间内，从全国整体来看，政府投资对经济增长有促进作用，但就不同地区而言，有些地区的政府投资对经济增长有抑制作用。谢文峰⑤基于中国4万亿元投资的背景，通过构建扩展的投入产出模型，实证分析了政府投资与产业结构之间的关系。研究结果显示，4万亿元的经济刺激计划没有促进产业结构的升级。

---

① 杨飞虎，晏朝飞，熊毅．政府投资、人力资本提升与产业结构升级——基于面板VAR模型的实证分析［J］．经济问题探索，2016（12）：18－25.

② 陈航，张俊美，顾佳林．基于省级面板数据模型的江西省11市政府投资经济增长效应研究［J］．价格月刊，2015（4）：82－86.

③ 万其龙．政府投资能否有效拉动经济增长？［J］．广西财经学院学报，2016，29（4）：1－8，78.

④ 古昌银．政府投资促进经济增长研究——基于省级面板数据分析［J］．北方经贸，2016（7）：18－19.

⑤ 谢文峰．政府投资对产业结构升级的影响——基于4万亿投资的实证研究［J］．中南财经政法大学学报，2016（4）：31－38.

还有学者对农业[①]、养老服务业领域[②]和环保领域[③]政府投资的合理规模进行了实证研究。

2.1.2 政府投资结构研究

政府投资结构，是指一定时期内在既定的投资总量下，各类投资的构成比例与相对量关系。根据不同的视角，可具体分为投资主体结构、投资来源结构、投资用途结构等[④]。政府投资结构取决于政府职能的大小及侧重点、公共产品的非竞争性和非排他性、社会经济活动的外部性、国民收入再分配的要求、宏观经济稳定发展的目标[⑤]。目前国内政府投资结构方面的研究主要集中在两个方面：一是关于政府投资结构对居民消费和私人投资的影响研究；二是关于政府投资结构优化的调整研究。

（1）政府投资结构对居民消费和私人投资的影响研究。管敏、刘长生[⑥]基于我国经济由粗放型发展向高质量发展转变的背景，选取 1995—2017 年 30 个省（直辖市）的相关数据，运用 OLS、DIF－GMM、SYS－GMM 等计量方法来估计政府投资结构对民营资本投资的影响。研究结果表明，政府在公共医疗、义务教育、社会保障等领域的投资对民营投资具有较强的促进作用，在交通道路、运输港口等领域的投资对民营投资具有轻微的抑制作用。何学菊[⑦]选取 1979—2010 年的相关指标数据，运用向量

---

① 赵映年，游天屹，吴昭雄，胡动刚．政府对农业机械化投资规模分析——以湖北省为例［J］．农业技术经济，2014（5）：67－73.

② 胡祖铨．养老服务业领域政府投资规模研究［J］．宏观经济管理，2015（3）：46－48.

③ 郭伟，吴晓华．地方政府环保投资规模影响因素分析及思考［J］．生态经济，2015，31（2）：85－88，92.

④ 陈守东，吴业强，孙彦林．国有投资对民间投资的溢出效应研究——兼论外商投资在其中的作用发挥［J］．东北大学学报（社会科学版），2018，20（4）：351－357.

⑤ 刘立峰．政府投资学［M］．北京：科学出版社，2018.

⑥ 管敏，刘长生．新兴大国政府投资规模和结构对民营资本投资的影响研究［J］．湖南师范大学社会科学学报，2019，48（6）：37－45.

⑦ 何学菊．财政性教育投资结构对经济增长的动态影响分析［J］．商业时代，2013（8）：14－15.

自回归模型（VAR）和冲响应函数工具，对我国教育领域内的政府投资结构与经济增长的关系进行了实证分析。从研究结果来看，相比于非教育基建投资，教育基建投资对GDP增长的作用更明显。因此，建议提高教育基建（比如教学设备更新和新建教学楼）投资的比重，同时降低教育事业费的比重，以促进我国教育领域内的政府投资结构的优化，进而促进经济的高质量发展。晁江锋[①]从TFP灾难、资本灾难和双重灾难等罕见灾难的角度出发，通过运用动态随机一般均衡（DSGE）模型，分析了政府投资结构的变动对我国宏观经济产生的潜在风险。研究结果表明，相对于TFP灾难和资本灾难而言，双重灾难带来的政府投资结构的变动所造成的对宏观经济的冲击影响要大得多。

沈潇[②]将政府投资分解为基础设施投资、社会投资、直接投资三个部分，然后利用1982—2012年的相关年度数据建立SVAR模型，分别分析基础设施投资、社会投资、直接投资三个被解释变量与居民消费和私人投资之间的因果关系。实证结果表明，直接投资与其他两类投资对居民消费和私人投资的作用效果恰好相反。

叶文奇、王韬等[③]基于政府财政收入增速放缓的背景，运用可计算的一般均衡（CGE）模型，实证分析了政府投资扩张和结构调整对经济发展的影响。研究结果表明，用于农林牧渔业、公共管理和社会组织、教育的投资均为最优，而房地产业、废品废料业、批发和零售业的投资效果最差。因而，为了更好地发挥政府投资对经济发展的带动作用，除了合理控制政府投资规模，还需加强对政府投资结构的优化。

① 晁江锋．巨灾情境下政府财政支出结构变动对我国宏观经济的动态效应研究——基于三部门DSGE模型的数值分析［J］．财经论丛，2016（9）：28－34.

② 沈潇．政府投资结构如何影响居民消费和私人投资？——基于SVAR模型的实证分析［J］．生产力研究，2015（7）：32－35.

③ 叶文奇，王韬，林聪．财政收入缓增背景下政府投资扩张与结构优化调整研究［J］．财经论丛，2014（7）：16－24.

（2）政府投资结构优化的调整研究。司咏梅[①]基于优化政府投资结构可以防范化解重大风险的视角，指出政府投资主管部门在选择投资领域时，应围绕产业转型升级、基础科学创新不足、公共服务供给薄弱环节，实施一批重点和重大项目建设，以推动政府投资“避虚向实”，增强经济高质量发展的后劲。孔卫拿、郭淑云[②]在当前依法治国的背景下，从政府权力运行的视角出发，选取了2015年安徽省30个县的相关截面数据，并运用多元线性回归模型对“权力任性指数”与地方政府投资结构的关系进行实证分析。研究结果表明，地方政府的权力任性指数与政府投资的第二产业固定资产规模成正比，与第三产业政府固定资产规模成反比。

张丽霞[③]基于公共财政理论和委托—代理理论分析，结合我国体育产业的政府投资现状，选取1999—2013年的相关时间序列数据，运用VAR模型对我国体育产业公共投资主体结构差异化与体育产业发展的关系进行实证研究。实证结果表明，与中央政府相比，地方政府作为体育产业的投资主体，对体育产业发展的促进作用更强。

徐淑丹[④]基于财政政策的效力与可持续性的视角，选取了1986—2013年相关宏观指标的年度数据，通过建立包含政府投资在内的宏观经济模型，对新时代中国政府投资结构的合理性进行了实证分析。研究结论表明，在短期内，政府投资对经济增长具有带动效应，但考虑到政府投资在新常态下的长期可持续发展，不断调整和优化政府投资结构是非常必要的。

刘立峰[⑤]、吴有红[⑥]基于我国经济进入新常态的背景，对来源于国家

---

① 司咏梅．防范化解重大风险 优化投资结构［N］．内蒙古日报（汉），2018－07－24（009）．

② 孔卫拿，郭淑云．权力灰色地带的政府投资结构探析——基于安徽省30个县的经验数据［J］．湖北经济学院学报，2016，14（4）：68－73．

③ 张丽霞．我国体育产业公共投资主体结构研究［D］．山东财经大学，2016．

④ 徐淑丹．新常态下中国政府投资结构之研判：兼论财政政策的效力与可持续性［J］．经济评论，2016（1）：39－52．

⑤ 刘立峰．新常态下政府投资方向选择［J］．宏观经济研究，2015（12）：22－27．

⑥ 吴有红，刘立峰．新常态需要调整政府投资方向［J］．中国投资，2016（1）：105－106，9．

预算内资金的政府固定资产投资现状进行分析。研究发现，社会事业投资不足、政府投资范围不集中、新兴公共领域投资相对薄弱等方面问题突出。鉴于此，提出政府投资应重点向教育培训、健康养老、生态保护、基础设施、市政建设、自主创新与大众创业和地区振兴与发展等方面倾斜。吉尔克①、刘泽宁②认为，在经济新常态下，政府投资应重点围绕适应消费结构转型、促进经济质量提升、带动科技创新、巩固城乡间和区域间的协调发展、促进绿色发展等五个方面开展。王旭阳③认为优化政府投资结构，不仅要精准掌握政府投资的重点方向，而且还要明确政府投资的优先顺序。具体来讲，政府投资重点投资的优先顺序依次是城乡和中心城市区域间的基础设施建设、“海绵城市”市政工程的建设、生态环境保护建设、智能先进制造业和健康养老服务业。

2.1.3 政府投资方式研究

我国政府投资方式一般可以分为直接和间接投资。具体来看，有投资拨款、资本注入、投资补助、政策性贷款贴息和税收优惠，不同的投资方式应用于不同属性的投资项目（见表2-1）。目前学术界关于政府投资方式的研究主要集中在两个方面：一是关于政府股权投资的研究；二是政府担保和贴息的研究。前者属于政府直接投资，后者属于政府间接投资。

表2-1　　我国政府投资方式一览表

方式特点	直接投资	间接投资	
实现手段	股权投资	政策性贷款、贴息、担保	税收优惠
使用范围	主要限于纯公共产品领域，如义务教育、公立医院、文化事业、保障性住房等	主要限于私人物品领域	主要限于私人物品领域、重点是高科技产业与衰退产业

资料来源：温来成．财政投融资专题研究［M］．北京：中国财政经济出版社，2018.

① 吉尔克．政府投资该投向哪，怎么投［J］．人民论坛，2017（6）：92-93.

② 刘泽宁．政府投资重要方向：科技创新与绿色生态［N］．中国建材报，2017-07-11（002）.

③ 王旭阳．制度软约束下地方政府投资行为研究［J］．现代管理科学，2018（6）：54-56.

2.1.3.1 关于政府股权投资方面的研究

股权投资基金（PE）是一种投资领域限于非公开交易的企业股权的投资行为①。政府参股股权投资基金与股权投资资金的区别，就在于政府是否参股。如果股权投资基金中有政府出资，就是政府参股股权投资基金，否则就是商业化的股权投资基金②。依据参股政府的行政级别不同，政府股权投资基金可以分为中央、省级、市级、区级和乡镇级五大类。湖南省财政厅文旅基金管理中心副主任沈坚③④以湖南省重点知识产权运营基金为例，对其运行管理机制进行分析。研究发现，在规范政府股权投资基金的运行中，保障政府股权投资的基金规模、管理架构和让利措施三个方面的相互协调，对实现政府股权基金的社会效益、提高政府股权基金的使用效率、增强政府股权基金的风险防范以及发挥政府股权基金的引导和带领作用具有重要的意义。

谢晓燕以H省政府投资基金作为研究案例，利用规范分析和案例分析相结合的方法，分析了该省最具代表性的股权投资引导基金、国家新兴产业创业投资计划的投资模式和运作情况。研究发现，H省政府参股股权投资基金设立周期过长、省内省外投资规模失衡、项目投资渠道过于单一化、基金管理水平较低等问题突出。鉴于此，提出了完善政府投资基金管理体制的相关意见和建议，以期实现对提升全国政府投资基金管理水平的启示作用。陈丽娟、许宁⑤以杭州市江干区为例，结合江干区自身经济发

---

① 黄韬，王致远．股权投资法律属性研究［J］．国际商务：对外经济贸易大学学报，2013（2）：118－128.

② 谢晓燕．政府参股股权投资基金的现状与发展［D］．郑州：河南大学，2016.

③ 沈坚．政府股权投资基金设立方式研究——以湖南省重点知识产权运营基金为例［J］．城市学刊，2018，39（4）：43－49.

④ 沈坚．以“三位一体”理念设立政府股权投资基金［N］．中国财经报，2018－06－05（005）.

⑤ 陈丽娟，许宁．政府股权投资基金在区域经济中的实践及对策——以杭州市江干区为例［J］．市场观察，2019（12）：68－69.

展现状，对该区政府股权投资基金的相关情况、问题表现以及运行管理模式进行了分析。研究发现区级基金设立及运营过程中存在基金管理水平落后、地域限制明显、参股比例较低、专业人才不足和激励机制缺位等问题。鉴于此，提出了一系列有针对性的意见和建议，以期充分发挥对其他区级政府股权投资基金管理的示范效应。

有不少学者从其他的视角出发，对政府股权投资展开了研究。王秀为、胡珑瑛、王天扬①从现代信任理论的视角出发，对原有政府股权投资委托代理收益模型进行改造，构建了由政府投资主管部门、社会资本代表方、项目基金管理人组成的委托代理收益模型，并结合现实中的经典案例对该模型进行检验。研究结果表明，政府参股股权投资基金框架下的相互信任机制有利于提高委托人和代理人各方的收益。何眉②在借鉴美国、德国和以色列等西方资本主义强国政府财政股权投资经验的基础上，结合我国江苏省和广东省财政资金股权投资的试点实践和问题，从资金管理制度、险防范机制和高质量人才培养模式等方面提出了针对性建议。何晓东③基于公私合营、公共财政、公共投资等理论分析，结合我国政府股权投资的发展现状，利用案例和文献分析法，对我国政府股权投资路径的选择和评价展开研究。然后以安庆市政府投资 HF 机电公司的实际案例为研究对象，对该公司股权投资项目的实施路径选择、融资计划与盈利预测、投资综合评价展开论述。最后根据相关结论提出了一系列具有针对性的建议。

相德伟、李志英④在政府股权投资引导基金规模发展迅速的背景下，对我国政府股权投资引导基金的运营管理模式进行研究和分析。研究发

---

① 王秀为，胡珑瑛，王天扬．基于信任视角的政府参股股权投资基金委托代理收益模型改进［J］．地方财政研究，2018（8）：81－88.

② 何眉．政府财政资金股权投资改革研究［J］．财会研究，2015（1）：9－12.

③ 何晓东．政府股权投资路径选择与评价研究［D］．合肥：安徽财经大学，2019.

④ 相德伟，李志英．政府股权投资引导基金：问题、分析与建议［J］．经济研究参考，2016（19）：22－27.

现，在政府股权投资引导基金管理过程中，主管部门权责不清晰、风险防控意识薄弱、基金设立耗时长等问题突出。王文倩①为研究我国政府引导基金对股权投资基金的传导机制，利用2010—2018年的相关时间序列数据，建立多元线性回归模型，对两者之间的关系进行实证分析。回归结果表明，政府引导基金能够显著缩短股权投资基金的募资时间。张光芝②基于会计核算的视角，结合政府引导基金会计核算准则不统一和不规范的现状，对政府引导基金的相关会计核算制度进行了研究，并提出了相关对策建议，以期提高引导基金管理机构的会计核算水平。

还有些学者就政府引导性股权投资基金的组织形式展开了探讨。张昭、马浩森、王文③认为在目前的法律环境下，信托制、公司制和有限合伙制是政府引导性股权投资基金最主要的三种组织形式。与信托制和公司制相比，有限合伙制在基金运营的效率和成本方面具有优势，但考虑到有限合伙制自身存在信息不对称严重，因而建议引入法人人格否认机制，重构基金内部治理，改进基金决策，以更好地发挥有限合伙制在政府引导性股权投资基金的组织形式中的制度优势。吴品臻④为探讨政府引导性股权投资基金的组织形式，对政府出资产业基金的几种常见设立方式进行了对比分析，重点对PPP产业基金的运作模式进行了研究，根据相关问题提出了针对性建议。

2.1.3.2 关于政府担保方面的研究

创业担保贷款是政府为支持创业企业，特别是中小微型创业企业的发展所给予的一种政策性贴息贷款，属于政府投资的间接投资方式。自提出

---

① 王文倩．政府引导基金对股权投资基金的影响效应研究［D］．苏州：苏州大学，2019．

② 张光芝．政府引导基金及其参股的私募股权投资基金会计核算探讨［J］．财会学习，2019（29）：107，109．

③ 张昭，马浩森，王文．政府引导性股权投资基金的组织形式问题研究［J］．陕西行政学院学报，2016，30（2）：21－24．

④ 吴品臻．政府引导性股权投资基金的组织形式问题［J］．中外企业家，2017（6）：41，43．

“大众创业、万众创新”口号以来，创业担保贷款在我国发展迅速，为推动创业企业发展和创造就业发挥了重要促进作用。然而，直接融资门槛高和扶持方式较单一，极大地限制了创业担保贷款政策的功能作用。陈宁[①][②]以淄博市为例，对淄博市创业企业融资难的问题进行了深入分析，并指出创业担保贷款在扶持民营经济的领域仍有很大的政策潜力，因而建议加大创业贷款扶持力度，提高贷款额度和贴息比例，积极开展创业担保贷款的续贷服务。

刘煜[③]选取重庆市荣昌区作为典型案例，利用文献分析法、统计描述法、归纳总结法和案例分析法对重庆市荣昌区政府创业担保贷款机制展开研究，发现政府创业担保基金管理意识薄弱、员工业务能力不足、承贷金融机构积极性较低等问题突出。在借鉴德国和河南省洛阳市经验的基础上，结合重庆市荣昌区自身特点，提出进一步完善政府创业担保贷款机制的对策建议。

高钰莹[④]从小额担保贷款创新发展的视角出发，以河南省的“濮阳模式”为例，对濮阳市的小额担保贷款运行机制进行了深入分析，并提出了新政策背景下小额担保贷款业务开展的意见和对策。邓纲、王俊杰[⑤]基于道义小农理论和或有负债理论分析，运用问卷调查法对农业大省河南省A县10个乡镇的相关资料进行采集，构建涉农贷款政府担保基金模式，以解决三农资金供需的矛盾。

还有研究者就政府投资方式的规范分类和扩展展开了探索。祁玉清[⑥]

① 陈宁．政府创业担保贷款扶持民营企业的作用探讨及建议——以淄博市为例［J］．经济研究导刊，2019（19）：105－107.

② 陈宁．政府创业担保贷款扶持民营企业发展探讨［J］．山东人力资源和社会保障，2020（1）：35－38.

③ 刘煜．政府创业担保贷款政策执行中存在的问题及对策研究［D］．成都：四川农业大学，2019.

④ 高钰莹．政府主导下的小额担保贷款创新发展——以濮阳模式为例［J］．财会月刊，2015（29）：97－102.

⑤ 邓纲，王俊杰．涉农贷款政府担保机制的现实选择——以河南省A县为例［J］．宜宾学院学报，2016，16（11）：54－61.

⑥ 祁玉清．分级分类规范和拓展政府投资方式［J］．宏观经济管理，2020（2）：21－28.

认为政府投资项目的决策主体与项目运行管理主体的分离，是产生政府投资分级管理与按投资方式管理边界模糊的根本原因。为有效解决政府投资方式管理不规范问题，建议应按项目资金来源渠道、项目投向领域和项目资金使用主体，分级分类规范政府投资方式，以期更好地发挥政府投资促进国民经济发展的功能作用。

2.1.4 政府投资绩效研究

党的十八大以来，国务院、发改委、财政部等有关部门相继颁布了一系列政策性文件，以加速推进我国政府投资绩效管理的现代化、规范化和法治化。其中具有代表性的政策性文件有《中央预算内直接投资项目管理办法》(2014年国家发展和改革委员会令第7号)、《中央国有资本经营预算管理暂行办法》(财预〔2016〕6号)、《中央预算内投资补助和贴息项目管理办法》(国家发展和改革委员会令〔2016〕第45号)、《关于做好政府出资产业投资基金绩效评价有关工作的通知》(发改财金规〔2016〕2800号)、《中央国有资本经营预算支出管理暂行办法》(财预〔2017〕32号)、《政府投资条例》(国令第712号)。曹堂哲[①]认为这些政策的出台，标志着我国政府投资绩效管理进入了"规范管理、分类推进、全面纳入"的新时代。

目前国内关于政府投资绩效的研究非常多，包括指标体系的设计、研究视角的创新、投资效率的评价、投资项目的评价以及投资基金的评价。

2.1.4.1 政府投资绩效指标体系的设计研究

王泽彩、杨宝昆[②][③][④]构建了PPP项目绩效管理框架体系，以有效解决当

---

① 曹堂哲．推进全面实施政府投融资绩效管理［N］．中国财经报，2019-06-29(007).

② 王泽彩，杨宝昆．PPP项目绩效目标与绩效指标体系的构建（上）［N］．中国财经报，2018-12-13(003).

③ 王泽彩，杨宝昆．PPP项目绩效目标与绩效指标体系的构建（下）［N］．中国财经报，2019-01-05(007).

④ 王泽彩，杨宝昆 PPP项目绩效目标与绩效指标体系的构建［J］．中国发展观察，2019(2)：35-41.

前PPP项目绩效管理目标选择模糊和目标设定不规范的问题。具体建议包括以下三个方面。一是构建了主体全包含、客体全覆盖、管理全过程、内容全方位、方法全系列、应用多维度的PPP项目绩效管理框架体系。二是打造了包括PPP项目目标设定、目标审核、目标批复、目标调整、目标运用在内的整个生命全周期动态监测体系。三是分别构造了建设期、运营期和移交期三个不同维度的PPP项目绩效指标体系。尽管建设期、运营期和移交期三个维度指标体系结构相同，每个维度的指标体系都包括一级指标、二级指标和三级指标，但是每个层级指标的设定是依据维度不同可以灵活变化的。朱玲[①]建议将保障评价、设备设施隐患评价和大客流风险评价三大模块构成的千分制评价制度与PPP项目绩效管理结合起来，建立PPP项目绩效管理千分制评价制度，以提高PPP项目绩效管理过程中的公开性、公平性和公正性。

2.1.4.2 政府投资绩效研究视角的创新研究

许芳、伍光磊[②]基于生命周期的视角，结合“大众创业、万众创新”和建设创新型国家的背景，对政府创业投资引导资金的绩效评价机制进行分析，发现当前我国地方创业投资基金绩效评价机制还存在评价指标的政策导向性缺失、指标考察周期比项目周期短、指标考察对象单一化明显、指标考察的内容不够全面等问题。然后，在借鉴美国、英国、以色列和澳大利亚等发达资本主义国家经验的基础上，构建符合我国国情的政府创业投资引导资金绩效评价指标体系的战略框架，以提高府政府创业投资引导资金的绩效管理水平。

白皓、易荪欣怡[③]基于国土资源部绩效管理体系中的“一条主线”和

---

① 朱玲．建立PPP项目绩效管理千分制评价［J］．新理财（政府理财），2019（12）：28－29.

② 许芳，伍光磊．地方政府创投引导基金绩效评价指标体系及其完善——以生命周期的视角［J］．赤峰学院学报（自然科学版），2016，32（22）：62－63.

③ 白皓，易荪欣怡．构建政府绩效管理体系实践路径分析［J］．中国行政管理，2017（11）：157－159.

"三个融合"的原则，结合我国政府的组织结构和部门职能要求，并借鉴国外政府绩效管理经验，提出构建符合我国国情的政府绩效管理体制，以加速推动政府绩效管理科学化、规范发和法治化的建设。这不仅有利于我国政府绩效管理体系的改善，而且为政府投资绩效管理体制和长效机制的建立与完善提供了借鉴。

向赟、马翔、陆俊月①基于完整且重要、相关且经济和独立且层次的指标设计原则，结合我国政府创业投资引导基金自上而下流动的特点，并在参照《财政支出绩效评价指标框架》（财预〔2013〕53 号）、《关于创业投资引导基金规范设立与运作的指导意见》（国办发〔2008〕116 号）和《政府出资产业投资基金管理暂行办法》（发改财金规〔2016〕2800 号）等文件的基础上，构建了包含引导基金的决策、引导基金的管理、引导基金的产出、社会效益、经济效益、可持续影响及服务满度的 7 个维度的创业投资引导基金绩效评价指标体系。作者运用改进的直觉模糊层次分析法，对各个评价指标的权重进行了实证检验，检验结果显著支持指标权重设计的合理。

孙琳②基于产业聚集理论、公共财政理论和绩效评价理论的分析，并结合对我国政府产业引导基金的基本模式、特征和优势的研究，运用综合指数法和模糊综合评判法来量化和构建政府产业引导基金的绩效评价指标体系。同时，通过以成都市平板显示产业以及我国集成电路产业发展案例，对建立的绩效评价模型的有效性进行实例实证检验。

2.1.4.3 政府投资效率的评价研究

尹小剑③为研究中国省级政府投资的效率评价，选取了广东、浙江、河北等 10 个省份作为样本，通过运用超效率 DEA 模型对中国省级政府投

---

① 向赟，马翔，陆俊月．基于改进直觉模糊层次分析方法的政府创业投资引导基金绩效评价研究［J］．财政研究，2018（7）：106－118.

② 孙琳．政府产业引导基金投资绩效评价案例研究［D］．成都：西南财经大学，2018.

③ 尹小剑．中国省级政府投资的效率评价［J］．经济学动态，2012（1）：58－63.

资支出的效率展开测算，然后基于测算结果从经济社会效率与综合效率两个维度进行评价，最后依据实证分析的结果，提出了提高省级政府投资效率的对策。吴粤、王涛、竹志奇[①]从政府投资效率与债务风险关系的角度入手，通过构建一个包含家庭、厂商、中央银行和财政四个部门的封闭DSGE 模型，对政府投资效率与债务风险之间的关系进行实证分析。研究结果显示政府投资效率越高，债务风险越低，两者是一个反向因果关系。

林琪[②]在当前科技基础设施领域政府投资资金需求旺盛与各地地方政府财政资金约束的矛盾不断扩大的背景下，基于公共产品理论、外部性理论、博弈论和委托代理理论的分析，通过构建不完全信息博弈模型和数据包络（DEA）模型，分别对地方政府争夺中央财政资金行为与科技基础设施重复建设因果关系，以及政府投资资金的支出效率进行评价。针对科技基础设施建设政府投资效率的优化提出了合理对策。冷晨晨[③]在政府投融资平台公司转型的背景下，以具有政府投融资平台典型特征的 M 铁路投资公司为研究对象，通过对该公司的投资绩效管理现状进行分析，发现M 公司的绩效考核指标体系受主观因素干扰严重，绩效管理人才专业化水平较低。鉴于此，建议 M 公司应结合企业自身发展的现实状况，构建科学合理的绩效管理评价体制，促进该公司的健康发展，以期发挥对政府投融资平台公司顺利转型的启示作用。

2.1.4.4 政府投资项目的绩效评价研究

在中国特色社会主义市场经济发展的过程中，政府投资对促进国民经济的发展发挥着不可替代的作用。与此同时，城镇化水平的不断提高和人民群众对美好生活的向往，促使政府对各类基础设施、公共产品和服务供

---

① 吴粤，王涛，竹志奇．政府投资效率与债务风险关系探究［J］．财政研究，2017（8）：29－42，55．

② 林琪．科技基础设施政府投资效率评价与优化研究［D］．郑州：华北水利水电大学，2019．

③ 冷晨晨．政府投融资平台公司绩效管理体系构建策略探析——以 M 铁路投资公司为例［J］．改革与开放，2020（15）．

给的投资规模持续增加，进而造成政府主管投资部门对政府投资项目的管理难度越来越大。田儒齐[①]、赵红梅[②]从我国政府投资项目绩效评价的现状出发，结合现实中政府投资项目绩效评价工作所暴露出的问题，提出了针对性的对策和建议，以推动政府投资项目绩效评价工作的合规高效。

张佳[③]通过对政府投资项目内部自评体系和外部评价体系的深入分析，提出构建合理的内外部绩效评价体系和绩效评价报告公开制度，以期提高政府投资项目绩效管理水平与能力。钱茜[④]基于政府投资项目支出绩效评价管理必要性分析，结合当前政府投资项目资金绩效评价存在的缺陷，提出构建投资项目预算绩效管理制度、项目生命周期监督体系、第三方评审引入机制三位一体的新时代政府投资绩效管理体系。李军、张玲[⑤]认为在设计政府投资绩效评价指标时，应从投入、过程、产出和效益四个方面进行考察。

2.1.4.5 政府投资基金的绩效评价研究

自 2015 年财政部颁布《政府投资基金暂行管理办法》以来，关于政府投资基金绩效管理评价制度等内容有了相应管理依据，政府投资基金绩效管理的优化与调整成为政府投资管理重点[⑥]。在此背景下，基于当前政府投资基金在绩效评价管理方面暴露出来的问题，王辉[⑦]建议从弱化地域投资绩效管理局限性、明确投资基金绩效管理目标、确定绩效管理考核规范标准、强化投资风险控制四个方面着手，以期提高新时代政府投资基金

---

① 田儒齐．浅议政府公共投资项目绩效评价［J］．新经济，2015（29）：11－12.

② 赵红梅．论政府投资项目绩效评价［J］．财会学习，2020（23）：159－160.

③ 张佳．政府投资项目绩效评价体系研究［J］．现代营销（经营版），2018（8）：137.

④ 钱茜．政府投资项目资金绩效管理［J］．财会研究，2018（9）：21－24.

⑤ 李军，张玲．政府投资项目绩效评价评估工作［J］．湖北成人教育学院学报，2019，25（4）：86－89.

⑥ 刘旸，张斌，王景成．政府投资基金绩效评价研究综述［J］．经贸实践，2018（13）：51－53.

⑦ 王辉．政府投资基金绩效管理研究［J］．财会学习，2019（33）：230，232.

绩效管理水平。钟玮[①]认为政府投资基金应探索创新绩效导向的配套政策和管理模式，以绩效管理激发政府投资基金活力。李婷[②]认为，政府投资基金的运营和管理模式与财政预算管理模式存在时间上的错配，前者是依据基金的融入、投放、管理、退出的不同阶段而设立不同的目标，而财政绩效评价模式是基于项目的整体目标和年度目标来考核评价。为解决上述问题，首先必须打破传统财政支出绩效评价的固有模式；然后通过政府投资基金管理的调研，明确绩效目标管理的途径；最后引入第三方评价机制，提高政府投资绩效管理的公开性和公正性。

2.1.5 政府投资管理体制研究

自 2008 年金融危机暴发以来，我国经济增速持续放缓，由高速增长转变为中高速增长。针对我国经济增长速度变缓的现象，2014 年习近平总书记做出了“主动把握和积极适应经济发展新常态”的重要论断，标志着我国经济发展模式由粗放式发展向高质量发展转变，这也要求我国政府投资管理体制也要适应新时代的发展要求。此外，近些年我国房地产市场已经从“黄金期”进入“白银期”，房地产市场行情持续在降温，政府财政土地出让金的收入减少。在财政支出方面，受中美关系全面恶化和新冠肺炎疫情的影响，全国地方政府债券余额规模加速扩大。截至 2020 年 8 月末，全国地方政府债券余额 249125.56 亿元，其中一般债券余额 126306.62 亿元，专项债券余额 122818.94 亿元[③]。财政收支缺口的持续扩大带来了财政风险压力的增加，进一步要求加速推进我国政府投资管理体制的深化改革。目前，国内关于政府投资管理体制的研究成果非常丰富，本书按照研究视角的差异对这方面的已有内容展开梳理和分类。

---

① 钟玮．以绩效管理激发政府投资基金活力［J］．新理财（政府理财），2018（11）：61－63.

② 李婷．如何评价政府投资基金绩效［J］．新理财（政府理财），2018（4）：70.

③ 地方政府债券市场报告．http：//kjhx. mof. gov. cn/yjbg/202009/t20200917_3590084. htm.

温来成、徐磊[①]通过对新中国成立70年以来的财政投资管理体制的变迁进行梳理和分析，认为当前我国政府投资管理体制已经基本满足了新时代中国特色社会主义经济发展的需要，但政府投资管理体制还有待进一步完善。政府在某些领域过度投资的现象仍然存在，政府与市场的投资边界在某些方面还没有划清。比如学前教育、居民养老服务和医疗保险目前主要以政府投资为主，而且这些领域完全可以让民间投资进入，毕竟有限的政府资金并不能满足这些市场对投资资金的巨大需求。

有些学者基于地方政府财权与事权的视角，对政府投资管理体制展开了探讨。新型城市基础设施建设是促进经济高质量发展的关键。国务院提出重点支持“两新一重”战略，加大了新型城市基础设施建设投资需求。为缓解新型城市基础设施建设投资需求扩大与政府投资资金供给有限的矛盾，朱志刚[②]通过深入研究地方政府城市基础设施建设的投资方式和与之相关的一系列问题，提出建立新型政府投资管理机制的实现路径。于静[③]通过分析当前政府投资管理体制存在的问题，提出合理划分中央与地方政府、各级地方政府纵向以及各部门横向财权与事权的匹配，以推进政府投资范围的进一步划分，完善政府投资管理体制。

孙晋、钟瑛嫦[④]从研究政府投资决策的视角出发，通过对政府投资边界的划清、国有企业的非理性行为和市场经济公平竞争环境的互相作用机制进行分析，发现在社会体制、政治制度、宗教文化等多方面因素的长期影响下，政府为实现经济发展目标，往往会加大对国企的投资，使得政府投资与国有企业形成了紧密的因果联系。与此同时，政府对国有企业的这种倾斜投资也会破坏市场经济的公平竞争机制。然而，当前的政府投资决

---

① 温来成，徐磊．我国财政投融资管理体制回顾与展望［J］．中国财政，2020（7）：61－64.

② 朱志刚．深化城建投融资体制改革的对策研究［J］．浙江金融，2017（5）：31－36.

③ 于静．谈政府投资管理体制完善与创新［J］．财经界（学术版），2016（20）：130.

④ 孙晋，钟瑛嫦．我国政府投资决策制度的反思及补正［J］．学术论坛，2017，40（1）：118－124.

策对这种不利于中国特色社会主义市场经济发展的现象还缺乏相应的规制，因而有必要在政府投资决策中引入竞争评估制度与听证制度，以规范政府的投资决策制度。

有些学者在政府投资审计制度方面展开了研究。自1978年改革开放以来，特别是1992年提出建立中国特色社会主义市场经济体制以来，公有制经济和私有制经济的发展都取得了重要进步。为进一步提高人民生活水平的质量，中央和各级地方政府近些年不断加大对新型基础设施建设和社会公益事业的财政资金投入。同时，原有政府投资审计相关的制度已无法满足当前的需要，需要加快推进政府投资审计制度的进一步完善。许光建、马瑞晨①认为审计是政府投资治理现代化的重要内容，各级有关审计部门应遵循中央审计委员会第一次会议精神，突出党对审计工作的领导地位，促进政府投资项目高质量健康发展。

中信改革发展研究基金会资深研究员周凯波②认为《政府投资条例》维持了我国现行的政府投资管理体制，将原有政府投资管理实践层面上的一些经验和做法，提升到法规制度水平。《政府投资条例》的颁布实质上是对《国务院关于投资体制改革的决定》和《中共中央　国务院关于深化投融资体制改革的意见》等文件精神的进一步延续和扩展。国家发展与改革委员会投资研究所体制政策室主任吴亚平③认为，《政府投资条例》的颁布是我国政府投资法治化改革取得的重要进展，但在政府投资的简化程序和投资方向方面有待进一步完善，比如，政府投资项目可以怎样简化程序。因此，有关政府部门还需要尽快推出与之相适应的配套措施。

① 许光建，马瑞晨．新时代政府投资审计制度的发展与展望［J］．会计之友，2019（9）：119－124.

② 关于《政府投资条例》看各路行家见仁见智．https：//www.sohu.com/a/312518861_120059916.

③ 《政府投资条例》：为政府投资“划界”——专访国家发展改革委投资研究所体制政策室主任吴亚平［J］．西部大开发，2019（6）：90－93.

还有些学者结合地方经济社会发展情况，对政府投资管理体制展开了研究。深圳市发展和改革委员会主任王宏彬[①]认为，深圳市按照“谁投资、谁决策、谁受益、谁承担风险”的原则，建立政府投资项目决策、执行、监督和问责的政府投资管理体制，使深圳市的政府投资管理体制的改革得到了社会各界的一致好评，并对全国的政府投资管理体制改革起了示范作用[②]。刘诚臣[③]为探寻一种与政府工程相适应的投资管理制度，通过对基建处型、工程指挥部型和政府部门型等传统政府投资管理模式以及政府投资项目代建制的优势和不足进行对比分析，给出了完善政府投资项目代建制的方法，以促进适应新时代政府投资项目管理模式的发展。

广州市是国务院批复确定的中心城市，近些年该地区产业结构持续优化，城市经济社会发展势头较好，但高新技术产业发展和新型基础设施建设的资金需求与地方政府债务规模严格管理的矛盾日益扩大。如何处理城市经济发展与地方政府财政风险的平衡，推动地方政府投资管理体制加速改革？广州市常务副市长欧阳卫民[④]以广州设立区级政府投资基金为例，结合广州市自身的经济社会发展现状，对发展政府投资基金推动政府投资管理体制改革的意义展开了深入研究，指出发展政府投资基金不仅有利于加速推进政府投资管理体制的改革，而且有利于推动产业结构升级和构建新时代企业治理结构。

2.1.6 政府投资法制建设研究

改革开放以来，为提升我国政府投资管理的法制化环境，在建设财政投资法律制度的过程中，国家发改委、国务院、财政部和中共中央办公厅

---

① 陈益刊．政府投资怎么投 怎么管［J］．宁波经济（财经视点），2019（6）：32－33.

② 叶仕春．深化社会投资体制改革 创新政府投资项目管理［N］．中国改革报，2016－03－12（002）.

③ 刘诚臣．谈我国政府投资项目管理模式［J］．山西建筑，2017，43（12）：245－246.

④ 欧阳卫民．推进投融资体制改革 大力发展政府投资基金［N］．金融时报，2016－01－28.

等出台了许多政府投资管理相关政策文件。其中，具有重要里程碑意义的是，2019年7月1日开始生效的《政府投资条例》首次以行政法规的形式从政府投资决策、政府投资年度计划、政府投资项目实施、监督管理和法律责任五个方面阐述了新时代中国政府投资工作开展的要求，这也是我国政府投资法律层级最高的文件。

《政府投资条例》的颁布引起了许多学者的研究和讨论。国家发展和改革委员会主任何立峰[①]认为，《政府投资条例》全面贯彻了习近平新时代中国特色社会主义思想和党的十九大精神，充分体现了党中央、国务院关于深化投融资体制改革和“放管服”改革的要求，科学总结了我国政府投资实践经验，围绕贯彻新发展理念、正确处理政府和市场关系、加强补短板和防风险等进行了有针对性的制度设计，对政府投资管理的关键环节确立了基本规范。《政府投资条例》的出台也标志着我国政府投资法制化的建设迈出了重要的一步，对加速推动政府投资法治化具有里程碑式的意义。各级政府的投资主管部门和其他有关部门就如何严格落实《政府投资条例》的研究也显得格外重要。金汉[②]强调贯彻《政府投资条例》，是加快推动新时代中国政府投资法治化的关键，是实现我国政府投资治理能力现代化的重要举措。同时，《政府投资条例》的严格贯彻，不仅有利于提升政府投资行为的法治化和政府投资决策的科学化，而且有利于发挥政府投资质效的社会化。

邹焕聪[③]指出，《政府投资条例》的出台也为今后的法律人提出了具有挑战性的法治课题。具体来讲，一是政府投资制度与其他法律法规的制度衔接问题。比如《政府投资条例》如何与分散在《预算法》《招标投标法》《农业法》《审计法》中的政府投资法律规定相衔接，这也是

① 何立峰．认真贯彻《政府投资条例》依法更好发挥政府投资作用［J］．宏观经济管理，2019（5）：1－2，4.

② 金汉．加快推动政府投资法治化［N］．黄冈日报，2019－06－26（006）.

③ 邹焕聪．政府投资法治建设的重大突破与未来课题［N］．民主与法制时报，2019－05－26（006）.

将来值得学术界探讨的课题。二是新时代政府投资行政法规的配套制度建设问题。《政府投资条例》只是对政府投资的关键环节和主体结构做出了规定和解释，但具体详细的要求并没有说明，因而与之相关的配套制度建设也是值得思考的课题。三是深化改革与政府投资法律制度发展创新问题。改革是中国特色社会主义建设过程中的永恒主题，尽管《政府投资条例》的出台是我国投资法治化的重要突破，但《政府投资法》的颁布是投资领域政府治理现代化的更高目标，因而需要进一步深化改革政府投资领域的法律制度建设，加速推进政府投资法律制度的创新发展。

贾壮[①]认为《政府投资条例》在投资领域处理政府与市场关系时，提供了明确的法治依据。比如，明确政府投资资金应当投向市场不能有效配置资源的社会公益服务、公共基础设施、农业农村、生态环境保护、重大科技进步、社会管理、国家安全等公共领域的项目，以非经营性项目为主。《政府投资条例》对政府投资领域做出的明确规定，会更加有利于政府投资边界的厘清，进而充分发挥政府投资作用，提高政府投资效益，规范政府投资行为，激发市场投资活力。然而，《政府投资条例》出台前，关于政府投资法律制度的研究主要集中在监管方面，因当时政府的投资行为主要依靠效力层级较低的地方性法规规章调控监管，大量的规范性文件导致政府性投资监管制度体系混乱，效力层级低。有学者在当时的社会背景下提出制定政府性投资管理条例[②]的建议。但是，刘畅、华国庆[③]认为，基于现有法治环境，关于政府性投资的专门性法律法规尚未出台，可行的做法是在未来即将出台的政府性投资条例中规定政府性投资监管专章，将原来较为原则性、概括性的条文加以细化，明确政府性投资监管应当体现在政府性投资的各个层面、各个阶段。

① 贾壮．加速推动政府投资法治化［N］．人民日报，2019-05-20（009）．

② 徐虎．论政府投资的法律规制［D］．南京：南京师范大学，2014．

③ 刘畅，华国庆．我国政府性投资监管法律制度研究［J］．长春理工大学学报（社会科学版），2016，29（3）：29-32，49．

还有些学者基于不同的视角对我国政府投资法制建设相关内容展开了研究。其中，包括 PPP 模式中的政府投资资金监管法律制度研究、政府投资范围的立法研究、政府投资的审计监管研究等，具体内容如下。

张瑞雯[①]和王超、宣玉[②]从兼顾公平和效率的角度出发，对 PPP 模式中政府投资资金监管法律制度存在的问题展开研究，发现在政府投资主体与社会投资主体合作的实践过程中，政府投资资金预算缺乏有效约束，资金使用不规范、资金监管效果不力等问题非常突出。鉴于此，政府应严格掌握预算调整的标准，同时通过建立健全政府投资资金信息的公开制度，加强投资资金的有效监管，最终实现新时代 PPP 模式下政府投资资金监管的法制化、有序化、规范化。

胡建兵[③]认为政府和市场投资边界虽然要明确，但也不是“一刀切”。以政府投资修建收费高速公路为例，在经济较为发达的东部地区，车流量通常较大，修建收费高速公路的经济收益较高，因而比较容易吸引社会资本参与。政府投资只需发挥带头和引领作用，更多是由社会资本进行投资，也就意味着，尽量让政府投资起到“四两拨千斤”的作用。相反，在经济欠发达的西部地区，由于疆域广阔和人口稀少，车流量通常较小，难以吸引社会资本参与。为促进当地经济的发展，提高当地人民的生活水平，以及实现国家基本公共服务均等化的目标，政府投资此时发挥着主导性的功能作用。新时代政府投资范围的合理界定，需要确立行政任务性质标准、政府职能依法全面履行标准和公民基本权利保障标准等法律标准。在立法实践中，还需从法律上构建政府投资的清单制度，分别对禁止投资、应当投资、可以投资的项目清单做出规定，同时构建相应的定期评估

---

① 张瑞雯 . PPP 模式中政府投资资金监管法律制度［J］. 中国集体经济，2018（28）：121 - 122.

② 王超，宣玉 . PPP 模式中政府投资资金监管法律制度研究［J］. 江淮论坛，2018（1）：103 - 106.

③ 胡建兵 . 政府投资法治化　更好带动经济发展［N］. 中国商报，2019 - 06 - 21（P02）.

机制，从而规范和控制政府投资的范围①。

政府投资的界限范围，从广义上看，不仅包括预算内资金的固定资产建设项目，还包括各类专项建设基金、国际金融组织和外国政府贷款的国家主权外债资金建设项目，以及党政机关、财政拨款的事业单位自筹资金建设项目②。也就是说政府投资不仅包括国内的政府投资，还包含国外的政府投资。比如在推进“一带一路”倡议实施的过程中，财政部给亚洲基础设施银行贷款，以间接投资方式在海外进行政府投资。由于大量的海外政府投资通常分布在安全系数低的发展中国家和经济相对落后的国家，而这些国家大多数都存在政治和宗教矛盾，这无疑增加了政府海外投资的风险。因此，邓瑞平、董威颉③认为有必要建立健全中国海外投资保险法律制度，以保障海外投资的国家利益。

张帆④从实行政府投资审计全覆盖的视域出发，对政府投资监督法律制度展开了研究，发现目前还缺乏统一的政府投资监督法律制度，部分政府投资监督法律法规规定滞后，相关政府投资监督法律规定刚性不足等。

2.2 国外文献综述

2.2.1 政府投资规模研究

首先，有不少研究者就政府投资与私人投资的挤入挤出关系展开了探

① 邹焕聪．政府投资范围的法治化研究——以地方立法文本为素材的分析［J］．行政论坛，2019，26（3）：117－123.

② 刘洪岩．政府投资的“法治化”革新［J］．人民论坛，2019（27）：113－115.

③ 邓瑞平，董威颉．中国海外投资安全风险国家层面法律防范研究［J］．河北法学，2019，37（2）：29－48.

④ 张帆．完善政府投资审计法律制度研究［J］．审计研究，2015（5）：8－13.

索。Shanmugam Muthu[①] 采用 1971—2010 年的时间序列数据，利用 ARDL 模型对印度的政府投资与私人投资的挤入挤出关系进行实证分析。研究结果表明，政府投资对私人投资具有挤入效应，这与 Gjini[②] 和 Dreger[③] 的研究结论一致。但是，有些学者对此持不同意见，认为政府投资对私人投资没有挤入效应，甚至还存在挤出效应[④⑤⑥⑦⑧]。

在此基础上，有些学者进一步就长期和短期政府投资对私人投资的挤入挤出效应的差异展开了研究，结论大致分为两类。一是短期内，政府投资对私人投资具有挤入效应；长期内，政府投资对私人投资具有挤出效应。Nguyen、Trinh[⑨] 选取 1990—2016 年越南的相关宏观数据，运用自回归分布滞后（ARDL）模型以检验政府投资对私人投资是否存在理论上的挤入挤出关系。实证结果得出，在样本期间内，政府投资对私人投资的影响呈现倒 U 型的关系，即在短期内政府投资对私人投资具有挤入效应，而在长期内政府投资对私人投资有挤出效应。二是短期内，政府投资对私人投资具有挤出效应；长期内，政府投资对私人投资具有挤入效应。

---

① Shanmugam Muthu. Does public investment crowd - out private investment in India [J]. Journal of Financial Economic Policy, 2017, 9 (1).

② Gjini, A. and Kukeli, A. Crowding - out effect of public investment on private investment: an empirical investigation [J]. Journal of Business & Economics Research, 2012. 5.

③ Dreger, C. and Reimers, H. On the relationship between public and private investment in the Euro area, discussion papers, DIW Berlin, German Institute for Economic Research, Berlin, 2014.

④ Badawi, A. Private capital formation and public investment in Sudan: testing the substitutability and complementarity hypotheses in a growth framework [J]. Journal of International Development, 2003: 783 - 799.

⑤ Narayan, P. K. Do public investment crowd - out private investment? Fresh evidence from Fiji [J]. Journal of Policy Modelling, 2004: 747 - 753.

⑥ Ghani, E. and Din, M. The impact of public investment on economic growth in Pakistan [J]. The Pakistan Development Review, 2006: 87 - 98.

⑦ Swaby, R.. Public investment and growth in Jamaica, Fiscal and Economic Programme Monitoring Department, Bank of Jamaica, 2007.

⑧ Hatano, T. Crowding - in effect of public investment on private investment [J]. Public Policy Review, 2010: 105 - 120.

⑨ Canh Thi Nguyen, Lua Thi Trinh. The impacts of public investment on private investment and economic growth Evidence from Vietnam [J]. Journal of Asian Business and Economic Studies, 2018.

Adeosun、Orisadare 等[①]以尼日利亚为例，选取 1986—2017 年尼日利亚国内的相关宏观指标数据，结合非线性自回归分布滞后模型、非对称广义脉冲响应函数、方差分解与非对称 granger 因果检验等计量方法，对拉丁美洲国家的基础设施建设领域内的政府投资与私人投资之间的关系展开了实证分析。研究结果表明，短期内，政府投资对私人投资具有挤出效应；长期内，政府投资对私人投资具有挤入效应。

其次，有些学者对政府投资和私人投资的因果关系展开了研究。Tarlok Singh[②] 考察了印度政府投资对私人投资的长期影响，并检验了印度政府投资与私人投资之间的格兰杰非因果关系是否为零。误差修正模型和 VAR 模型的实证结果始终表明了从政府投资到私人资本的单向格兰杰因果关系。鉴于此，支持政府投资的显著挤入效应对制定长期经济增长和发展战略具有重要意义。它强调必须加快公共基础设施建设，以促使扭曲现象变化和由市场驱动的私人资本增加，并吸引外国直接投资的流入。Adeosun、Orisadare 等[③]以尼日利亚为例，选取 1986—2017 年尼日利亚国内的相关宏观指标数据，运用 granger 因果检验，对拉丁美洲国家的基础设施建设领域政府投资与私人投资之间的因果关系进行非线性格兰杰检验。研究结果显示，政府投资对私人投资呈现出单向非线性因果关系。然而，两者之间不存在双向非线性因果关系。

再次，还有些学者对政府投资的各种影响因素进行了深入分析。Randjelovic[④] 基于 2000—2017 年东欧和中欧 16 个国家的面板数据，运用普通最

---

① Opeoluwa Adeniyi Adeosun, Monica Adele Orisadare, Fisayo Fagbemi, Sikiru Adetona Adedokun. Public investment and private sector performance in Nigeria [J]. International Journal of Emerging Market, 2020 (7).

② Tarlok Singh. Does public capital crowd - out or crowd - in private capital in India? [J]. Journal of Economic Policy Reform, 2012, 15 (2).

③ Opeoluwa Adeniyi Adeosun, Monica Adele Orisadare, Fisayo Fagbemi, Sikiru Adetona Adedokun. Public investment and private sector performance in Nigeria [J]. International Journal of Emerging Market, 2020 (7).

④ Sasa Randjelovic. Determinants of variation in public investment in emerging Europe [J]. International Journal of Emerging Market, 2020 (2).

小二乘法和二阶段最小二乘法对影响这些国家政府投资的经济、政治和制度这些决定因素进行实证分析。研究结果显示，政府投资与国民经济产出呈现正相关关系，与政府债务呈现负相关关系。在经济衰退时期，政府投资大幅度下降；在政府选举期间，政府投资会增加。左翼党派占据内阁席位数量的增加会对政府投资产生负面的影响。国际货币基金组织的安排与这些国家政府投资的减少密切相关，政治因素对中欧和波罗的海国家的政府投资影响更为重要，而制度因素对东南欧政府投资的影响则更为重要。

最后，政府投资对经济增长的影响也是许多学者关注的重点领域。从实证结果来看，大致可以分为两类。一些学者认为政府投资对经济增长有显著的促进作用；另一些学者持不同意见，认为政府投资对经济增长没有显著的积极作用，甚至有些时候会产生负面作用。

从全球整体来看，近些年世界经济逐渐从 2008 年的金融危机中走出来，慢慢恢复到危机前的水平。但是，许多发达经济体的复苏仍然不温不火，而且这些国家经济的国内总需求持续疲软，这就意味着所谓的“长期停滞”[①][②] 的可能性非常大。基于这种背景，Abdul、Davide[③] 选取 1985—2013 年 OECD 中 17 个经济体的相关数据，利用公共投资预测误差模型来模拟和识别政府投资的因果关系。研究结果表明，无论是在长期，还是在短期，政府投资会减少劳动力的失业率，增加国民产出的水平，即说明政府投资会对经济增长产生积极作用。同样地，许多专家在《欧洲公共投资展望》[④] 中指出，在欧洲许多国家内，政府投资对维持经济增长

① Summers, L. H.. Remarks in honor of Stanley Fischer. Fourteenth Polak Annual Research Conference [J]. International Monetary Fund, 2013.

② Teulings, C., Baldwin, R. (Eds.). Secular Stagnation: Facts, Causes and Cures [J]. Centre for Economic Policy Research, London, 2014.

③ Abdul Abiad (ADB), Davide Furceri (IMF and University of Palermo), Petia Topalova (IMF). The macro - economic effects of public investment: Evidence from advanced economies [J]. Journal of Macroeconomics

④ Floriana Cerniglia (editor), Francesco Saraceno (editor). A European Public Investment Outlook [M]. Open Book Publishers: 2020 - 06 - 12.

的可持续平稳发展具有重要意义。

Varun、Muralidha[①] 为考察影响经济增长的因素以及政府投资、外国直接投资和国内私人投资之间的相互联系，基于巴西、俄罗斯、印度、中国和南非（金砖五国）1990—2014 年的面板数据，利用经济增长模型分别估算了经济增长和政府投资对外国直接投资和国内私人投资的影响。实证结果表明，金砖国家政府投资的增加会降低外国直接投资和国内私人投资对经济增长的积极影响，也就意味着，在样本期间内，政府投资会对经济增长产生负面作用。

2.2.2 政府投资结构研究

政府投资是区域政策的主要工具之一。基础设施与地区人均收入之间存在直接联系，这一观点通常被接受，但不同类型的政府投资对地区经济增长和私人投资以及私人消费的影响是存在差异的。Diego[②] 基于 1965—1997 年西班牙地区的相关面板数据，分别利用混合回归模型、固定效应模型和随机效应模型对该假设进行检验。实证结果表明，生产性政府投资和社会政府投资对私人投资具有积极的影响。其中，教育投资对私人投资的挤入效应更加明显。

Lofgren、Robinson[③④] 基于撒哈拉以南非洲国家的相关数据，利用动态可计算一般均衡模型（DCGE），对教育、医疗、卫生等领域内的财政

---

① Varun Chotia, N. V. Muralidhar Rao. Examining the impact of public investment and private investment on economic growth: empirical evidence from BRICS nations [J]. Int. J. of Economics and Business Research, 2017, 14 (2).

② Diego Martinez - Lopez. Linking Public Investment to Private Investment. The Case of Spanish Regions [J]. International Review of Applied Economics, 2006, 20 (4).

③ Lofgren H, Harris R L, Robinson S. A Standard Computable General Equilibrium (CGE) Model in GAMS [M]. The International Food Policy Research Institute, 2002.

④ Lofgren H, Robinson S. Public Spending, Growth, and Poverty Alleviation in Sub - Saharan Africa: A Dynamic General Equilibrium A - nalysis [R]. International Food Policy Research Institute, 2004.

支出效果进行实证分析。研究结果表明，在样本期间内，这些国家在农业、人力资本、运输和通信等方面的财政支出效果排名靠前。而 Fan、Rao[①] 利用 1980—1998 年亚非拉地区 43 个发展中国家的相关数据来研究不同类型的财政支出影响经济增长的差异。研究结果显示，在非洲，政府在农业和卫生方面的支出在促进经济增长方面尤其强劲。亚洲在农业、教育和国防方面的投资具有积极的作用。然而，在拉丁美洲，除卫生外的所有类型的政府支出在统计上都不显著。

César、Enrique 等[②]采用 1960—2000 年 88 个工业发达国家和发展中国家的 3520 个样本数据，利用新古典经济增长模型、自回归分布滞后（ARDL）模型、普通最小二乘法（OLS）模型和单位根检验、协整检验、异方差检验等工具，对包括道路交通、电力和电信在内的基础设施领域的政府投资的有效性进行实证分析。研究结果表明，基础设施建设领域的政府投资资本的产出弹性是存在跨国差异的，但是弹性值的波动比较小，在 0.07—0.10 之间。

Shanmugam Muthu（2017）[③] 选取了 1971—2010 年的相关年度数据，通过运用自回归分布滞后（ARDL）模型，分析印度不同类型的政府投资与私人投资的关系。研究结果表明：①与以前研究不同的是，在长期内，公共基础设施领域的政府投资对私人投资没有显著的影响。②在短期内，非公共基础设施领域的政府投资对私人投资有挤入效应；在各大类行业中，只有供水、供电和供气行业的基础设施领域的政府投资对私人投资具有显著的挤入效应。③无论是长期还是短期，机械设备制药业和建筑业领域的政府投资对私人投资有较大的影响。在经济不确定的条件下，相比于

① Fan S, Rao N. Public Spending in Developing Countries: Trends, Determination, and Impact [R]. International Food PolicyRe - search Institute, 2004.

② César Calderón, Enrique Moral - Benito, Luis Servén. Is infrastructure capital productive? A dynamic heterogeneous approach [J]. Journal of Applied Econometrics, 2015, 30 (2).

③ Shanmugam Muthu. Does public investment crowd - out private investment in India [J]. Journal of Financial Economic Policy, 2017, 9 (1).

长期，短期内机械设备制药业和建筑业领域的政府投资对私人投资的挤出效应更加明显。

2.2.3 政府投资方式研究

近年来，公共管理学者呼吁人们注意公共部门和私营部门之间界限的模糊。但是，很少有注意力集中在公共计划的管理上，这些计划试图通过政府对私人公司的直接投资来影响私人市场。直接政府投资方式是一种新的政府工具，已在多个国家和多个级别的政府中应用。基于此背景，Charles、Witesman①利用理论分析和实践分析结合的方法，对美国能源部的先进技术车辆制造贷款计划案例进行了深入分析，并提出了确定政府直接投资的合理理由、管理此类投资所必需的行政能力领域以及这种新的政府工具的潜在陷阱。

有些学者对政府投资的新兴方式 PPP 模式进行了深入研究。Sakowska、Cole 等②基于吉朗地区 2015 年 7 月至 2017 年 6 月的 2114 个样本数据，对 PPP 模式是否提升公共医疗领域的结肠镜检查服务水平进行了实证分析。研究结果表明，在吉朗地区引入独特的公私合作关系，显著减少了专科门诊评估和结肠镜检查的等待时间，使公立患者可以更及时地就诊，从而提高了医疗领域公共服务供给水平。Whitfield、Smyth③利用 1998—2016 年的英国 PPP 股权交易所涉及的 1003 个 PPP 项目的相关数据，对英国 PPP 股权销售的市场规模和范围、PPP 项目的性质和该政策的现有理由进行了深入分析。最后总结了许多潜在的研究议程，这些议程集

① Charles R. Wise, Eva M. Witesman. Direct Government Investment: Perverse Privatization or New Tool of Government? [J]. Public Administration Review, 2019, 79 (2).

② Sakowska M M, Cole J A M, Watters D A, et al. Impact of public - private partnership on a regional colonoscopy service [J]. ANZ Journal of Surgery, 2019, 89 (5): 552 - 556.

③ Whitfield D, Smyth S. INFRASTRUCTURE INVESTMENT - THE EMERGENT PPP EQUITY MARKET [J]. Annals of Public and Cooperative Economics, 2019.

中于 PPP 股票销售，其中包括呼吁重新评估理论观点。Muhammad、Malik① 运用案例分析法和定性分析法对巴基斯坦基础设施的 PPP 项目采购的现状进行了深入分析，旨在确定影响巴基斯坦基础设施 PPP 项目成功应用的因素，进而促进 PPP 项目在该国的健康发展。研究结果显示，巴基斯坦政治局势的不稳定和组织的不成熟是导致私人部门对基础设施建设投资信心不足的重要原因。此外，法律和治安状况也都不利于 PPP 项目在该国的成功实施。

不少研究者基于政府股权投资的视角，对政府投资方式进行了探索。Brander、Hellmann② 利用 2000—2008 年全球 21852 个企业样本数据，对政府股权投资基金是否影响企业展开了深入分析。研究结果表明，政府股权投资基金通过首次公开募股（IPO）或第三方收购方式退出的可能性具有令人惊讶的非单调性。如果仅一小部分资金来自政府股权投资基金，则从私人风险资本家和政府股权投资基金那里获得资金的企业的营业表现要优于纯粹由私人风险资本家提供资金的企业。但是，如果大部分资金来自全球价值链，企业的表现就会不佳。Engberg、Halvarsson 等③基于一个有关政府股权投资的数据集，对政府股权投资与目标公司的销售关系进行了实证分析。结果表明，政府股权投资显著提高了目标公司的销售水平。Dahaj Cozzarin④ 使用 1998—2013 年来自 26 个国家的风险投资数据，研究政府股权投资基金是否会增加或减少国内私人风险投资的跨境投资行为，以及确定政府股权投资基金是否具有吸引或排斥外国私人风险投资的效果。研究结果表明，政府股权投资对国内私人风险投资总体上具有挤入效应：

① Muhammad Ali Noor, Malik Khalfan. Public private partnership in transport sector projects in Pakistan [J]. Int. J. of Critical Infrastructures, 2017, 13 (1).

② Brander J A, Du Q, Hellmann T. The Effects of Government - Sponsored Venture Capital: International Evidence [J]. Socialence Electronic Publishing, 2015.

③ Engberg E, Halvarsson D, Tingvall P. Direct and Indirect Effects of Private - and Government Sponsored Venture Capital [J]. Ratio Working Papers, 2017.

④ Dahaj A S, Cozzarin B P. Government venture capital and cross - border investment [J]. Global Finance Journal, 2019.

它在吸引国内和国际私人风险投资到国内风险投资市场的同时，增加了私人风险投资的总投资。相反，政府股权投资对国外私人风险投资总体上具有挤出效应。

还有学者研究了政府补贴对上市企业的影响。Danlu① 选取 2007—2014 年 3021 家上市企业的相关数据，研究地方政府对上市企业给予财政补贴会对其产生什么影响。研究结果表明，获得地方政府财政补贴的上市企业在该地区更容易进行股权投资。同时，在该地区进行首次股权投资，会增加地方政府对企业的补贴。政府以财政补贴的方式进行股权投资对 GDP 压力越大地区的积极影响程度越高。该研究进一步发现，政府以财政补贴的方式进行股权投资与上市企业的绩效有显著的负相关关系，这意味着进行股权投资以获得补贴的企业具有投机性质。

2.2.4 政府投资绩效研究

近些年，国外关于政府投资绩效的研究主要涉及政府投资支出效率和政府投资项目绩效评价管理指标体系两个方面。

2.2.4.1 政府投资支出效率的研究

Giovanni、Juha② 基于福利经济学的视角，运用随机动态一般均衡（DSGE）模型，分析了政府支出的福利乘数，即 1 美元公共支出变动所带来的福利的变化量。研究结果表明，政府投资的福利乘数不仅取决于公共资本的生产率（产出弹性），还取决于公共资本的折旧率和政府投资的效率。其中，政府投资的效率定义为公共投资支出的一部分，转化为公共资本存量。同时，当以发达经济体的经验估计值为基础设定关键参数值，且

---

① Danlu B. Government Competition, Equity Investment and Subsidy [J]. Accounting Research, 2018.

② Giovanni Ganelli, Juha Tervala. Welfare Multiplier of Public Investment [J]. IMF Economic Review, 2020, 68 (27).

产出乘数与经验估计值一致时，福利乘数是正的，并且是可观的。当设定的关键参数值与发展中经济体的特征相匹配时，福利乘数大致为零。这就意味着，发达经济体推动公共基础设施建设是有道理的，但发展中经济体应提高政府投资的效率和生产率。

Min、Kim 等[①]使用两阶段 DEA 模型来评估韩国政府投资和商业化的区域效率。首先计算政府研发投资支出的效率值，并利用这些效率值对假设进行检验。然后通过非参数检验，分析了创新网络规模和政府研发投资这两个背景因素是否会导致区域创新效率的差异。研究结果表明，在研发更为政府关注的地区，技术开发效率高于平均水平。鉴于此，应考虑将政府投资与网络建设相结合的政策，以提高政府投资的效率，并从区域创新中产生技术和商业价值。

Christophe、Florence[②] 以拉丁美洲的墨西哥和哥伦比亚为例，选取了 1980—1995 年两国在电力、电信、公路和铁路四个领域以及相关宏观经济指标的面板数据，结合非参数方法和资本累积方程的使用，对政府投资在发展中国家创造资本存量方面是否有效率展开了深入分析。实证研究结果表明，在样本期间，两国的政府投资增加额与股票价值增值有较大的差距，在某种程度上说明两国的政府投资效率水平比较低。同时，通过非参数方法测算得出，墨西哥和哥伦比亚的政府投资效率分别为 0. 40 和 0. 38。Buffie、Pattillo 等[③]选取 1970—2011 年 102 个发展中国家的平衡面板数据，利用 CCEMG 估计法和 CES 生产函数等工具，以探究政府投资效率和政府投资增长之间的关系。研究结果表明，在一个简单的基准模型中，尽管世界各国的政府投资效率水平不同，但这种跨国差异并不影响它们的政府投

---

① Sujin Min, Juseong Kim, Yeong - Wha Sawng. The effect of innovation network size and public R& D investment on regional innovation efficiency [J]. Technological Forecasting & Social Change, 2020, 155.

② Christophe Hurlin, Florence Arestoff. Are Public Investment Efficient in Creating Capital Stocks in Developing Countries ? [J]. 2010.

③ Buffie Edward F, Pattillo Catherine A, Portillo Rafael, et al. Some Misconceptions about Public Investment Efficiency and Growth [M]. 2016.

资规模。换言之，即使甲国的政府投资效率水平比乙国高，甲国的政府投资比例也不一定比乙国的高。

2.2.4.2 政府投资项目绩效评价管理指标体系的研究

Fang、Lin 等①认为政府投资项目绩效评价方法的研究主要集中于投资项目的指标体系。这些绩效评价模型不包含适用性的重要程度，因此缺乏合适的模型来评价低碳经济下的城市道路交通安全领域的政府投资项目。鉴于此，依据投资公共项目的特点，结合灰色关联分析法、模糊综合评价法和逐步判别法各自的优势，开发了一种新的算法——GFS 算法。利用 GFS 算法可以对新投资项目进行判别分析。实践表明 GFS 算法具有良好的效果。

Norris、Brumby 等②设计了一个新型政府投资效率指数，它由 4 个维度的 14 个指标构成（见表 2－2）。这个指数非常全面，覆盖了基础设施建设领域的政府投资管理的四个不同阶段：战略指导与项目评估、项目选择和预算、项目实施、项目评估和审计。最后，以这个指数为评分依据，运用 2007—2010 年 71 个国家（40 个低收入国家和 31 个中等收入国家）的相关面板数据，对这些国家的政府投资效率打分。

表 2－2　政府投资效率指数

维度	名称	内容
A 战略指导与项目评估	A1	战略指导的性质和部门战略的可用性
	A2	评估标准的透明度
	A3	事前评估
	A4	独立审查进行的评估

① Fang Hu, Lin Li, Zhi Hua Liu. Research on Government Investment in Public Project Performance Evaluation Model under Low－Carbon Economy [J]. Applied Mechanics and Materials, 2012, 1498.

② Era Dabla－Norris, Jim Brumby, Annette Kyobe, Zac Mills, Chris Papageorgiou. Investing in public investment: an index of public investment efficiency [J]. Journal of Economic Growth, 2012, 17 (3).

续表

维度	名称	内容
B 项目选择和预算	B1	中期规划框架的存在及其与预算的整合
	B2	将捐助者资助的项目纳入预算（或类似项目）
	B3	将经常性支出和投资支出纳入预算
	B4	立法机构（包括其委员会）提供的审查和资金性质
C 项目实施	C1	合同授予的公开竞争程度
	C2	与采购有关的任何投诉机制的性质
	C3	预算执行期间的资金流
	C4	内部控制的存在和有效性，如承诺控制
D 项目评估和审计	D1	进行事后评估的程度
	D2	及时进行外部审计并由立法机关资产登记簿和/或资产价值的维护

Rosnani、Suhaiza 等①通过问卷调查法（237 份完整的问卷收到的答复率为 51.52%）采集原始数据，然后利用 SPSS 软件对数据进行描述性统计分析，以期确定基于“融资和市场”和“创新与学习”两个方面的评估公私合作模式（PPP）绩效时所使用的重要绩效指标，并考察它们在政府投资和私人投资之间的差异性。调查结果显示，融资和市场方面的前三大重要绩效指标是“运营成本”、“工程造价”和“工期”。而创新与学习方面的前三大重要绩效指标是“技术创新”、“员工培训”和“金融创新”。就公共部门和私营部门团体之间的认知差异而言，测试结果表明绩效指标的每一方面只有一个显著的统计差异。Mohammad、Ross② 通过问卷调查法收集原始数据，并利用层次分析法（APH）对孟加拉国 PPP 模式关键的 8 个领域的 42 个绩效指标赋予权重，以完善该国 PPP 模式下的政府投资的绩效评价指标体系。研究结果显示，“可行性分析”、“生命周

① Rosnani Mohamad, Suhaiza Ismail, Julia Mohd Said. Performance indicators for public private partnership (PPP) projects in Malaysia [J]. Journal of Economic and Administrative Sciences, 2018, 34 (2).

② Mohammad Hossain, Ross Guest, Christine Smith. Performance indicators of public private partnership in Bangladesh [J]. International Journal of Productivity and Performance Management, 2019, 68 (1).

期评估和监测”和“最佳风险分配”是孟加拉国PPP模式下的最重要的绩效指标。

2.2.5 政府投资管理体制研究

政府通常既是管理者，又是融资方和监管者，这使得政府在从事投资管理的过程中难免会出现一系列具有争议的关键程序和问题。基于这种背景，Ahmed① 分析了科威特现有的政府投资管理体系的一些弱点和优势，如透明度、所有权、技术水平和监管能力。然后在借鉴国际货币基金组织的先进经验基础上，建议将现有的政府投资管理体系与国家发展愿景、计划和项目相结合，以期完善科威特政府投资管理体制建设，进而促进经济的高质量发展。

还有不少学者就如何通过健全政府投资管理体制以提高政府投资资金效率进而促进经济增长展开了深入分析。国际货币基金（IMF）组织财政事务署②就财政透明度如何提高政府投资管理效率展开了深入研究。首先，选取了来自欧洲、非洲、拉丁美洲和亚太地区10个国家作为研究对象。这些国家由3个发达国家、5个新兴国家和2个低收入国家组成。然后，为弄清财政制度提高政府投资管理效率的内在机制，将政府投资管理过程分成三个阶段，每个阶段都有5个关键性的财政制度指标。参照这些指标，对这些国家的政府投资管理效率打分。根据评分结果，与政府投资管理制度不健全的国家相比，政府投资管理制度更加健全的国家的政府投资波动往往会小很多。

---

① Ahmed Nawaz Hakro. Public investment management system in Kuwait [J]. Int. J. of Applied Nonlinear Science, 2015, 2 (1/2).

② Fiscal Affairs Department International Monetary Fund. Fostering Fiscal Transparency and Public Investment Management Institutions. Finance and Central Bank Deputies' Meeting Tagaytay, 2015.

Woldeye[①] 利用 1970—2007 年 37 个发展中国家的相关数据，利用标准的误差修正（VECM）模型，分析了政府投资管理制度与经济增长的关系。研究结果表明，与拥有糟糕的政府投资管理制度的国家相比，好的政府投资管理制度对经济增长的促进作用更加明显。伴随着加纳近海大量石油和天然气资源的发现，该国公众对医院、学校、道路之类的公共基础设施服务需求随之提高。然而，加纳在利用自然资源方面的实践并不是很成功，无论是黄金还是可可，这些产业的发展水平都处在低效的层次。究其原因，加纳在利用自然资源方面的低效率很大程度上是由落后的和政治化的政府投资管理体制造成的。鉴于此，Tuan、Serdar、Kwawukume[②] 基于 Rajaram 等[③]开发的框架开发了一个政府投资管理指数，对加纳政府投资管理系统进行评估。评估结果表明，加纳政府投资管理体制中有许多关键功能，如项目建议书筛选、评估、监测和评价，要么只存在于纸面上，要么完全缺失。最后，针对上述问题，提出了一系列意见和建议，旨在进一步完善政府投资管理体制，以期更好地促进加纳经济的发展。

近些年，土耳其各省对社会经济发展的需求比政治需求更为迫切，而在此之前，土耳其财政资金使用效率的低下通常是与浪费和选举紧密相连的。在这种背景下，Davide[④] 利用过程跟踪分析法、深度访谈法和文献对比法，对土耳其的政府投资管理制度和中央经济官僚制的特点进行深入分析，旨在探索是否可以用中央经济官僚制来解释“相对稳健”的政府投

---

① Woldeyes F B. Long - run Effects of Resource Rents in Developing Countries: The role of public investment management [J]. Oxcarre Working Papers, 2013.

② Tuan Minh Le, Serdar Yilmaz, Smile Kwawukume. Riding the Tide of Oil Revenue Cyclicity: Enhancing Public Investment Management Efficiency in Ghana [J]. Case Studies in Business and Management, 2016, 3 (2).

③ Rajaram, A., Le, T. M., James, B., & Natalyia. A Diagnostic Framework for Assessing Public Investment Management. World Bank Policy Research Working Paper, 2010.

④ Davide Luca. Boon or bane for development? Turkey's central state bureaucracy and the effective management of public investment [J]. Environment and Planning C Government and Policy, 2017.

资管理体制的形成。

2.2.6 政府投资法律制度研究

近些年，国外关于政府投资的法律制度建设研究主要集中在政府与社会合作 PPP 领域，主要包括对 PPP 的内涵界定和 PPP 法制建设两个方面的研究。

在 PPP 的内涵界定方面，Hobbs[①] 认为 PPP 是政府和私人部门基于平等合作关系，共同为社会提供教育、医疗和交通道路等公共产品和服务。McBride[②] 指出 PPP 模式是对传统政府投资方式的重大改革。政府通过与私人部门合作，不仅提高了基础设施建设的效率，而且通过向私人部门转移部分资金风险而降低了财政风险。美原融[③]认为 PPP 是通过引入社会资本减轻财政压力和改善公共服务供给结构的有效手段。

在 PPP 的法制建设方面，日本基于 20 世纪八九十年代经济出现泡沫的背景，从英国引入 PFI（代指日本 PPP）制度，旨在提升政府投资水平，缓解政府财政赤字压力和促进国民经济增长。1999 年，日本颁布《利用民间资金促进公政府投资共设施等设备相关法》（也称《PFI 推进法》），并于 2001 年、2005 年、2011 年和 2016 年对该法进行了多次修改[④]。特别值得注意的是，2016 年日本政府对《PFI 推进法》的进一步修订和完善，极大地拓宽了 PFI 模式的适用范围，为 PFI 的健康高速发展提供了充足的法律保障。

澳大利亚政府在 PPP 应用方面具有很多年的成功经验，被认为是 PPP

---

① Hobbs Steven. An overview of Public - Private - Partnership in Canada [R]. Economic Developers Council of Ontario Spring Symposium, 2016.

② John McBride. Annual report 2015 - 2016: Transforming infrastructure delivery [R]. ottawa. 2016.

③ 美原融．借鉴日本 PPP/PFI 的成功和失败经验［J］. 比较，2016（3）.

④ 裴俊巍．国外 PPP 立法特点与经验借鉴［J］. 中国财政，2016（12）：33 - 35.

较成熟的国家之一[①][②]。PPP 项目的应用在澳大利亚取得成功的一个重要原因在于，澳政府出台的一系列支持 PPP 发展的政策文件都特别重视 PPP 项目的绩效管理。

越南政府为了充分发挥政府投资作用，提高政府投资效益，规范政府投资行为，激发社会投资活力，于 2014 年颁布了新修订的《政府投资法》，对政府投资的范围做出了明确界定。政府投资包括以下领域：对发展社会经济基础设施项目的投资，对服务国内外政府组织、政治和社会组织活动的投资，支持公共产品和服务供应的投资，政府投资资本在公私合营项目中的政府股份投资[③]。

加拿大将 PPP 归于政府采购管辖范围，各省都有专门政府投资的采购机构或办公室负责 PPP 采购。加拿大作为典型的普通法系政府投资国家，各政府投资省对 PPP 政策都有自己的规定，因而使得该政府形成了全方位、多层次、立体化的 PPP 法律制度体系[④]。部分主要法律法规和政策文件详见表 2-3。

表 2-3　　加拿大部分 PPP 相关政策法规一览表[⑤]

政府		法案、政策、指南	通过年份
联邦		加拿大战略基础设施基金法案	2002
省级	新布伦瑞克省	高速公路公司法	1995
	安大略省	高速公路 407 法案	1998
		基础设施项目公司法	2006

① Deloitte Research. Closing the infrastructure Gap: The Role ofPublic - Private - Partnership, 2006.

② Office of the Auditor - General New Zealand. Managing the implications of public private partnerships, 2011

③ Canh Thi Nguyen, Lua Thi Trinh. The impacts of public investment on private investment and economic growth Evidence from Vietnam [J]. Journal of Asian Business and Economic Studies, 2018.

④ 裴俊巍. 国外 PPP 立法特点与经验借鉴 [J]. 中国财政, 2016 (12): 33-35.

⑤ 王天义, 杨斌. 加拿大政府和社会资本合作 (PPP) 研究 [M]. 北京: 清华大学出版社, 2018: 133.

续表

政府		法案、政策、指南	通过年份
省级	阿尔伯塔省	基础设施和运输部 P3 采购文件准备指南（草案）	2006
		阿尔伯塔省 PPP 框架和指南	2006
	不列颠哥伦比亚省	交通投资法第 65 章	2002
		健康部门伙伴关系协议法第 93 章	2003
		交通运输投资修正案	2008
	魁北克省	基础设施法案	2009
市级	卡尔加里市 PPP 政策		2008
	埃德蒙顿市 PPP 政策		2010
	圣阿尔波特市 PPP 政策		2012
	渥太华市 PP 政策		2013

在孟加拉国，公私伙伴关系（PPP）的概念是最近才提出的。鉴于该国目前的需求，孟加拉国政府于 2010 年 8 月发布了《公共私营伙伴关系政策和战略》，以促进对孟加拉国人民至关重要的核心部门公共基础设施和服务的发展。PPP 计划是政府“ 2021 年愿景”目标的一部分，该目标旨在确保实现更快、更具包容性的增长，并用财政的可持续发展理念更好地满足对增强的高质量公共服务的需求①。

2.3 文献述评

从国内外来看，当前关于政府投资方面的研究成果十分丰富，这些文献大致可以分为六个方面：政府投资的规模研究、政府投资的结构研究、政府投资的方式研究、政府投资的绩效研究、政府投资的管理体制研究、政府投资的法制建设研究。

关于政府投资规模的研究主要集中在政府投资对民间投资的挤入挤出

① SS Husain, MR Amin. Public Private Partnership in livestock sector of Bangladesh [J]. Bangladesh Journal of Animal Science, 2018, 46 (3).

效应，但当前学术界对这方面的研究结论还存在很大的争议。目前政府投资与民间投资的挤入挤出关系的研究结论分为以下几种情况：政府投资对民间投资有挤出效应；政府投资对民间投资有挤入效应；政府投资对民间投资没有挤入和挤出效应；在短期内，政府投资对民间投资产生挤入效应，在长期内，政府投资对民间投资产生挤出效应；在短期内，政府投资对民间投资产生挤出效应，在长期内，政府投资对民间投资产生挤入效应。

关于政府投资结构的研究主要包含政府投资结构对居民消费和私人投资的影响研究和政府投资结构优化的调整研究两个方面，绝大多数是关于政府投资结构的实证研究，且涉及的计量工具和模型种类丰富。比如，单位根检验、协整检验、脉冲响应函数、OLS 模型、DIF – GMM 模型、SYS – GMM 模型、向量自回归（VAR）模型、SVAR 模型，可计算的一般均衡（CGE）模型、动态随机一般均衡（DSGE）模型。

关于政府投资方式的研究主要涉及政府股权投资、政府担保和贴息，前者属于政府直接投资方式，后者属于政府间接投资方式。政府股权投资基金和政府股权投资引导基金的运行管理模式是政府股权投资研究的热点，而政府担保和贴息研究的主要内容是中小微企业创业担保贷款机制的建立和完善。有关税收优惠这种间接的政府投资方式研究的文献还比较少。

关于政府投资绩效的研究非常多，包括政府投资绩效管理指标体系的设计、研究视角的创新、投资效率的评价、投资项目的评价以及投资基金的评价。但有关政府投资绩效评价的社会共识和制度依据以及评价结果应用等方面的研究还有待进一步加强。

关于政府投资管理体制和政府投资法律制度的文献大多数属于规范性研究。其中，国内关于政府投资管理体制的研究主要是基于地方政府财权与事权划分、政府投资决策、政府投资审计制度、企业治理结构、管理体制演变路径的视角展开的。关于政府投资法律制度的研究主要是围绕《政府投资条例》的颁布展开的，包括《政府投资条例》的现实意义、后续相关配套文件如何落实、《政府投资法》如何推进等。国外近些年政府投资管理体制和政府投资法律制度研究主要围绕 PPP 模式展开。

3

新时代政府投资理论基础研究

新时代政府投资不是盲目的摸索，而是有其深厚的理论基础。政府投资与社会民间投资有一定的互补性，作为更加注重宏观经济效益和社会效益的政府投资，科学合理的投资行为，有利于促进国家经济社会发展；而政府投资失误，将给国家带来较大的风险和长期的影响。因此，研究政府投资的理论基础对投资行为决策以及国民经济和社会发展都具有十分重要的意义。通过梳理投资理论，掌握经济运行和政府投资的基本规律，有利于提高新时代政府投资的科学性、合理性，提高投资使用效率，实现政府投资的政策目标。

本章重点针对马克思主义社会再生产理论、新时代中国特色社会主义理论，以及当代西方经济学投资理论展开分析。其中，马克思主义社会再生产理论是马克思主义政治经济学的一部分。列宁曾说马克思的经济学理论“是马克思主义理论最全面、最深刻、最详尽的证明和运用”。马克思主义的政治经济学对于开展我国特色社会主义现代化建设前期工作来说有着非常重要的政治科学技术理论实践价值与社会现实意义。我国在不断推进有中国特色社会主义建设的过程中，对马克思主义学说中国化不断探索，已经形成了一个新历史时期建设具有中国特色社会主义的重要理论实践框架，这一理论充分结合我国发展的现实特征，对我国的经济社会建设有着更加科学的指导意义。同时，由于我国实行社会主义市场经济体制，市场在资源配置中发挥决定性作用，因而西方的经济学理论对于我国的市场经济发展也有一定的借鉴作用。

3.1 马克思主义社会再生产理论

3.1.1 社会再生产理论相关概念及理论基础

3.1.1.1 社会再生产理论中的基本概念

社会资本再生产理论，研究的对象是资本主义生产方式中社会资本流动过程。社会资本也可以简称为整体社会资本，它是一种在整体资本主义市场经济社会中互相流通、彼此作为前提、彼此作为条件的所有个别资本的综合或者总和。单个资本，又称个别资本，是由资本家或者资本家集团以实现资本增值为目的所持有的资本。马克思说："各个单个资本的循环是互相交错的，是互为前提、互为条件的，而且正是在这种交错中形成社会总资本的运动。"[①] 单个资本和社会资本是部分与整体的关系，互为前提、互为条件，在动态中实现统一[②]。单个资本与社会资本既有联系，又有区别：它们同样作为资本，都以剩余价值的生产为运动内容，以货币资本、生产资本、商品资本为运动形式，以生产和流通为运动过程，以价值增值为运动目的；但是单个资本的运动只包含生产消费活动及其中的资本流通过程，不包含生活消费活动及其资本流通，而社会资本的运动过程不仅包含生产消费，还包含生活消费及其资本流通（见表3－1）。

表3－1　单个资本与社会资本的联系和区别

		单个资本	社会资本
联系	运动内容	剩余价值的生产	
	运动形式	货币资本、生产资本、商品资本	
	运动过程	购买、生产、销售三阶段，生产和流通的统一	
	运动目的	资本的价值增殖	
区别	生产消费	只包含	也包含
	生活消费	不包含在单个资本运动中	包含在社会资本运动中

资料来源：根据MBA智库百科中相关词条整理而得。

无论是单个资本还是社会资本，其资本运动内容就是剩余价值的生产。剩余价值，就是劳动者创造的、超出劳动力本身价值的那部分价值，这部分价值无法被劳动者本身所获得，而是构成资本家在生产经营活动中所获得的利润，用于资本家的自身消费或者新一轮的生产。其中，当剩余价值全部用于资本家自用，资本家并没有拿出一部分继续投资下一轮生产

① 马克思．资本论（第二卷）[M]．北京：人民出版社，1975：392.

② 王胜利．马克思社会资本再生产理论的当代启示[J]．传承，2016（1）：123－125.

从而增加资本、扩大生产规模，那样的再生产过程就被称为简单再生产；如果资本家将一部分剩余价值作为下一轮生产的预付资本投入的增加，用来购买生产资料和劳动力，那么下一轮的生产过程就会比上一轮规模更大，因此，这样的再生产过程就称作扩大再生产，同时，这种剩余价值的资本化过程就称为资本积累。资本为了能够实现其价值可持续增殖的目标和使命，就要尽量地生产出更多的剩余价值，使得这些资本家能够获得更多职业和工人剩余的价值，从而通过简单再生产和规模扩大再生产继续赚取更多的金钱，因此我们可以说资本运动的内容是生产剩余的价值。

在传统的资本主义市场经济生产方式下，资本首先以一种货币性社会资本的形式出现在社会主义市场舞台中，资本家采取货币性社会资金的形式购买其生产资料和劳务，此时的资本就由一种货币性社会资金的形式直接转化成一种生产资本的形式，其中生产资料和劳动力之比称作资本的技术构成。当资本家使用这样的生产资本，让工人消耗劳动力、使用生产资料进行生产活动，得到该企业所生产的商品时，资本就由生产资本形式转化为商品资本形式。当资本家出售其商品，获得销售额时，资本又由商品资本形式转化为货币资本形式（见图3－1）。资本为了完成其价值增值的使命，必须不断地处在购买、生产、销售三个阶段，不断地运行在生产和流通过程中，也不断地处在这种货币资本—生产资本—商品资本—货币资本等资本职能形式的循环变动之中。应当注意的是，虽然“每一个新资本最初仍然是作为货币出现在舞台上”，货币是资本最初的表现形式，但是在研究资本运动过程时以商品资本为出发点，既能分析研究社会资本运动中的生产消费、生活消费，以及剩余价值运动等所需的所有要素，又能

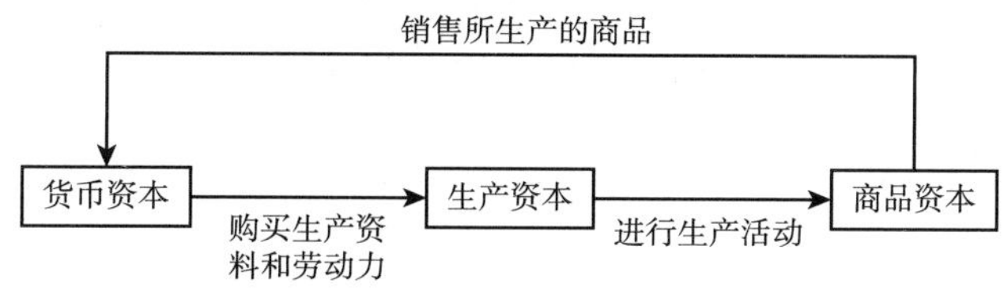

图3－1　资本运动的职能形式变化

更好揭示出社会资本在生产中的实现条件，因此在研究社会资本运动时必须以商品资本为出发点。

马克思认为，消费活动就是生产消费和生活消费的统一。其中，生产消费是资本家或资本家集团为了生产而进行的消费，比如购买生产所需的原材料以及向工人购买劳动力的消费活动；生活消费，就是人们为了满足基本的生活需要而必须进行的消费，这一消费活动用来购买维持生存以及健康所需的物品。不仅资本家需要进行生活消费，工人以及他们的家庭成员也需要进行生活消费。在个别资本运动中，工人和资本家的消费不是资本流通过程，而是在个别资本外部进行的一般商品流通；而社会资本运动是由各个个别资本运动总和构成的，工人和资本家需要的个人消费资料，只能在整个社会生产的商品中购买。他们购买消费资料的过程，也是那些专门生产消费资料的资本家销售商品的过程，即把他们的商品资本转化为货币资本的过程，这个过程是社会资本运动的一个组成部分。因此单个资本的运动只包含生产消费活动及其中的资本流通过程，不包含生活消费活动及其资本流通；而社会资本的运动过程不仅包含生产消费，还包含生活消费及其资本流通[①]。

社会再生产理论的核心问题，就是社会总产品的实现问题（见图3－2）。社会总产品，即社会的总商品资本，指一段时间内（通常为一年）社会所有劳动者所创造的全部物质资料的总和，反映该时期内社会的生产总成果。从实物形式来看，社会总产品分为生产资料和消费资料。生产资料，是人们从事物质资料生产所必需的一切物质条件，包括劳动资料和劳动对象；消费资料，又称生活资料，是用来满足人们基本的物质和精神生活所需要的产品。从价值形式来看，社会总产品又分为不变资本（c）、可变资本（v）和剩余价值（m）。其中m与v的比值称为剩余价值率，m与（c＋v）的比值称为利润率，c和v的比值称作资

---

① 陈毓圭．学习马克思关于个别资本与社会资本关系的论述改善和加强社会主义资金管理［J］．财政研究，1991（2）：2－9．

本的价值构成。由资本的技术构成决定的资本的价值构成又称为资本的有机构成，也就是说，即使资本的价值构成本身已经发生了改变，但这一性质的改变若不是由一种资本的技术性构成的变化所引起的，那么资本的有机性构成就没有发生变化。不变资本，指以生产资料形式存在的资本，这部分资本的价值在生产的过程中逐渐地转移到商品的价值之中，因此称为“不变”资本；可变资本，指以劳动力的形式存在的可变资本，这部分资本的价值可以被当作劳动力的消耗，并且这部分劳动力不仅能够创造出其劳动力本身的价值，还可以创造出剩余价值，因此称这部分资本为“可变”资本。

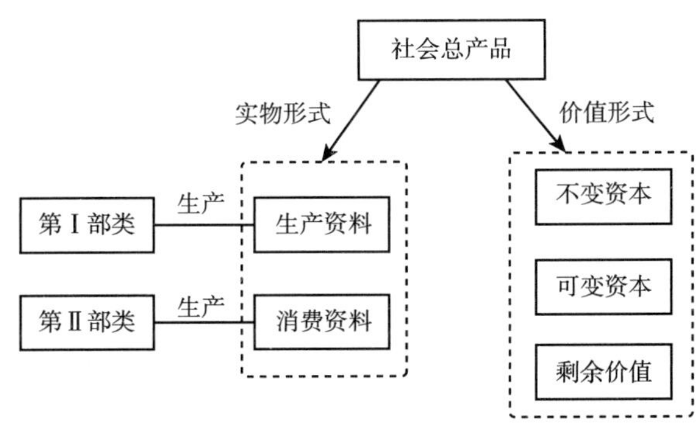

图 3－2　社会总产品部分相关概念逻辑

3.1.1.2　社会资本再生产理论的理论前提

社会资本再生产理论有两个理论前提，即社会总产品的划分以及社会生产部门两大部类的划分。社会总产品的划分，包括实物形式的划分和价值形式的划分，即按照实物形式分为生产资料和消费资料，按照价值形式又分为 c、v 和 m 三个部分。对于社会生产部门，马克思根据社会总产品的实物形态，将生产生产资料的生产部门称为第Ⅰ部类，将生产消费资料的生产部门称为第Ⅱ部类，两大部类生产所需的所有资本就构成社会资本。在两大部类内部，也可以分为更小更细的生产部门，比如第Ⅰ部类内部又可以分为生产生产资料的生产资料，以及生产消费资料的生产资料两种生产部门；而第Ⅱ部类内部又可以分为生产消费资料的生产与日常生活使用消费资料的生产等生产部门。也有学者将第Ⅱ部类内部分为普通消费资料生产和奢侈消费资料生产的生产部门，同时相应地把第Ⅰ部类内部分为用来生产普通消费资料的生产资料的生产部门以及用来生产奢侈消费资料的生产资料的生产部门，这和学者们研究的主题和目的不同有关。

两大部类之间互为前提、互为市场、互相制约，并存在着一定的比例关系。从购买的角度看，第Ⅰ部类需要向第Ⅱ部类购买消费资料，以保证生产工人和管理人员等的日常生活需要，同时第Ⅱ部类需要向第Ⅰ部类购买生产资料，以保证其产品的正常生产；从销售的角度看，第Ⅰ部类向第Ⅱ部类出售其生产的生产资料，第Ⅱ部类向第Ⅰ部类出售其生产的消费资料。由此可见，两大部类之间任何一个生产、交换或者流通环节产生断裂，都会导致社会生产的停滞，造成严重的经济社会危机。社会再生产理论的核心问题就是社会总产品的实现问题，而社会总产品的实现问题，就是社会总产品的实物补偿和价值补偿问题。两大部类之间存在着一定的比例关系，要实现社会总产品的实物和价值补偿，无论是简单再生产还是扩大再生产，都必须按照两大部类之间的比例关系相互交换，才能全部实现，这也被称为简单再生产和扩大再生产的实现条件。

社会总产品的实物补偿，就是要保证全社会生产产品所消耗的物质资料和劳动力等能够在各部门销售商品之后继续获得，也就是说，两大部类生产的实物要能够满足全社会的需要。社会总产品的价值补偿，就是要保证生产商品消耗的资本能够在销售商品后获得。只有当全社会总产品销售所得的销售额超过生产的成本，并且还能够获得全社会下一个生产过程的生产资料，社会总产品才能够得到价值补偿和实物补偿，社会资本再生产过程才能得到进一步运行，因此社会再生产理论的核心问题就是社会总产品的实现问题。

3.1.2 马克思主义社会再生产理论概述

3.1.2.1 社会再生产理论与资本积累

由于对利润的追逐和市场竞争的压力这种内在和外在的推动力的存在，企业生产必然会踏上寻求资本积累的道路。资本积累是扩大再生产的源泉，马克思研究社会再生产问题时以资本积累为主线。[①] 在市场经济条件下的社会化大生产活动中，资本积累对生产、分配、交换、消费和经济增长具有主导作用，在我国的现阶段也是如此。围绕资本积累这条主线深入地研究马克思社会再生产理论，可以借鉴马克思社会再生产理论中的逻辑、架构和经典方法。[②] 由于个人投资的目的是获得更多的资本，而政府投资一方面给国家宏观经济和社会带来更多效益，另一方面可以以政府这一投资主体本身的强信用来引导私人投资，因此在研究政府投资行为时，也要重视对资本积累活动的考察。

当工人在生产过程中生产出超过劳动力本身价值的那部分价值，即剩余价值，并且一部分剩余价值被资本家或者资本家集团用来加大下一次生产活动的预付资本时，就形成了资本积累。另一部分剩余价值，则留给资本家自我消费使用。由于生产的预付资本中，不变资本的价值逐渐地转移到商品之中，而只有可变价值也就是劳动力能够产生更多的价值（即剩余价值），实现价值增值，于是生产活动中的利润也就等于剩余价值。剩余价值或者利润，可以因此分为两个部分：用于资本积累的部分称作积累基金，用于资本家个人及其家庭消费的部分称作消费基金。

当积累基金和消费基金的比例一定时，积累基金的绝对量就取决于利

---

① 马克思．资本论（第二卷）[M]．北京：人民出版社，2004：550 - 590.

② 陶为群．马克思社会再生产理论的应用性深化与拓展研究 [J]．创新，2018，12（5）：69 - 75.

润或者剩余价值的绝对量，从而资本积累取决于剩余价值的绝对量。因此，影响剩余价值的因素都会成为影响资本积累的因素，比如剩余价值率、社会劳动生产率的水平、所用资本和所费资本之间的差额以及预付资本量的大小。分析资本积累的影响因素，可以从这四个方面来进行考察。

剩余价值率即剩余价值与可变资本的比值，反映了可变资本产生剩余价值的能力。剩余价值率越高，同样的可变资本就能够产生更多的剩余价值，而剩余价值中积累基金的占比一定，因此资本积累的量也会相应增加。

社会劳动生产率反映了所生产商品的社会必要劳动时间，社会劳动生产率提高，商品生产所需社会必要劳动时间就降低，商品的价值以及价格也会降低。从整个社会来看，工人日常生活所需的商品价格降低，因此资本家发给工人的工资，也就是劳动力的价值就会降低，则工人在正常的生产工作中就会生产出更多超过劳动力本身价值的价值，即剩余价值，剩余价值总量增加，资本积累量也增加。与此同时，由于劳动力价格（工资）降低，同样的可变资本能够获得更多的劳动力，而生产资料的价格也降低，同样的不变资本能够得到更多的生产资料，因此生产活动规模得以扩大，进一步增加了剩余价值绝对量。

所用资本和所费资本之差，是指在某次生产中，购买的劳动资料未能一次全部消耗掉的部分。如机器设备等劳动资料，具有较长的使用年限。这样的劳动资料的质量越高，使用年限也就越长；数量越多，所用资本和所费资本之间的差额越大。虽然这样的劳动资料的价值逐渐地转移到商品之中，但是它们的使用价值能够一直为资本家所用，因此这部分差额相当于为资本家提供无偿服务，于是所用资本和所费资本之差越大，这种无偿服务带来的资本积累就越多。

预付资本量的大小直接对生产活动的规模产生影响。生产规模越大，剥削工人的数量越多，剥削所得的剩余价值越多，资本积累量也就越多。

3.1.2.2 简单再生产和扩大再生产

社会资本再生产，包括简单再生产和扩大再生产两种基本形式。简单再生产中，生产所得的剩余价值全部用于资本家或资本家集团的消费，资本家“不思进取”，无资本积累，即积累基金为零而所有的利润或者说是剩余价值全部转化为消费基金。而在扩大再生产中，积累基金不为零，资本家将一部分利润用来增加预付资本投入，扩大生产规模，进行资本积累。资本家有追求资本的价值增殖的本性，一般都会选择扩大再生产，以获取更多资本价值。但是，对于简单再生产的深入研究必不可少，甚至比对资本积累的研究还要重要。马克思着重指出：“积累的探究不是问题的关键之处，简单再生产的考察才是重中之重。”因为简单再生产的研究是短期的、静态的、抽象的，能够更加清晰地分辨出社会再生产的本质及内在联系，是社会资本再生产理论的根本，也是研究社会资本再生产理论的着力点。一方面，简单再生产是扩大再生产的出发点和前提，唯有原有生产领域继续存在，才能在此基础上进行扩大再生产；另一方面，由于资本家逐利的本性，扩大再生产是简单再生产的最后状态。

社会总资本的简单再生产要顺利进行，就必须满足两大部类之间一定的比例关系。

首先，社会资本简单再生产的第一个条件是，第Ⅰ部类的可变资本 v 与剩余价值 m 之和，必须等于第Ⅱ部类不变资本 c 的价值。用公式来表达，即Ⅰ（v+m）=Ⅱc。这是社会资本简单再生产的最基本实现条件，对这一条件的经济意义，可以这样理解：第Ⅰ部类向第Ⅱ部类提供的生产资料，同第Ⅱ部类向第Ⅰ部类提供的消费资料，二者在价值上必须相等。在第Ⅰ部类的产品Ⅰ（v+m+c）中[①]，Ⅰc 又用于补偿本部类内部所需的生产资料，剩下Ⅰ(v+m)；而在第Ⅱ部类的产品Ⅱ（v+m+c）中，Ⅱ（v+

① 张衔．马克思的社会资本再生产模型：一个技术性补充［J］．当代经济研究，2015(8)：5－14，97，101．

m）又用于补偿本部类内部所需的消费资料，剩下Ⅱc；两大部类所剩之产品必须要通过交换才能实现循环，达成社会资本的再生产，因此必须使得Ⅰ(v+m)=Ⅱc，即处于恰好交换的状态（见图3-3）。

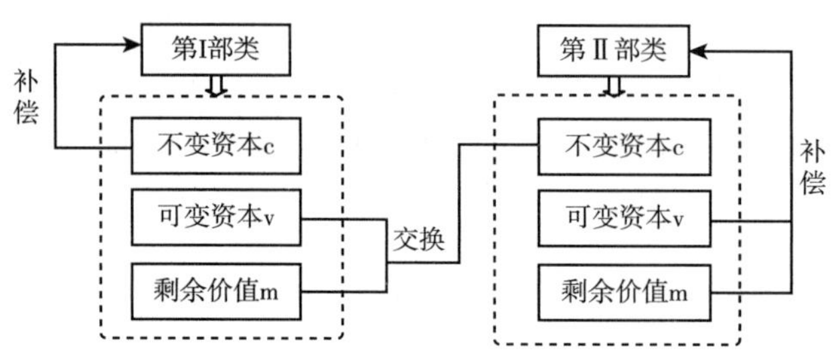

图3-3　社会资本简单再生产的最基本实现条件逻辑

其次，社会资本简单再生产的第二个条件是，第Ⅰ部类所生产的全部生产资料价值，必须等于两大部类所消耗掉的不变资本的价值总和。从价值层面来讲，就是第Ⅰ部类全部产品价值必须等于两大部类不变资本价值之和，用公式表示为：Ⅰ(c+v+m)=Ⅰc+Ⅱc。这个条件表明，第Ⅰ部类生产的生产资料，应同两大部类对生产资料的需求相等，即恰巧供给全社会所有的生产资料需求。这个条件可以由基本实现条件的公式两边加上第Ⅰ部类不变资本c获得①。

最后，简单再生产的第三个条件是，第Ⅱ部类所生产的全部消费资料的价值，必须等于两大部类的可变资本与剩余价值的总和，用公式表示为：Ⅱ(c+v+m)=Ⅰ(v+m)+Ⅱ(v+m)。这个条件表明，第Ⅱ部类生产的生活资料，应与两大部类工人和资本家对生活资料的需求相等。这是因为，由于简单再生产中两大部类的资本家将全部的剩余价值m用来消费，而两大部类的工人也将工资v用来给自己和家人购买生活用品，因此他们对消费资料的需求应当等于第Ⅱ部类的总产出，即Ⅰ(v+m)+Ⅱ(v+m)=Ⅱ(v+m+c)，也就是Ⅰ(v+m)=Ⅱc。

简单再生产最终形式是扩大再生产，扩大再生产是生产力发展、生产

① 刘小怡．试论马克思的总供给—总需求模型［J］．经济评论，1996（2）：32-37．

组织高级化的必然结果，是实现资本价值增值的手段。社会资本的扩大再生产可以分为外延扩大再生产和内涵扩大再生产。外延扩大再生产就是一般意义上的投入的预付资本以及生产所需的生产资料的持续增加；而内涵扩大再生产就是指技术水平的进步和工作效率的提高，单位时间内完成的工作量不断增加，通过提高投入资本的使用效率来进行的扩大再生产。虽然在理论中外延的扩大再生产是经常分析的对象，但是在现实的生产过程中，科学技术是第一生产力，科技进步带来的内涵扩大再生产成为主流的扩大再生产方式。另外，马克思也指出，在货币资本固定投入的情况下，加强对劳动力的剥削或者增加对自然物质的利用，同样可以实现扩大再生产，但这并不表明经济增长可以不需要货币资本的投入。无论是内涵型还是外延型，都要以货币资本加入为首要原则，且货币资本正是来源于积累，才能实现社会资本扩大再生产。与简单再生产不同，在扩大再生产中，资本家不会把所有的剩余价值都用来进行个人消费，而是拿出一部分来用于追加生产的预付资本，包括用来追加不变资本的 Δc 和用来追加可变资本的 Δv，剩下的剩余价值 m/x 部分用于个人消费，即 $\Delta c + \Delta v + m/x = m$。

扩大再生产有两个重要的前提条件：一方面，要求第一部类的可变资本价值与剩余价值之和，必须大于第Ⅱ部类的不变资本价值，用公式表示为 $\text{I}(v+m) > \text{II}c$，这是为了确保扩大再生产时能够有可追加的生产资料；另一方面，要求二部类的不变资本与用于积累的剩余价值之和，必须大于第Ⅰ部类的可变资本与资本家用于个人消费的剩余价值之和，用公式表示为 $\text{II}(c+m-m/x) > \text{I}(v+m/x)$，其中 m/x 表示剩余价值中资本家用于个人消费的部分，这是为了保证扩大再生产时能够有可追加的消费资料[①]。

想要实现社会资本的扩大再生产，同样要满足两大部类之间一定的比

---

① 何干强．货币流回规律和社会再生产的实现——马克思社会总资本的再生产和流通理论再研究［J］．中国社会科学，2017（11）：27－52，204－205．

例关系。首先，扩大再生产的第一个实现条件，也是最基本的实现条件，是要求第Ⅰ部类原有可变资本的价值 v、追加的可变资本价值 Δv 与本部类资本家用于个人消费的剩余价值 m/x 三者之和，必须等于第Ⅱ部类原有的不变资本价值 c 与追加的不变资本价值 Δc 之和，用公式表示为：Ⅰ(v + Δv + m/x) = Ⅱ(c + Δc)。两大部类在追加资本之后，与简单再生产中实现条件原理相同的是[①]，在第Ⅰ部类中，不变资本Ⅰ(c + Δc) 又补偿给本部门，剩余部分为Ⅰ(v + Δv + m/x)；而在第Ⅱ部类中，工人的工资Ⅱ(v + Δv) 依然用来购买本部门生产的消费资料用于生活，只不过剩余价值中只有Ⅱ m/x 的部分用来购买本部门消费资料，即共有Ⅱ(v + Δv + m/x) 的部分用于本部门自我补偿，所剩部分为Ⅱ(c + Δc)。因此，只有两部门所剩之产品进行交换即Ⅰ(v + Δv + m/x) = Ⅱ(c + Δc) 时，才能够实现社会资本的扩大再生产（见图 3 - 4）。

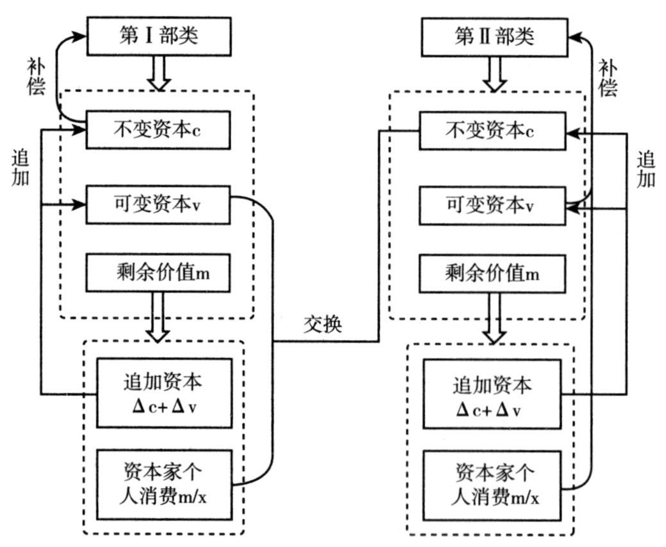

图 3 - 4　社会资本扩大再生产的最基本实现条件逻辑

扩大再生产的第二个实现条件是，第Ⅰ部类全部产品的价值（c + v + m）必须等于两大部类原有不变资本价值 c 和追加的不变资本价值 Δc 之

① 杨小勇，徐寅．马克思社会总资本扩大再生产实现条件理论在社会主义市场经济条件下的拓展及启示［J］．毛泽东邓小平理论研究，2019（2）：96 - 106，108．

和，用公式表示为：Ⅰ(c + v + m) = Ⅰ(c + Δc) + Ⅱ(c + Δc)。而第三个实现条件是第Ⅱ部类全部产品的价值（c + v + m）必须等于两大部类原有的可变资本价值 v、追加的可变资本价值 Δv，以及资本家用于个人消费的剩余价值 m/x 之和，用公式表示为Ⅱ(c + v + m) = Ⅰ(v + Δv + m/x) + Ⅱ(v + Δv + m/x)。这两个实现条件的原理与简单再生产后两个实现条件基本一致[①]。

3.1.2.3 社会资本再生产与社会总产品

社会总资本的再生产和流通是直接生产过程和流通过程的统一，社会总资本再生产的条件，就是社会总产品各个组成部分如何实现的条件。研究社会资本再生产和流通的核心问题就是社会总产品的实现问题，即社会总产品的如何补偿以及能否解决的问题。马克思认为，这主要是因为：其一，社会资本正常运行的前提条件是社会总产品的价值得到补偿或货币得到补偿；其二，社会资本正常推动的关键环节是社会总产品的物质得到补偿。这样就很清楚疑惑所在，即核心问题就是要说明，生产社会总产品的过程中所消耗的生产资料和消费资料能否从社会总产品中得到补偿[②]。

研究社会总资本的再生产的核心问题要从分析社会总产品入手。第一，从社会总产品出发进行研究，既可以考察资本运动中的生产消费，又可以考察个人消费；既可以考察资本流通，又可以考察一般的商品流通[③]。第二，从商品资本出发研究，能揭示出社会资本再生产的实现条件。因为在商品资本的运动形式中，既要说明商品资本的每一组成部分是如何销售出去实现其价值的，又要说明生产要素的各个组成部分从什么地方购买到。而社会总产品的实现问题，就是社会总资本再生产条件下的价

---

① 胡钧，王生升．资本的流通过程：社会总资本的再生产和流通［J］．改革与战略，2013，29（3）：15－25．

② 何干强．货币流回规律和社会再生产的实现——马克思社会总资本的再生产和流通理论再研究［J］．中国社会科学，2017（11）：27－52，204－205．

③ MBA 智库百科：https：//wiki. mbalib. com/wiki/社会总产品．

值补偿和实物补偿问题。只有社会总产品的各个组成部分既在价值上得到补偿，又在实物上得到补偿，社会总资本的再生产才能继续进行①。

3.1.2.4 马克思主义社会再生产理论的现实意义

社会资本再生产理论揭示的是资本主义经济条件下资本发展的本质现象。由于我国实行社会主义市场经济，社会资本再生产理论对我国的现实经济运行也有重要的借鉴作用。运用这一理论对我国市场经济发展过程中存在的问题进行分析，可以为解决问题提供重要的理论借鉴。

首先，使用社会再生产理论可以分析我国供给侧结构性改革问题。供给侧结构性改革是以习近平为核心的党中央在全面认识、理解国内和国际经济形势的背景下提出的重要举措，是在马克思主义政治经济学理论指导下对中国经济未来的发展提出的新战略，丰富了中国特色社会主义政治经济学②。社会资本再生产理论表明，社会生产两大部类之间应当保持一定的比例关系，因此处于不同部类中的各部门、各行业以及各环节的社会生产所占比例，应当处于一个较为均衡的状态。改革开放以来，中国经济水平高速增长，一跃成为世界第二大经济体，但是在较高的发展速度之下还隐藏着较低发展质量的弊端，结构性失衡和粗放型增长等产生的问题频频暴露出来。我国国内消费需求相比产品的供给来说严重不足，生产一方获得的投资长期过高使得产能严重过剩，如果不能成功将产品外销，将无法获得足够的价值补偿和实物补偿，阻碍社会资本正常再生产。投资规模大和投资效率低并存、国内消费不足、过度依赖出口来实现产品价值、产业结构长期得不到提升等，都是导致结构性失衡的原因③。

---

① 黄盛，詹蕾．马克思的社会资本再生产理论及其现实意义［J］．经济纵横，2008（12）：34－36.

② 邢坤．供给侧结构性改革的马克思主义社会再生产理论源流分析［J］．新西部，2019（5）：3，5.

③ 田映吉，吴冠勇．马克思社会资本再生产理论及其现实意义［J］．遵义师范学院学报，2016，18（2）：39－42.

其次，使用社会再生产理论可以分析我国政府和市场关系。政府与市场的关系始终是经济发展中的一条主线，是政治经济学的永恒话题，体现了经济哲学上的分歧。马克思揭示了小商品经济的内在矛盾是私人劳动和社会劳动之间的冲突。在发达商品经济时代，这对矛盾演变为宏观经济和微观经济的矛盾，政府与市场的矛盾实际上是人类理性处理这对矛盾的制度安排的矛盾。无政府的管控会导致经济紊乱，无市场的机制会导致经济枯竭。两者同时存在并发挥功能的对立统一关系是经济运行的内在要求。改革开放前的中国经济发展是以政府为主导，改革开放以来所经历的最大变化就是向“市场化”的转型。今天，市场化改革过程中的政府行为，依然表现为在经济生活领域参与过多，比如，政府掌握着信贷资源、土地资源的支配权。而在事关国计民生的公共产品领域则表现为过度市场化，比如，目前在教育、医疗领域已经出现的问题就是过度市场化，教育的产业化发展加重了民众负担，医疗的产业化使医院成了以追求经济效益为目标的组织，看病贵、看病难的问题成了悬在老百姓头上的一把剑。

最后，使用社会再生产理论可以分析收入分配和再分配问题。收入分配问题事关社会资本再生产能否顺利进行。收入分配不合理或收入分配差距过大，就会导致国内消费需求不足，导致生产和消费关系的不平衡日益严峻，产品价值实现变得日益困难，社会资本再生产过程就会受阻。收入分配差距扩大问题已经成为中国社会资本再生产过程中面临的最大和最难解决的问题。尽管政府在解决收入分配问题上已经做了很多工作，但由于涉及政府、企业和个人几大主体之间利益的重新分配，具体操作起来非常困难。

造成收入分配差距扩大的主要原因有：一是初始分配结构形成的模式导致初次分配占比过低。早期实行重工业优先发展战略，为了在短时间内完成工业发展所需的资本积累，人为地压低了工人工资，同时对农产品实行“剪刀差”，降低了农民的收入，重工业优先发展战略取得成功的同时，也形成了劳动者在国民收入分配占比较低的初始格局。二是要素价格扭曲。中国的收入分配问题，反映在要素体系里就是“亲资本、轻劳动”造成要素价格扭曲。总体来看，当代中国的劳资关系处于“资本力量过强、劳动力量过弱”的失衡状态。依赖投资拉动经济增长，强调资本在经济增长中的作用，使劳动力在社会再生产中处于不利地位。三是过剩劳动力供给导致工资低，工资低制约了劳动生产率的上升。改革开放初期的过剩劳动力破坏了人自身的再生产和物质再生产的协调发展，使大量的劳动力只能维持简单再生产，压低了劳动者工资收入，最终严重阻碍劳动生产率的提高。四是税负过重，降低了可支配收入水平。目前，我国宏观税负水平已经超高。国内税负偏重已经成为社会性问题，税负过重大大降低了居民可支配收入水平。

3.1.3 社会再生产理论与政府投资

政府投资可以引导私人投资，调整投资结构，并贯彻产业政策[①]。在一个相当长的时期中，政府是我国最主要的投资者，掌管着几乎所有的重要投资项目，并对经济进行强力调节。党的十一届三中全会后，党和政府提出我国的经济建设要由过去走以外延扩大再生产为主的道路转到以内涵扩大再生产为主的道路上来[②]，要让投资主体多样化，发展企业、个人、外资等主体。尽管政府这一投资主体的占比有所下降，但政府投资有其特殊的社会使命，因此在经济发展中也起了至关重要的作用。社会资本简单再生产中，不存在资本的追加和生产规模的扩大，而结合实际来看，资本家又在不断地追求资本的价值增殖，因此社会资本扩大再生产往往成为被选择的方式。在社会资本扩大再生产中，有两个原因可以导致生产规模的扩大，即投入生产的资本增加，以及资本使用率的提高。当扩大再生产源自投入资本的增加时，则为外延扩大再生产；源自资本使用效

① 李伟民．金融大辞典［M］．哈尔滨：黑龙江人民出版社，2002：11．

② 杜文中．论投资行为与再生产［J］．山东工程学院学报，1996（1）：63－66．

率提高时，则为内涵扩大再生产。因此，在使用马克思主义社会资本再生产理论来制定政府投资财政计划时，有必要从这两种再生产方式的角度进行考察。

一方面，从外延扩大再生产角度看，政府投资可以调整、引领、促进、协助生产企业追加其预付资本的环节，直接扩大生产规模。根据《政府投资条例》，政府投资资金应当投向市场不能有效配置资源的社会公益服务、公共基础设施、农业农村、生态环境保护、重大科技进步、社会管理、国家安全等公共领域的项目，以非经营性项目为主，并且政府投资可以带动社会资金投入这些公共民生领域。在这些领域中，有较多经济业务往来的企业，公益性较强并且盈利水平和盈利能力较弱，凭借自身的经营很难实现扩大再生产，有的企业无法实现简单再生产，甚至还有破产的风险，因此政府资金的帮助十分有必要。除此之外，政府投资也对新兴企业的发展有着帮扶作用。这类投资一般具有低收益和高风险的特征，而私人投资的目的是追求尽量高的收益和尽量低的风险，因此只有肩负着增加社会效益这一使命的政府投资，才可以在不以资本增值为目的的前提下出资扶持和引导有关企业，贯彻政府的产业政策。政府引导基金可以发挥财政资金杠杆放大效应，通过引导社会资本对创业风险投资机构等参股以及对初创中小企业等投资，并辅以一定的风险补助投资和风险保障，扩大对产业政策目标企业的投资总量。

另一方面，从内涵扩大再生产的角度来看，政府投资可以促进企业技术创新，提高资金使用效率。在当前我国企业创新基础薄弱、资本和人员投入不足的现实下，政府投资的作用不可替代，这是未来“科技强国战略”成败的关键①。政府投资对于企业创新有着激励作用，主要表现在：首先，政府引导基金的设立将向私人资本释放积极信号，通过政府的公信力保障来减少私人资本投资于技术创新企业的顾虑，规避和化解一部分投

① 熊斯婷．政府投资对企业技术创新投入驱动效应实证分析［J］．统计与决策，2015（17）：62－64．

资风险，削弱创业投资过程中由于信息不对称产生的负面影响；其次，政府引导基金投资于具有良好发展前景及创新能力的中小企业，改善创业资本分配不合理的状态[①]，调整创业资本的社会投资结构，支持新兴企业科技进步，减轻企业创新融资约束；再次，政府引导基金能对企业技术创新提供充足资金保障且产生促进作用，企业本身投入的研发成本相应降低，有利于企业在技术研发创新方面放手一搏，大大提高技术创新的效率，增加创新技术专利数量；最后，从人员投入的角度来看，政府在教育领域的投资有利于高精尖人才的培养，增强劳动力素质技能，为企业技术创新提供人员投入，并且可以通过提高全社会科技研发水平来筑牢科研基础。通过对企业技术创新的促进，政府投资有利于提高企业资金使用效率，促进企业的内涵扩大再生产。

除了从理论的角度考察社会资本再生产理论中政府投资的作用外，社会资本再生产理论的现实意义中也有政府投资的身影。首先，政府投资有利于供给侧结构性改革。政府投资引导社会资本，一方面，能够调整资本总量，推动解决过度投资引发的产能过剩问题，提高有效供给；另一方面，能够优化社会投资结构，提高供给侧生产质量和效率，缓解供需矛盾，推动传统产业调整结构、转型升级、提质增效。其次，可以用政府投资来调节政府和市场的关系。政府投资作为宏观调控的手段，应以提供人们生活、生产等公共产品为政策目标，让市场更充分地发挥资源配置的基础性作用，有步骤地向市场放权以避免政府失灵。除了特殊时期之外，政府投资尽量不要过多地干预经济。最后，政府投资可以用来改善收入分配。政府投资策略导向对于城乡收入差距有着显著的影响，政府加大对基础设施的投资有利于削弱城乡之间资源禀赋差异，而教育、就业等民生领域的政府投资可以帮助欠发达地区增加收入。

---

① 丁灵．政府引导基金能引导企业科技创新吗——基于创业投资引导基金［J］．北方经贸，2020（1）：40－42.

3.2 新时代中国特色社会主义理论

3.2.1 中国特色社会主义理论

中国特色社会主义理论体系，是马克思主义中国化的重要理论成果，实现了马克思主义中国化的第二次历史性飞跃。党的十七大指出，中国特色社会主义就是包括邓小平理论、“三个代表”重要思想以及科学发展观等重大战略思想在内的科学理论体系，是不断发展的开放的理论体系。其中，习近平新时代中国特色社会主义思想是中国特色社会主义理论体系的重要组成部分。

研究中国特色社会主义理论体系对于政府投资的启示，应主要从经济建设方面来进行考察。社会主义的根本任务是解放和发展社会生产力。坚持发展中国特色社会主义必须坚持以经济建设为中心。建设有中国特色社会主义的经济，就是在社会主义条件下发展市场经济，不断解放和发展生产力。这就要坚持和完善社会主义公有制为主体、多种所有制经济共同发展的基本经济制度；坚持和完善社会主义市场经济体制，使市场在国家宏观调控下对资源配置发挥决定性作用；坚持和完善按劳分配为主体的多种分配方式，允许一部分地区一部分人先富起来，带动和帮助后富，逐步走向共同富裕；坚持和完善对外开放，积极参与国际经济合作和竞争。保证国民经济持续快速健康发展，人民共享经济繁荣成果。中国特色社会主义理论体系的经济建设理论丰富和发展了马克思主义关于社会主义经济建设的思想①。

---

① 洪银兴，刘伟，高培勇，等．“习近平新时代中国特色社会主义经济思想”笔谈［J］．中国社会科学，2018（9）：4－73，204－205．

3.2.1.1 毛泽东思想

新中国成立后，以毛泽东为代表的中国共产党人开始了建设有中国特色社会主义的艰难探索。毛泽东提出，在社会主义革命和建设时期，我们要进行马克思主义与中国实际的第二次结合，找到在中国进行社会主义革命和建设的正确道路。不仅如此，毛泽东号召全党认真学习和总结经验，提出："建设社会主义，原来要求是工业现代化、农业现代化、科学文化现代化，现在要加上国防现代化。"[①] 这是毛泽东第一次完整地表述"四个现代化"的思想。特别是毛泽东以苏联为鉴，在《论十大关系》中，对中国社会主义建设中的一些重大理论与实践问题进行了探索。在《关于正确处理人民内部矛盾的问题》、《关于社会主义商品生产问题》等著作中，总结了当时社会主义建设中的一些问题。毛泽东对适合中国国情的社会主义道路、社会主义建设规律的艰辛探索，为中国共产党在以后实现马克思主义基本理论和中国实际相结合创造了前提，也为中国特色社会主义理论体系夯实了理论和实践基础。

3.2.1.2 中国特色社会主义的开创

党的十一届三中全会以后，以邓小平为核心的中国共产党第二代中央领导集体首先重新确立了解放思想、实事求是的思想路线，科学评价毛泽东和毛泽东思想，把中国共产党和中国的工作中心转移到经济建设上，实行改革开放，在领导中国共产党和中国人民进行社会主义建设的伟大实践中，创立了邓小平理论，制定了以经济建设为中心、坚持四项基本原则、坚持改革开放的基本路线，开辟了建设中国特色社会主义的新道路，赋予中国社会主义和民族复兴的伟大事业以新的起点与动力。邓小平理论第一次比较系统地初步回答中国这样经济文化比较落后的国家如何建设社会主

① 王伟光．毛泽东是中国特色社会主义的伟大奠基者、探索者和先行者［J］．中国社会科学，2013（12）：6-23，204．

义、如何巩固和发展社会主义等一系列基本问题，开创了中国特色社会主义理论体系，实现了马克思主义同中国实际相结合的第二次飞跃①。

邓小平理论包含一系列具有开创性的思想，而首要的基本问题，便是揭示社会主义的本质是解放生产力、发展生产力，消灭剥削，消除两极分化，最终达到共同富裕，从而把对社会主义的认识提高到新的科学水平。邓小平理论强调，只有社会主义才能救中国和发展中国，但社会主义必须是切合中国实际的有中国特色的社会主义，而中国最大的实际就是中国处于并将长期处于社会主义初级阶段。由于国内的因素和国际的影响，人民日益增长的物质文化需要同落后的社会生产之间的矛盾才是社会的主要矛盾，一切都要从这个实际出发去制定规划。邓小平理论提出了判断改革得失成败的“三个有利于”标准：是否有利于发展社会主义社会的生产力，是否有利于增强社会主义国家的综合国力，是否有利于提高人民的生活水平。邓小平理论从根本上破除了“计划经济就是社会主义，市场经济就是资本主义”的思想束缚，提出要使市场在国家宏观调控下对资源配置起基础性作用，这为社会主义市场经济理论的形成奠定了坚实基础②。

3.2.1.3 跨世纪的中国特色社会主义

以江泽民同志为核心的中国共产党第三代中央领导集体，坚持毛泽东思想、邓小平理论的指导，坚持改革开放，与时俱进，提出“中国共产党必须始终代表中国先进生产力的发展要求，代表先进文化的前进方向，代表最广大人民的根本利益”的“三个代表”重要思想，带领中国共产党和中国人民捍卫和发展了中国特色社会主义事业，并成功地把它推向21世纪，进一步回答了什么是社会主义、怎样建设社会主义的问题，创造性

① 李正华．中共十一届三中全会研究述评［J］．当代中国史研究，2008（2）：73－87，127.

② 包心鉴．邓小平社会主义本质思想研究述评［J］．毛泽东邓小平理论研究，2003（3）：78－84.

地回答了在新的历史条件下建设什么样的党、怎样建设党的问题[①]。以胡锦涛为总书记的党中央领导集体，结合对中国发展的具体实际的分析，提出了科学发展观。科学发展观的第一要义是发展，核心是以人为本，基本要求是全面协调可持续，根本方法是统筹兼顾。科学发展观进一步回答了什么是发展、为什么发展和怎样发展等中国面临的问题，赋予马克思主义关于发展的理论以新的时代内涵和时代特色，进一步丰富和发展了中国特色社会主义理论体系[②]。

3.2.2 习近平新时代中国特色社会主义思想

习近平新时代中国特色社会主义思想是中国特色社会主义理论体系的重要组成部分，是中国特色社会主义政治经济学的最新成果，是新时代坚持和发展中国特色社会主义经济的科学指南。它以“中国特色社会主义进入新时代”为时代条件，以马克思主义政治经济学的指导为理论依据，以新时代我国经济发展的实践为实践基础，是中国特色社会主义政治经济学的最新成果，是党和国家十分宝贵的精神财富。

习近平总书记在党的十九大报告中用“八个明确”的主要内容和“十四个坚持”的基本方略，系统阐述了习近平新时代中国特色社会主义思想的科学内涵。“八个明确”：明确坚持和发展中国特色社会主义；明确新时代我国社会主要矛盾是人民日益增长的美好生活需要和不平衡不充分的发展之间的矛盾；明确中国特色社会主义事业总体布局是“五位一体”、战略布局是“四个全面”，坚定道路自信、理论自信、制度自信、文化自信；明确全面深化改革总目标是完善和发展中国特色社会主义制度、推进国家治理体系和治理能力现代化；明确全面推进依法治国总目标

① 党的十七大精神学习辅导［J］. 刊授党校（学习特刊），2007（Z4）：52－96.

② 蒋红群. 五大发展理念与科学发展观之关系探要［J］. 马克思主义研究，2016（10）：41－49.

是建设中国特色社会主义法治体系、建设社会主义法治国家；明确党在新时代的强军目标是建设一支听党指挥、能打胜仗、作风优良的人民军队；明确中国特色大国外交要推动构建新型国际关系，推动构建人类命运共同体；明确中国特色社会主义最本质的特征是中国共产党领导。“十四个坚持”：坚持党对一切工作的领导，坚持以人民为中心，坚持全面深化改革，坚持新发展理念，坚持人民当家做主，坚持全面依法治国，坚持社会主义核心价值体系，坚持在发展中保障和改善民生，坚持人与自然和谐共生，坚持总体国家安全观，坚持党对人民军队的绝对领导，坚持“一国两制”和推进祖国统一，坚持推动构建人类命运共同体，坚持全面从严治党①。

要研究习近平新时代中国特色社会主义思想对于新时代政府投资行为的指导意义，重点在于考察习近平新时代中国特色社会主义经济思想部分。习近平新时代中国特色社会主义经济思想，根植于长久以来中国社会主义建设实践和中国经济建设伟大实践，对中国经济改革发展问题进行了系统阐释，明确回答了中国经济形势怎么看、发展阶段怎么判、发展目标怎么定、经济工作怎么干等重大问题，是中国经济长期可持续发展的根本遵循，是新时代推动我国经济高质量发展的行动指南。

3.2.2.1 习近平新时代中国特色社会主义经济思想的主要内容

创新、协调、绿色、开放、共享的新发展理念，是习近平新时代中国特色社会主义经济思想的主要内容。随着我国经济进入高质量发展阶段，为了追求经济发展的高质量和合理的产业经济结构而允许经济增速放缓，原有的适用于高速增长阶段的旧发展理念已经逐渐不适应我国当下的经济发展，因此需要提出一个新的发展理念，为高质量发展创造新的发展条件。新发展理念中的创新、协调、绿色、开放、共享五个方面，分别针对我国高增长阶段存在的发展动力问题、发展不平衡问题、人与自然不和谐

---

① 王伟光．当代中国马克思主义的最新理论成果——习近平新时代中国特色社会主义思想学习体会［J］．中国社会科学，2017（12）：4－30，205．

问题、发展内外联动问题以及社会公平正义问题①，理论内容来源于现实存在的问题，充分体现了习近平新时代中国特色社会主义思想的问题导向。

新发展理念是中国共产党关于发展理论的一次重大升华，是习近平新时代中国特色社会主义思想的重要内容，高度概括地回答了新时代坚持和发展什么样的中国特色社会主义经济、怎样坚持和发展中国特色社会主义经济这一重大问题，明确了新时代中国特色社会主义经济的发展思路、发展方向和发展着力点。在习近平新时代中国特色社会主义思想“14 个坚持”的基本方略中，第四个坚持即“坚持新发展理念”，强调“发展是解决我国一切问题的基础和关键，发展必须是科学发展，必须坚定不移贯彻创新、协调、绿色、开放、共享的发展理念”。牢固树立和贯彻落实新发展理念，对推进新时代中国特色社会主义经济持续健康发展，如期实现全面建成小康社会战略目标，进而实现第二个百年奋斗目标和中华民族伟大复兴的中国梦，具有重要引领作用②。

创新是新时代中国特色社会主义经济发展的第一动力。总体来看，我国现在的创新能力不强，科技发展水平总体不高，科技对经济社会发展的支撑能力不足，科技对经济增长的贡献率远低于发达国家，在高速增长的经济发展模式下成为经济发展的掣肘，因此在现今高质量发展模式中要重点解决这一短板。党的十八届五中全会将“创新发展”置于新发展理念中的“五大发展理念”之首，强调“必须把创新摆在国家发展全局的核心位置，不断推进理论创新、制度创新、科技创新、文化创新等各方面创新，让创新贯穿党和国家一切工作，让创新在全社会蔚然成风③。在经济

① 张开，顾梦佳，王声啸．理解习近平新时代中国特色社会主义经济思想的六个维度［J］．政治经济学评论，2019，10（1）：92－113．

② 邸乘光．论习近平新时代中国特色社会主义经济思想［J］．新疆师范大学学报（哲学社会科学版），2019，40（1）：7－25，2．

③ 中共中央文献研究室．十八大以来重要文献选编：中［M］．北京：中央文献出版社，2016：774－833．

社会生活各方面贯彻创新的发展理念，要以重要领域和关键环节的技术进步为主要抓手，带动全社会总体的技术创新，并要确保科技创新成果的现实应用，使得科技创新能够切实反映在生产力的进步和生产效率的提高上。

协调是新时代中国特色社会主义经济发展的内在要求。长期以来，我国经济发展存在着区域不协调、城乡不协调、经济和社会不协调、物质文明和精神文明不协调、经济建设和国防建设不协调等问题[①]，这些不协调和不平衡在长期将严重阻碍经济的发展。因此，必须要注意调整平衡关系，注重追求整体经济发展水平齐头并进。党的十八大以来，习近平总书记反复强调，要通过深化改革推动各方面制度建设和创新；要坚持“五位一体”总体布局，促进现代化建设各个方面相协调；要协调推进“四个全面”战略布局，推动改革开放和社会主义现代化建设迈上新台阶；要采取有力措施，促进区域协调发展、城乡协调发展；要加快构建资源节约型、环境友好型社会，促进经济社会发展和人口资源环境相协调；要正确把握和处理经济建设和国防建设的关系，使两者协调发展、平衡发展、兼容发展、融合发展等[②]。

绿色发展是新时代中国特色社会主义经济发展的生态支撑。长期以来的粗放式增长大量地耗费着生态资源和地球资源，也造成了严重的生态污染，不可持续资源约束问题逐渐浮现，生态退化及其导致的自然灾害问题频发，不仅对可持续发展极为不利，也与人民群众对清新空气、干净饮水、安全食品、优美环境的要求渐行渐远。习近平总书记指出，“生态环境没有替代品，用之不觉，失之难存”。要注重人与自然的和谐相处，贯彻节约资源和保护环境的基本国策，把生态文明建设融入经济建设、政治建设、文化建设、社会建设各方面和全过程。在全球环境问题触目惊心的

---

① 习近平．习近平谈治国理政：第2卷［M］．北京：外文出版社，2017：206－262.

② 洪银兴，刘伟，高培勇，等．“习近平新时代中国特色社会主义经济思想”笔谈［J］．中国社会科学，2018（9）：4－73，204－205.

今天，作为全球第二大经济体的我国选择绿色发展，是对构建命运共同体的决心，也是对千秋万代人类的负责，充分体现着大国担当。

开放发展是新时代中国特色社会主义经济发展的必由之路。改革开放给我国带来的发展成就有目共睹。在经济全球化的大背景下，国家之间的联系越来越密切，逐渐形成唇亡齿寒的命运共同体关系，任何一个国家都不能闭关自守，坚持对外开放是一个国家或地区繁荣发展的必由之路，因此中国开放的大门“只会越开越大”。我们更应该坚持对外开放的基本国策，而且还要坚持更加积极主动的开放战略，在更大范围、更广领域、更高水平上推进对外开放。应当注意的是，开放发展不仅仅是开放本身，还要提高开放发展的质量，要充分使用开放发展带来的资源，把握住世界经济潮流带来的机会，也要坚定不移地维护国家经济安全，防范和应对外部经济风险，严格履行并充分利用国际经贸规则。要坚持“引进来、走出去”，并拓宽其广度，挖掘其深度，加快其节奏。要完善开放发展内外联动，优化区域开放布局，创新对外投资方式，合理应对贸易摩擦，着力构建人类命运共同体。

共享发展是新时代中国特色社会主义经济发展的价值目标。共享发展理念是一种以人民为中心的发展思想，充分体现了我国社会主义制度的特点和优越性。共享发展就是要让国家改革发展的成果更公平地惠及全国人民。共享是中国特色社会主义的目标，中国特色社会主义在追求和实现共享的过程中发展。党的十八届五中全会强调，要做出更有效的制度安排，使全体人民在共建共享发展中有更多获得感，增强发展动力，增进人民团结，朝着共同富裕方向稳步前进。

新发展理念在经济领域表现为社会主义现代化经济体系，可以用“六个体系、一个体制”将其内容进行概括：创新引领、协同发展的产业体系，统一开放、竞争有序的市场体系，体现效率、促进公平的收入分配体系，彰显优势、协调联动的城乡区域发展体系，资源节约、环境友好的绿色发展体系，多元平衡、安全高效的全面开放体系，以及充分发挥市场作用、更好发挥政府作用的经济体制。建设现代化经济体系是在中国特色社会主义进入新时代的背景下我国经济发展的战略目标，紧扣新时代中国社会主要矛盾转化、落实中国特色社会主义经济建设布局的内在要求，是决胜全面建成小康社会、开启全面建设社会主义现代化国家新征程的基本途径，也是适应中国经济由高速增长阶段转向高质量发展阶段，优化经济结构、转变经济发展方式、转换经济增长动力和全面均衡发展的迫切需要，意义深远而重大。

3.2.2.2 习近平新时代中国特色社会主义经济思想的基本内容

“七个坚持”是习近平新时代中国特色社会主义经济思想的基本内容，是新时代坚持和发展中国特色社会主义经济的基本方略，因而也是习近平新时代中国特色社会主义经济思想的重要内涵。“七个坚持”的总体内容如下。

坚持加强党对经济工作的集中统一领导，是新时代坚持和发展中国特色社会主义经济的根本保障。中国共产党领导既是中国特色社会主义最本质的特征，也是中国特色社会主义制度的最大优势。经济发展只有坚定不移地跟党走，才能够保证正确的方向和道路。党的十八大以来，习近平总书记反复强调要加强和改善党对经济工作的领导，不断提高党领导经济工作的能力和水平。中国共产党不断自我完善、自我提升、自我发展，党的领导是经济发展重大方针政策科学合理的重要保证。

坚持以人民为中心的发展思想，是新时代坚持和发展中国特色社会主义经济的根本目的，集中体现了马克思主义唯物史观的根本立场，体现了中国共产党的根本宗旨，体现了新时代中国特色社会主义的价值追求。要将以人民为中心的发展思想贯穿到统筹推进”五位一体”总体布局和协调推进”四个全面”战略布局之中，处处为人民着想，立足于人民利益。

坚持适应把握引领经济发展新常态，是新时代坚持和发展中国特色社会主义经济的现实方位，要立足大局、把握规律，考虑更长远时期的发展要求，加快形成适应经济发展新常态的经济发展方式，要以新发展理念引领新常态。把握、引领新常态，要坚持供给侧结构性改革这条主线，坚持创新、协调、绿色、开放、共享的新发展理念，并高度重视和防范各种风险，及时采取应对措施，尽可能减少其负面影响。

坚持使市场在资源配置中起决定性作用、更好发挥政府作用，是新时代坚持和发展中国特色社会主义经济思想的体制机制，要“努力形成市场作用和政府作用有机统一、相互补充、相互协调、相互促进的格局，推动经济社会持续健康发展”。要充分发挥和利用市场的资源配置功能，让市场在资源配置中起决定性作用，政府则要保持宏观经济稳定，加强和优化公共服务，保障公平竞争，加强市场监管，维护市场秩序，推动可持续发展，促进共同富裕，弥补市场失灵①。

坚持适应我国经济发展主要矛盾变化、完善宏观调控，是新时代坚持和发展中国特色社会主义经济的基本思路。要解决发展不平衡不充分的问题，大力推进供给侧结构性改革。中国特色社会主义进入新时代，我国社会主要矛盾已经转化为人民日益增长的美好生活需要同不平衡不充分的发展之间的矛盾。发展不平衡不充分存在于经济、社会、文化、生态等各个领域，我国经济发展的不平衡不充分主要是供给和需求的不平衡。因此，要坚持供给侧结构性改革，促进产能过剩有效化解，促进产业优化重组，降低企业成本，发展战略性新兴产业和现代服务业，增加公共产品和服务供给，着力提高供给体系质量和效益。

坚持问题导向、部署经济发展新战略，是新时代坚持和发展中国特色社会主义经济的战略选择。要有强烈的问题意识，以重大问题、关键问题为抓手，部署旨在解决我国现实问题的经济发展战略，对我国经济社会发展变革产生深远影响。要坚持宏观和微观、国内和国外、战略和战术紧密结合，坚持问题导向，及时研究重大战略问题，及早部署关系全局、事关长远的问题，对经济社会发展进行指导，把谋划大事和制定具体政策紧密

---

① 洪银兴，刘伟，高培勇，等．“习近平新时代中国特色社会主义经济思想”笔谈［J］．中国社会科学，2018（9）：4－73，204－205．

结合起来[①]。要坚定不移地实施科教兴国战略、人才强国战略、创新驱动发展战略、乡村振兴战略、区域协调发展战略、可持续发展战略、军民融合发展战略，以及京津冀协同发展战略、长江经济带发展战略、“一带一路”建设等。

坚持正确工作策略和方法、稳中求进。认清大势，保持战略定力，统筹各项政策，加强政策协同，宏观政策要稳、产业政策要准、微观政策要活、改革政策要实、社会政策要托底。要处理好短期和长期的关系，立足当前、着眼长远，从化解当前突出矛盾入手，从构建长效体制机制、重塑中长期经济增长动力着眼。习近平总书记多次强调：“要善于运用‘底线思维’的方法，凡事从坏处准备，努力争取最好的结果，这样才能有备无患、遇事不慌，牢牢把握主动权。”[②]

3.2.3 新时代中国特色社会主义理论与政府投资

研究新时代政府投资理论，应当把习近平新时代中国特色社会主义思想放在首要的理论指导位置。新发展理念和“七个坚持”，是基于我国经济发展现状的实践问题所做出的理论总结，可以最直接地影响新时代政府投资行为。政府投资作为一项国家政策性经济手段，应当切合国家宏观经济运行指导方针，调整投资导向和投资方式，充分体现创新、协调、绿色、开放、共享的发展理念，坚定不移地围绕“七个坚持”发展底线。

一方面，政府投资要充分体现新发展理念。在创新发展方面，政府投资应当支持企业创新，通过政府的公信力来引导社会资本向创新领域汇集，增加企业创新资金，减少企业创新成本，提高企业创新积极性；同时，由于政府投资严格限制在公共领域，在教育事业上的投资也可以提升

① 中共中央文献研究室．习近平关于社会主义经济建设论述摘编［M］．北京：中央文献出版社，2017：115－334.

② 中共中央宣传部．习近平总书记系列重要讲话读本（2016年版）［M］．北京：人民出版社，2016：288.

人力资本质量，增加创新性人才，提高人才职业素养，为全社会的创新发展事业注入鲜活力量。在协调发展方面，政府投资要根据经济发展现实问题，调整和优化产业结构，坚定不移地维护和推进供给侧结构性改革，通过控制政府投资规模来调整社会投资规模，减少产能过剩，提高供给质量，调整社会供给使之更加符合社会需求；同时，政府投资也要致力于解决经济不平衡问题，引导社会投资方向来指向性地扶持中小企业、支持经济发展水平较低区域，向国家产业政策规定优先发展的产业增加投资，重点支持和加强国民经济薄弱环节。在绿色发展方面，生态环境保护工作带来的是长期效益，而企业自身运营时经常追求短期效益，并不重视长期效益，并且生态环境保护工作具有较强的正外部性，社会效益远远大于私人效益，实行成本效益分析、追求利润最大化的企业如无外部刺激则不愿进行绿色经营，因此需要政府投资手段来进行国家的宏观经济调控，支持生态环境保护等公益事业工作，实现绿色发展。在开放发展方面，要注重经济发展内外联动，充分利用国内社会资本和外商投资，扩大政府投资的引导作用，更好地实现政府投资的宏观调控职能；同时，为了支持国家改革开放，政府投资也可以适当地调节以支持国内企业的对外业务，推动国家健康稳定地对外贸易，优化进出口产业结构，对受到贸易摩擦影响较大的企业给予一定的投资补贴、投资抵免、投资贷款贴息等扶持政策，并促进资金引流，保护国家企业。在共享发展方面，政府投资建设公益性项目和基础设施项目，有利于缩小资源禀赋带来的区域间发展环境的差距，为社会民间投资创造良好的投资环境，促进公用设施和社会基础设施以及软环境建设的商品化，实现投资经济活动投入产出的良性循环；政府对农牧业产业以及扶贫项目的投资更能够消除贫困，提高经济落后地区的发展水平，优化农村贫困户生活质量；政府投资可以引导社会资金集中于有盈利能力的公益性和基础性项目，既能减少政府投资带来的直接财政支出，又能培养社会资本所有者的社会责任感。

另一方面，政府投资要紧紧围绕“七个坚持”。坚持加强党对经济工作的集中统一领导，每一次政府投资行为都不应盲目进行，都应该贯彻党在经济工作中设定的宏观经济调控目标，有侧重性地实现党的经济方针政策。坚持以人民为中心的发展思想，政府投资应当在经济、政治、社会、文化、生态建设五个方面注重民生利益和社会效益，不应当或者尽量避免有损民生的政府投资行为，积极推进全面深化改革、全面依法治国、全面从严治党，在提高和维护人民利益方面稳扎稳打、步步为营。坚持适应把握引领经济发展新常态，将政府投资充分应用在创新发展、协调发展、绿色发展、开放发展、共享发展的各个方面。坚持使市场在资源配置中起决定性作用，更好发挥政府作用，政府投资严格限制在公共领域，不应投资在竞争性或经营性、营利性的领域，划清政府与市场的边界，坚决扫除经济发展的体制机制障碍；实行社会主义市场经济，政府投资所占比重应当控制在较小范围，更多地促进非政府投资发挥其作用，尽量避免政府大量直接投资，要充分发挥政府投资的引导作用。坚持适应我国经济发展主要矛盾变化，立足于民生的政府投资要致力于满足人们日益增长的美好生活需要，完善宏观调控，解决经济发展不平衡不充分的问题，把推进供给侧结构性改革作为经济工作的主线；充分发挥政府投资对民间投资的“挤进效应”，合理引导民间投资进入农业、制造业、房地产业等国民经济的重要产业；政府出台更加开放的政策，并切实拿出促进民间投资发展的执行力，要让民间投资者看到投资的利益和价值所在，增强民间投资者的投资信心[①]，充分发挥政府投资的引导作用。坚持问题导向、部署经济发展新战略。政府投资决策要贯彻落实国家的经济发展战略，也要根据经济运行中浮现的实际问题，具体问题具体分析，更好地实现国家战略目标。坚持正确工作策略和方法，稳中求进，保持战略定力、坚持底线思维。政府作为具有公信力的经济主体，不应当陷入短视的陷阱，也不应当急于求成。政府投资行为不仅需要斟酌实行，还需要循序渐进，不因为某项政府投资尚未产生社会效益而失去耐心，也不因为某项政府投资在短期内促进经济

① 王婧．供给侧结构性改革助推产业结构转型升级——基于政府投资引导民间投资的实证分析［J］．经济学家，2017（6）：42－49．

发展而感到一劳永逸，应充分分析政府投资行为带来的长期社会效应。

3.3 当代西方经济学投资理论

历史上，西方资本主义国家在资本主义制度下一向更加注重市场的作用，实行市场经济，但是当代西方国家也逐渐意识到了政府干预经济、克服市场失灵的重要性，因此当代西方经济学中也存在着对政府投资行为的思考。我国实行社会主义市场经济体制，市场同样在经济资源配置中起决定性作用。同时，资本主义国家的生产方式决定了它们更加注重资本这一要素在经济运行中的影响，因此当代西方经济学对于投资理论的研究也有着较高的科学性和合理性。还应注意的是，政府在干预经济时也是一个经济主体，虽然政府投资更多地考虑社会效益，较少地考虑投资行为本身的效益和资本增值，但是依然需要考虑尽量提高投资资金的使用效率，节约财政资金，而研究西方经济学中注重利润最大化和成本最小化、实行成本效益分析的企业资本运动也能得到节约资金的方法启示。因此，西方经济学投资理论对于我国经济发展也能起到一定的借鉴作用。

政府投资是一项政府主体实施的公共管理行为，因此以西方经济学中的公共管理理论为研究视角。当代西方经济学的公共管理理论在政府投资方面的结合，可以分为公共选择理论、公共物品理论、博弈理论、新制度经济学四个角度进行考察。这些理论旨在探求政府行为的模式，包括怎样投资、投资的目标领域、政府投资的主体均衡以及政府投资的政策定位问题。

3.3.1 公共选择理论

公共选择理论是一门整合了经济学和政治学的交叉学科，它以微观经济学的基本假设（尤其是理性人假设）、原理和方法作为分析工具，来研究和刻画政治市场上主体的行为和政治市场的运行。公共选择理论的代表人物詹姆斯·布坎南认为："公共选择是一种政治上的观点，它以经济学家的工具和方法大量应用于集体或非市场决策而产生。"公共选择，又称政府选择，就是通过集体行动和政治过程来决定公共物品的需求、供给和产量，是对资源配置的非市场选择，是把私人的个人选择转化为集体选择的一种过程（也可以说是一种机制），是利用非市场决策的方式对资源进行配置。因此，公共选择在本质上实际上就是一种政治过程①。公共选择理论的方法论包括三大要素，即方法论上的个人主义、经济人假设以及交易政治。公共选择理论研究的不是怎样才能达到利润和经济效益的最大化，而是研究政府在公共产品的供需过程中应当扮演怎样的角色、采取怎样的行为模式。研究公共选择理论，有助于构建政府投资行为决策机制，提高政府投资行为的科学性和合理性（见表 3-2）。

表 3-2　　公共选择定义中的几个细节

方面	内容
目的	保证政府按大多数社会成员的意愿来提供公共物品的数量和质量
方法	投票及其他民主形式和程序
机制	各参与主体通过交易来谋求自我利益最大化的实现
过程	个人偏好向社会偏好转化的过程
因素	投票者、中间投票者、政治家、政府部门、利益

资料来源：MBA 智库百科"公共选择理论"条目。

3.3.1.1　公共选择理论对市场的划分

研究公共选择理论，切入点在于市场与非市场的划分。"公共选择理论只是明确提出公共经济一般理论的一种努力，它可以帮助我们在集体选择方面从事人们长期以来在市场微观经济学方面所做的事情，即用一种相应的尽可能合适的政治市场运转理论来补充商品与服务的生产与交换的理论。该理论是这样一种尝试，它要建立模拟今天社会行为的模式，其特点

① 宋延清，王选华．公共选择理论文献综述［J］．商业时代，2009（35）．

是根据个人是在经济市场还是在政治市场活动，采取不同方式处理人类决定的过程。”[①] 在自由竞争的市场中，企业和消费者在改变市场行为上有着基本同等的决策权，而在非市场中，政府则拥有更多影响力，这便是市场和非市场之间的区别。

关于市场的分类上，公共选择理论还认为，人类社会由两个市场组成，一个是经济市场，另一个是政治市场。这二者之间的区别可以总结如表3-3所示。

表3-3　公共选择理论中经济市场和政治市场的区别

		经济市场	政治市场
交易对象		私人物品	公共物品
活动主体	需求者	消费者	社会公众
	供给者	厂商	政治家
选票形式		货币选票	政治选票
选择目标		带来最大满足的私人物品	带来最大利益的政治家、政策法案和法律制度
决策性质		经济决策	政治决策

尽管经济市场和政治市场之间存在以上诸多差别，但公共选择理论认为，人们在经济市场和政治市场上的决策是保持一致的。正是基于这样的观点，公共选择理论试图把人在这两个市场中的决策行为纳入一个统一的分析框架或理论模式，用经济学的方法和基本假设来进行统一分析。

3.3.1.2　公共选择理论的研究内容

公共选择理论研究的内容可以分为四个部分：公共选择理论，研究直接民主中的公共选择，主要讨论个人偏好和投票问题；代议民主制中的公共选择，内容涉及政党竞争与选举、官僚机构和寻租问题；利益集团和集体行动，实际上是理性经济人命题的推广；宪政的经济分析[②]。

① Buchanan JM. The Theory of Public Choice [M]. AnnArbor: The University of Michigan Press, 1972: 5, 11, 19.

② 阮守武．公共选择理论的方法与研究框架［J］．经济问题探索，2009（11）：1-7.

公共选择理论中，“阿罗不可能定理”是直接民主的公共选择中一个极为重要的定理。美国经济学家阿罗（Arow）认为，一个规范性的社会偏好集结规则应当具有连通性和传递性；同时，在一个民主社会里，社会选择过程应该满足完全性、一致性、无关备选方案的独立性、帕累托原则和非独裁性等五个条件。最后阿罗得到的结论是，没有任何社会福利函数或社会选择规则能同时满足上述两条公理和五个条件①。在对投票规则的研究中，社会选择理论发现了多数票规则中的投票悖论，即投票次序在很大程度上决定着投票结果，要么产生一种得不出明确结果的多数表决循环的决策模式，要么由操纵行为或随机性来产生决策。就此，公共选择理论还提出了中位数投票人定力和策略性投票方式，引起学界的激烈讨论。

此外，在代议民主制中的公共选择上，公共选择理论认为民主无法完全解决社会运行中的公共决策问题，政党等官僚因素也会产生很大的影响。因此，在经济人假设的基础上，对官僚机构的动机和行为进行了分析，认为作为一个理性的个人效用最大者的高级官员必然会集中精力来发展机构塑造策略，为自己提供适宜的工作和有价值的工作环境，以此来增进自己的福利②。

公共选择理论中的宪政经济学已经逐渐发展为一个成熟的学科领域。宪政经济学认为，现实民主社会在政治决策中广泛采用的多数票规则意味着多数人对少数人实行了“强制”。强制意味着不和谐，宪政的目的就是要化解强制，实现社会和谐，公正的基础是规则，规则在逻辑上先于公正。由于公共选择理论的基本观点是每一个公民都是独立的个体，因此，确保做到这一点的必要条件是宪法的选择应该遵循“一致同意”的规则③。

---

① Arow, K. Social Choice and Individual Values [M]. NewYork: Wiley, 1951.

② [英] 帕特里克·敦利威. 民主、官僚与公共选择——政治科学中的经济学解释 [M]. 张庆东译. 上海：上海人民出版社，2005.

③ Brenna Gand, Buchanan JM. The Reason of Rules: Constitutional Political Economy [M]. Cambridge: Cambridge University Press, 1985.

公共选择理论中的利益集团和集体行动，围绕利益集团为什么存在的原因这个核心问题，形成了三种不同的利益集团理论：一种是传统的利益集团理论，认为集团的存在是为了增进其成员的利益；一种是奥尔森的利益集团理论，认为由于“搭便车”行为的存在，有理性、寻求自身利益的个人不会采取行动来实现他们共同的或集团的利益①；一种是芝加哥学派，开创性提出了国家俘获理论，即立法者和管制机构也追求自身利益的最大化，因而某些特殊利益集团能够通过“俘获”立法者和管制者而使政府提供有利于他们的管制。

3.3.1.3 公共选择理论与我国政府投资

尽管我国与西方资本主义国家的现实情况大不相同，但公共决策体制都属于代议制民主决策体制。因此，公共选择理论的一些分析思路和结论，也为我们研究财政制度和决策管理问题提供了有益的启示。

公共选择理论约束着政府的行为，运用公共选择理论来研究我国政府投资，即考察政府应该怎样投资的问题。对于我国而言，政府投资行为应当考虑战略性和社会性。一方面，政府投资行为应该考虑战略性。新兴产业发展、高新技术研发、经济落后地区的发展，成本高、周期长、风险大，私人部门和市场本身很难做到资金的有效提供，只能或主要由政府的投资来解决。另一方面，政府投资行为本身也应更多地考虑社会性，是否盈利和盈利高低的因素处在政府投资的较低优先级。

公共选择理论将微观经济学中的“理性经济人”假设考虑在内，这一点虽仍然有争议，但在现实政府决策过程中有其合理性，这一分析角度具有应用价值。实际上，政府决策者确实存在出于个人主义或部门利益而导致公共服务提供质量效率无法达到最优的现象。为避免这一现象，应当设计和完善政府投资行为的规范约束机制，确保我国的政府投资行为紧紧围绕党和政府宏观经济政策。

---

① 阮守武．公共选择理论的方法与研究框架［J］．经济问题探索，2009（11）：1－7.

公共选择理论中的偏好选择机制以及政治决策程序和规则的内容也告诉我们，一方面，要提高财政信息的透明度，应尽快建立规范、及时、准确的财政信息发布制度，同时建立和完善社会公民财政偏好显示机制，以保证政府投资等财政决策的科学性和民主性；另一方面，在程序和规则制定方面，必须加强对科学的财政决策程序和规则的研究，打好坚实的理论和实践基础，提高这方面决策的科学性。

公共选择理论中的“特殊利益集团”理论，也可以结合我国的实际情况。当前我国的市场经济较为分散，存在着许多大大小小的利益集团，如行业利益集团、地区利益集团（如个别地区存在的地方保护主义现象）、生产者利益集团、消费者利益集团等，因此政府投资行为也要考虑诸多利益集团的利益诉求，避免造成社会不公等问题。

3.3.2 公共物品理论

公共物品理论是研究政府投资范畴界定的一个核心内容，经济学中的公共物品理论对公共政策、公共治理、社会保障等公共管理学、社会学等学科产生越来越大的影响。借鉴公共物品理论，有助于划分政府投资领域，确定政府投资的定位。公共物品是市场机制发生失灵的一个重要领域，政府资源配置职能在公共物品的投资上体现，并且政府的公共支出主要以公共物品的投资范围为依据。因此，公共物品是研究政府投资范畴界定的重要概念①。公共物品理论，目前可以归纳为传统主流公共物品理论以及布坎南的交易范式公共物品理论②。

3.3.2.1 主流公共物品理论

在主流公共物品理论中，公共物品是与私人物品相对应的概念，全称

① 陈建先．从公共管理理论分析西部地方政府投资抉择［J］．探索，2003（4）：132－134.

② 张琦．公共物品理论的分歧与融合［J］．经济学动态，2015（11）：147－158.

为公共物品或劳务。不能或不能有效由私营部门通过市场提供，而需要由公共部门以非市场方式提供。纯公共物品具有四个方面的特性，即消费的非竞争性、消费的非排他性、效用的不可分割性、受益的不可阻止性。非竞争性，是指一部分人对某一产品的消费不会影响另一些人对该产品的消费，一些人从这一产品中受益不会影响其他人从这一产品中受益，受益对象之间不存在利益冲突。非排他性，是指产品在消费过程中所产生的利益不能为某个人或某些人所专有，要将一些人排斥在消费过程之外、不让他们享受这一产品的利益是不可能的。效用的不可分割性，是指它的消费是在保持其完整性的前提下，由众多的消费者共同享用。纯公共物品向整个社会共同提供，整个社会的成员共同享用公共物品的效用，而不能将其分割为若干部分，分别归属于某些个人、家庭或企业享用，或者按照谁付款谁受益的原则，限定为之付款的个人、家庭或企业享用。受益的不可阻止性，是指公共物品一经生产出来并投入使用，社会成员一般没有选择余地，只能被动地接受，因此必须注意公共物品的质量和数量。公共物品的废品、次品决不能流入社会，否则将给社会带来极大危害；公共物品的数量不足、不能满足社会的需要，或者公共物品生产供应过度，对社会也会带来消极的影响①。

在公共物品的资源配置中，存在着著名的“搭便车”问题和公地的悲剧问题。“搭便车”问题是指由于参与者不需要支付任何成本而可以享受到与支付者完全等价的物品效用。该问题影响公共物品供给成本分担的公平性，以及公共物品供给能否持续和永久。“搭便车”包含两种情形：一是享受到组织提供的种种权利后，丝毫不尽个人对组织的义务；二是在此时此处享受到组织提供的权利后，没有在此时此处尽义务，而是在其他时间或地点尽了义务②。“公地的悲剧”，是指在无偿放牧的公共牧场中，每个牧民都养尽可能多的牛羊，随着牛羊数量无节制地增加，公地牧场最

① MBA 智库百科“公共物品”词条。

② 王广正．论组织和国家中的公共物品［J］．管理世界，1997（1）：209－212．

终因“超载”而成为不毛之地，牧民的牛羊最终全部饿死。公地悲剧常被形式化为囚徒困境的博弈。在囚徒困境的博弈中，每一个参与者都有一个占优策略，博弈双方的占优策略构成了博弈的均衡结局，然而博弈均衡结果并不一定是帕累托最优结局。相反，个人理性的博弈过程与战略选择却导致了集体行动的悖论①。

3.3.2.2 交易范式公共物品理论

布坎南在《公共物品的需求与供给》一书中，将公共物品和私人物品做了如下定义：人们观察到有些物品和服务是通过市场制度实现需求与供给的，而另一些物品与服务则通过政治制度实现需求与供给，前者被称为私人物品，后者被称为公共物品。可见，布坎南对公共物品的定义与主流公共物品理论不同，没有诉诸非排他性和非竞争性等物品或服务的固有属性，而是通过物品和服务的供给方式来进行定义和划分②。从人的行动而非物品本身特性来建立公共物品理论，是布坎南公共物品理论的逻辑起点。定义上的不同决定了理论的分歧，布坎南的公共物品理论在很大程度上反对了主流公共物品理论。布坎南的公共物品理论，是建立在对经济学的独特认识和方法论基础上的。

交易范式公共物品理论，以交易或交换为主要内容，并体现为一种推崇程序正义的经济，它主要是评判一项经济活动的交易规则或交易制度是否自由和公正，而不是评判交易的结果是否能够带来效用的最大化，这表现出其对契约精神的崇尚，并且摒弃了功利主义的思想。这种契约精神带来的就是程序主义的公共选择系统。应当注意的是，布坎南的交易范式与科斯等人的交易范式有所不同，布坎南认为组织内交易与市场交易不同，

① 沈满洪，谢慧明．公共物品问题及其解决思路——公共物品理论文献综述［J］．浙江大学学报（人文社会科学版），2009，39（6）：133－144.

② 张晋武，齐守印．公共物品概念定义的缺陷及其重新建构［J］．财政研究，2016（8）：2－13.

而科斯等主张组织内交易与市场交易是相同的①。根据布坎南对公共物品的定义，人们在某种集体决策规则之下进行的具体决策，即“通过政治制度实现需求与供给”，就是提供某种公共物品。②

布坎南从私人物品的供求理论剖析，认为其暗含的完全竞争市场的前提在现实当中并不存在，即使得出了“最优”的实证结果，也并无规范性分析价值，只不过是从实证分析方面考察，这种方法得出的结论是片面的。相反，布坎南从个人交易行为出发进行研究，认为只要交易是自愿的（这意味着交易规则是公平的），那么竞争市场制度本身，以及竞争市场制度下的种种交易后果（包括“效率”这一概念），不过是一些描述性的特征，并不包含价值规范，因此这样的分析也是不完备的。从这两方面看，布坎南得出竞争市场制度本身不能作为经济分析的逻辑起点这一结论。布坎南认为，完全竞争市场制度本身就是一种结果，而非研究应该着眼的起点，真正使完全竞争市场制度具有“效率”含义的，是个人之间的自愿交易，而非任何外部价值规范。因此，将私人物品自愿交易产生的完全竞争市场制度及其各种后果作为标准，来发展公共物品交易理论或评价公共物品的需求与供给后果，是不恰当的③。

3.3.2.3 公共物品理论与我国政府投资

公共物品由政府部门投资，是公共物品理论的共同结论。而在现实生活中，有的私人物品也由政府投资，而有的公共物品也由私人来投资；私人物品一般由私人部门投资，但在特定的情况下，政府也可直接投资私人物品，不仅限制该物品的使用量，也促进实现社会的公平。居民用水、医疗服务、教育水平，都是与社会公平息息相关的私人消费品。如果政府不负责提供这些消费品，而只由私人部门提供的话，一方面，这类消费品仰

① 范伯格．经济学中的规则和选择［M］．西安：陕西人民出版社，2011.

② 张琦．布坎南与公共物品研究新范式［J］．经济学动态，2014（4）：131－140.

③ Buchanan. The Demand and Supply of Public Goods，Rand McNMally & Company，1968.

仗于规模效益，需要较大规模的生产和部署，而私人部门资金和人力资本力量较为分散，无法提供高水平的消费品；另一方面，考虑到巨大成本投入带来的价格飙升问题，生活水平低下的人民基本的生活需要无法得到保障，受教育的权利也无法得到保障。此时，只有由政府来投资这些物品才是有效的。至于公共物品由私人投资，在一些国家存在着以下几种形式。首先，签订协议，即政府与私人签订协议来生产公共物品，这是发达国家采用最普遍、范围最广的一种形式，如生产自然垄断型物品；其次，授予经营权，即政府将公共物品的经营权委托给私人经营，如自来水、电话、供电等；再次，政府补贴，即政府对生产某些公共物品的生产给予一定的补贴，如高新技术产品、教育、卫生、保健、图书馆、博物馆等；最后，政府部门也可以参股到一些生产公共物品的公司，如桥梁、飞机场等必要公共设施的建造。

3.3.3 博弈论

博弈论是一个经典的经济学分析理论，也是在社会经济生活的各个方面都可以使用的研究工具。博弈理论研究的是，当对手在研究你的策略并追求自己最大化利益行为时，你如何选择最有效的策略。政府投资活动作为一项重要的宏观调控手段，必然牵涉诸多市场主体，这些市场主体之间的博弈活动也可以对政府投资理论产生启示。研究社会经济主体在投资活动中的博弈和均衡，是研究政府投资行为及运行模式的重要内容，博弈理论将在此发挥重要作用。

首先，博弈理论可用于分析政府投资行为本身。使用博弈理论分析政府投资行为时，注重对政府投资行为所产生的作用及其影响的分析，可以对政府投资行为的分析更加系统化，反映了政府投资行为的本质。博弈理论中的各种博弈模型也对现实生活中的理论做出本质剖析，使得政府可以在定量地分析实际情况的基础上做出决策。

其次，可以利用博弈理论在对各个市场主体进行分析的前提下，对政府投资行为进行分析，突出个人理性在政府投资行为分析中的主要地位。政府、企业、个人作为市场主体，都有各自的目标及相应的效用函数，各主体的效用函数不仅依赖于自己的选择，而且受其他主体选择的影响，在不同的博弈规则下会得到不同的博弈均衡[①]。人们可以通过博弈的分析，调整政府投资行为，从而提高政府投资政策及其行为的理性和效率。

最后，充分掌握和利用博弈理论，有助于政府对社会各力量的综合分析。博弈各方协调一致去寻找最大化共同利益时，就会出现合作性均衡状态，这是博弈理论的精髓所在。政府投资追求社会效益，而社会效益关系着每个社会经济主体，因此必须考虑集体行动问题；而探讨集体行动问题，又无法回避博弈理论的讨论，因为集体行动本身是个体行动的博弈结果。政府投资政策的制定、实施的过程，也是政府与政府之间、政府与市场之间、政府与社会之间博弈均衡的结果。

3.3.4 新制度经济学

要缩小地区间经济发展不平衡，改变城乡二元经济结构，提高经济运行效率，促进社会公平，必须完善制度，提高制度效率。新制度经济学重视制度对经济运行带来的影响，政府投资行为作为政府的一项政策调控工具，受制度的影响是巨大的、长期的、深远的。制度对政府投资行为选择的影响是活的，政府在既定的制度与制度变动过程中选择行为，并且政府投资行为的许多特性可以用新制度经济学来进行分析。优化政府投资行为，稳定政府投资政策定位，就要完善制度环境、规范制度安排、严把行为准则。

首先，优化政府投资行为需要完善的制度环境，要把政府投资理论牢牢建立在宪法的基础上。新制度经济学的基础理论是政区竞争理论，该理论的核心理念是“能提供优越投资环境、能建立有效保护产权的私法制

① 陈建先．从公共管理理论分析西部地方政府投资抉择［J］．探索，2003（4）：132－134.

度、能建立严格约束政府权力的公法制度并能提供优质政府服务的行政区域，就会在政区间的竞争中取胜，从而吸引更多的资本、企业家和人才到本行政地区投资创业"①。"宪法秩序就是第一类制度，它规定确立集体选择的条件的基本原则，这些是制定规则的规则。"② 在制度环境中，由于宪法的约束力度最强、对社会价值观和意识形态影响最深，宪法制度被认为是根本性的制度环境，也是制度创新的对象。宪法的巨大影响及其相对稳定性，使得宪法本身的完善能够带来更大的社会效益，政府投资行为在宪法的指导下也能更加科学、更加顺利地进行。

其次，优化政府投资行为，要紧紧贴合制度安排。制度安排是制度的具体化，是约束特定行为模型和关系的一套行为规则，服从程序和道德、伦理的行为规范。为社会提供公共的制度安排是政府提供公共物品的内容之一，政府必须充分利用自身的事权和财权，不断提高制度创新的能力。制度安排的目标，一是提供一种使成员能够从中获利的制度结构，这种利益在结构外则无法获得，因此构成制度安排本身带来的追加收入；二是提供一种可以使得社会主体的经济活动能反馈到法律和政策安排的机制，从而制度安排和制度环境能够保持动态更新优化。制度安排可以影响产权的界定，从而规避过高的交易费用，而根据科斯定理，在交易费用为零和对产权充分界定并加以实施的条件下，外部性因素不会引起资源的不当配置。因此，合理的制度安排对资源配置有着重大意义，这可以认为是制度安排带来的追加收入。新制度经济学认为，没有国家权力的介入，财产权利无法得到有效界定、保护，也就无法降低交易成本，无法带来制度优势。国家权力介入产权制度安排的方式和程度的不同会带来不同的产权制度，从而促进经济的增长或引起经济的衰退③。在不同的产权制度下，政府投资也有着不同的行为模式，对于我国而言，政府投资应当紧紧贴合和

---

① 李军鹏．论新制度经济学的政区竞争理论［J］．中国行政管理，2001（5）：52－58.

② 奥斯特罗姆．制度分析与发展的反思［M］．北京：商务印书馆，132－134.

③ 陈建先．从公共管理理论分析西部地方政府投资抉择［J］．探索，2003（4）：132－134.

服从制度安排。

最后，要规范和优化政府投资，就要切实贯彻制度安排规定的行为准则。如上文所述，制度是一系列被制定出来的规则、守法程序和行为的道德伦理规范，旨在追求主体福利或效用最大化利益①。“意识形态既被看作是一种规范制度，又被看作是一种完整的世界观，由它支配、解释信念并赋予合法性。”新制度经济学认为，制度对经济行为的影响至关重要。制度决定了人们的意识形态，意识形态又决定了人们的行为方式。新制度经济学认为，意识形态和文化观念的制度性作用在降低交易成本、促进经济发展、维护社会稳定等方面具有积极作用②。因此，使政府投资的决策严格定位在行为准则之中，遵守社会共同认可的运行规则，才能保证政府投资产生理想的政策效果。

① 诺思．经济史中的结构与变迁［M］．上海三联书店，上海人民出版社，1997：225－226.

② 诺思．经济史中的结构与变迁［M］．上海三联书店，上海人民出版社，1994：60.

4

新时代政府投资规模研究

在现代市场经济条件下，政府已不是投资的主要主体，企业和个人是市场的投资主体。但由于政府的性质和特殊地位，其投资规模对国家经济社会发展仍具有举足轻重的作用。

4.1 新时代政府投资规模的主要决定因素

4.1.1 经济发展水平

经济发展通常指一个国家或地区经济方面取得进步的动态过程，主要包括经济规模扩大、经济结构优化、经济生活水平普遍提高、人们构建自己未来能力全面提升等。经济发展水平是国家决策的重要基础，也是政府投资规模确定的主要决定因素。主要通过政治渠道和经济渠道两种机制影响政府投资规模。

通过政治渠道，经济发展水平提高可以使得民众对政府投资的需求产生变化。经济发展会产生一系列公共服务需求，而公共服务需求会改变政府投资支出规模。经济学家瓦格纳认为，一是工业化的推进要求更多的公共资源用于保障法律设施和服务，要求增加政府在维护社会平稳运行方面的投资；二是工业化带来的城市化产生了交通拥堵、人口过度集聚等问题，要求政府增加管理和协调方面的投资；三是经济发展水平提高，人们会增加对文化、娱乐、教育、医疗等方面的需求，政府对其投资支出也会随之增加。瓦格纳法则表明，政府支出会随着经济发展水平的提高以更高速度增长。

在瓦格纳法则的基础上，美国经济学家马斯格雷夫（Richard A. Musgrave）和罗斯托（Walt Whitman Rostow）用经济发展阶段论阐述了经济发展的各个阶段政府投资的规模和方向，并得出政府支出会不断增长的结论。经济发展阶段论认为，在经济发展的早期阶段，公共物品尤其是经济发展所必需的社会基础设施建设供给不足，这就要求政府初期投资具备一定的规模，因为这些政府投资是后期经济发展必不可少的前提条件。当经济进入中期后，社会基础设施供求趋于均衡，市场竞争程度增强，经济得到一定程度的发展，政府公共投资在社会总投资中的比重有可能降低。比例降低不意味着规模减少。当经济运行中期市场失灵问题日渐突出后，政府对经济干预范围的扩大必然导致政府投资的增加。随着经济发展由中期阶段进入成熟阶段，政府投资会由以基础设施为主转变为以教育、卫生保健、环保等社会福利为主，致力于提升人民生活幸福感，进一步引致政府投资规模增大。

瓦格纳法则和经济发展阶段论将政府投资规模与经济发展水平联系起来，是政府投资规模决策的重要理论基础，表明投资规模及方向与经济发展水平相关，是指导政府投资规模决策及投资重点的经典理论。在实证层面，2005 年 Tobin 利用中国政府规模和经济增长的宏观数据，考察经济自由化背景下中国政府的经济活动是否符合瓦格纳法则。结果发现，随着国民收入的增加，政府活动和财政支出随之增加，证明了瓦格纳法则在中国的适用性。2006 年，Akitoby 对 51 个发展中国家的政府支出与产出数据进行分析。结果表明，从长期来看，政府支出与产出存在稳定的协整关系，瓦格纳法则是适用的[①]。

通过经济渠道，经济发展水平提高意味着可用于政府投资的资源更多，政府偿债能力增强。经济发展水平的提高使得政府税收收入增加，特别是在累进所得税制下，政府税收收入的增长速度将大于国民收入增长速度，进而刺激政府支出增加，政府投资随之增加。特别地，在经济高速增长的时期，政府会扩大投资实施扩张性的财政政策，通过乘数效应推动经济增长。同时，政府收入增加为政府债务提供了保障，有利于增强政府信

① 刘雅丽．“瓦格纳法则”实现方式的国际比较与启示［J］．西部论坛，2011，21（4）：59－64．

用和政府偿债能力。政府可以通过发行债务、国际贷款等方式实行赤字预算，扩大政府投资规模，从而达到刺激经济增长的目的。

2019年以来，我国经济延续总体平稳、稳中有进的发展态势，但外部环境进一步趋紧，经济发展面临新的风险挑战，国内经济下行压力加大①。新时代政府投资规模的确定应该在经典经济理论的基础上，结合新时代经济发展要求和经济发展方式确定。当前我国社会主要矛盾已经转化为人民日益增长的美好生活需要和不平衡不充分发展之间的矛盾。主要矛盾的变化促进了我国经济由高速增长向高质量增长的转变、由要素驱动向创新驱动的转变。在当前经济发展不平衡不充分的情况下，发展程度不同的地区对政府投资的规模和结构需求有所不同：困难地区经济发展水平低，类似于经济发展的初期阶段，缺乏经济发展必需的交通、物流、产业链等基础设施，对具有典型经济效益的政府投资项目需求大，承担税收的能力较弱，注重政府投资的规模和效益；发达地区经济发展水平高，类似于经济发展的后期阶段，对教育、医疗、娱乐等需求较大，承担税收的能力较强，注重政府投资的质量和效果；中等发达地区类似于经济发展中期阶段，介于两者之间，对政府投资的需求种类较为复杂，需要多种类、多方式的政府投资。中等发达地区本身具有一定的发展基础设施和进行市场竞争的能力，但市场失灵状况较为严重，需要政府投资以加强对市场失灵的干预。

4.1.2 政府职能变化

在市场经济中，由于存在市场失灵，政府有必要通过自身活动干预经济以纠正市场失灵，提高经济运行效率。财政学中将政府职能概括为四个方面：资源配置职能、收入分配职能、经济稳定与发展职能、监督

---

① 刘永恒．加快发行使用地方政府专项债券　更好发挥有效投资拉动作用［J］．中国财政，2019（18）：45-47．

职能[①]。其中，资源配置职能和经济稳定与发展职能与政府投资规模密切相关。资源配置职能是指通过财政收支活动以及相应财政政策、税收政策的制定、调整和实施，为政府提供经费和资金，从而引导资金流向，实现对有限的人力、物力、财力等社会资源的最优配置。这就要求政府优化财政支出结构，政府投资要重点保障农业、教育、社会保障、公共卫生和就业等经济社会发展的薄弱环节，要重点保障困难地区和群众，要重点保障科技创新用以转变经济发展方式。经济稳定与发展职能是指财政通过税收和公共支出等手段干预、调节国民经济运行，实现充分就业、物价稳定、国际收支平衡等目标，达到社会总供给和总需求的基本均衡。同时在经济增长的基础上，使经济运行和人民生活质量得到改善。经济稳定的职能需要政府投资来实现：当经济过冷的时候，政府应该增大投资规模以扩大社会总需求，刺激经济；当经济过热的时候，政府应当减少某些领域的投资，在充分激活市场主体积极性的同时抑制经济过热。

此外，政府投资对私人投资具有挤出效应。宏观经济分析模型 IS—LM 模型认为，当货币市场均衡曲线 LM 曲线不是水平时，由扩张性财政政策引起的国民收入增加小于财政政策扩张的规模，这是因为政府投资使得利率升高，减少了一部分私人投资。这一现象称为政府投资的“挤出效应”，如图 4－1 所示。

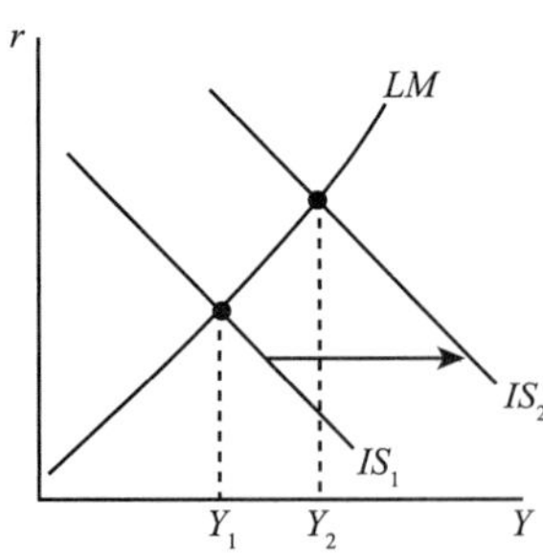

图 4－1　IS—LM 模型中的挤出效应

① 马海涛，温来成，姜爱华．财政学［M］．北京：中国人民大学出版社，2012.

当然，现代经济学家对古典经济学的“挤出效应”进行了补充，认为存在与“挤出效应”相对、在某一领域政府投资增加使得私人投资增加的“挤入效应”。“挤入效应”的产生可能是政府在某一领域的投资为私人投资创造了更好的环境，也有可能是吸引海外投资者，从而增加了对本国的投资。有研究表明发展中大国的政府投资对私人投资在规模和结构两个方面具有显著影响：规模方面，政府投资对私人投资存在“纯挤出效应”；结构方面，在教育、医疗、公共卫生等领域的投资对私人投资存在较大的“纯挤入效应”，即这些领域的政府投资会吸引私人资本进入，降低投资壁垒。在道路、港口等交通基础设施领域的投资存在较小的“纯挤出效应”；国有企业的投资对私人投资存在较大的“纯挤出效应”，且这种内在影响存在显著的时空差异性①。

新时代政府职能内涵更加丰富。资源配置职能中的财政收支和宏观政策政府提供经费和资金，通过发布市场信息和金融信号，引导资金流向，以小规模政府成本进行大规模政府投资。政府投资的新型融资方式，如地方政府专项债券就是政府资源配置职能的更广泛体现。政府投资是政府履行职能的重要手段，其规模随着政府职能的变化而变化：政府履行职能内涵范围越广，政府投资规模越大；政府职能内涵缩小，或者市场调节内涵的边际扩大，政府投资规模缩小。此外，经济稳定与发展职能的实现对政府投资的影响也愈加明显：政府投资的乘数作用要求政府投资不仅要进行逆向调节，防止经济过冷或过热，而且要合理确定投资规模，推动国民经济发展。

4.1.3 投资规划政策

国家投资规划政策作为重要的宏观调控政策，是影响投资规模的另一

① 管敏，刘长生．新兴大国政府投资规模和结构对民营资本投资的影响研究［J］．湖南师范大学社会科学学报，2019，48（6）：37－45.

重要因素。自20世纪以来，世界经济出现剧烈波动，各国重新审视政府干预的作用，而政府投资就是政府干预的重要手段。凯恩斯主义认为，经济波动的原因在于政府缺位，主张政府干预宏观经济，保持经济稳定。凯恩斯认为，投资是影响宏观经济的一个关键变量，政府宏观调控应当着眼于通过政府支出，尤其是政府投资支出来熨平经济波动①。

政府的投资规划政策主要分为经济增长政策、宏观总量政策和特定产业政策。

经济增长政策对政府投资规模的影响来源于政府为实现宏观目标而实行的相机决策的财政政策。政府往往会制定一些经济发展计划和短期增长目标。但是，单纯的市场竞争可能很难达到这些目标，这就需要政府通过直接参与社会经济活动的方式进行干预和调节。相机抉择的财政政策与自动稳定器的财政政策相对应，要求政府根据一定时期的经济状况，主动灵活选择不同类型的反经济周期的财政政策工具，干预经济运行，实现财政政策目标。具体来讲，当总需求小于总供给时，采用扩张性财政政策，扩大投资规模以扩大总需求，减缓经济衰退；当总需求大于总供给时，采用紧缩性财政政策，减小投资规模以抑制总需求，抑制通货膨胀；在总供求基本平衡时，实行中性财政政策，主要发挥市场机制的作用。

宏观总量政策对政府投资规模的影响机制来源于凯恩斯的有效需求理论。有效需求理论认为，社会总需求由消费需求和投资需求两大部分构成。消费需求取决于收入的大小，当收入增加时，消费也会增加，但后者的增加速度小于前者。这就意味着随着收入增加，消费与收入之间会存在一定的失衡，这一失衡的总额就是宏观经济总量失衡。凯恩斯认为，政府投资规模取决于宏观总量失衡的程度，即如果经济总量失衡比较严重，总需求缺口较大，那么政府必须增加投资以稳定经济；如果经济总量失衡相对较小，那么政府应减小投资规模，充分发挥市场的调节作用。

政府投资规模还与国家的产业政策有关。政府在特定行业的投资规模

① 陈工．政府投资学［M］．北京：高等教育出版社，2012．

往往是对该行业政策导向的体现：对于尚不成熟、处于起步阶段且对国计民生具有重要影响的行业，由于风险高、周期长、投资大，私人投资往往不愿意参加，因此需要政府直接投资该行业，引导私人资本进入；对于已经发展成熟、市场竞争程度高的产业，其行业运营能力强、风险低，私人投资积极性高，政府应减少对该领域的干预，发挥市场高效的资源配置作用。

4.1.4 政府预算约束

财政学将政府支出分为政府投资支出和政府消费支出。政府投资支出是指政府财政支出中用于形成生产性和非生产性固定资产的支出，是以政府为投资主体，以财政资金为投资来源的一种投资活动。政府消费性支出是指政府部门为全社会提供的公共服务的消耗支出和免费或以较低价格向居民住户提供的货物和服务的净支出。政府投资支出和消费支出都可以发挥财政资金的调节作用，推动经济发展。但是政府在一定时期内的收入总是有限的，即政府面临收入预算约束，政府投资和政府消费之间存在此消彼长的关系：用于政府投资的资源多了，用于政府消费的资源就必然少了；用于政府消费的资源多了，用于政府投资的资源就必然少了。如何将有限的收入在投资支出和消费支出之间合理配置，以实现财政资金效益的最大化，是至关重要的政府决策。总体来说，影响政府投资规模的预算约束主要表现在财务预算约束和集团利益平衡约束两方面①。

政府财务预算约束体现为政府投资规模必须满足政府投资的必要需求量。政府投资的必要需求量，是指保证社会经济正常运行、宏观经济平衡，以及公共资本更新和积累的最低要求的政府投资规模，是社会扩大再生产所需政府投资的最低限度。如果政府投资小于该规模，正常的社会扩大再生产就不能继续进行，进而影响经济发展速度，甚至会对宏观经济总

① 根据陈工《政府投资学》（2012）第106页和第107页总结整理。

量造成影响。因此，政府投资数量应高于政府投资的必要需求量。同理，政府消费也存在消费量。实际上，政府投资支出和消费支出的效率远远低于理论水平，因此政府支出中投资与消费的必要需求量之和远远低于政府支出总额，剩余部分成为政府弹性支出。实际上，政府对投资支出和消费支出的分配，就是政府对弹性支出的分配，这一分配决定直接影响政府投资规模。

利益集团平衡约束，是指在实际运行过程中，政府对弹性支出在投资和消费之间的分配往往是通过政治程序来完成的，政治程序的结果一般都是集团利益平衡的产物。理论上，政府是由理性的经济人组成的，政府投资的决策和运营也是由官员完成的。在政府投资的过程中，政府需要平衡各个政治集团的压力，以获得各个团体的支持。这一机制对英美等以党派为选举单位的国家的影响更为突出。

当前政府融资手段丰富、融资渠道多样，政府投资也不局限于财政性资金，预算约束对政府投资的影响有所减弱。但是政府融资意味着信用风险，而政府的融资渠道和偿债能力是有限的。如何平衡投资规模和信用风险之间的关系，是政府投资规模决策中的重点。

4.1.5 投资资金来源

财政学中的政府投资指政府利用财政性资金进行的投资活动，既指国有资本的增加，又有非生产性国有资产扩大之意。但随着社会进步和资金融通方式的更新，政府投资内涵更加丰富，政府投资也不局限于通过财政性资金的方式进行直接投资。

投资资金来源对政府投资规模的影响主要取决于政府能够调动社会资本参与投资的程度。丰富多样的筹资方式和民间资本的充分利用，可以在一定程度上打破政府的预算约束，实现更大规模的投资。政府和社会资本合作（Public - Private Partnership，PPP）、地方政府专项债券等多种调动社会资金的融资方式，拓展了政府投资的范围，增大了政府投资的规模。

与政府直接投资的方式相比，PPP、专项债券等新型融资方式在保证政府作为投资主体的基础上，充分发挥民间资本的作用，是新时代政府投资方式的有益探索。

PPP 模式，即政府资本与社会资本合作模式，是指政府与私人部门之间，以特许经营权为基础，为了提供某种公共物品或服务而建立的一种合作伙伴关系。与其他传统融资方式相比，PPP 具有如下特征：一是 PPP 是一种以实体项目为中心的融资模式。二是 PPP 模式以提供高质量的公共产品或服务作为政府与社会资本合作的共同目标，其公共产品或服务涵盖收费公路、轨道交通、市政工程、水域治理等。这些项目通常具有较大的社会效益，与民生密切相关。更好地降低项目成本、提高项目效益、发挥项目作用，是政府与社会资本共同努力的方向。三是在项目投资与运营过程中，风险由双方共担，利益由双方共享。PPP 模式大多通过签订特许经营权协议对双方的权利和义务进行规定，在实施过程中双方各司其职，共享收益。社会资本的加入能够降低政府成本，提高项目运行效率，优化社会资源配置。广义的 PPP 模式主要包括特许经营权（Build - Operate - Transfer，BOT）、建造移交（Build - Transfer，BT）、建设—拥有—经营—转让（Build - Own - Operate - Transfer，BOOT）等。

其中，特许经营权即 BOT 模式，是 PPP 模式的典型应用。BOT 模式是指政府与社会资本方达成协议，以特许经营权的方式允许社会资本方参与基础设施建设，向公众提供公共服务的一种模式。在我国的投资实践中，通常是政府方将道路项目建设、安全监控平台等项目，通过公开招标的方式，与社会资本方签订特许经营协议，由社会资本方对该项目进行投融资建设，允许其在特许经营期内运营。运营期内的收益用以收回前期投资并获得合理利润。特许经营期满后，该项目移交政府继续运营。BOT 模式在有效利用社会资金、转移政府投资风险、提高经济效益的同时保留了政府对项目的控制权，是完善政府投资制度、扩大政府投资范围和规模的重要方式。

专项债券也是政府投融资的新型方式。新《预算法》实施后，地方政府通过发行债券的方式进行融资。2015 年 4 月，财政部发布的《地方政府专项债券管理暂行办法》（财库〔2015〕83 号）引入了专项债券这一债券新品种。专项债券是指省、自治区、直辖市政府（含经省级政府批准自办债券发行的计划单列市政府）为有一定收益的公益性项目发行的、约定一定期限内以公益性项目对应的政府性基金或专项收入还本付息的政府债券。目前，地方政府专项债券种类较多，主要包括普通专项债券和以土地储备专项债券、收费公路专项债券、轨道交通专项债券、棚户区改造专项债券为代表的项目收益债券等。

专项债券具有融资成本低、信用风险小、偿债安全性高等特征，或将成为地方政府未来最重要的投融资工具。特别是以土地储备、收费公路和棚户区改造专项债券为代表的项目融资与收益自求平衡的项目收益债券，项目收益与项目对应，实行分类管理，以项目收入偿还政府债务，在一定程度上与地方财政相分离，减轻了财政负担。专项债券的发行直接影响政府投资规模：债券发行量增多、范围扩大，政府投资规模将提高；债券发行量减少、范围缩小，政府投资规模将降低。

在新时代多样化融资方式和民间资本的充分参与下，政府投资的资金来源不局限于财政性资金，不仅保留了政府在投资项目中的主要权利，使得参与的民间资本获得合理收益，而且丰富了政府投资的内涵。可利用的融资手段和民间资本规模是影响政府投资决策的重要因素：可利用的融资手段丰富，民间资本多，政府投资规模就存在扩大的可能性；可利用的融资手段有限，民间资本不足，政府投资规模就将受到限制。

4.1.6 政府投资效益

政府投资收益对政府投资规模的影响，体现为政府投资项目的经济效益和社会效益会影响政府投资决策。效益更好的项目值得政府更大规模的投资；效益低或者无效益的项目则应减少支出，以实现资源的优化配置。

政府投资的经济效益主要取决于政府部门生产率、投资要素相对价格和项目利润率。

政府部门生产率对投资支出的影响，来源于经济学家鲍莫尔对生产部门的划分。1967 年，鲍莫尔（W. J. Baumol）在《不平衡增长宏观经济学》一文中提出，经济可被划分为两个部门——进步部门和非进步部门，划分的主要依据是资本能否大规模取代劳动力进而提高生产率：在进步部门中，管理人员能够通过大规模引进资本的方式替代劳动力，降低成本，提高生产效率；在非进步部门中，劳动力发挥着重要作用，难以被资本取代，因此生产效率提高较慢。在政府部门中，政府官员即劳动力通常发挥着重要作用，因此政府一般被划分为非进步部门。根据鲍莫尔的理论，由于资本的高效率，进步部门的效率会高于政府等非进步部门，工资也有提高的趋势。为了减少非进步部门向进步部门的人员转移，政府应给予官员与进步部门相同的工资。因此，全部政府支出就会增加，政府投资也随之增加。

投资要素的相对价格对政府投资的影响，来源于政府投资对经济增长的推动作用和政府的预算约束。政府总支出分为政府投资和政府消费，因此两者存在互补关系。大量理论和经验研究表明，在相同预算约束条件下，政府投资支出对经济增长具有正效应，即政府投资能够推动经济增长。经济增长会使得产品价格上升，投资要素价格也会随之上升。因此，政府应当在有限的预算约束下使投资规模增长的速度大于价格增长速度，以满足社会投资需要。

项目利润率是影响政府投资决策的关键因素之一，是指政府通过投资该项目能够获得收益的程度。政府投资项目利润率与项目类型、资金规模、产业政策、行业前景和经济周期等因素相关。但投资行为本身具有不确定性，且政府投资是政府履行职能的方式，投资项目利润率对投资规模影响较小。

与经济效益相比，投资项目的社会效益是更为重要的考察方面。政府投资具有公共性、非营利性、复杂性、行政性和变动性，是政府进行宏观调控、履行政府职责的方式之一，其投资取向也会更加注重投资项目的社会效益，例如项目的政治效益、思想文化效益、生态环境效益等。具体来讲，政府投资的社会效益可以从八个方面进行衡量：一是产业发展，即政府对某特定产业带来的促进作用，包括产业结构调整、规模经济变化、经济空间结构合理化等；二是就业发展，即政府投资项目创造就业岗位的数量；三是环境改善，即政府投资改善了当地环境，还是造成了环境污染；四是技术进步，即政府投资为技术发展做出的贡献；五是教育水平提高，即政府投资对人民教育水平的影响；六是劳动生产率提升情况，即政府投资对劳动生产力的促进情况；七是项目满意度，即政府相关人员对政府投资项目的满意程度；八是生活质量，即政府投资对人民生活质量的影响①。某些项目虽然经济效益不好、盈利较少，不能给政府带来巨额收益，但是具有典型的社会效益。例如，项目可以达到很好的政治动员效果，增强民族自尊心和民族凝聚力；或者具有良好的思想文化宣传效果，有利于弘扬优秀传统文化和构建和谐社会；或者能够引领绿色产业发展，推动环保技术进步，具有较强的环保正外部性。这种具有明显社会效益的项目，即使经济效益不突出，也要进行政府投资，且社会效益越明显、越广泛，政府投资规模就会越大。

新时代政府投资规模决策受到投资项目经济效益和社会效益的共同影响。在注重项目社会效益、突出政府投资的公共性的同时，提高政府自身运转效能，提高项目的经济效益以推动经济发展，激活市场活力，是今后政府投资规模决策的思路和方向。

4.1.7 国家政治状态

国家政治动荡的紧急时期，政府投资的规模和结构都可能有所变化。这主要来源于英国经济学家皮考克（A. T. Peacock）和魏茨曼（J. Wise-

① 张长海，李泽正．优化评价方式 提升政府投资效益［J］．中国投资（中英文），2020（Z6）：86－87．

man）的“梯度渐进增长理论”，即政府支出份额的上移，是政府在应对某种重大危机或者混乱（如战争、饥荒等自然灾害及其他社会灾难）时，不得不进行支出而引起的。导致支出增长的因素可分为内在因素和外在因素。

第一，内在因素。在社会经济发展的正常时期，政府内部追求政治权利最大化，有扩大政府支出的趋势，或者某些领域政府投资存在明显的棘轮效应，即增加政府投资是容易的，增加投资之后再减少某一领域的投资却变得异常困难。但国家经济增长速度和公民对纳税的容忍程度决定了政府收入。一般情况下，随着经济发展和社会进步，政府支出与国民收入增长水平保持基本一致。

第二，外在因素。在社会经济发展的非正常时期，例如战争或者瘟疫，私人投资与私人消费能力下降。为了稳定和恢复社会经济秩序，政府不得不急剧增加政府支出，即政府投资支出和政府消费支出。在危急情况下，公众愿意适当增加纳税以恢复经济社会正常运转。紧急时期过后，因为公共产品和福利的刚性作用，财政开支和宏观税负不会减少到之前的水平。因此，一般情况下，一国在紧急时期过后会发行大量国债以维持较高的公共支出。从长期来看，国家的政治状态会对政府投资规模造成不可逆的影响。

4.2 我国政府投资规模的现状及问题

4.2.1 改革开放到2017年我国政府投资规模的发展与变化

改革开放之前，我国实行计划经济体制，政府投资由中央政府统一集中管理，中央政府的投资常年占全社会投资的80%以上。1978年12月党的十一届三中全会召开后，中国开始实行对内改革、对外开放的政策，此后中国的投资体制机制不断改革，政府投资规模不断加大，与政府投资相关的研究也逐渐增多。

在当前研究中，对于如何界定政府投资规模尚未达成一个共识。赵健（2019）从控股性质出发，认为固定资产投资可以区分为国有及国有控股、民间以及外商和其他投资，其中国有及国有控股单位的投资是政府性质的。陈志勇（2014）从政府投资的资金来源出发，将固定资产投资中来源于政府预算资金的部分界定为政府公共投资。而刘国亮（2002）、万道琴（2011）则认为应该通过投资领域来对政府投资进行界定。他们将固定资产按照行业大类进行区分，认为在电力、交通、卫生、教育以及国家和政党机关等领域的投资，虽然有少量私人投资介入，但投资主体仍然是以政府为主，因此可以近似地视为政府投资。综合以上三种观点可以看出，统计政府投资的口径较多，但当前仍缺乏一种被广泛采用的政府投资统计口径。

我国2019年7月发布的《政府投资条例》将政府投资定义为“在中国境内使用预算安排的资金进行固定资产投资建设活动”，同时指出政府投资“应当投向市场不能有效配置资源的社会公益服务、公共基础设施、农业农村、生态环境保护、重大科技进步、社会管理、国家安全等公共领域的项目，以非经营性项目为主”。可以看出，《政府投资条例》对政府投资的定义着重指出政府投资来源于预算安排资金，并且流向非经营性项目，这与陈志勇（2014）以及刘国亮（2002）的界定方法基本一致。

结合当前研究文献以及《政府投资条例》的相关内容，本书采取陈志勇（2014）以及刘国亮（2002）的方法，分别按照预算资金以及投资行业，一窄一宽两个口径来统计政府投资规模，相关数据来源于《中国统计年鉴》、《中国固定资产投资年鉴》以及国家统计局。通过整理相关数据，得到图4－2、图4－3。

从图4－2、图4－3中可以看出，无论是行业口径还是预算资金口径，政府投资规模曲线均是向右上方倾斜的，特别是在2008年后，政府投资

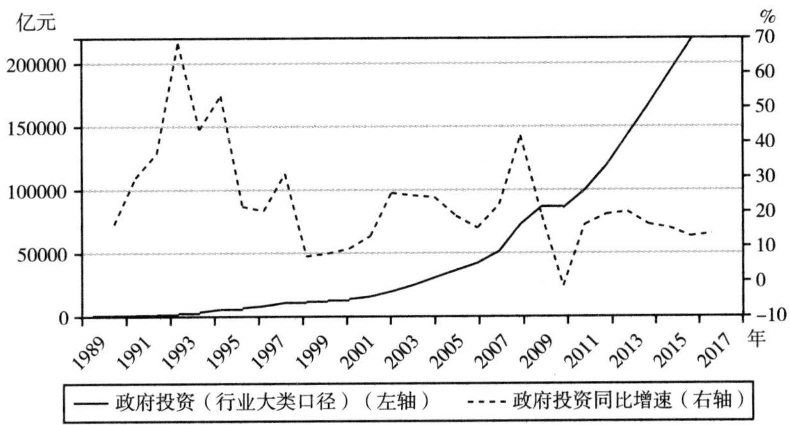

图 4－2　改革开放至 2017 年行业口径下我国政府投资规模变化

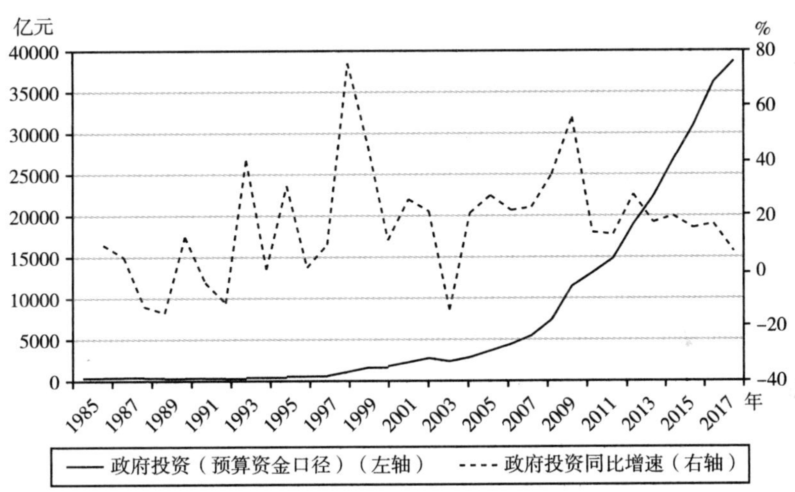

图 4－3　改革开放至 2017 年预算资金口径下我国政府投资规模变化

规模曲线的斜率明显加大。这说明在改革开放以后，从整体上看我国政府投资规模持续扩大，但在不同的时期内，政府投资规模的增长速度存在着较大差异。

因此，聚焦政府投资规模的增长速度，从政府投资规模的同比增速的变化中可以看出，我国政府投资规模的增长往往遵循着这样一个模式：在一个较短的时期内，政府投资规模的增速提升到一个非常高的水平，然后再快速回落到一个较低的正常水平。因此，我国政府投资规模的增长，是通过多个短期快速增长实现的，而不是通过长期保持一个稳定的增速来完成的。进一步地，将政府投资规模的快速增长与不同时期的历史背景相联系，可以发现我国政府投资规模这种短期性的快速增长模式，是在多种内因以及外因的共同作用下形成的。

1992—1993年，随着改革开放的不断推进，经济发展不断加快，然而发展速度的过快导致经济过热，国内存在着大量的重复、盲目投资的情况。反映到数据上，1993年行业口径下的政府投资规模同比增速高达68.61%，预算资金窄口径下的政府投资规模的增速也高达40.24%，政府投资规模的增速远高于经济增长的速度，明显超出了正常水平。在以江泽民同志为核心的党的第三代中央领导集体的领导下，我国对经济进行宏观调控[①]，到1996年，两种口径下的投资增速分别降至19.59%以及1.30%，投资过热问题得到解决。

我国政府投资规模的第二次快速增长，发生在1998—1999年亚洲金融危机期间。由于大量国家受到亚洲金融危机的冲击，我国外贸出口以及外资引进都受到较大的影响。为此，1998年我国政府向商业银行增发1000亿元国债专项用于基础设施建设投资，同时扩大在中西部地区的投资[②]，这使得我国当年预算资金口径下的政府投资规模增速达到75.51%，行业口径下的投资增速也达到1996年以来最高的31.06%。

我国政府投资规模第三次较大的增长，发生在2008年世界金融危机期间。世界金融危机爆发后，我国经济快速回落，出口出现负增长。为了应对这一危机，我国政府推出了一系列扩大内需、促进经济平稳增长的十项措施，计划到2010年底完成4万亿元的投资。在这十项措施中，着重加大医疗卫生，文化教育以及公路、铁路等交通运输领域的投资。随着“四万亿”计划的推行，我国政府投资规模在2009年快速增长，其中预算资金口径下增长55.8%，行业口径下增长41.91%。2011年“四万亿”计划结束，两种口径下的增速均有所回落。

---

① 尹航．江泽民与1993年治理经济过热［J］．党的文献，2011（5）：52－58．

② 楼继伟．应对亚洲金融危机的财政政策［J］．中国财政，1998（11）：3－5．

2011—2017 年，我国政府投资规模增速逐渐趋于稳定，基本保持在 10%—20% 的范围之内。我国政府投资增速趋于稳定，原因是我国经济进入新常态，经济发展速度放缓的背景下投资难以再现高速增长，而另一个更重要的原因是在习近平总书记的领导下，市场与政府的关系被理顺，政府投资的范围、方向得到了严格而准确的界定，投资项目以及资金管理体制也不断完善，政府投资向规范投资、高质量投资方向发展。

4.2.2 2018 年以来我国政府投资规模状况及新特点

2018 年以来，我国政府投资规模继续扩大，但在增长速度以及增长方向上都呈现出了新的特点。

一是经济新常态下政府投资规模增速放缓。随着经济增长速度的放缓，政府投资规模增速也逐渐放缓。2018 年，我国固定资产投资实际到位资金中政府预算资金仅增长 0.1%，投资规模几乎与上年保持一致。投资规模增速的下降，说明我国政府不再倾向于以往那种“大水漫灌”式的投资方式，而是通过尊重市场资源配置机制，优化调整投资结构，以高质量的投资来促进经济的高质量发展。

二是基础建设领域以及科教文卫领域投资规模增长稳定。虽然政府投资整体增速放缓，但是从行业口径来看，政府投资较为集中的基础建设领域仍然保持着坚挺的增长势头。

从表 4 -1 可以看出，在基础设施建设领域以及教育、卫生、文化领域，存在着固定资产投资总体增长的情况。2018 年，电力、热力、燃气及水生产和供应业投资额出现负增长，但其他行业增长速度良好。2019 年电力、热力、燃气及水生产和供应业快速增长，由负增长转为正增长，同时教育领域的投资也有大幅度的增长。2020 年 1—6 月，受新冠肺炎疫情影响，我国经济增速严重下滑，GDP 出现负增长；固定资产投资同比降幅达 3.1%，但是电力、教育以及卫生依然保持高速增长；交通运输业投资增速虽然下降，但仍高于固定资产总体增速。总体来看，在我国经济进入新常态、新冠肺炎疫情严重影响经济正常运转的背景下，基础设施建设领域投资依然增长，起到了反周期调节的作用。同时，教育、卫生以及文化领域投资的稳定增长，反映出在社会主义新时代，我国政府更加重视文化教育以及公民健康，有决心促进经济水平与公民素质均衡发展。

表 4－1　　2018—2020 年部分行业投资规模变动幅度　　单位：%

年份	固定资产投资增速	电力、热力、燃气及水生产和供应业	交通运输、仓储和邮政业	水利、环境和公共设施管理业	教育	卫生	文化、体育以及娱乐业
2018	5.90	－6.70	3.90	33.00	7.20	8.40	21.20
2019	5.40	16.80	3.40	2.90	17.70	5.30	13.90
2020	－3.10	18.20	－1.20	－4.90	10.80	14.00	－6.90

三是国家机构投资规模缩小。从表 4－2 中可以看出，自 2015 年以来，我国的公共管理以及社会保障领域的投资额增速不断放缓，2017 年还出现了负增长，2018 年降幅扩大至 18%。其中，2018 年我国国家机构投资下降 18.5%，人民政协、民主党派投资下降 21.2%。公共管理领域投资的快速下降，说明了党以及国家机构正不断削减不必要、不合理的投资项目，带头过紧日子，从而使更多的资金流向重点建设领域，用于改善民生，促进资源的进一步合理配置。

表 4－2　　2015—2018 年我国公共管理以及社会保障组织投资变化

年份	公共管理以及社会保障组织（%）
2015	9.04
2016	4.29
2017	－3.13
2018	－18.00
其中：	
国家机构	－18.50
人民政协、民主党派	－21.20

四是经营性领域内政府预算投资规模缩小，政府与市场关系逐渐协

调。党的十八届三中全会提出，要“使市场在资源配置中起决定性作用和更好发挥政府作用”①。如果在农业、金融业、制造业等投资收益较高，市场调节灵敏，具备竞争能力的行业内存在大量政府资金，不仅不利于激发微观经济主体的投资热情，还会对民间投资产生挤出效应，更可能影响政府对存在市场失灵的公益性以及基础性领域的投入，难以促进市场与政府协同作用的发挥。因此，充分发挥市场决定性作用，并更好地发挥政府作用，应逐步减少政府在部分竞争性行业内的投资。

从表4－3可以看出，2018年我国农业、采矿业、制造业、建筑业以及批发零售餐饮业等行业中，投资资金来源于国家预算的数额大幅度下降，其中批发和零售业下降幅度达63%，房地产业下降幅度最低，但也达到7.7%。与2017年、2016年国家预算资金的变动速度相比较，2018年除农业、建筑业、住宿和餐饮业以及金融业，其他行业投资中来源于国家预算资金的数额均从增长转变为下降。结合2018年我国固定资产投资中国家预算资金的增幅仅为0.1%可知，2018年我国政府对投资结构进行了调整，大幅度减少了在经营性行业中的投资，将更多预算资金投入到教育、公共卫生、电力和交通等存在市场失灵的领域，逐步理顺政府以及市场之间的关系。

表4－3　　2016—2018年经营性领域国家预算资金投资变化　　单位：%

行业	国家预算资金增速		
	2018年	2017年	2016年
农林牧渔业	7.60	－1.67	18.60
采矿业	－46.40	66.98	－38.34
制造业	－47.80	14.99	18.97
建筑业	－34.30	－29.31	－1.24
批发和零售业	－63.00	1.17	42.18
住宿和餐饮业	－41.20	－1.67	31.39

① 党的十八届三中全会《中共中央关于全面深化改革若干重大问题的决定》，2013年11月。

续表

行业	国家预算资金增速		
	2018 年	2017 年	2016 年
信息传输、软件和信息技术、服务业	-34.60	15.86	10.03
金融业	-40.50	-0.74	5.91
房地产业	-7.70	2.71	27.73
租赁和商务服务业	-24.00	29.37	64.77

综合来看，我国政府投资在 2018 年后表现出许多新的变化。在经济下行以及新冠肺炎疫情影响下，政府投资成为稳定经济的“中流砥柱”，投资去向也更加贴近《政府投资条例》对政府投资的定义，与人民需求以及国家宏观规划的联系也更加紧密。

4.2.3　当前我国政府投资规模存在的问题

4.2.3.1　政府投资增速长期超过 GDP 增速

我国改革开放以来，不同口径下我国政府投资规模均逐年扩大，并且保持着较快的增速。从图 4-4 可以看出，在行业口径下，主要由政府投资主导的电力、交通运输、教育以及卫生等行业内投资的平均增速常年高于 GDP 增速。这一方面说明在行业口径下，我国政府投资在长期中一直发挥着对经济的拉动作用；另一方面说明，由于受到政府投资的拉动，我国 GDP 增长率常年高于潜在增长率。在当前经济下行压力不断加大、GDP 增速不断放缓的背景下，通过大量的投资继续保持经济的高速增长将更加困难。

行业口径下，政府投资增速长期高于 GDP 增速代表着政府投资占 GDP 的比重不断提升。从图 4-5 可以看出，改革开放以来，我国政府投资占 GDP 的比重不断增大，并且增速较为稳定。具体来看，2008—2010 年，我国政府投资规模占 GDP 的比重大幅度上升后快速回落，这主要是为了降低金融危机对我国经济的冲击，我国采取了积极的财政政策，大幅

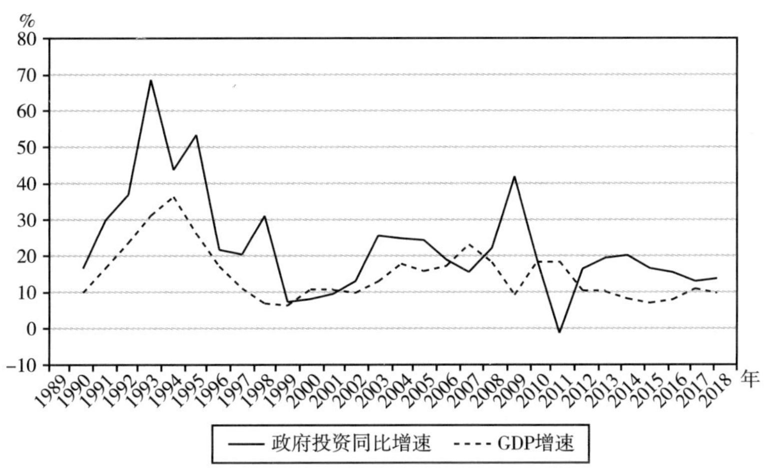

图 4－4　行业口径下政府投资与 GDP 增速对比

扩大投资规模。这也使得政府投资占 GDP 的比重快速上升，由 16.09% 扩大为 21.06%，但在 2011 年又回落至 17.55%，随后我国政府投资占比保持着一个较为稳定的增速。2014 年以来，我国政府投资规模增速不断放缓，但由于 GDP 增速也逐年下降，导致我国政府投资占 GDP 的比重依然不断上升。到 2018 年，我国政府投资占 GDP 的比重已达到 27.42%，为历年最高。

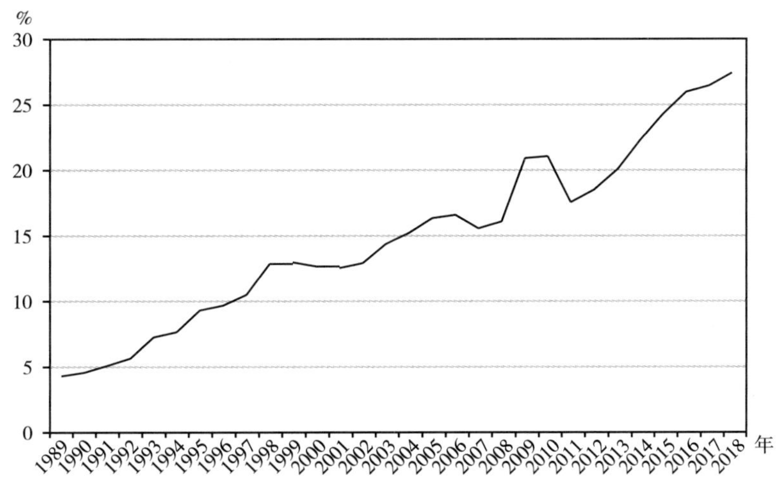

图 4－5　行业口径下政府投资占 GDP 比重变化

2019 年到 2020 年 6 月，固定资产投资增速继续下滑，但由于经济下行压力加大以及新冠肺炎疫情的影响，我国 GDP 增速继续放缓并且在 2020 年出现负增长。为了稳定经济，政府投资依然保持一定的增长，促使政府投资占 GDP 的比重进一步扩大。

可以看出，我国政府投资长期保持高增速，导致其占 GDP 比重不断升高。诚然，通过大规模投资能够促进经济企稳回升，稳定 GDP 以及就业率，保持经济的稳定运转，但通过国民经济恒等式 GDP = C + I + G + (X - M) 进行简单分析，可以看出在政府购买 G 以及净出口 (X - M) 不变的前提下，政府投资的增长，一方面可能会导致国内消费需求的减少，使得投资规模与国内消费能力相比过大，导致生产过剩；另一方面可能会挤出私人投资，抑制民间投资的积极性。因此未来政府投资应保持合理增速，避免政府投资在经济中的占比过大而形成对消费需求的压迫。

4.2.3.2 政府投资还应进一步与政府职能相契合

政府投资与政府配置资源职能、经济发展职能密切相关。政府资源配置职能强调对社会有限人力、物力、财力等社会资源的最优配置，而经济发展职能表明在发展经济的同时，政府还要改善经济运行和人民生活质量。联系政府资源配置职能内容，可知政府投资在保障经济正常运转、促进经济发展的同时，应重点投向教育、社会保障、公共卫生和就业等经济社会发展的薄弱环节，从而实现经济发展水平与人民生活质量的同步提升。

由于 2003 年前数据有较多遗漏且行业分类方法与当前有较大差距，2003 年起国家统计局对固定资产投资的统计口径有所调整，从国有、私营、集体控股等调整为全社会、城镇、农村等，因此下文仅对 2003 年以后的数据进行分析。通过对 2003—2018 年行业口径下政府投资中各行业投资数额的平均占比进行计算整理，得到表 4 - 4。

表 4 - 4　　2003—2018 年政府投资各行业平均占比

行业	投资平均占比（%）
居民服务	1.34
科学研究	2.06
卫生	2.59
文化体育	3.57
教育	5.50
公共管理	6.52
电力	18.02
交通运输、邮政	31.30
水利和公共设施	29.09

通过表 4 - 4 可以看出，虽然行业口径下历年政府投资规模较大且增速较快，但是政府投资在各行业中投资占比存在着明显的差距，电力、交通运输以及水利等行业集中了大部分的政府投资，其占比总和接近 80%，而居民服务、科学研究、卫生、文化、教育以及公共管理投资所占的比重仅为 20%。数据反映出行业口径下我国政府投资主要流向了对促进经济发展作用更大的水利、电力及交通等基础建设领域，而能够提升人民生活质量的科教文卫等领域的政府投资占比较少。

从预算口径来看，我国政府投资资金在行业中的分布与行业口径下的分布情况差别不大。表 4 - 5 显示，国家预算资金中只有少部分流向了经营性的领域，流向非经营性领域的占比在 85% 左右。在非经营性领域中，国家预算资金的投资重点仍是电力、交通以及水利等领域，科学研究、教育、文化以及卫生的投资占比较小。

表 4 - 5　　2003—2018 年各行业国家预算资金投资占比

行业	国家预算资金占比（%）
农林牧渔业	4.17
采矿业	0.60
制造业	2.55
建筑业	1.78

续表

行业	国家预算资金占比（%）
租赁和商务服务业	0.12
金融业	0.60
信息传输、计算机服务和软件业	0.44
批发和零售业	0.29
住宿和餐饮业	0.18
房地产业	4.91
电力燃气水的生产供应业	6.63
交通运输、仓储和邮政业	21.99
水利、环境和公共设施	37.17
科学研究、技术服务和地质	1.15
教育	4.98
卫生、社会保障和社会福利业	1.93
文化、体育和娱乐业	1.98
公共管理和社会组织	8.25
居民服务业	0.28

随着我国经济发展水平的不断提高，人民对幸福生活的向往和追求将愈发强烈，对于文化、高质量教育以及医疗的需求也将不断扩大，对这些领域的投资较少可能会导致经济发展水平与生活质量之间的失衡。这就要求政府在长期中合理规划政府投资方向，将投资重点逐步从基础建设领域转向能够提升人民生活质量的科教文卫等领域，实现经济社会的均衡、高质量发展。

4.2.3.3 政府投资决策与规划还有待进一步完善

2019 年 7 月，《政府投资条例》（国令第 712 号）正式施行。《政府投资条例》围绕我国的政府投资范围、投资决策、项目实施和事中事后监管等关键环节确立基本制度规范，将政府投资纳入了法制轨道。

首先，《政府投资条例》的颁布施行，为我国政府投资的进一步规范与完善指明了方向。结合《政府投资条例》的相关内容可以发现，我国政府投资在规划、决策方面还有进一步完善的空间。首先，政府投资中地方政府与中央政府存在不同的投资激励。官员晋升机制的存在使得中央政府和地方政府之间的投资激励存在差异，而这种差异又会反映在政府投资的方向上。政府投资能够对宏观经济产生较大影响，因此中央政府在投资时会结合国民经济和社会发展规划、中期财政规划、国家宏观调控政策谨慎、合理投资，在重视经济发展的同时也会重视对科学、教育、卫生以及文化等领域的投资。然而，由于目前的官员晋升机制中对经济发展水平的重视，任期普遍只有3—5年的地方各级官员会更加倾向于那些见效快、对经济提振作用大的投资项目。中央政府的投资规划还需要各级地方政府以及国有企业去落实，而官员晋升激励的存在可能使得中央政府的投资规划无法取得预期的效果。

其次，我国政府投资决策的透明性以及民主性还有待进一步提升。2004年7月颁布的《国务院关于投资体制改革的决定》也对政府投资进行了一定的规范，但是缺乏对于政府投资项目相关信息公开以及公众参与决策的规定。2019年发布的《政府投资条例》加入了对政府投资公开透明以及民主决策的规定，如“对经济社会发展、社会公众利益有重大影响或者投资规模较大的政府投资项目，投资主管部门或者其他有关部门应当在中介服务机构评估、公众参与、专家评议、风险评估的基础上做出是否批准的决定”，“投资主管部门和其他有关部门应当通过在线平台列明与政府投资有关的规划、产业政策等，公开政府投资项目审批的办理流程、办理时限等”。两个政府投资规范性文件内容的差异反映出我国政府投资管理的进步，也反映出在《政府投资条例》出台之前，我国政府投资领域缺乏信息公开以及公众参与的依据。从政府投资的范围可以看出，政府投资与公众生活息息相关，《政府投资条例》的施行为公众了解、参与政府投资提供了法律依据。为了让公众参与落到实处，还需要建立一套更加详细具体的配套制度。

最后，我国政府投资责任追究制度还需进一步完善。如果责任追究制度不完善，就难以实现对政府投资相关部门的有效问责，更不能保证投资决策的科学性。《国务院关于投资体制改革的决定》明确指出，深化投资体制改革的重要目标之一是建立投资责任追究制度，在该决定发布后，各省市分别制定了关于政府投资项目的责任追究办法，如《宁夏回族自治区政府投资项目管理和责任追究办法》以及东莞市《政府投资项目责任追究办法》等。2019 年 7 月发布的《政府投资条例》中包含政府投资的法律责任追究等相关内容。可以看出，我国政府投资的责任追究制度逐步完善，但是现有的责任追究制度仍存在许多不足之处。一是政府投资责任追究的范围较为宽泛，如《政府投资条例》指出，领导人员、责任人员存在“玩忽职守、滥用职权、徇私舞弊”的情形应追究责任，但是缺乏对玩忽职守等行为的明确界定，存在一定的逃避责任追究的空间；二是责任追究过于片面，《政府投资条例》重点向不合规不合法行为追究责任，但是缺乏对投资效益不高、造成污染或者投资失误造成损失等情况的约束，无法遏制粗放型投资以及形象工程、政绩工程等的出现；三是责任追究处罚法律依据较为分散，虽然《政府投资条例》以及各省市出台的办法都对追责的情况进行了规定，但是缺少一部独立的政府投资相关的法律来对责任追究进行详细的规定与说明，在进行处罚时，往往要依照《中国共产党纪律处分条例》、《行政机关公务员处分条例》以及预算相关法规来进行。

总体来说，随着《政府投资条例》的推出以及施行，我国政府投资的规范性、科学性得到提升，未来应进一步统筹中央以及地方投资规划，提升政府投资的公开性以及民主性，并完善责任追究制度，实现更为科学的投资决策。

4.2.3.4　政府投资资金来源可持续性存在一定的隐患

固定资产投资的资金来源主要分为国家预算内资金、自筹资金、国内贷款、利用外资以及其他资金共五类。其中，政府投资的交通运输、电力、科教文卫等领域，其主要资金来源是国家预算内资金以及自筹资金。

从图 4 - 6 可以看出，自 2003 年以来，我国政府投资中自筹资金以及预算资金的占比不断提高，在 2015 年上升至 85%，在 2018 年又回落至

80.45%。民间投资可以通过多种渠道融资，而政府的投资资金主要是通过预算拨款以及自行筹措取得的，这些资金最终都与财政收入的规模密切相关。由于财政收入受经济发展水平因素的影响，在当前经济增速不断放缓的情况下，我国财政收入的增长也要受到一定影响，财政收入增长压力的加大会进一步影响政府投资资金来源的可持续性以及稳定性，维持政府投资的高规模以及快速增长将面临更多的困难。

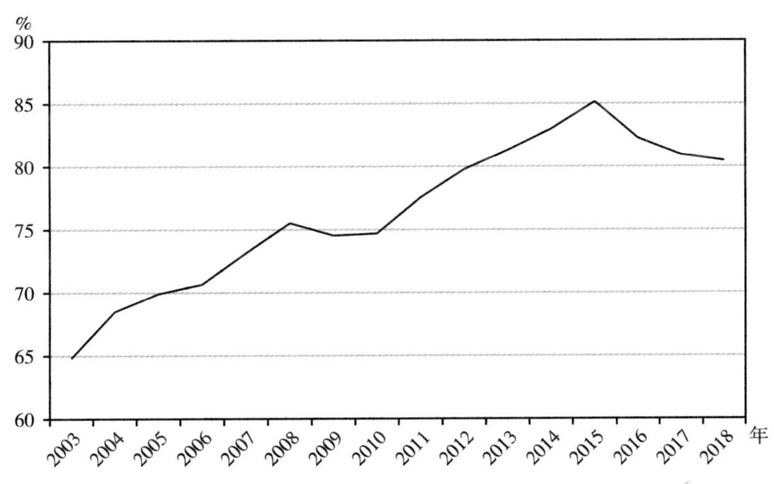

图 4-6　行业口径下我国政府投资自筹资金以及预算资金占比

政府投资的主要方向是市场不能有效配置资源的公共领域，公共领域内的投资项目往往具有较大的社会效益，但是经济回报较少，投资回收过程耗时也较长，这使得这些领域里的投资项目缺乏对于民间投资的吸引力。相比之下，民间资金更加偏好投向投资回报率高、投资回收快的行业，如房地产业、金融业等。资金的投资偏好，主要通过将某些行业的实际到位资金与投资额进行比较来反映，当某一行业的到位资金量明显大于这一行业的投资额时，就认为该行业受到资金的青睐，表现为资金的流动性充足，也称为狭义的流动性过剩①。用公式可表达为：

① 王小广，钟頡．中国政府投资趋向与行业结构变化研究［J］．区域经济评论，2019（2）：32-44.

$$资金的偏好程度 = \frac{实际到位资金金额}{固定资产投资金额} \times 100\%$$

通过公式分别计算政府投资以及民间投资的资金偏好程度，整理计算结果得到表 4－6。

表 4－6　　政府投资和民间投资资金偏好程度比较　　单位：%

年份	政府投资	民间投资
2003	97.94	115.96
2004	98.18	115.34
2005	98.24	116.44
2006	98.56	117.81
2007	98.54	120.44
2008	100.45	112.39
2009	100.25	122.91
2010	101.36	122.59
2011	102.11	118.84
2012	100.94	116.66
2013	101.10	117.64
2014	99.74	112.94
2015	96.85	111.48
2016	90.59	111.87
2017	87.19	107.56
2018	75.46	102.52

从表 4－6 中可以看出，2015 年之前我国公共性领域内投资实际到位资金基本与投资额持平，而非公共性领域的投资项目更受资金青睐，实际到位资金基本保持在投资额的 1.1 倍左右。但在 2015 年之后，政府投资实际到位资金与投资额的比值逐渐下降，到 2018 年为止已下降到 75.46%。实际到位资金占比大幅度下降说明了两方面问题：一是当前我国政府投资规模扩张速度较快，但是部分行业中到位资金数额增长缓慢甚至出现负增长，导致实际到位资金占比逐渐下降；二是虽然 2017—2018 年民间投资实际到位资金占比也在逐渐下降，但将政府投资与民间投资对比发现，政府投资对于资金的吸引明显不高，民间投资资金更为充裕。综

合来看，虽然2015年以来“PPP”模式的推行，为政府投资提供了新的方式，使得民间资本能够进入政府主导的领域，但当前我国政府投资中仍存在到位资金不足、投资领域缺乏对资金的吸引力的问题。

综合来看，当前我国政府投资资金来源存在两个问题：一是政府投资大部分资金来源于自筹资金以及政府预算资金，财政收入增速放缓后，继续进行大规模的投资会产生较大的财政压力，对资金供给的稳定性造成影响；二是政府投资到位资金不足，同时政府主导的建设领域对资金的吸引力不足。这两个问题可能会导致我国政府投资资金的稳定性以及可持续性存在一定的隐患。

4.2.3.5 政府投资经济效益还需进一步提升

对于民间投资来说，投资者放弃一段时期内对资金的使用权是为了实现资金的保值或增值，这也就决定了投资者在进行投资时，势必会对投资效果进行比较，对风险进行充分评估后再投资。然而，在政府成为投资主体时，由于多种原因，可能会缺少对投资效果好坏的关注。首先，从政府职能考虑，政府投资重点考虑的是项目的社会效益、生态效益，经济效益次之，并不以投资利润的最大化为首要投资决策标准。其次，从资金来源来看，政府投资资金的主要来源是税收，税收的重要特征之一是无偿性，由于资金来源的无偿性，政府缺乏强烈的直接获利的动机以及风险意识。再次，从投资主体与受益主体来看，政府是投资的主要出资人，政府通过财政渠道将大量的资金分配到各地各部门或国有控股企业中，企业以及地方部门在获得资金后进行投资。由于投资资金来源于政府的无偿分配，这就可能导致企业的成本意识淡薄，并不追求投资的效益。最后，由于政府投资负责机制的缺失或不完善，即使政府投资效益较低，也不会对相关负责部门追责，导致投资时缺乏对投资效果的关注。

综上所述，由于政府投资具有民间投资所不具有的特点，这使得政府投资存在着投资效益较低的可能。诚然，政府投资能够为整个社会带来较大的社会效益，但是社会效益的量化评估较为困难，与之相比经济效益能够更加具体地反映出投资项目的可行性以及风险。因此在关注社会效益的同时，政府投资也应该重视投资资金经济效益的高低，从而减少决策失误导致投资低效甚至严重损失的情况。

因此，聚焦政府投资的经济效益，通过对统计指标的总结分析，当前常用的政府投资效益的评价指标主要有两种：项目建成投产率和固定资产交付使用率。其中，项目建成投产率是一定时期内全部建成投入生产项目个数占同期正式施工项目个数的比率，它用投资项目的建设速度来对投资效果进行反映，用公式可表达为：

$$\text{项目建成投产率}=\frac{\text{建成投产项目数}}{\text{正式施工项目数}}$$

固定资产交付使用率，是指一定时期新增固定资产与同期完成投资额的比率，该指标反映了较长时期内固定资产投资的效果，用公式可表达为：

$$\text{固定资产交付使用率}=\frac{\text{报告期新增加固定资产}}{\text{报告期投资完成额}}\times 100\%$$

按照上述公式，计算出电力、燃气及水的生产和供应业，交通运输、仓储和邮政业，科学研究、技术服务和地质勘查业，水利、环境和公共设施管理业，居民服务和其他服务业以及文化娱乐、教育、卫生、公共组织等行业投资的两种指标的平均值，用来反映政府投资效果。同理，对于其他行业，也按公式计算出相关指标的平均值，用来反映民间投资的效果（见表4－7）。

表4－7　政府投资与民间投资建成投产率和交付使用率　单位：%

年份	建成投产率		交付使用率	
	政府投资	民间投资	政府投资	民间投资
2017	67.00	72.00	64.59	67.03
2016	66.08	69.63	60.99	64.97
2015	70.32	75.70	73.78	74.53
2014	65.21	69.87	71.00	71.49
2013	60.81	64.94	66.48	66.00

续表

年份	建成投产率		交付使用率	
	政府投资	民间投资	政府投资	民间投资
2012	58.47	63.41	62.20	64.70
2011	59.52	64.96	63.48	66.48
2010	60.71	65.71	57.36	60.80
2009	62.41	66.62	59.09	67.03
2008	60.21	64.28	61.71	63.60
2007	57.19	63.00	62.08	63.58
2006	56.50	61.99	59.22	64.71
2005	56.08	59.83	57.27	65.10
2004	50.57	56.80	60.59	70.23
2003	51.47	57.69	60.33	68.54

表4－7中数据显示，政府投资与民间投资无论是在建成投产率上还是在交付使用率上都存在着一定的差距。从建成投产率来看，政府投资与民间投资相比要低3%—5%，这说明政府投资项目的建设速度普遍慢于民间投资的项目。这印证了现实中政府投资中所存在的项目推进难的问题，如部分政府投资项目前期准备工作不充分，未深入研究可行性就进行项目的申报立项，导致动工后难以有序推进项目建设；还有部分项目资金不到位或者资金拨付不及时，使得项目建设进展迟缓。

从交付使用率来看，虽然与过去相比，政府投资与民间投资之间的差距有所缩小，但在多数年份中政府投资效益仍低于民间投资。可以看出，我国政府投资在长期中的投资效果与民间投资相比并不理想，说明当前政府投资可能存在着重视短期效益而缺少对投资长期效益考虑的问题。举例来说，部分政府投资项目在进行规划时，更倾向于使用现有的成熟技术，缺乏使用创新技术与工艺的积极性，这就使得在投资完成后，项目所采用的技术与工艺很可能已经由成熟转为落后，导致预期所规划的投资效益难以实现，进而影响长期中政府投资的效益。

综合来看，当前我国政府投资项目的推进速度以及长期效益还有较大的提升空间。政府投资数额大、项目多，提升政府投资经济效益任重道远，不可能一蹴而就，还需要审批、建设以及监管等环节一齐发力，从而实现高效投资。政府投资不仅流向合理的领域，更要取得预期的效果。

4.3 新时代政府投资规模的优化

新时代背景下，我国的政府投资规模与当前全面深化改革、推动国家治理体系与能力现代化、实现高质量发展目标的现实要求仍存在较大差距。为此，应持续进行政府投资规模的优化调整，以充分适应新时代政府投资管理的整体发展方向，这对于提升政府投资效益、推动经济高质量发展具有重要的现实意义。

4.3.1 投资规模对标高质量发展

随着经济社会发展，政府投资根据经济运行情况相机优化政府投资规模的合理性与必要性明显。而在经济高质量发展的新时代背景下，相机调整则具体体现为政府投资规模与高质量发展现实要求的积极对标。深刻剖析高质量发展的本质要义后可发现，经济高质量发展应建立在生产要素、生产力、全要素效率的提高之上，而非靠要素投入量的扩大，即重在提升经济的活力、创新力和竞争力；供给侧结构性改革正在成为实现高质量发展的根本途径。要重视国民经济结构包括产业结构、市场结构、区域结构等的升级，逐步提升宝贵资源的配置效率水平，并着力保证经济的均衡发展。由此可见，为与政府投资规模积极对标高质量发展的现实要求相契合，需要做到政府投资规模的合理适度、高效均衡。

首先，转变功能定位，追求投资规模的合理适度。传统观念认为公共物品就是官办官营，即政府大规模投资、成立融资平台、办事业单位、办企业，垄断经营、盲目政绩竞赛的问题较为突出。现实工作中，各级政府争做“领头羊”、“排头兵”，尽快进入“第一方阵”、“为官一任，造福一方”的竞争意识本无可厚非，但在传统唯政绩观的影响之下，投资过度扩张、政府投资规模超载、政府负债过量等问题正在逐步凸显。不可否认的是，适度政府投资对经济的促进作用极其显著，政府投资不仅仅是拉动经济增长的重要手段，更可直接增加关系民生福祉的公共服务，但关键在于政府投资规模的适度合理，即要求量力而行、稳定持续。因此，应积极转变政府投资的功能定位，着眼于人民群众最为关注的重点领域，真正做到以百姓之心为己心，使政府投资规模与民生所需、经济发展基本目标以及公共直接利益契合即可，而不应纵容政府投资规模的任意扩张，避免其成为各级政府摘取政绩果实的重要手段。为此，一方面，应严格落实新《预算法》的相关要求，加强地方政府债务预算管理，切实做到向同级人大报告并接受人大监督，严防政府投资规模扩大所带来的地方政府债务膨胀与激增；另一方面，应充分发挥人大的立法监督作用，即政府投资规模应以人大决议的形式加以确定，强化投资概算约束力，明确经核定的投资概算是控制政府投资规模的重要依据，增强规模的目标性，从而以更强有力的政策执行来减少其任意性，以防政府投资规模的无度扩张。

其次，突出效率导向，充分适应经济结构调整的现实要求。正所谓宏观有效能、微观有效率，经济高质量发展建立在生产要素、生产力、全要素效率的提高之上。一方面，宏观有效能是指要充分保证高品质供给和可持续发展，即政府投资应时刻关注项目最终是否产生所需要的服务，要看老百姓有没有实际获得感。另一方面，微观有效率重点聚焦当前情况较为严重的政府投资规模超预算、投入后规模效率低下等现实问题。而为精准落实民生要求，解决当前超预算，建营用不协调、不经济等众多现实问题，必须采用投资、设计、建设、融资、运营一体化管理模式，借鉴产业供应链管理模式、将管理全流程的多重要求落实到政府投资规模的优化约束中来，将投资活动的提质增效作为政府投资规模确定及调整的根本准绳，以全面提升政府投资的整体规模效率。这不仅是充分把握新时代背景下经济结构调整的现实要求，更是供给侧结构改革总体方向的重要体现。

再次，注重均衡配置，依据地区、产业发展状况适时调整政府投资规模。实际上，经济高质量发展就是要把做大蛋糕和分好蛋糕有机统一起来，处理好公平和效率的关系，从而使得发展成果更多、更公平地惠及全体人民。这就要求把宝贵资源配置到最需要的地方，并着力保证经济的均衡发展。因此，政府投资规模的决策与调配，应当充分考虑地区间及产业间的失衡问题，根据各地区政府投资领域的实际情况，采取适当倾斜、鼓励帮扶或者调整升级等各类措施，以求政府投资规模安排的有的放矢、精准科学、均衡配置与全面综合。

最后，坚持开放共享，着力提升政府投资的国际化水平。实际上，政府投资可在保国内基本面、稳国内常规领域的基础上，适当向外部扩展，以追求最大经济效益的实现，从而为经济高质量发展提供动力与支持，这恰好与高质量发展所蕴含的新发展理念准确契合。面对新时代背景下瞬息万变的世界环境与国际形势，国际贸易以及政府投资的外部尝试均面临着相对困难、阻滞重重的现实问题。作为新时代背景下经济转型升级、提质增效的现实要求，要想实现政府投资领域的突破与提升，就应着力破此难题。随着经济高质量发展过程中我国对外投资金融实力、意愿和能力的大幅提高，政府投资领域可根据国家实际需求建立政府投资项目备选库，积极采用PPP模式等多种手段进行识别开发，与市场力量一起加入对外投资的行列中。在此过程中，政府投资规模的科学配置与规划决策就显得尤为重要，相关部门与机构应对年度对外投资规模做好事先规划和风险预判，以避免开放过程中过分追逐经济收益而忽视整体效益情况的发生，从而在科学决策的基础上实现对政府投资规模的调整优化，同时为经济高质量发展增添动力。

4.3.2 规模要与政府职能调整契合

通过政府投资来为社会公众服务，可以说是政府职能的具体展现，同时也是最为主要的政府职能之一。在中国特色社会主义新时代的背景下，新型政府的职能主要定位于“服务”二字上。为此，应积极调整优化地方政府职能，把政府职能的重点放在市场监管、社会管理和公共服务等的提高方面，这就需要从更为长远的角度来考虑，对于不合理的投资需求应该适当减少，将投资规模控制在合理范围之内，同时进一步促进市场机制在资源配置中所起的主导作用。

4.3.2.1 聚焦服务型政府建设，调整优化政府投资规模

一是服务型政府的特性决定了政府投资领域将重点面向那些市场无法进行资源合理配置的行业或者是关系到国计民生的重要项目，又或是关系到群众切身利益的公益基础设施以及政务设施建设等，从而使得政府投资规模真正向市场“缺位”的领域倾斜，以充分提高社会总体福利水平，力争做到适应民众需求、实现政府职能转变。二是政府投资管理方面，在以利润及回报率等指标来进行投资效益衡量的同时，还应关注政府投资对推动当地经济社会的协调发展、实现资源的优化配置，从而解决社会突出问题的重要作用，旨在追求政府投资的社会效应，进而以管理提升、效益改进为标准来促进政府投资规模的实时调整优化。

4.3.2.2 发挥政府机构部门的职能专业性，助力投资规模不断优化

其一，着眼前端管理，财政部门应严格政府投资预算审核，把控好项目预算下达关，以配合国家宏观调控。主要考察政府投资项目是否充分考虑到资金规模安排的基本原则、是否符合预算相关规范等方面的内容，从而强化预算约束，促使政府投资规模管理更加精细化、科学化和规范化，提高政府投资整体效益。

其二，着眼于政策执行，充分发挥财政部驻各地监督局、各级投资评审等机构的作用，加强对项目资金管理使用的核查，把好政府投资规模控制执行关。与此同时，还应充分发挥政策执行机构在制度建设方面的积极作用，着力完善健全政府投资相关财务制度建设，如加快政府会计制度改革，通过优化财务管理的方式来强化地方政府债务管理，进而为政府投资

规模优化提供有力抓手。还应建立债务预警防范机制，严格控制接近警戒状态的地方政府融资平台公司融资行为，从而为政府投资规模的不断优化提供执行制度保证。此外，还可以通过限额管理等专业性手段强化政府投资规模管控力度，即根据各地情况将地方政府债务管理中的限额管理延伸到政府投资全领域当中，力求在执行端对政府投资规模进行合理优化。

其三，政府监管部门还应在强化政府投资规模管控的基础上，重点加强对地方政府融资平台的监管力度，以合理控制地方政府隐性负债规模，真正实现根据地方政府可以承受的负债规模来确定地方政府投资规模。与此同时，还应紧密结合地方政府领导任期经济责任审计，对包括融资平台公司债务在内的地方政府债务借、用、还等情况进行全面审计和评价，形成管理规范、风险可控的政府投资规模管理制度和运行机制，着力提升政府投资规模效率和绩效水平。

其四，充分运用各类信息技术，提升政府投资规模优化的专业化水平。具体表现为将大数据、项目库以及信息平台等专业化手段，充分运用至政府投资规模优化的过程当中，通过公开透明、开放共享的信息资源，实现对政府投资规模的实时监测、精准控制和调整优化。

4.2.3.3 坚持竞争导向，放宽准入、打破垄断、引进竞争

政府部门还应在投资规模优化过程中充分践行“放管服”的政策思想，学会适当放手，给予市场一定的自由发展空间，积极转变自身角色定位，尝试从服务改进、监管强化等方面着眼，探索政府投资规模效能的提升之道；与此同时，作为一种特殊的投资行为，政府投资在管理过程中还可以适时采用民间投资的相关管理手段。在通过市场适当融入为政府投资领域带来新活力、新动能的同时，还可以通过科学合理的规模控制及管理制度来达到投资的预期效果，进而有效促进政府投资规模的不断优化。

4.3.3 科学进行投资规划与决策

从总体上看，政府投资规模应秉持量力而行、适度超前的基本原则，这就要求从规划与决策层面着眼，从前端、中端与末端等多环节入手，为政府投资规模的优化调整提供便利。

一是重视事前规划，增强投资规模确定的科学性和合理性。作为政府投资规模确定的前端环节，合理规划、事前预判以及科学估计等工作的开展都显得尤为必要。政府投资规模，特别是中、短期的政府投资，必须充分考虑地方政府的债务风险和财政安排的适度科学，以有效规避过度投资对本区域经济社会长远、健康发展带来的负面影响与不良后果。一方面，政府投资规模的决定，可通过一定的指标模型计算出政府性负债风险警戒指标，以及投资规模警戒指标，在风险可控的前提下，确保政府投资规模的适度超前、科学规划。另一方面，可以根据往年或其他地区的政府投资情况，利用三年滚动投资计划，制定出相对完备的政府投资规模计划，并根据本地区与本年度实际情况进行适时调整完善，通过事前预判、提前准备的方式为年度政府投资规模的确定提供依据，从而形成较为科学完备的政府投资规模计划，为政府投资规模的调整优化提供重要保证。

二是完善决策机制，为政府投资规模的优化完善提供保障。保持政府投资规模的适度合理，具体落脚到政府投资决策层面，可从不断完善政府投资决策体系机制等方面入手，建立科学的决策程序，明确决策责任，规范决策行为，提高决策水平。首先，应按照有利于项目推进的原则，分类明确项目各时期工作的责任主体，合理划分各级政府的决策权，改革决策权过于集中的做法，扩大居民参与政府投资决策的途径，避免盲目投资，在有效促进投资决策的科学化、民主化、程序化、透明化的基础上，为后续政府投资规模决策的具体实行打下坚持基础。其次，可基于项目储备库、评估论证、专家评议以及听证会等形式的竞争机制与规则设计，来优化增强政府投资规模决策程序的科学性，真正实现广开言路、群策群力，进而激发多方活力，以更加科学合理的政府投资规模决策来助推规模管理的持续优化。与此同时，还应注重完善政府投资项目规模等的公示机制与流程，力求通过信息平台建设、提升政府投资透明度等方式来规范政府投资规模决策行为。

4.3.4 保证稳定可持续的资金来源

从源头上来看，稳定持续的资金来源是政府投资活动正常开展、政府投资规模不断优化的前提条件。因此，需要切实加强资金来源的“双统筹”，切实统筹内部与外部两方面的资金资源，为政府投资规模的优化完善提供源头保证。

4.3.4.1 稳定政府资金来源，保持投资规模的适度合理

与此前的征求意见稿不同，现行的《政府投资条例》以“预算安排的资金”来对政府投资资金进行界定，其目的实际上与《预算法》所体现的“全口径预算”要求相一致，即所有类型的财政资金收支都将被纳入统一的管理体系，并将此前长期游离于预算之外的政府性债务纳入预算管理①。由此可见，政府投资项目以政府为主导，且一般都具有公共性特征，这是由政府职能所决定的，政府方面的资金投入始终是政府投资规模来源的重中之重，其对于政府投资规模优化调整的重要作用是举足轻重、无可替代的。因此，要想在经济社会飞速发展的新时代背景下，不断促进政府投资规模的优化调整，就需要牢牢把握住相对传统稳定的内部资金来源，做到既不过分扩张，也不一味紧缩，重在保持政府投资规模的整体合理，进而理顺各类资金来源间的关系，确保政府投资规模的不断优化。

① 王明启.《政府投资条例》解读［EB/OL］. https://www.sohu.com/a/312461367_787033，2019－05－07.

4.3.4.2 拓宽资金来源渠道，积极吸纳社会资本

在保基本资金的基础上，调整优化政府投资规模，还应当不断扩充资金来源渠道，即充分发挥政府投资的拉动作用，吸引社会资金参与社会公益性项目的投资。一般而言，政府投资资金应当投向市场不能有效配置资源的社会公益服务、公共基础设施、农业农村、生态环境保护、重大科技进步、社会管理、国家安全等公共领域项目，且以非经营性项目为主①。与此同时，国家也在积极倡导并设法激励社会方的合法进入，以着力缩小政府需要管制的范围，从而形成政府、市场相辅相成、各尽其责的良好局面。

实际上，由于政府调节的有限性，其不可能在每一个领域都做出正确的投资决策，且我国地方政府投资主要依靠土地财政根本无法满足其持续增长的投资需求，这种模式会导致地方政府的财政缺口逐步增大。与之相对，市场社会资本可以做到“术业有专攻”，即更加专业地把控不同领域的投资决策，达到投资效用最大化。但由于目前相关的法律机制还不成熟，市场社会资本投资得不到制度保障，所以还不能完全激发其投资积极性。这就需要通过各种具体措施，引入市场资本投资，促进投资主体多元化。这不仅可以为政府投资领域的项目建设提供更为广泛的资金来源，解决投资资金不足的现实问题，更有利于分散风险、化解危机；与此同时，市场资本的引入还能与政府形成一个互相监督与制约的机制，有利于提高投资资金的使用效率。

首先，政府部门可根据各地实际情况，充分利用特许经营方式，将政府投资领域的一些收益较好，或者经政府调价、补贴后可获得合理回报的项目，拍卖给私人、企业或外商经营，以缩小政府非竞争性投资的范围，

---

① 引自《政府投资条例》第一章第三条：“政府投资资金应当投向市场不能有效配置资源的社会公益服务、公共基础设施、农业农村、生态环境保护、重大科技进步、社会管理、国家安全等公共领域的项目，以非经营性项目为主。”

从而有效控制政府投资的规模水平。还可以将一部分垄断性行业的现有国有企业资产或将要建成投入使用的资产出售或实行股份制改造，以尽快收回政府投资，弥补政府投资规模过大造成的财政亏空。对于不能出售和股份化的企业，还可以采取租赁、托管和公司化的方式转变为商业化经营，缩小政府直接经营的范围，从而有效缩减政府投资的规模水平。此外，资产证券化、RIETs 也是重要的选择。

其次，政府应该完善相关法制建设，适当引导民间资本投资的规模与投向，着力营造健康良好的整体投资环境，并借鉴其他国家较为成熟、完善的法律制度建设经验，通过制度与法治建设，为政府投资领域的社会资本参与活动保驾护航，进而为政府投资活动的开展以及政府投资规模的优化提供制度保障。

最后，政府还应重点从管理环节入手，控制政府投资规模风险。投资规模巨大且建设周期较长的政府投资项目，必然存在一定程度的投资风险，因此政府利用 PPP 等模式将民间资本引入公共领域后，必须重视对其投资规模、投资过程和投资效果的后续监督管理。基于当前我国民间资本参与投资公共物品及服务经验不足的现实状况，在政府内外部监管力量同时发力的基础上，通过第三方机构提供专业建议等形式，协助社会资本正确决策，合理把控投资中的每一个环节，做到稳中推进，以市场资金力量的发展壮大助推政府投资规模的合理优化。

4.3.5 以提升投资项目综合效益为调整目标

政府投资规模的优化调整，还与其项目的评价环节密切相关。由于政府投资与企业投资具有不同的目标与意义，因而需在获取一定经济效益的基础上，考虑政府投资所具有的公益属性。这要求综合兼顾政府投资项目的经济效益、社会效益等多方面内容，并以社会效益最大化为主要目标。由此，政府投资项目的经济效益、社会效益乃至生态效益等方面，都关系到项目最初决策的合理性。政府投资项目综合效益水平的提升，依然是投资规模调整的终极目标。

具体来看，政府投资项目的经济效益，是重要的政府投资规模优化标准。作为经济发展的重要组成部分，政府投资效益水平将在很大程度上决定着我国的经济发展质量。经济效益作为政府投资效益的重要部分与企业投资的经济效益有所不同，政府投资以带动社会投资，从而带动整体投资、促进经济增长为主要目标，因此可从上述层面对政府投资项目的经济效益加以考量。

关于政府投资项目的社会效益，一方面，可以考虑从国家的宏观层面来整体考察政府投资项目对于国民经济的贡献，立足于资源的优化配置，评估投资的可行性，聚焦产业发展、就业发展、技术进步、教育水平提升、劳动生产率提升、项目满意度、居民生活质量等多个方面的具体内容。另一方面，可以考虑项目对地区差异和收入分配的影响。以项目社会效益为评判标准，对政府投资最优规模进行不断调整，有利于资源的合理开发、资金的科学运用；在提升效率的同时促进社会公平水平的不断提升，更有利于新时代背景下和谐社会总体目标的有效实现。

关于政府投资项目的生态效益，应充分结合自然环境因素，将可持续发展的思路理念贯穿至政府投资项目管理的全过程当中，重点考察政府投资项目与自然地理现实状况，以及生态环境保护国策的相互适应性，即是否有效促进自然资源节约与生态环境保护工作开展，涵盖环保投资比重、生态环境协调性、原有项目拆除物重复利用、环境处罚情况等多个方面的内容。

实际上，除上述经济效益、社会效益和生态效益外，政府投资项目综合效益的内涵还是多方面的，例如可以从组织效率、设备使用效率、政策合规性等多种因素入手对政府投资综合效益进行系列思考。值得注意的是，在我国既往的政府投资项目管理过程中，存在政府投资评价过于偏重经济效益，而对社会效益、生态效益等方面关注度较低的失衡情况。为与政府投资所产生的综合效益要求相契合，政府投资规模方面的优化调整，可从完善综合评价方式与机制、增强项目各环节管理力度等方面入手。

一是为充分保证政府投资规模的科学适度，应对政府投资项目的评价方式加以完善。由于政府投资具体表现为项目投资，因此，政府投资项目绩效评价的主要内容是针对政府某一领域、某一专项的政府投资项目，采用科学、合理、系统且规范的评价模式，对项目的具体实施情况，投资过程中产生的经济效益、社会效益等内容进行评价，并根据评价结果，对政府投资进行完善、改进。为此，在政府投资项目的执行过程中，应采用相对综合的评估方法，设计出层次分明、系统全面的政府投资项目评价指标体系，制定实施更为规范的政府投资项目评价机制，通过对比分析确定不同权重，最后通过数据获取和数据分析得到评价结果，并兼顾完善人员机构建设、多方共同监督等配套措施，以对政府投资绩效水平做出全面、准确、科学的估计评判。在此基础上，还应强化政府投资效益评价的结果运用，并作为查找问题、发现问题的良好途径。这不仅有利于找出影响政府投资效益的关键问题，还可以通过解决这些问题提高政府投资综合效益，进一步为政府投资规模的实时调整提供重要依据和优化思路。

二是为尽快适应新时代的发展要求，积极推进政府投资规模转型发展，还需从不断加强政府投资整体项目管理入手，积极推进政府投资项目的全过程、全环节控制。重点关注政府投资规模的实时变化、流向情况以及效益水平等。在细化流程环节步骤要求并严格落实执行的基础上，建立责任追究制度，对因不遵守法律法规造成国家和社会重大损失的单位和个人，要依法追究行政和法律责任，为政府投资规模的优化调整提供相应制度保障。在完善项目整体管理的过程中，推进新时代政府投资规模的科学优化，进而主动适应和服务改革发展大局。

5

新时代政府投资结构研究

在政府投资规模一定的条件下，其结构体现了政府职能的具体特征。在新时代社会主义市场经济体制下，需要不断优化政府投资结构，完善政府与市场的关系，履行政府的公共管理职责。

5.1 新时代政府投资结构的客观需求

5.1.1 我国当前进入高质量发展阶段

2017 年 10 月 18 日召开的中国共产党第十九次全国代表大会明确提出，“我国经济已由高速增长阶段转向高质量发展阶段”①。2020 年 7 月 30 日，中共中央政治局做出重大判断——中国已进入高质量发展阶段，表明了我国经济已进入全新的发展阶段。

在当前国际经济形势下，我国经济发展受国际市场和国内要素转变的影响，进入了“新常态”：经济增速放缓，经济发展模式转变为追求高质量和高效益的发展。经济增速一般用 GDP 年度增长率衡量，图 5 - 1 为中国 2010—2019 年 GDP 年度增长率。

2019 年，我国经济总量接近 100 万亿元人民币，人均 GDP 突破 1 万美元，成为世界经济增长的主要动力之一。改革开放以来，我国积累了巨大的财富，也形成了完备的产业体系，走出了符合中国国情的经济发展道路。同时，我国已经进入人力资本加快积累期，不能再依靠低端的劳动密集型产业来支撑经济。从需求的角度看，广大群众的一般实物消费已经得到较为充分的满足，对实物消费的品质有更高要求，对教育、医疗卫生、

① 习近平．决胜全面建成小康社会 夺取新时代中国特色社会主义伟大胜利——在中国共产党第十九次全国代表大会上的报告［J］．理论学习，2017（12）：4 - 25.

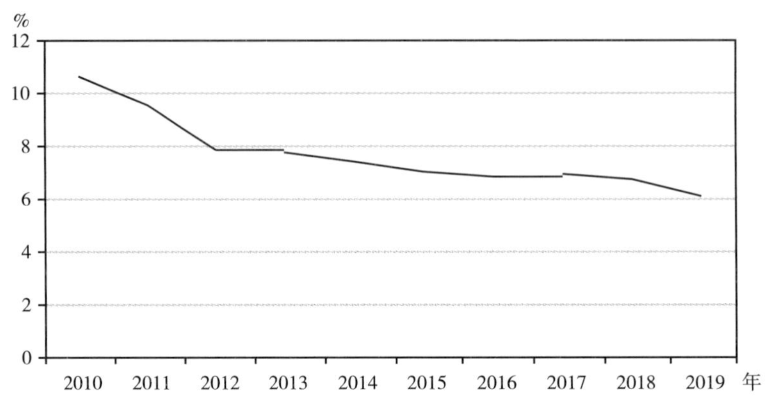

图 5-1 中国 2010—2019 年 GDP 年度增长率

资料来源：国家统计局。

旅游等方面的消费需求也更加旺盛。庞大的经济总量是经济高质量发展的重要基础。

近年来，我国始终坚持将供给侧结构性改革作为经济工作的主线，推进改革和创新“双轮”驱动，促进了经济结构的持续优化，也使中国经济不断迸发出了新活力，经济发展的质量和效益不断提升。从供给结构来看，2019 年，我国蔬菜、花生、油菜籽等经济作物及优质稻谷的种植规模不断扩大；高技术制造业、装备制造业蓬勃发展；服务业作为“稳定器”的地位不断提高，其对经济增长的贡献率达 59.4%，而第二产业目前仅为 36.8%。从需求结构看，在当前疫情常态化的形势下，内需对经济运行的稳定作用较为明显，2019 年，实现了 89.0% 的经济增长贡献率，其中最终消费支出的贡献率达到了 57.8%，而同期资本形成总额的贡献率仅为 31.2%。经济发展效益的提高是我国经济进入高质量发展阶段的一个重要体现。

随着我国不断加大民生投入，我国的居民收入持续增长，各类公共服务不断完善，社会保障事业持续向好，进一步丰富了高质量发展的深刻内涵。民生的持续改善也是我国经济进入高质量发展阶段的重要标志。

5.1.2 高质量发展阶段对政府投资结构提出新要求

5.1.2.1 更好满足人民日益增长的美好生活需要，需调整政府投资结构

推动经济高质量发展，就需要深刻认识社会主要矛盾变化带来的新特征、新要求，围绕满足人民美好生活需要而着力破解发展不平衡不充分的矛盾和问题。

习近平总书记在党的十九大报告中强调，中国特色社会主义已经进入了新时代，我国社会的主要矛盾也由人民日益增长的物质文化需要同落后的社会生产之间的矛盾转化为人民日益增长的美好生活需要和不平衡不充分的发展之间的矛盾①。这同样体现了我国经济从追求发展速度向追求高质量发展的转变，也体现了现阶段我国对民生领域的重视和更高追求。

投资作为政府的一项重要职能，对经济社会发展具有十分重大的影响。要更好地满足人民日益增长的美好生活需要，势必需要科学合理的政府投资结构支撑。我国目前的发展仍存在区域间不平衡的问题，而要破解这一问题，就必须重视政府投资的区域结构。政府投资的主要目标之一是优化地区间的资源配置，弥补市场经济体系的相应缺陷。在市场经济体系中，市场将成为整个社会经济联系的纽带，成为资源配置的主要方式，市场在资源配置中起决定性作用。只依靠市场进行资源配置的调节，不能完全满足国家和政府政策的需求，甚至可能会导致资源从农村向城市、从经济不发达地区向经济发达地区汇集，造成严重的经济社会发展不平衡，影响人民生活水平的提高和国家的长治久安。

党的十九大报告指出，要加大力度支持革命老区、民族地区、边疆地

---

① 习近平．决胜全面建成小康社会 夺取新时代中国特色社会主义伟大胜利——在中国共产党第十九次全国代表大会上的报告［J］．理论学习，2017（12）：4－25.

区、贫困地区加快发展，建立更加有效的区域协调发展新机制[①]。这也对改善政府投资的区域结构提出了明确的要求。

为了实现更为平衡的区域和城乡发展格局，推动西部大开发形成新格局，加快东北等老工业基地振兴[②]，必须尽快通过改善政府投资的区域结构，使国家战略规划、跨地区战略规划、区域性战略规划衔接有序、配合有效，实现区域经济的系统协调发展。在推动发达地区经济发展的过程中，对经济欠发达地区在政策上有所倾斜，带动民间资本投资于经济欠发达地区，缩小经济发达地区和欠发达地区的差距，逐渐解决发展不平衡的问题，满足人民美好生活的需要。

5.1.2.2 更高质量、更有效率、更加公平、更可持续、更为安全的发展，需要改善政府投资结构

推动经济高质量发展，就是要为实现更高质量、更有效率、更加公平、更可持续、更为安全的发展，提供制度保障，推进全面深化改革[③]。

（1）高效率发展，需要改善政府投资结构。近年来，政府投资的规模逐渐扩大。在政府支出中，各级政府投入大量的资源进行经济建设，大概分成两类：一类是基础设施的直接投资，另一类是政府给企业的各种政策性补助。虽然这些投资短期内的效果显著，能带来明显的 GDP 增长，但就长期而言，效果未必理想。2008 年以来，政府经济建设支出大幅增加，但从宏观上看，总体经济效率较低。

全要素生产率（TFP）是体现宏观层面经济效率的一个重要指标。FRED 的数据显示，我国自 2008 年以来全要素生产率总体上呈上升趋势，

---

① 习近平．决胜全面建成小康社会 夺取新时代中国特色社会主义伟大胜利——在中国共产党第十九次全国代表大会上的报告［J］．理论学习，2017（12）：4－25.

② 中共中央关于制定国民经济和社会发展第十四个五年规划和二〇三五年远景目标的建议［J］．内蒙古宣传思想文化工作，2020（12）：8－22.

③ 习近平．决胜全面建成小康社会 夺取新时代中国特色社会主义伟大胜利——在中国共产党第十九次全国代表大会上的报告［J］．党的生活（黑龙江），2017（11）：4－20.

但近年来增速明显放缓甚至停滞，其水平也长期与美国存在着较大的差距。同时，我国的劳动生产率水平增速也较为缓慢。因此可见，我国的宏观经济效率相对不理想。

另外，政府投资支出存在着一定的行业倾向性。政府的一部分支出用来给各种企业补助，这些政策补助在实际运行中，一定程度上造成了部分行业产能过剩、部分行业产能不足，大大降低了政策设置的初衷，降低了政策性补贴的经济净效应，带来了新的经济发展的结构性问题。作为政府投资的一个重要组成部分，基础设施建设便存在这样的问题。要解决这一类问题，必须对政府投资的结构进行更加细化的研究。

根据国家统计局的数据，政府对固定资产的投资逐年增加（见图5－2），但大多为政府直接投资，投资效率低下。比如新能源产业，建设新能源汽车充电桩属于政府需要投资的公共物品。我国在2015年明确提出，到2020年，全国要建成分散式充电桩超过480万个；但截止到2019年6月，全国充电基础设施累计数量为100.2万个，仅完成原定目标的20.8%，未能达到投资预期的效益。例如“铁公基”等传统的基础设施在我国经济社会发展中的地位仍是不可或缺的，作为保证国民经济增长的稳定器，它仍发挥着至关重要的基础性作用。当然，我们也可以看到“新基建”中也有“老基建”的内容，如城际高速铁路和城际轨道交通。

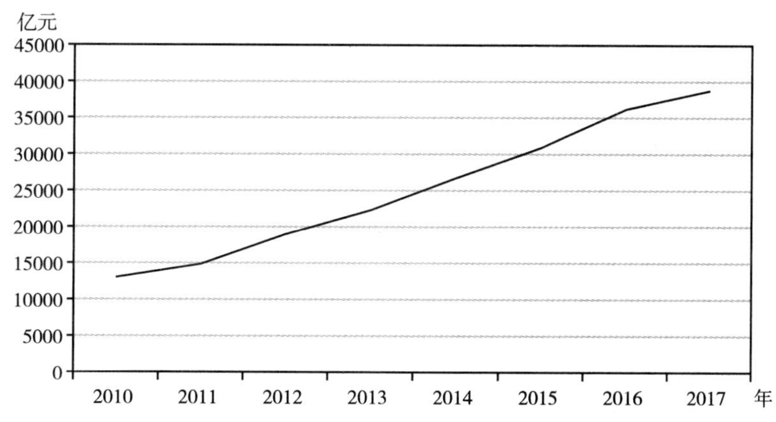

图5－2　全社会固定资产投资中国家预算内资金

资料来源：国家统计局。

“老基建”同样有较大的需求。中国虽然已经成为基础设施大国，建筑资产数量已居世界第一，但人均基础设施存量、质量与发达国家相比还存在明显差距，我国东西部地区基础设施水平也很不均衡。因此，未来仍然需要大力推进传统基础设施建设。

政府对私人新能源汽车制造企业大量投资发放巨额补贴，新能源汽车的政策性补贴的效率低且浪费现象较为严重。以比亚迪为例，2018 年比亚迪累计获得的新能源补贴高达 108.62 亿元，但实际效果并不理想，其新能源汽车的推广程度远未达到预期。2010 年以来，我国共推广节能与新能源汽车 7 万辆，平均每年推广量只占市场总量的 0.07%。2013 年，纯电动、插电式混合动力汽车销量为 2 万辆，只占 0.1% 的市场份额。另外，很多新能源产业发展过度依赖财政补贴。以光伏产业为例，在我国，政府的补贴在其发展中占据主导地位，大量投资带来了产能过剩的问题，也导致光伏企业缺乏市场竞争意识，丧失了自我生存和发展能力。一旦补贴退坡，其发展将会受到较大的打击①。以新能源汽车充电桩为例，截至 2019 年 10 月，凭借良好的经济基础与新能源汽车相关政策，广东、江苏、北京、上海等地区的充电桩保有量均超过 5 万个。其他地区新能源汽车保有量与其人口密度、经济基础等之间的匹配度仍存在较大的差距，盲目大规模地建设充电桩将造成资源的浪费与闲置，影响投资效率。

目前“新基建”领域的微观投资决策和建设运营效率还较低，其中一个重要的原因就是仍存在较为严重的信息不对称问题②。“新基建”大多涉及新兴的前沿科技，技术门槛较高且更迭较快，在商业运营及应用上也处于起步状态。新技术的发展态势、发展前景以及应用场景等都处于不断探索的阶段。

“新基建”投资环节的特点，也客观上导致了其投资效率的低下。政

① 曾鸣，段金辉．新能源补贴机制问题及对策［J］．中国电力企业管理，2015（11）：50－53．

② 李璐．我国新型基础设施发展面临的问题及建议［J］．广东经济，2020（8）：32－37．

府作为投资决策者，更着眼于投资产生的宏观效应和对经济的带动作用。企业更注重于微观层面的经济效应，以追求利润最大化为目标。这种目标上的差异在实际投资建设中势必会产生一定的目标偏差，从而影响投资效率。以5G布局为例，政府期望于依靠5G发挥高速网络的基础先行作用，而三大运营商则在4G能满足当下大部分需求的情况下，倾向于维持现状，投资5G的动力不足，影响了“新基建”的整体推进和投资效率。同时，各地政府对“新基建”的投资规划也存在与国家整体规划矛盾的情况。例如，在创新基础设施建设上，各地政府为了弥补研发短板，大都期望布局重大科技装置，一拥而上，超前投资，盲目投资，从而存在步调不一、重复投资等现象，影响了“新基建”的整体投资效率。

要想合理优化政府投资结构，拉动和引导民间资本投资，充分发挥PPP（Public－Private Partnership）模式的优势，发挥政府投资“四两拨千斤”的作用，就需要确定不同的投资发展重点，避免同类投资一拥而上、各地投资项目过度趋同导致的短期内某些方面投入和需求过大而产生供给结构性短缺，但在长期上结构性过剩的问题，引导各地研究制定合理的投资规划，从而引导社会资本扩大投资，提高政府的投资效率。

（2）更可持续的发展，需要改善政府投资结构。改革开放后，中国经济长期保持高位增长，在有些年份经济增速甚至一度超过10%，这在世界上任何国家的历史中都是不可复制的奇迹，但也留下了不少急需解决的现实问题。

首先，产业结构不够合理，现代服务业等第三产业占比较小且增速缓慢。各地区主导产业差异不够明显，导致部分行业重复投资、产能过剩。同时，缺乏创新能力，核心技术和自主知识产权掌握不够，产品附加值低，出口效益低下。另外，资源浪费与环境污染严重，直接影响经济的可持续发展和人民生活。在当前疫情常态化的世界形势下，各国贸易摩擦加大，世界经济呈现出逆全球化的趋势。美国等西方国家推行“民粹主义”，对我国经济实施打压和遏制。我国迫切需要改变以往的经济发展模式，采用以国内大循环为主体的“经济双循环”的发展模式，通过发挥内需潜力，连通国内市场和国际市场，从而更好地利用国际、国内两个市场、两种资源，实现更强劲且可持续的发展①。在这种形势下，更要通过优化政府投资结构、对外投资和贸易结构，利用政府投资来逐步改善经济发展方式，拉动和引导民间投资，并充分利用市场规律，盘活国内资本，逐步降低政府投资在各产业投资中的比重。同时，还要通过政府投资的引导，逐步调整产业结构，大力发展支柱产业，加强科技攻关，促进产业优化升级，扩大内需，逐步实现经济的内生循环，实现经济可持续发展。

（3）更安全的发展，需要改善政府投资结构。从经济发展的角度来看，更为安全的发展需要避免“泡沫经济”，补短板增长板。以房地产行业为例，根据国家统计局与中国房地产数据研究院的数据，近年来，我国在房地产行业的投资额仍在逐年上升，房地产存量不断扩大，而房地产价格居高不下，继续保持上涨趋势（见图5－3）。一方面，“炒房”等投机行为使大量资本集中在房地产行业，使其产生了较大的“泡沫风险”；另一方面，受传统观念的影响，大部分家庭基于居住、结婚、投资等需求都会竭尽所能购买房产，并且多通过商业、公积金贷款等信贷方式购买房产。这也使房地产价格一路走高，增大了房地产行业的“泡沫风险”，为

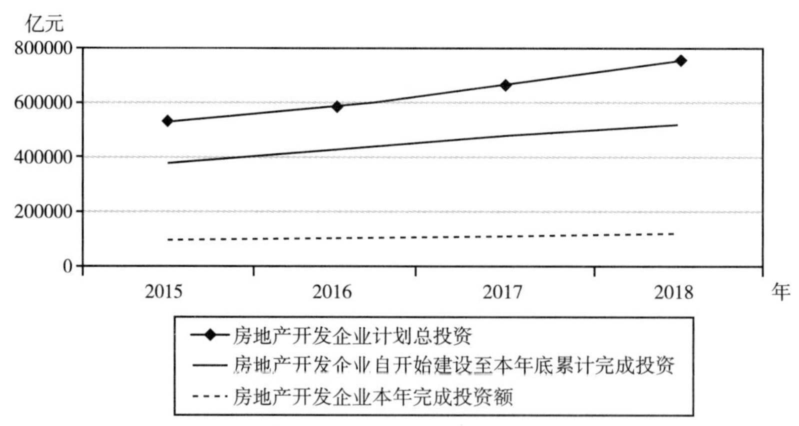

图5－3　房地产行业总投资额

资料来源：国家统计局。

① 习近平．在企业家座谈会上的讲话［N］．人民日报，2020－07－22（002）．

经济稳定发展埋下了一定的风险隐患。因此，政府应该通过转变投资结构，合理引导产业间投资，充分配置资源，从而避免某些产业过热而产生“泡沫经济”。在房地产行业，政府可以通过增大保障性住房的投资力度等方式给商品房市场“降温”，优化房地产的供给结构，从而促进房地产行业健康发展。

从一般意义上看，更为安全的发展往往体现在产业体系的安全、粮食饭碗的安全、社会发展的安全等方面，这些同样需要政府投资提供一定的保障，在政府投资结构中占据一定的比重。以粮食安全为例，我国目前虽是农业大国，但在农业生产方面仍存在着一定问题。首先，我国农业农村的生产技术水平发展较为缓慢，生产率水平相对低下，农业基础设施、技术研究等方面投入不足。一些农村地区技术信息传播不畅，农民缺乏对适宜技术的了解，不懂或不敢使用新技术。这些都导致了我国农业生产效率长期落后于西方发达国家，影响了我国的粮食安全。其次，近年来，外出务工的农民越来越多，相比在家务农，外出打工成本更低，所得到的收入更多，出现了土地闲置的现象，同样影响了我国的农产品生产。因此，要实现更为安全的发展，政府需要改善投资结构，扩大在农业技术研发普及、农产品生产补贴等方面的投资，引导民间资本进入，积极采用政府投资与民间资本相结合的 PPP 发展模式，并制定适合农业发展的财政政策，促进农业生产的现代化改革，保障我国的粮食安全。

5.1.3 贯彻执行新发展理念，需要改善政府投资结构

推动经济高质量发展，就必须始终坚持贯彻创新、协调、绿色、开放、共享的新发展理念[①]。通过创新发展解决发展动力问题；通过协调发展解决发展不平衡问题；通过绿色发展解决人与自然和谐问题；通过开放

---

① 习近平．决胜全面建成小康社会 夺取新时代中国特色社会主义伟大胜利——在中国共产党第十九次全国代表大会上的报告［J］．中国经济周刊，2017（42）：68－96.

发展解决发展内外联动问题；通过共享发展解决社会公平正义等问题。

5.1.3.1 实施创新驱动发展战略，需要改善政府投资结构

近些年，美国将华为列入贸易特殊名单（实体名单），除非获得特殊批准，否则美国企业不得向华为及其附属公司出售一切重要的技术和配件，中断了华为与诸多美国企业的合作。美国政府认为，华为是中国科技巨头却“依赖”美国企业，因而企图通过“实体名单”限制中国科技业发展。表面上看，华为此次的危机来源于政治因素，从根本上讲，还是源于我国科技较发达国家仍有一定差距，核心技术仍受到西方发达国家的遏制①。

从图5-4、图5-5可以看出，我国近年来在高科技产品研发、科技攻关等方面的支出不断增加，且扩张速度不断提高，但政府投资的份额增速却不快，同时，投资的效率也难以衡量。为了推进创新驱动发展战略，逐步摆脱西方发达国家在核心技术上对我国相关企业的遏制，政府应在科研创新和相关产业创新上继续加大投资，引导民间资本不断进入，同时合

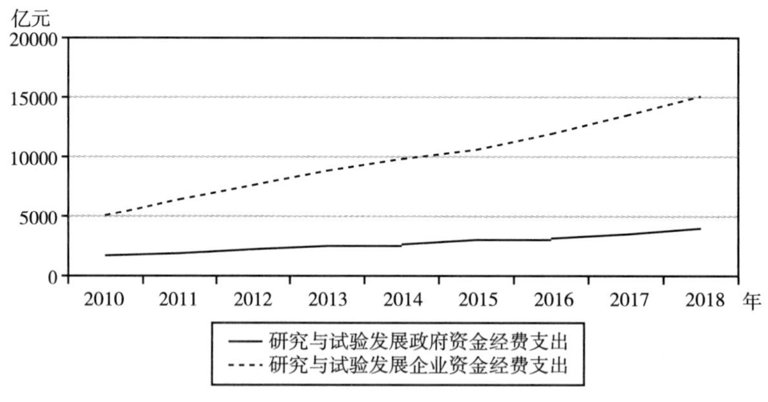

图5-4　研究与实验发展经费支出

资料来源：国家统计局。

① 任正非首次回应“实体名单”：营收增长或低于20%，详见：https：//kuaibao. qq. com/s/20190519A0DRSN00？refer = spider。

理规划投资结构，避免重复投资等问题带来的资源浪费、投资效率降低，切实为经济高质量发展提供保障。

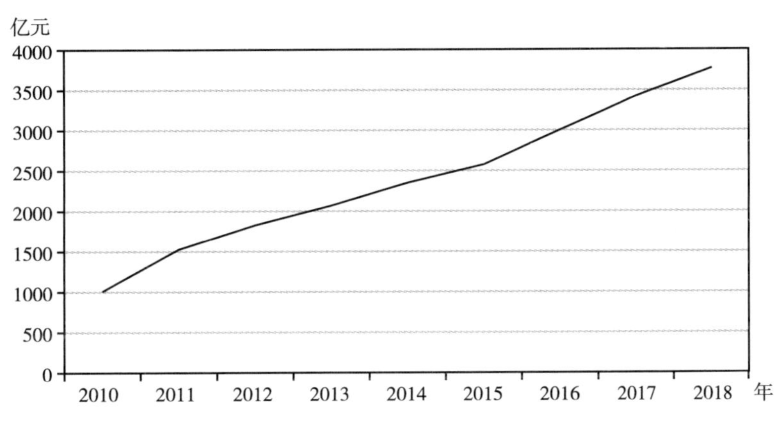

图 5－5　高技术产业新产品开发经费

资料来源：国家统计局。

另外，政府也要对社会未来发展做出一定的投资，例如教育发展方面。根据国家统计局的数据，2018 年我国中央财政对教育的支出仅占总支出的 5.3%，仍略显不足。教育作为百年大计，也是创新驱动发展战略的重要组成部分，需要政府投资更有力的支持。因此，必须通过深入研究优化政府投资结构，合理把握政府对未来投资的比例，既不影响经济发展的现实需求以及社会公共产品的提供，又能兼顾未来经济发展，实现二者的平衡协调，推动创新驱动发展战略的实施。

5.1.3.2　着力推进人与自然和谐共生，需要改善政府投资结构

习近平总书记谈到，人类因自然而生存，与自然共生，伤害自然就是伤害人类自己。我们必须尊重自然、顺应自然、保护自然，否则就会遭到大自然的报复。生态环境没有替代品，用之不觉，失之难存。环境就是民生，青山就是美丽，蓝天也是幸福，绿水青山就是金山银山。人与自然的和谐共生，对政府投资结构的优化提出了新的要求。

从图 5－6 可以看出，我国目前对环境污染治理的投资总额在不断增

加，但也从侧面反映了在经济发展的情况下，所产生的环境问题越来越严重。因此，政府投资的结构还需不断优化，在继续加大对环境保护方面投资的同时，改善产业间政府投资结构，引导产业优化升级，不断向资源节约型、环境友好型的新型产业结构发展，逐步减少对资源的浪费和环境的污染，向绿色可持续的经济发展模式靠拢。

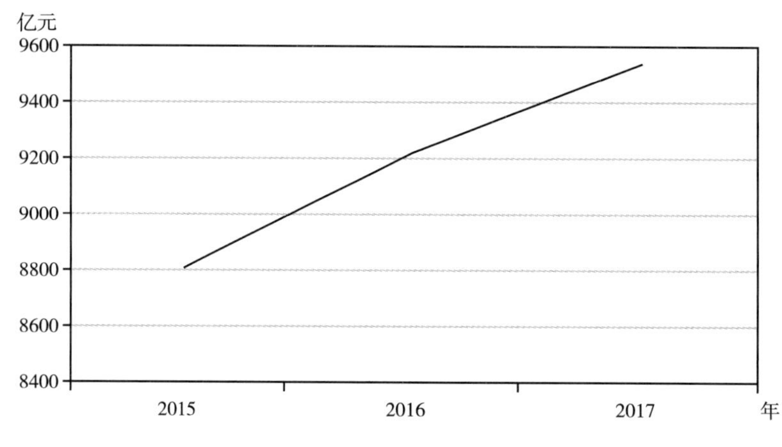

图 5-6　环境污染治理投资总额

资料来源：国家统计局。

5.1.3.3　践行以人民为中心的发展理念，需要改善政府投资结构

习近平总书记在党的十九大报告中指出，“人民是历史的创造者，是决定党和国家前途命运的根本力量”。新时代坚持和发展中国特色社会主义，就必须坚持人民主体地位，坚持立党为公、执政为民，践行全心全意为人民服务的根本宗旨，把人民对美好生活的向往作为奋斗目标，依靠人民创造历史伟业①。践行以人民为中心的发展思想，必须加大民生性或社会性投资，保障民生。要践行以人民为中心的发展理念，就需要政府在民生相关领域增加投入，提高人民的生活福利和幸福指数。政府只有在脱贫、教育、就业、收入、基本保障、医疗卫生、文化娱乐等领域加大实质

① 习近平．决胜全面建成小康社会 夺取新时代中国特色社会主义伟大胜利——在中国共产党第十九次全国代表大会上的报告［J］．中国经济周刊，2017（42）：68-96．

性投入，改善民生领域的投资状况，提高民生基础设施服务效果，才能让政府用于民生领域的投入发挥功效（见图 5 – 7）。

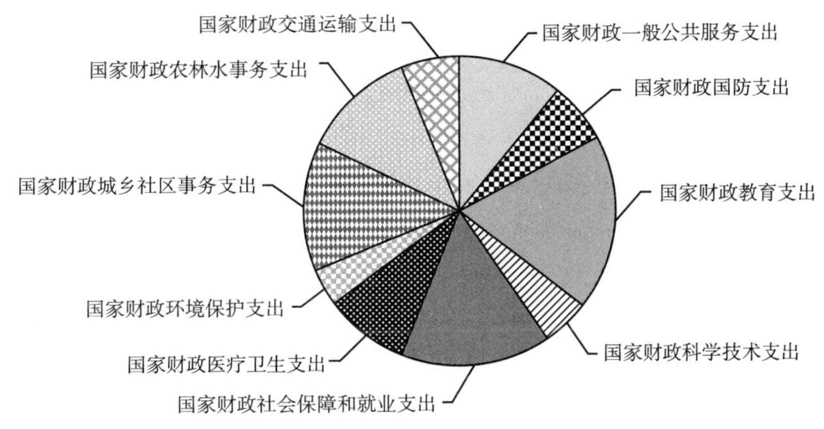

图 5 – 7　2019 年国家各项财政支出占比

资料来源：国家统计局。

作为一项重要的民生工程，政府对保障性住房的投资体现了政府对人民生活的重视。2018 年，各级财政坚决贯彻党中央、国务院有关决策部署，坚持房子是用来住的、不是用来炒的定位，加强对保障性安居工程的资金保障和政策支持，加快建立多主体供给、多渠道保障、租购并举的住房制度。国家统计数据显示，2018 年全国保障性安居工程财政支出 7372 亿元，较 2017 年同比增长 46.4%，支持棚户区改造开工 626 万套，完成 30 万套公租房配套基础设施建设，完成农村危房改造 190 万户。同时，中央财政一般公共预算安排用于保障性安居工程的补助资金达 2442 亿元。其中，补助城镇保障性安居工程 2176 亿元，占 89.1%；补助农村危房改造 266 亿元，占 10.9%。但是，就当前我国社会形势来看，保障性住房的覆盖仍不足，无法完全满足低收入人群的安居需求。同时，目前我国社会性政府投资占比仍较低，改善民生的投入欠缺。要推进经济高质量发展，践行“共享”的发展理念，必须不断优化政府投资结构，在保证经济健康平稳发展的同时，适当加大社会性政府投资的比例，着力改善民生，体现我国“始终以人民为中心”的发展理念。

5.1.3.4 以供给侧结构性改革为主线的发展，需要改善政府投资结构

推动经济高质量发展，就是要把注意力集中到推动我国供给能力更好满足人民日益增长、不断升级以及个性化的物质文化和生态环境需要上来，实现经济结构的优化升级。

党的十八大报告指出，要在注重提高质量和效益的基础上推动发展，从此中国经济增速下调至中高速区间。2014 年中央做出经济发展进入新常态的重大判断，之后又形成了以新发展理念为指导、以供给侧结构性改革为主线的政策框架。

我国存在着较为明显的重复投资问题。重复投资是在同一经济中再次投资建设相同或类似项目的经济行为。政府重复投资问题之所以出现，一方面是因为市场发育不健全，经济发展处于粗放期，资本的积累和市场的调控仍然不成熟，需要政府投资来推动经济；另一方面是因为部分政府投资出现了各自为政等问题，导致大量重复、低效的政府投资。重复投资会造成同一类型产能的短时间大量增加，从而导致同行业之间低效而激烈的竞争，企业利润在价格战中不断下滑，而产品质量和企业发展却未得到应有的提升，无法匹配需求端日益升级的发展态势，最终形成资源闲置浪费、粗放经济盛行、僵尸企业扎堆、需求端无法满足等严重后果。

改革开放初期，各地政府的投资不仅在数量上呈现出大规模投资的特点，政府投资替代了一部分市场投资，削弱了市场在资源配置中的基础和调节作用，还在结构上呈现出高度重复、着力于财政收入和 GDP 增长点的特点，造成同行业间竞争激烈而低效，同一产能大量增加而收入利润却大幅下滑，僵尸企业、产品粗放、重复建设等问题突出。例如，钢铁、汽车、煤炭等行业就存在着严重产能过剩等问题。

2015 年以来，我国经济增长进入新常态的发展阶段。伴随着 CPI 持续低位运行，居民收入不断增加，消费呈现上升趋势，而企业利润率下

降，投资呈现下降趋势[①]。面对产能过剩问题严重、供给侧效率质量较低、供给体系和需求侧严重不匹配的供给端短板和经济增长动力结构、区域结构、排放结构、要素投入结构、产业结构及收入分配结构等方面的结构性矛盾，党的十九大提出了积极推动供给侧结构性改革的措施。

供给侧结构性改革，是从提高供给质量出发，用改革的办法推进结构调整。具体措施包括：调整完善人口政策，夯实供给基础；推进土地制度改革，释放供给活力；加快金融体制改革，解除金融限制；实施创新驱动战略，开辟供给空间；深化简政放权改革，促进供给质量；构建社会服务体系，推进配套改革。供给侧结构性改革的实施，使要素配置扭曲现象得以矫正，有效供给不断扩大，全要素生产率与供给结构对需求变化的适应性和灵活性不断提高，广大人民群众的需要得到更好的满足，经济社会得以持续健康发展。

供给侧结构性改革，对新时代的政府投资结构提出了全新的要求。面对目前我国供给端低质低效的问题，新时代的政府投资需要着力优化投资结构，提高投资效率，完善投资管理，集中在去除融资杠杆、去除过剩库存、去除垃圾产能、降低生产要素成本、补齐高端技术短板等方面精准发力，将过去的无效供给转化为有效供给，消除过去政府大量低效投资带来的供给端产能过剩和质量低下问题。以钢铁和煤炭行业为例，工信部官网的数据显示，截至 2018 年底，钢铁行业过剩产能的化解取得了阶段性成果，提前两年完成了 1.5 亿吨的目标，“地条钢”产能得以清除，市场环境得以优化。同时，煤炭行业在过剩产能的化解上也取得了重大突破，化解产能达 8.1 亿吨，基本实现了市场供需平衡。另外，通过企业联合重组等方式，截止到 2019 年，全国煤矿数量减少至 0.56 万处，较 2015 年底减少了 114%，大型现代化煤矿比重上升。根据中国煤炭工业协会的统计，全国大型煤矿产量已经占全国总产量的近八成，大大提高了煤炭行业的生产效率，基本实现了规模效应。当然，钢铁行业也通过兼并重组使行

① 本刊编辑部．供给侧结构性改革到底是指什么？［J］．黑龙江档案，2016（3）：117．

业内集中度得以进一步提高。以宝武钢铁为例，其合并后又吸纳了马钢等一系列优质的企业，取得了显著的成效。随着去产能政策的进一步推进，市场供求结构和企业盈利状况都明显好转。工信部发布的数据显示，2019年我国生铁、粗钢、钢材产量较上年同比增长5.3%、8.3%、9.8%。粗钢产量达9.96亿吨，创历史新高，生产效率大幅提高。而据中国钢铁工业协会的统计数据，2019年我国重点钢铁企业生铁、粗钢、钢材产量较上年同比增长3.73%、4.57%、5.29%。这无不说明我国钢铁行业在去产能后产量稳定上升，效益良好。

解决重复投资问题，形成新时代的政府投资结构，是供给侧结构性改革的必然要求。供给侧结构性改革背景下的政府投资也应当从“做加法”和“做减法”结合的思路上制定政府投资策略。在“做加法”上，不仅要积极推动农村供给侧改革进程，加大对农村公共品的资金投入，以增量化解存量，还要加大对高新技术研发的政府资金投入，将要素驱动型经济增长模式转变为技术驱动型经济增长模式，加大对民生保障、环境保护、公共服务的政府资金投入，提高人民生活质量。例如，2019年中央政治局会议提出，要深挖国内需求潜力，拓展扩大最终需求，有效启动农村市场，多用改革办法扩大消费。稳定制造业投资，实施城镇老旧小区改造、城市停车场建设、城乡冷链物流设施建设等补短板工程，加快推进信息网络等新型基础设施建设。在“做减法”上，政府投资应该减少对夕阳产业、产能过剩产业的财政补贴，降低市场投资门槛，逐步发挥好市场对资源配置的决定性作用。

5.1.3.5 建立现代化经济体系，需要改善政府投资结构

推动经济高质量发展，就是要全力夯实现代化经济体系建设这个基础工程，把注意力集中到以新发展理念引领现代化经济体系建设，以供给侧结构性改革推动转变经济发展方式、优化经济结构、转换经济增长动力上来。

现代化经济体系是在党的十九大报告中首次提出的，报告中提到：

“建设现代化经济体系是中国特色社会主义进入新时代的背景下我国经济发展的战略目标，紧扣新时代中国社会主要矛盾转化、落实中国特色社会主义经济建设布局的内在要求，是决胜全面建成小康社会、开启全面建设社会主义现代化国家新征程的基本途径，也是适应中国经济由高速增长阶段转向高质量发展阶段，优化经济结构、转变经济发展方式、转换经济增长动力和全面均衡发展的迫切需要，意义深远而重大。”

现代化经济体系，对政府的投资结构提出了新要求。在现代化经济体系下，要促进重大经济结构协调和生产力布局优化，减少经济周期性波动的影响，防范区域性、系统性风险，稳定市场预期，实现经济持续健康发展。政府投资必须涵盖关键领域，政府投资结构应当顺应经济结构的调整优化要求，政府投资的规模和方向应当与宏观经济调控的整体要求相适应，实现政府投资在总供给和总需求方面的协调配合。投资是经济新常态下供给侧和需求侧两端发力的重要引擎，要进一步发挥政府投资促进供给侧结构性改革的重要作用，逐步形成包括政府投资工具在内的相互衔接、导向明确的宏观调控目标体系。不断调整优化政府投资结构和管理方式，完善政府和社会资本合作模式，充分发挥政府投资的引导作用和放大效应，从而推进产业结构的优化升级和经济发展方式的转变，不断增强经济的内生增长动力，促进经济全面均衡发展。

5.2 我国政府投资结构的现状及问题

5.2.1 政府投资中经济性投资与社会性投资存在结构性失调

在政府收支分类改革之后，可以根据资金的实际用途将我国一般公共预算支出的部分项目归类为经济性投资和社会性投资。其中，经济性投资涵盖了与我国经济发展相关的财政支出。社会性投资以科教文卫为代表，具体涵盖了科学技术、教育、文化体育与传媒以及医疗卫生与计划生育领域的财政支出。

在我国政府投资规模持续扩大的同时，结构方面呈现出较为明显的侧重点。从新中国成立初期至21世纪初，大量的财政资金投放在以基本建设为代表的生产领域，在工业化尚未完成、城镇化尚在途中的时期，发挥了基础设施投资对国内生产总值的乘数效应，有效增强了经济社会发展动力，带动了中国经济的高速发展。然而，财政资金在科教文卫等社会领域的投入存在明显偏低的现象。究其原因，首先，这种不平衡的投资支出结构与投资支出所处领域的属性及其带来的经济增长效果密切相关。张宇指出，我国政府对生产性支出偏好的根源，在于不同类型投资所具备的外部性差异[①]。经济性投资所带来的经济效益通常局限在区域内部，当地政府享有更大的独享性，地方政府能够直接感受到经济性投资给当地带来的直接经济效应，从而导致地方政府热衷于经济性投资，政府投资也就向这一领域倾斜。而社会性投资具有强烈的正外部性，可以惠及更广泛的地区，再加上保障性领域的投入大、收益低、回报周期相对长，使得这类投资往往不被地方政府青睐。社会性投资的受益主体多为社会成员，受益主体存在较强流动性，这使得政府的社会性投资存在区域外溢性特征，不能使当地政府直接受益。其次，正是晋升激励的驱动，使得地方政府官员对生产性投资显露出偏好。实行自上而下的政绩考核体系，这是我国政治制度的特殊背景。经济分权改革过程中，上级政府以经济增长率为标尺考核地方官员政绩。在现有官员治理体系中，竞争向上是地方官员谋求发展的自然途径，政治晋升激励是地方官员进行直接政府投资的直接原因和目标约束，地方政府官员具有主动投资的倾向。政治晋升制度通过目标激励途径，引导着地方官员将更多的资金优先投向市政建设以凸显政绩，地方政

① 张宇．财政分权与政府财政支出结构偏异——中国政府为何偏好生产性支出［J］．南开经济研究，2013（3）：35－50.

府热衷于通过各种融资渠道进行地方道路交通等基础设施建设、公共服务提供和地方经济发展，政治晋升制度也就成了地方官员进行直接投资的主动原因。最后，经济发展阶段本身也需要政府承担较多的经济发展职能。我国长期以来，经济发展尚处于起步阶段，政府需要承担较多的经济发展职能。只有经济发展了，其他问题才能得到改善和解决。这决定了政府在众多的投资事项中，将更加倾向于对经济性事务支出的关注。

改革开放以来，我国在政治集权下采取了更符合国情的地方财政分权，地方政府官员的晋升与当地经济建设成绩显著相关，导致官员纷纷为增长开展竞争[①]。地方官员追求当地经济增长速度，以 GDP 指标反映其任期内的业绩和成果，演变为政治晋升锦标赛[②]。在这种压力下，地方政府开始争夺稀缺的外部工业资本，彼此开展激烈的招商引资竞争。在招商引资的过程中，地方需要将大量财政投入到基础设施建设，以改善投资环境，打破经济发展的瓶颈。在此过程中，地方政府将大量工业用地优惠和基础设施建设补贴、财税政策等作为竞争手段，在有限的财政资源下，基础设施的建设必然挤占地方对社会性支出的投入（李永友等，2008）。

随着我国逐渐强化以人民为中心的发展理念，加快推进以改善民生为重点的社会性领域建设，通过财政政策不断加大对教育、就业、社会保障、医疗健康领域的投入，政府投资向生产领域倾斜的状况在近些年得到明显的改善。具体体现为，2010—2019 年政府投资中生产领域和保障领域的支出绝对值差距在逐年拉大，同时社会性投资在绝对值上维持 8.0% 以上的增长率，长期高于经济性投资的增速，使得其比例呈现出上升趋势，显示出以社会性支出为主的政府投资结构的地位正在增强（见图 5 - 8）。

经济性投资可以进一步按照产业细分为政府在第一、二、三产业的投资。我国是传统的农业大国，第一产业投资以农林水事务支出为主，是政

---

① 张军．中国经济发展：为增长而竞争［J］．世界经济文汇，2005（Z1）：101 - 105.

② 周黎安．中国地方官员的晋升锦标赛模式研究［J］．经济研究，2007（7）：36 - 50.

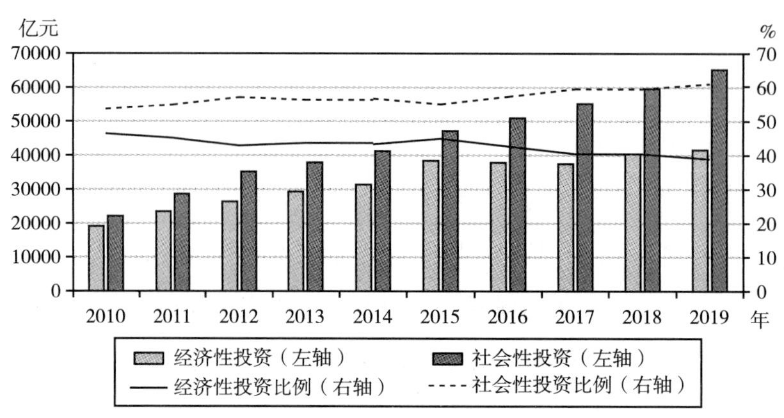

图5－8　一般公共预算支出中的经济性投资与社会性投资

资料来源：中国统计年鉴。

府保护农业发展、保障粮食生产的有效手段。作为一类弱质产业，农业农村面临来自自然的因素风险，发展过程中缺资金、缺人才。近年来，政府加大对农业农村的投资力度，提前下达投资计划，政府投资的引导作用明显增强。2020年7月，中央农办等7部门联合印发《关于扩大农业农村有效投资 加快补上“三农”领域突出短板的意见》，要求中央和地方财政加强“三农”投入保障，体现了国家坚持将农业农村作为国家固定资产投资的重点保障领域。2010—2019年涉农财政投入在经济性投资的比重从42.2%稳步提升至53.9%，并在2016年实现对第二产业的超越，成为政府经济性投资的最大组成部分。第二产业投资涉及工业相关支出，以交通运输、资源勘探、电力信息等事务为主。近十年第二产业投资占经济性投资的比重逐渐下降，目前处于40%以下的水平，体现了政府更加注重其自身结构优化和发展。第三产业涉及的行业点多面广，政府投资主要包括商业服务业、金融监管等事务支出。由于这一产业的发展主要依靠市场机制配置资源，政府投资扮演着引导和带动的角色，近十年第三产业在经济性投资中的比重保持在6%—10%的低水平区间（见图5－9）。

倚重于经济性投资的政府投资结构，将可能带来如下的后果：首先，经济结构的优化受到影响。政府投资倾向于经济性投资，将使得经济结构中的投资性成分逐步提高，国民经济中的投资与消费的经济结构难以得到

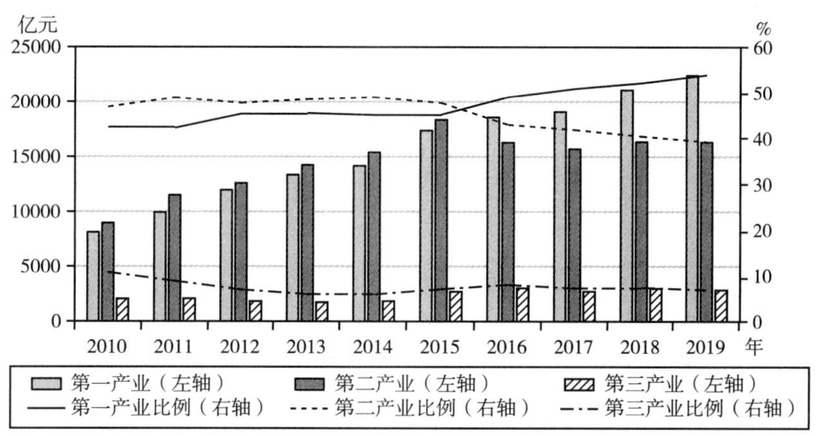

图 5－9　一般公共预算支出中的第一、二、三产业投资

资料来源：中国统计年鉴。

有效调整，经济发展的质量难以有效提升。其次，投资的经济效应以及挤出效应等问题，使得经济结构在未来更加难以有效调节，从而形成投资—GDP 增长—再投资的恶性循环，更加依赖投资，形成“投资饥渴症”，不利于宏观经济的平稳运行。中国财政科学研究院院长刘尚希认为，如今政府投资的乘数效应弱、挤出效应高、边际效应低，如果遵循旧有的思路扩大政府投资，效果可能不太理想①。长期以来，政府投资按照“铁公基”的思路，以“物”为中心，对这种政府刺激社会需求的路径十分依赖。然而，这种单一的手段一定程度上导致了为投资而投资，形成产能过剩，无法真正提高政府投资的效率，未来的投入成本也会越来越高，需要考虑其可持续性等问题。比如，很多地方政府投资投向的是农村公共设施和欠发达地区，然而农民和欠发达地区的人们却是往城市和相对发达地区流动的。这体现了过去一些制度设计的基础是静态的地理纬度，而不是人的流动维度，使得政府投资与社会民众需求之间越来越脱节，政府投资的有效性逐渐降低。如何权衡政府投资在城乡区域之间的关系，如何真正体现以人民为中心的发展理念，是对政府治理能力的现实考验。未来，政府投资

① 刘尚希．政府有效投资应围绕“人”做文章［EB/OL］．https：//baijiahao.baidu.com/s?id = 1664136508567903890&wfr = spider&for = pc.

应以扩大公共消费为前提，围绕人的流动与就业、人的能力与创新、人的教育与健康来实施有效投资，从而真正地促进社会内需和长远发展的后劲。

5.2.2 政府投资结构在东部、中部和西部之间的差距较大

图5－10和图5－11反映了2010—2018年我国中央政府和省级政府在经济性投资和社会性投资两大领域的支出结构。其中，圆点表示各省的财政支出比例，实线为各省的均值，虚线表示中央政府相对应的财政支出比例。在经济建设支出方面，中央政府投资自2010年的18.7%大幅下降至2011年的10.0%，之后在这一水平下小幅变动。相比之下，省级政府该项支出比例维持在21%—24%水平区间，2010—2015年小幅上升，后续有所下降，而各省之间的离散程度持续扩大。在科教文卫方面，中央政府投资在2011年明显提升后，逐渐回落至16%的水平。省级政府该项支出比例保持小幅增长趋势，从2010年的25.9%增长至2018年的27.6%。同样，各省社会性投资支出比例也存在离散程度增大的态势。

首先，地区间政府投资存在较为明显的重复建设问题。从同级政府来看，我国幅员辽阔、地域差异显著，不同省份和直辖市都有着各自的经济

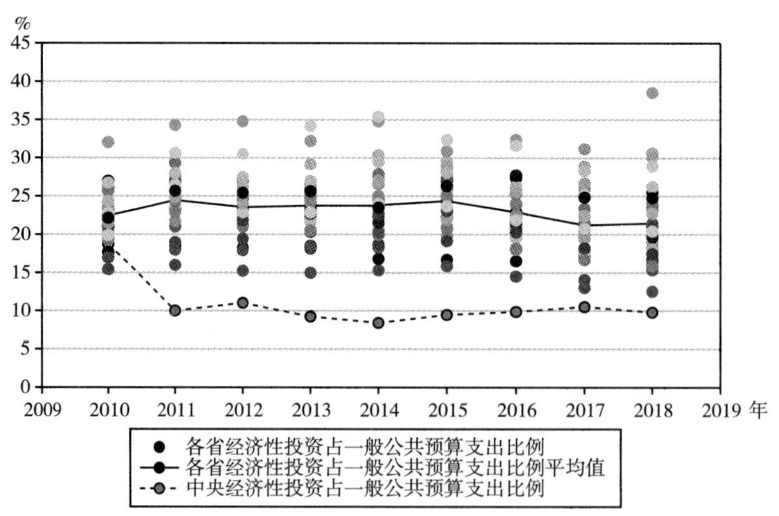

图5－10　中央和各省级政府经济性投资占一般公共预算支出比例

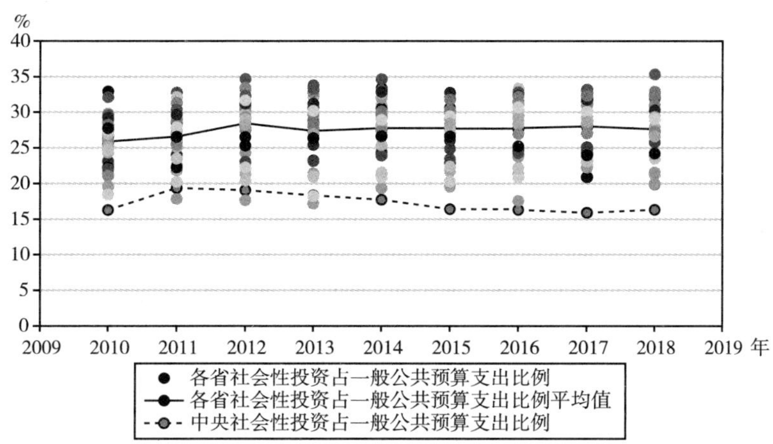

图 5－11　中央和各省级政府社会性投资占一般公共预算支出比例

资料来源：各省统计年鉴。

社会状况和现实条件，政府的各项支出需要因地制宜，政府投资也体现出明显的地区差异性。从经济性投资来看，西藏自治区、青海省、宁夏回族自治区、云南省的支出比例长期处于全国前列，而天津市、北京市、广东省等地的经济性支出比例控制在较低水平。这一状况在社会性投资方面出现倒挂，广东省、浙江省、山东省的支出比例多年来位于前茅，而西藏自治区、内蒙古自治区、黑龙江省等省区的社会性支出比例保持在低位。诚然，政府如同企业，它的财力是有限的，需要用经营的理念来运营政府的公共社会资源，调节好资金，让人民满意。然而，政府与市场经济中的企业不同，其关注的不是自身经济效益最大化，而是公共利益最大化，这既包括了以财政资金发挥“四两拨千斤”的力量，撬动社会资本向重点产业的聚集，还包括了保障和改善民生，发挥好保基本、兜底线等作用。一般的经济规律告诉我们，在经济社会发展的起步阶段，政府投资是经济起飞的必要条件，是社会总投资的重要组成部分，此时投向的领域更多是基础设施建设，包括最基本的道路、电力、供水，以及法律秩序、环境卫生等。随着经济步入成熟期，基础设施建设在政府投资和私人投资的推动下已经基本完成，提高人民生活质量被提上议程，公共财政支出的重点将转移到国民教育、公共卫生、社会保障等民生领域。这一经济规律同样适合用于考察不同区域内的经济社会投资情况、不同区域存在差异的发展时期。从地区来看，以广东省为代表的东南沿海地区在优越的地理位置和早年政策支持的基础上，经济发展速度一直高于全国平均水平，规模经济效应下孕育出大湾区、长三角、京津冀等全国领先的城市群。因此，这些省份的政府投资在经济建设领域较低，在非生产性项目上发力，持续在保障和改善民生上做“加法”，适当提高民生保障标准，让改革发展成果更多惠及人民群众。相比东部地区，经济发展相对落后的西部地区面临自然环境恶劣、人口密度低、地处内陆等劣势，经济发展相对缓慢。近年来随着煤炭、电力等传统行业发展放缓，以信息产业、高端装备制造为代表的战略性新兴产业在西部地区面临技术落后、人才匮乏、资金不足等问题。西部地区政府加大生产性财政支出的投入，体现为经济性投资占财政支出的比例长期高于全国平均水平。可见，短期而言，政府投资的着力点需要与当地的经济发展阶段相适应，而非违背经济规律。从长期来看，政府投资结构的变化要与经济社会发展的阶段相契合，而民生工程是长期需求，财政支出要顾及民众对于美好生活的诉求，改善周边环境，提高生活质量，加强医疗、教育、文化等民生领域的重点投资。

党的十九大报告指出，我国社会的主要矛盾已经转化为人民日益增长的美好生活需要和不平衡不充分的发展之间的矛盾。为了顺应时代发展的需求，满足人民美好生活的需求以及提高人民的幸福感，国家提出以区域协调发展理念促进高质量发展，打破了地域和空间的限制，对充分利用资源、合理调配使用、突出区域优势、促进互动交通具有重要作用。以成渝地区为例，2020 年，为了做强成渝地区双城经济圈建设的轴带支撑，加强了交通建设投资，强化了川渝陕鄂 4 省市接合部的交通枢纽地位，协同发展通道经济和枢纽经济[①]。据重庆市发展改革委消息，川渝两地将共同实施

① 各方热议推动成渝地区双城经济圈建设战略实施区域布局——各司其职，推动区域协同发展. http://www.sc.gov.cn/10462/10464/10797/2020/7/11/bf710fd712d046c2be19f329542e6573.shtml.

31 个重大项目，总投资约 5563 亿元，有效推动地区经济协同发展。与此同时，当前存在部分地方政府基于本地区经济社会发展的实际需要而忽略了地区间的统筹协同从而盲目投资的现象，出现了短期行为下的低效率甚至负效率的粗放式经济增长方式。例如，部分地方的投资布局多以行政区域为中心，多头并进，重复布点，致使当地缺乏以地区要素禀赋为基础的支柱产业，而相邻地区产业结构趋同[①]，这不利于破解发展不平衡不充分的矛盾。

其次，地区间政府投资存在一定的区域差异。中西部地区在基础设施、公共卫生、社会保障等方面与发达地区存在着较大的差距。图 5－12 和图 5－13 表明，西藏、宁夏、青海等西部欠发达地区，其地方财政支出仍较少，与发达地区存在着较大的差距。

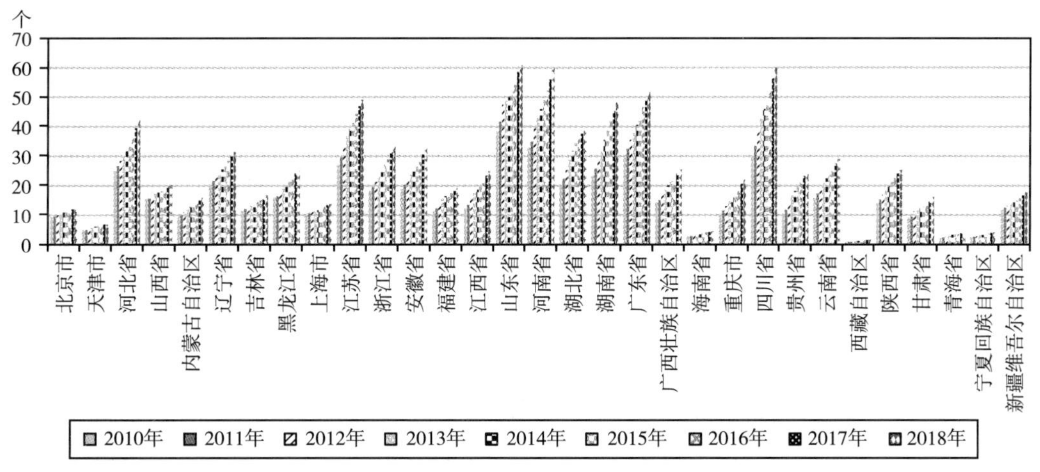

图 5－12　2010—2019 年各地区每万人口医疗卫生机构床位数

资料来源：国家统计局。

以公共卫生方面为例，西藏、青海、宁夏等地区的床位拥有水平远低于东中部大部分较发达地区。同时，北京、上海、天津等外来流动人口

① 行业结构的严重趋同，这突出地表现在制造业的内部，各地区都在追求“大而全”，“小而全”的产业结构，这使得我国东部、中部与西部地区之间的工业结构相似率非常高。全国有 29 个省份生产电视机，23 个省份生产洗衣机，23 个省份生产电冰箱，钢铁企业分布于 29 个省份。详见 https：//business. sohu. com/59/72/article203707259. shtml。

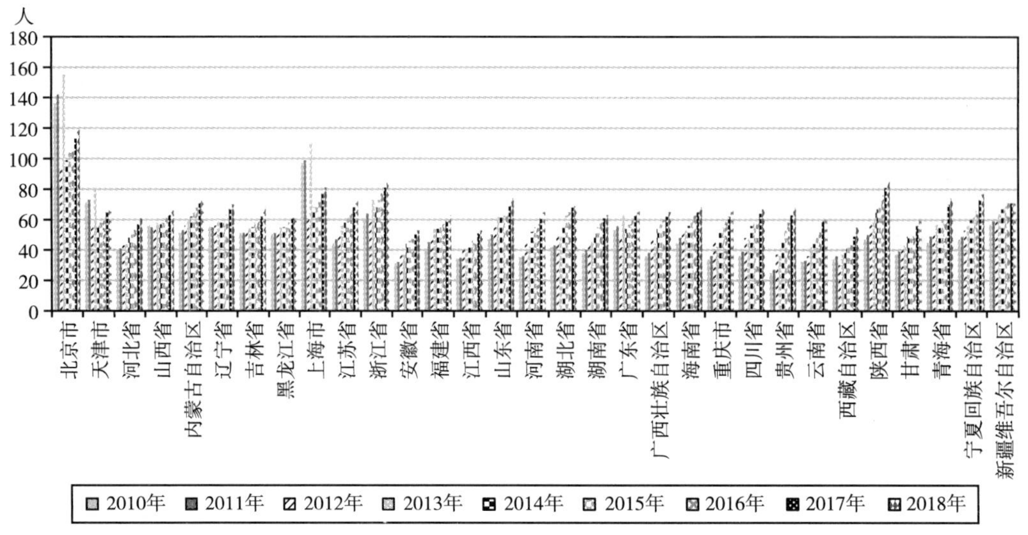

图 5－13　2010—2019 年各地区每万人拥有卫生技术人员数

资料来源：国家统计局。

多，医疗卫生技术发达、技术人员多的地区，床位水平同样较低。另外，北京、上海等发达地区在卫生技术人员的质量、数量上的优势显著，各地进京、进沪看病的现象极为普遍。这些都说明卫生基础设施存在显著的地区性与结构性差异。

5.2.3　财政投融资体制的不完善，央地政府投资结构不合理

从不同层级政府来看，中央和省级政府在公共事务上所承担的支出责任差异，是造成两级政府在经济性和社会性投资占各自一般公共预算支出比例明显不同的重要原因。为了理顺中央和地方的财政责任，保证各级政府有效地提供基本公共服务，国务院在 2016 年出台《关于推进中央与地方财政事权和支出责任划分改革的指导意见》。根据改革的时间安排，2016 年，国防、国家安全、外交、公共安全等领域率先启动改革。2017—2018 年，争取在教育、医疗卫生、环境保护、交通运输等领域取得突破性进展。2019—2020 年，将改革成果上升为法律法规内容。据此，

国防、外交等全国性基本公共服务确定为中央的财政事权，而市政交通、农村公路、城乡社区事务等受益范围地域性强、信息较为复杂且主要与当地居民密切相关的基本公共服务确定为地方的财政事权，同时将教育、科研、公共文化、养老保险、医疗卫生等体现中央战略意图、跨省（区、市）且具有地域管理信息优势的基本公共服务设置为央地共享事权。依据改革对支出责任的划分，由于地方政府承担更多的经济性领域的支出，2011—2019 年省级政府经济性投资比例的均值高于中央政府 10% 以上。然而，尽管体制框架规定了科教文卫领域属于央地共享事权，但自 2014 年起，省级政府投资比例的均值同样高于中央政府 10% 以上，成为地方财政较为沉重的负担。中央政府和地方政府之间不尽合理的投资结构反映了当前事权界限不清的问题，上下级政府间的财政支出责任划分存在一定的模糊地带。这主要源于各级政府致力于追求经济增长，看重 GDP 考核，倾向于将教育、医疗、养老等社会性事业的政府投资转移至下级政府，加大其财政支出压力。面对上级卸下来的支出负担，基层政府财政在社会性支出方面的“捉襟见肘”困境更为突出，一定程度上制约了基层政府提供公共产品与服务的能力。

5.2.4 新基建、老基建之间界限不清，容易导致重复投资

无论是 1997 年的亚洲金融危机，还是 2008 年的国际金融危机，我国政府在经济不景气时期主要倾向于通过投资来带动经济复苏。亚洲金融危机在泰国爆发，蔓延至整个东南亚地区。我国不变价 GDP 增长率 1997 年为 9.3%，1998 年降至 7.8%，1999 年为 7.6%。为了应对经济危机的不利影响，我国政府推行了积极的财政政策和稳健的货币政策，带动 2000 年 GDP 增长率回升至 8.4%。从分产业拉动效应来看，第二产业拉动了 5.1 个百分点的 GDP 增长，相比之下，服务业仅贡献 2.9 个百分点，体现了以投资为重的财政政策对经济复苏的推动作用。时隔十年，我国经济受到 2008 年世界金融危机的深刻影响，不变价 GDP 增长率从 2007 年的

14.2%下滑至2008年的9.6%、2009年的9.2%，经济增速迅速回落。对此，我国政府及时启动新一轮积极财政政策以及适度宽松的货币政策，出台了扩大内需、促进经济平稳较快增长的十项措施，总投资约为4万亿元。与20世纪90年代末的情形相同，第二产业拉动了6个百分点的经济增长，远高于服务业4个百分点的拉动水平①。

根据发改委的解释，在4万亿元投资中，中央投资达到11800亿元，对总投资规模的贡献达到29.5%，主要来自预算内资金、政府性基金等；剩余的70.5%投资主要来源于地方财政预算、中央财政代发地方政府债券、政策性贷款、企业（公司）债券和中期票据、银行贷款以及吸引民间投资等。4万亿元投资中，铁路、公路、机场、水利等重大基础设施建设和城市电网改造的占比最高，资金测算约为15000亿元，达到37.5%，因此这一财政刺激计划成为“老基建”的代名词（见表5-1）。

表5-1　4万亿元投资的重点投向和资金测算（2008年四季度至2010年底）

重点投向	资金测算	资金占比
廉租住房、棚户区改造等保障性住房	约4000亿元	10.0%
农村水电路气房等民生工程和基础设施	约3700亿元	9.3%
铁路、公路、机场、水利等重大基础设施建设和城市电网改造	约15000亿元	37.5%
医疗卫生、教育、文化等社会事业发展	约1500亿元	3.8%
节能减排和生态工程	约2100亿元	5.3%
自主创新和结构调整	约3700亿元	9.3%
灾后恢复重建	约10000亿元	25.0%

资料来源：发展改革委通报4万亿元投资重点投向和资金测算.http：//www.gov.cn/govweb/gzdt/2009-03/06/content_1252229.htm.

在过去的经济周期里，老基建投资一直是扩大国内需求和稳定外需的主发力点，切实解决就业和社会经济问题。然而，老基建是发动机，但不是“永动机”，当旧的增长动能下降时，需要新动能的登台来持续推进社

① 马海涛，李升．促进服务业发展的税收政策研究［J］．上海金融学院学报，2012（4）：96-110.

会经济发展。为了对冲2015年以来的经济下行和2020年突如其来的新冠肺炎疫情，我国政府牢牢抓住新发展理念，对政府基建投资优化升级，提出加快新型基础设施建设，简称为“新基建”。“新基建”最早在2018年12月的中央经济工作会议上提出，国家发改委在2020年4月首次明确了其范围，主要包括5G基站、特高压、城际高速铁路和城市轨道交通、新能源汽车充电桩、大数据中心、人工智能、工业互联网七大领域，涉及诸多产业链。2020年5月的政府工作报告提出，重点支持“两新一重”建设，新型基础设施建设备受关注。恒大经济研究院院长任泽平指出，“新基建”与四万亿投资计划的区别在于新的领域、新的地区、新的方式、新的主题、新的内涵。在投资领域方面，尽管铁路、公路、轨道交通等传统基建投资的边际效益正在下降，但当前不是抛弃老基建的时候，而是在补齐短板的基础上大力发展新型领域，优化投资结构，使短期刺激有效需求和长期增加有效供给相匹配。在投资主体方面，过去我国基建投资主要是地方政府主导，投资主体单一。本轮“新基建”中，不仅存在公共财政的直接投入，还有相当一部分项目是由各类企业和市场主体驱动，或者说是市场与政府合力的结果，民间投资在其中的分量越来越大。政府资金是“引导资金”，将在不同的时期、不同的领域继续发挥杠杆撬动的作用。

本轮“新基建”之所以能够代表未来，代表新的方向和趋势，是因为它在践行新发展理念。新发展理念被明确为新时代中国特色社会主义的基本方略之一，强调以创新、协调、绿色、开放、共享为核心，在解决新时期新问题时，要求把新发展理念贯穿始终、落到实处。“新基建”以新发展理念为价值引领，以技术创新为核心驱动力，为数字经济时代的产业发展注入新动力。首先，“新基建”在创新理念下带来新的制造和新的服务。比如在新冠肺炎疫情期间，电信运营商的大数据中心运用手机漫游信息，为全国16亿手机用户提供便捷的个人轨迹查询服务；5G技术使在线教育和在线医疗更加顺畅；通过和车联网、电动汽车以及大数据相结合，逐步实现的电动汽车充电桩网络化高效解决充电问题。“新基建”正在以创新的技术更好地服务百姓生活。其次，“新基建”在创新的理念下促进新经济的发展和社会数字化转型。本轮“新基建”不是大水漫灌，而是我国政府投资的“源头活水”。它具有非常强的外溢效应，助力多个产业、多个业态、多种商业模式来降低市场化成本，提高经济效益，释放巨大的需求与机遇，为未来经济高质量发展铺路。

在基础设施的建设过程中，当前还存在如下的问题需要加以重视。

（1）在大力发展“新基建”的情况下，“新基建”与“传统基建”的投资比例难以把握。根据国家发改委确定的范围，应用高新技术改造传统基础设施属于“新基建”的内容，可见广义的“新基建”对于固定资产投资有相当大的拉动潜力。而一般“传统基建”主要是铁路、公路、机场为代表的基建投资。首先，面对广义的“新基建”和一般的“传统基建”，要认识到它们有各自的特点和功能，不能因为发展前者而否定后者。在经济社会发展的过程中，基础设施建设必须先行，而“传统基建”可以被视为基础之基础，覆盖面广，投资量大，涉及的就业人口多，对于维持社会经济秩序、稳就业、保民生具有重要意义，但现实中容易受制于政府公共投资能力和地方政府债务风险。“新基建”是一个相对的概念，能够大幅提升传统基建的质量和运行效率，培育壮大新兴产业，发挥出前所未有的拉动投资、推动经济高质量发展的重要作用，但是其增长前景还取决于市场化投资的响应程度。其次，“新基建”投资与“传统基建”投资的关系，也应当得到重视。“传统基建”投资与“新基建”投资并非二选一的关系，而是在科技革命和产业革命背景下为满足新旧动能接续转换而融合发展。先行的“传统基建”为“新基建”发展提供了必要的外部条件，解决公用设施和环境的支撑问题。“新基建”与“传统基建”资源共享、设施共用，进一步为后者拓展更大的空间，带动后者改造升级，特别是通过应用高新技术改造传统基础设施，增强“传统基建”的新动能和新前景，实现融合创新发展。促进“新基建”投资与“传统基建”投资协调发展，保障政府公共物品的提供和经济的健康平稳发展，使“新基建”投资真正担当多重发展使命，是新时代优化政府投资结构需要注意的问题。

（2）在基础设施的投资建设方面，也存在着明显的重复投资、盲目投资的问题。以近年来的投资热门新基建为例，根据赛迪研究院 2020 年结合发展基础、产业支撑、承接能力、创新发展等指标的测算，各地新基建发展潜力具有相当明显的差距①。换言之，就目前而言，并非所有地区都适合将新基建作为政府投资的重点。各地政府盲目跟风，一拥而上，大量投资新基建的行为势必导致财力的浪费和投资效率的降低。

大规模、多主体推进 5G 通信、人工智能、充电桩、工业互联网等“新基建”，需要加强相关领域的规划统筹，如果与当地经济社会发展需求不相适应，进行超前投资、过度投资，就可能面临较大的资源错配问题。此外，“新基建”外溢效应较强，如果不加以统筹规划，将出现重复建设、产能闲置的现象，造成大量投资闲置浪费。自提出“新基建”以来，由于缺乏对各地发展新基建的差异化定位统筹，当前各地政府在投资新基建时并没有很好地结合本地产业特点、发挥自身比较优势而开展新基建建设，造成了大量财力物力的浪费和资源浪费，投资效率自然受到一定影响。

5.2.5 地方政府专项债券种类繁杂，给优化政府投资结构提出了挑战

政府分类债务的结构，将在很大程度上影响着政府投资结构。政府通过债券形式进行投融资，是政府投融资体制改革以来形成地方政府投资结构的重要形式和重要渠道。根据资金用途和偿还资金来源的不同，地方政府债券可以分为一般债券（简称一般债）和专项债券（简称专项债）。专项债券对应的公益性项目具备一定收益性，还本付息的基础为政府性基金或专项收入。

---

① 各省区市“新基建”发展潜力评价，详见 https：//www.sohu.com/a/393821689_120214188。

近年来，专项债发行规模大幅增长，自 2017 年项目收益专项债首次发行以来，创新品种不断丰富。在以往年份中，地方政府专项债的投资领域以土地储备专项债、收费公路专项债为主，其他品种大多是各地试点创新品种，发行量较小。土地储备专项债在 2018 年发行的新增专项债中占比最大，达到 28%，交通运输类（交通运输、轨道交通、公路建设、铁路建设）与收费公路专项债分列第二、三位。在 2020 年新冠肺炎疫情的冲击下，我国政府采用财政政策实现逆调节的紧迫性大幅提升，专项债总体资金投向与往年相比有大的变化，重点支持基建等重大项目建设领域，并根据疫情需求增加了新基建、新型城镇化建设和地方应急医疗救助、公共卫生等基础设施投入（见图 5 - 14）。

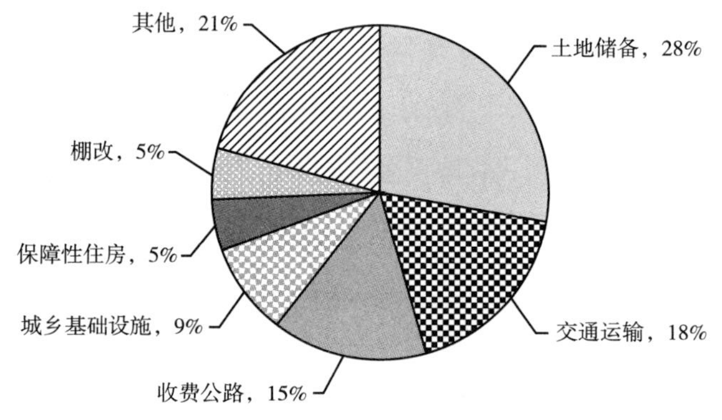

图 5 - 14　2018 年地方政府新增专项债资金投向

资料来源：什么是专项债？. https：//mp. weixin. qq. com/s/2c4OErdwE - RKS4PVUI7nAQ.

2018 年，财政部《关于做好 2018 年地方政府债务管理工作的通知》推动了项目收益自平衡专项债券的发行，成为该时期地方政府重要建设资金的来源。自 2019 年起，地方政府专项债相关政策对资金投向做出较大调整。2019 年，中办、国办印发《关于做好地方政府专项债券发行及项目配套融资工作的通知》，要求精准聚焦重点领域和重大项目。2019 年 9 月，李克强总理主持召开国务院常务会议，一方面严格禁止提前下达的 2020 年新增专项债额度投向土储和商业地产领域，另一方面细化专项债的重点使用方向。2020 年 4 月，国务院联防联控机制举行新闻发布会，介绍2020年专项债券在规模、发行和使用进度、资金原则、资金投向、资本金比例上的五大变化，特别需要结合疫情防控和投资需求变化，适当优化专项债资金投向（见表5－2）。

表5－2　专项债投资范围相关政策

时间	政策	专项债投资范围相关内容
2018年3月	《关于做好2018年地方政府债务管理工作的通知》	合理扩大专项债券使用范围，相应创新和丰富债券品种，按照中央经济工作会议确定的重点工作，优先在重大区域发展以及乡村振兴、生态环保、保障性住房、公立医院、公立高校、交通、水利、市政基础设施等领域选择符合条件的项目，积极探索试点发行项目收益专项债券。
2019年6月	《关于做好地方政府专项债券发行及项目配套融资工作的通知》	重点支持京津冀协同发展、长江经济带发展、"一带一路"建设、粤港澳大湾区建设、长三角区域一体化发展、推进海南全面深化改革开放等重大战略和乡村振兴战略，以及推进棚户区改造等保障性安居工程、易地扶贫搬迁后续扶持、自然灾害防治体系建设、铁路、收费公路、机场、水利工程、生态环保、医疗健康、水电气热等公用事业、城镇基础设施、农业农村基础设施等领域及其他符合条件的重大项目建设。
2019年9月	国务院常务会议	（1）重点用于铁路、轨道交通、城市停车场等交通基础设施，城乡电网、天然气管网和储气设施等能源项目，农林水利，城镇污水垃圾处理等生态环保项目，职业教育和托幼、医疗、养老等民生服务，冷链物流设施，水电气热等市政和产业园区基础设施，合称为七大领域。 （2）不得用于土地储备和房地产相关领域、置换债务以及可完全商业化运作的产业项目。
2020年4月	财政部新闻发布会	继续重点用于七大领域，同时结合疫情防控和投资需求变化等适当优化投向，将国家重大战略项目单独列出、重点支持；增加城镇老旧小区改造领域，允许地方投向应急医疗救治、公共卫生、职业教育、城市供热供气等市政设施项目。

资料来源：国务院及财政部网站。

在2019年9月的禁令之前，土地储备和房地产相关领域是各地专项债的重点投向领域。在法定范围之内，地方政府对其取得土地使用权的土地，进行储存或前期开发整理，然后向社会提供各类建设用地，这种行为被称为土地储备。土地储备为地方获取土地财政收入奠定了基础。近些年地方专项债资金投向土地储备，然而土地储备并不会新增固定资产投资，对稳投资直接贡献不大。从当前稳投资角度来看，提前下达的2020年专项债资金不得投向这一领域，体现了中央政府对房地产市场和当前经济形势判断下的应急之举，意在引导专项债投向基建领域，促使基建投资增速回升，从而发挥对经济的有效拉动作用。

专项债资金用途的设定，有助于更好地发挥政府债务作为积极财政政策的工具对社会投资的拉动作用，而特殊时期下为完成特殊任务而调整用途，能实现债券发行后有效地调剂专项债资源。截至 2020 年 7 月，在专项债投向类别中，市政和产业园区基础设施建设等基建类项目占比最大，达到43%，其次是轨道交通、收费公路等交通基础设施建设。受疫情这一黑天鹅事件的影响，适当增加应急医疗救治、公共卫生等疫情防控相关的投入，以及满足具有扩内需、稳就业功能的职业教育、新基建等领域的投入。目前教育、医疗、社会事业等民生服务领域的资金投向占比提升至15%，体现了专项债支持经济社会发展和疫情防控要求。随着专项债结构在政策指导下不断调整、优化，未来新增专项债用于土储的比例有下降的趋势，短期增加抗疫相关的支出，长期对民生、基建类项目的重视逐渐增强，引导专项债资金尽快形成实效。对专项债券投资结构的优化，是新时期地方政府投资结构优化的重要途径。对专项债券投资投向和结构的有效控制和合理规划，有利于在新时期通过增量方式实现对地方政府投资方向和结构的优化配置（见图 5 – 15）。

5.2.6 政府投资的边界不够清晰

我国是处于社会主义初级阶段的发展中国家，在向市场经济体制转轨的过程中，有许多基础设施、新兴产业项目需要政府投资进行一定程度的参与、介入，政府承担着一定的经济发展职能。2019 年施行的《政府投资条例》对政府投资的范围、主要原则和要求、决策程序等做出规定。其中，总则的第三条明确要求，资金投向覆盖公共基础设施以及民生、国家安全等领域，以非经营性为目标，理应投向市场不能有效配置资源的项目。未来，政府投资的方向将是公共领域的公益性或准公益性项目，采取

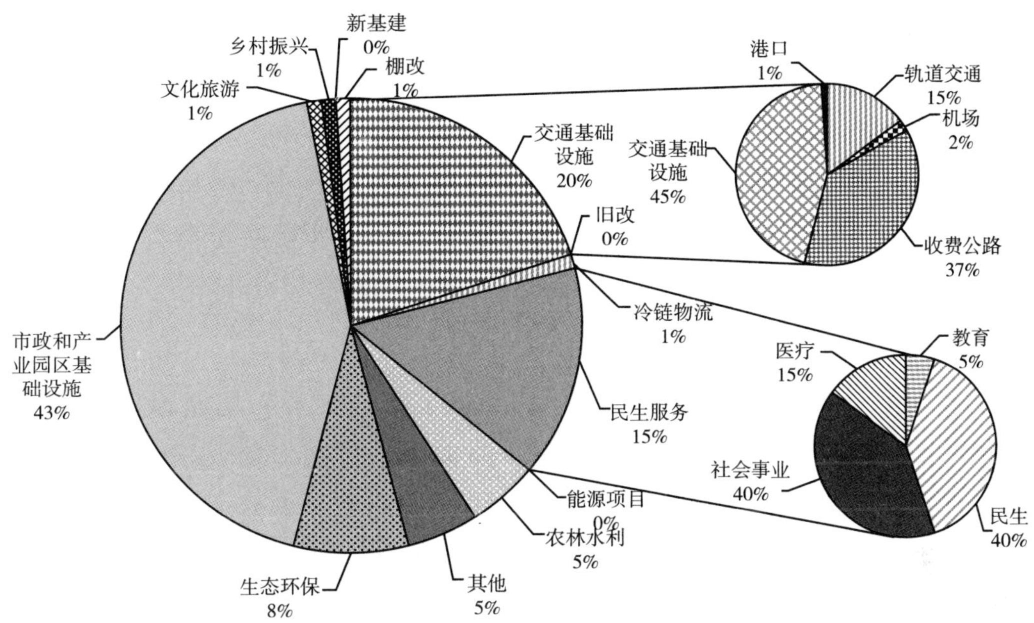

图 5－15　截至 2020 年 7 月地方政府新增专项债资金投向

资料来源：剖析专项地方债发行和资金用途 . https：//mp. weixin. qq. com/s/oREB9 vETB1YYwVxDtKIwrA.

“以市场主体投资为主，政府投资为辅”的方式，侧面表明了政府投资方向主要是市场经济失灵的领域。要把有经济收益的项目让利给社会资本，更大程度地激发社会资本的活力，从而带动经济稳步增长。

《政府投资条例》与 2016 年发布的投融资体制改革的顶层设计文件——《中共中央 国务院关于深化投融资体制改革的意见》（以下简称《意见》）相比，取消了政府投资“原则上不支持经营性项目”的表述，允许确需支持的经营性项目采取多种筹集资金的方式，以资本金注入为主，辅以投资补助、贷款贴息。然而，无论是《意见》还是《政府投资条例》，对“经营性项目”、“非经营性项目”的界定，仍存在进一步阐释的空间。例如，学校和医院等具有公益性质的项目，它们的各个组成部分，或者整个建设和运营阶段，是否均划分为“非经营性项目”。

政府投资范围的确定，实际上是政府与市场的关系定位，明确政府在市场经济中扮演怎样的角色，怎样进行相互补充和有机结合。回答好这一问题的难度在于，政府投资如何把握好在不同属性项目的介入程度。一是带有显著外部效应的项目，例如全国性网络或跨地区网络、大江大河的治理项目等基础设施，这类项目的产品或服务在经济社会发展当中具有重要地位，是直接决定社会福利的基本要素。以新基建中的5G通信网络建设为例，中国工业和信息化部表示，鼓励和支持地方政府积极出台有关支持政策，为5G网络建设和发展提供便利条件。贵州省政府提出，坚持“政府推动、企业主体、部门协同、市场参与”。甘肃省要求，各市州政府应进一步深化“放管服”改革，简化审批流程，加快5G规模组网建设进度。对于这类关系到国家经济的项目，政府投资应该发挥主导作用，加强体系化布局，做好顶层设计和政策支持。二是前期开发型项目，以西部大开发和新农村建设为例，政策的落脚点在于解决突出的地区差异和城乡差异问题。然而，在项目启动初期，这些欠发达地区的消费者数量达不到规模经济的要求，或者消费者的承担能力不高，投资回报周期长，投资回报率低，私人资本大多不愿意进入。因此，初期的政府投资发挥项目启动的关键作用，通过直接投资的方式，修建乡村公路、水渠等无收费来源的基础设施，再与私人资本合作开展有收费的项目，逐步提高落后地区的招商引资能力。三是体现社会公平的项目，项目的产品和服务具有社会福利的属性，“免费”提供给公众使用，包括城市桥梁、城市公园、链接两座城镇的唯一道路等。此类项目难以使用经济效益来衡量，具备强外部性，应由政府直接投资。

实际上，上述三种类型的投资项目，政府参与和介入的程度并没有统一的标准和范式，也不存在需要保持全国范围一致的特征。这是因为这些政府投资项目，多数属于准公共品属性，兼具私人属性和公共属性。理论上，混合公共品的提供方式，在现实中比较复杂，政府往往需要根据不同的项目类型、项目所处行业、经济社会发展的现实情况等方面，进行相应的投资安排和规划。对于政府应当在其中发挥的作用，也因具体项目和具体情形不同而存在差异。有些项目可能需要政府进行直接投资，而同样的项目在其他地区可能仅需要进行间接投资或者采取其他形式即可。总体而言，在政府投资的范围、边界、原则、形式、资金来源等方面进行明确的同时，应当通过政策安排或者制度完善，使得政府投资项目尽量在具体实施和建设过程中，做到投资范围和边界的合理界定，做到经济效应和社会效应的有机统一。

5.3 优化新时代政府投资结构的政策建议

目前，我国经济社会已进入高质量发展阶段，需要对政府投资结构进行优化调整。

5.3.1 转变政府职能，规范政府投资行为

党的十九大报告指出，“我国经济已由高速增长阶段转向高质量发展阶段，正处在转变发展方式、优化经济结构、转换增长动力的攻关期”。坚持新发展理念，紧扣我国社会主要矛盾变化，按照高质量发展的要求，统筹推进“五位一体”总体布局和协调推进“四个全面”战略布局，坚持以供给侧结构性改革为主线，“更好发挥政府作用，推动新型工业化、信息化、城镇化、农业现代化同步发展”。“转变政府职能，深化简政放权，创新监管方式，增强政府公信力和执行力，建设人民满意的服务型政府”；“深化投融资体制改革，发挥投资对优化供给结构的关键性作用”。

政府投资承担着协调各种利益关系，维系改革、发展、稳定的经济社会环境的任务。当前阶段，转变政府职能，优化政府投资作用，需要处理好如下问题：政府和市场、企业的边界是什么？政府公共投资与国民经济之间的关系如何？

首先，如何实现政府职能从经济干预型到经济服务型的转变？随着世

界金融危机的爆发、蔓延及延伸影响，地方政府倚重于地方政府投融资平台和国有企业等经济主体，进行了大量的投资活动，由此弥补了政府投资性支出的不足，突破了非国有企业的局限，有效地拉动了经济增长，但也带来了宏观调控的难题，政府和市场、企业的边界不断模糊，增加了各级财政负担，并蕴含着相应的财政风险。因此应转变政府职能，使政府和市场、企业的边界清晰化，规范政府的投资行为。具体而言，可通过编制一定时期政府投资目录等方式，明确划分政府投资范围，恰当处理政府与市场的关系，提高社会整体投资效益。

其次，如何实现政府职能从投资主导型到公共服务型的转变？我国经济自 2008 年以来深受世界金融危机的影响，2008 年和 2009 年不变价 GDP 增长率从 2007 年的 14.2% 分别下降为 9.6% 和 9.2%，国家及时启动新一轮积极财政政策和适度宽松的货币政策，并实施了以 4 万亿投资为主要内容的经济刺激计划。在此政策拉动下，2010 年我国 GDP 增长率回升至 10.4%，但国民经济中的投资率和消费率的比例被进一步扭曲，投资率从 2007 年的 41.7% 大幅提高到 2010 年的 48.6%。虽然我国的政府公共投资在反危机中发挥了重要作用，但固化了经济增长对投资的依赖，加剧了转变经济发展方式的艰难程度。究其原因，主要在于中国式分权模式、以 GDP 为主政绩考核体系下的政府竞争（张军等，2007；傅勇、张晏，2007）以及消费需求无法有效驱动（吕炜，2010）。改革政府投资倾向，需要多角度、系统化的改革，关键在于转变政府投资职能，规范投资行为。具体而言，政府投资重点转向为经济社会发展提供良好公共环境方面，如完善的基础设施、优质的教育公共卫生服务等，把市场经营投资的主体交给企业，并引导消费健康发展，切实提高城乡居民福利水平。

5.3.2 优化政府投资结构，助力经济高质量发展

优化政府投资结构，需要解决当前的重复投资、低效投资、过度投资以及投资区域差距等方面的问题。政府投资结构的优化，需要在经济高质

量发展的宏观背景下进行。在现代化经济体系下，要促进重大经济结构协调和生产力布局优化，减小经济周期性波动影响，防范区域性、系统性风险，稳定市场预期，实现经济持续健康发展，政府投资必须健全涵盖关键领域、重点突出、相互衔接、导向明确的宏观调控目标体系。另外，投资是经济新常态下供给侧和需求侧两端发力的重要引擎，要进一步发挥政府投资促进供给侧结构性改革的重要作用。不断调整优化政府投资结构和管理方式，增加科技、高新技术产业以及欠发达地区的投资，完善政府和社会资本合作模式，充分发挥政府投资的引导作用和放大效应，从而推进产业结构的优化升级和经济发展方式的转变，不断增强经济的内生增长动力，促进经济全面均衡发展。

5.3.3 完善地方官员的绩效考核体系，治理无效政府投资行为

通过晋升体系，引导并改善政府官员的行为倾向。进一步完善晋升考核体系，修正唯 GDP 的考核机制，突出并提高财政可持续性等考核指标在整体考核机制中的地位和比重，使地方官员不仅注重经济建设，还通过考核体系引导地方政府规范投资行为，就投融资领域形成的风险问责地方官员，助力防范化解重大风险。突出财政可持续性和民生投入绩效的政绩考核，硬化考核约束，强化问责机制，引导地方官员树立正确的经济社会发展理念，防范地方官员因个体特征因素形成的不合理投资行为，避免地方官员将个人的晋升需求变现为地方政府投资需求，有效控制投资行为。引入政府投资项目的事前科学论证和事后绩效审计，将地方投资项目的“借、用、还”过程及其项目绩效纳入官员责任审计和政绩考评体系中，强化政绩约束效力，延长政绩约束链条。

5.3.4 合理划分各级政府投资事权范围，理顺地方政府投融资体制机制

有效的财政分权必须明确各级财政的职责，并有相应的预算支持。各

级政府间事权的划分合理与否，直接关系到各级财政的支出职责范围和公共品提供效率等方面。随着市场经济范围的扩大，许多事物越来越宏观化，如道路交通的统一规划、环境生态的保护、教育投资的基础化，甚至疫情的防御和救治。这些原本具有较强区域性特点的公共服务不再是地区事务，随着经济一体化、人口和资本流动带来效益外溢、地方利益观念增强，这些事务越来越多地要求中央政府和上级政府的参与和协调。对于跨区域性公路和铁路、防洪设施、水利、社会保障和就业、国土资源保护等方面的投资事项，明确各级政府的投资边界和职责范围，明细财政支出的责任分担机制，减少各级财政之间容易扯皮、推脱责任的问题，构建不同层级政府的投资职责架构，由上级政府统一规划、统一调控、统筹协调。

我国正处于完成工业化历史任务、推进新型城镇化的发展进程中，工业化和城镇化所需要的基础设施建设，成为经济社会发展过程中的政府投资重点，因此政府公共投资的事权划分、资金来源、融资机制，都将直接影响投资体制的完善。有必要理清各级财政的投资性支出范围和纵向投资责任，改革投资性支出的融资体制和机制，不断完善财政投融资体制对基础设施等投资性支出的财力支持。

5.3.5 优化政府投资结构，增加社会性投资

针对我国政府投资的上述问题，政府需要进一步调整投资倾向，适度降低经济性投资支出，增加对“人”的投资，如医疗、教育等方面的投入，而不应单纯依靠公共基础设施建设谋求短期政绩，要加强对民生等方面的投入。未来，政府投资应以扩大公共消费为前提，围绕人的流动与就业、人的能力与创新、人的教育与健康来实施有效投资，从而真正地增加社会内需和促进长远发展，满足新时代人民对美好生活追求的多方面需要。

6

新时代政府投资方式研究

6.1 政府投资方式概述

6.1.1 政府投资方式的含义和内容

6.1.1.1 政府投资方式的含义

政府投资方式是与公共投资领域的工具与手段相联系的，是各级政府运用投资资金实现投资目标的各种工具与手段的组合。现阶段不仅体现在形成固定资产投资和资源再分配过程中，还体现在提供公共服务过程中，是各级政府在投资过程中，投资项目的资金筹集、投资项目的选择、资金的投放、项目的管理等方面的运行方式的总称。

政府投资是弥补市场不足、实现政府职能、追求社会效益的重要手段。政府投资不同于通常意义上的投资，政府投资的目的不局限于资金的保值增值，更重要的是政府职能的实现，例如弥补外部性、引导产业发展、提供公共服务等。2019 年 4 月，国务院发布了《政府投资条例》，将政府投资界定为“在中国境内使用预算安排的资金进行固定资产投资建设活动，包括新建、扩建、改建、技术改造等”。据此可以明确政府投资方式的定义，即政府通过预算资金进行固定资产投资建设活动的资金使用方式。《政府投资条例》指出，“政府投资资金应当投向市场不能有效配置资源的社会公益服务、公共基础设施、农业农村、生态环境保护、重大科技进步、社会管理、国家公共安全等公共领域的项目，以非营利性项目为主”。

政府投资的含义有广义和狭义之分，政府投资方式有狭义和广义之分。狭义的政府投资方式是指在特定的固定资产投资建设活动中，政府预算资金直接用于固定资产投资项目的资金使用方式或安排方式，包括直接投资、资本金注入、投资补助和贷款贴息等内容。广义政府投资方式除了狭义的内容外，还包括基于预算资金支持的固定资产投资活动，如政府出资产业基金、以奖代补、先建后补和基于绩效的政府付费类固定资产投资活动等。

政府多种投资方式往往是通过多种投资工具加以实现的。在公共投资领域内，传统的政府投资工具有四大方面内容，即财政投资、财政补助、政策性金融和税收优惠①，包括使用财政性资金进行投资、购买、转移支付等活动。只要是预算资金和固定资产投资活动相结合，相应的预算资金使用方式或安排方式即为投资方式。“政府投资方式一般是指政府及其相关部门，通过预算资金直接进行固定资产项目建设或引导社会资本投资，以实现特定投资目的的资金使用方式或安排方式。”（祁玉清，2020）依据政府各种投资工具的不同特性，可以组合成多种投资方式。不同的投资方式功能也各不相同。有关政府投资方式，学界内相关研究讨论存在已久，从投资方式自身的发展历史，到理论研究，再到政府投资各方面作用，有关政府投资方式的研究已形成一定体系，但是对于我国新时代背景下的政府投资方式，近年来学界内的研究较少。

6.1.1.2 政府投资方式的内容

我国《政府投资条例》规定：政府投资资金按项目安排，以直接投资方式为主，对确需支持的经营性项目，主要采取资本金注入方式，也可以适当采取投资补助、贷款贴息等方式。这里将政府投资方式划分为直接投资、资本金注入、投资补助、贷款贴息等四种。

（1）直接投资。政府直接投资是指政府直接通过财政拨款进行的固定资产建设。在一些公益性领域，如科教文卫、义务教育、国防和卫生防

① 国家发展和改革委员会投资司.2005中国投资报告［M］.北京：中国计划出版社，2005.

疫等领域，社会效益明显而经济效益较低，具有很强的正外部性，市场失灵而政府有效，在这些领域政府直接投资的方式必不可少。财政拨款投资是政府实现公益性投资目标的首选手段，用于社会效应显著、外部性强、无收费机制、无资金流入的项目。采用直接投资方式形成的资产属于国有资产，按照国有资产管理规定实施管理。但是由政府直接投资公共产品，并不意味着政府要直接生产公共产品。政府可以通过招标代建、合同承包等方式提供公共产品，提高财政资金的使用效率。

（2）资本金注入。资本金注入属于股权投入的范畴，政府通过注入资本金实现控股或参股。资本金注入兼有社会效益和经济效益。资本金注入的形式主要包括投资资本、土地入股、资产入股等，主要用于准公共物品领域，具有明显外部性、自然垄断性、排他性。该方式的目的主要有取得关键领域的控股权、改善企业的财务结构、吸引民间资本加入等。

（3）财政补助。财政补助是指通过资金补助等方式，针对基础设施投资收益低于成本的情况，弥补企业投资的能力不足和收益缺口，降低企业投资的风险。对于需要政府扶持的项目，可以采用投资补助方式给予一定限额或比例的资金支持。一般来说，补助类投资主要用于正外部性明显或市场前景不太明确、风险较大而急需的行业，也包括制约经济社会发展的领域，或因改革不到位市场机制暂时难以有效发挥作用的领域。从我国情况来看，政府使用投资补贴或补助的方式有着特定范围、特定对象与特定要求。政府产业补助更多用于准公共物品领域，运作目标主要是弥补基础设施投资收益低于成本的不足，弥补中小企业抵御投资风险的能力不足，弥补落后地区较差的投资环境等。财政补助是对外部性投资效益内部消化的一种补偿，弥补市场失灵或低效的损失。补助性投资应坚持扶弱、扶新、扶优、扶小的原则。

（4）贷款贴息。贴息贷款是政策性金融的一种方式，即银行发放的由国家补贴利息的贷款。政府通过承担建设项目的部分或者全部的贷款利息，减轻贷款单位的利息负担，能体现国家的政策倾斜。属于间接投资、无偿投入，是政府支持社会投资的方式之一，通过提供一系列政策性金融服务的“套餐”助力，使得社会投资的风险更小、成本更低、积极性更高。贴息贷款主要用于外部性不明显、有一定经济效益的经营性项目，其投资主体为企业。由于受到技术、规模、资金等因素的影响，完全依靠企业的独立投资，难以发挥更大的社会效益，因此，政府部门可以通过贴息等金融工具放大企业投资效益。运作目标在于放大竞争性领域的投资效益，间接实现国家产业政策目标，使用原则包括量力原则和公平原则。

6.1.1.3 其他政府投资方式

《政府投资条例》明确的政府投资方式为直接投资、资本金注入、投资补助和贷款贴息四种，但是从政府投资的定义看，只要是由政府安排预算资金，并且最终形成了固定资产的资金安排方式，都应是政府投资方式的范畴。政府投资基金、PPP 模式等涉及的固定资产投资活动，不应被完全排斥在政府投资的范围之外，相应的资金安排方式在一定程度上也应属于政府投资的方式。

（1）政府出资产业投资基金。《政府出资产业投资基金管理暂行办法》（发改财金规〔2016〕2800 号）规定：“政府出资产业投资基金，是指有政府出资，主要投资于非公开交易企业股权的股权投资基金和创业投资基金。”政府出资产业投资基金由政府出资的引导资金和子基金构成，能够发挥政府资金的引导作用和放大效应，支持高新技术产业、新兴战略产业以及基础设施建设发展，充分发挥财政资金的杠杆作用。

与直接投资不同，政府直接投资方式下资金使用与项目建设同步进行；而政府出资产业投资基金的资金使用先于项目建设，需要政府先行出资设立基金。投资基金模式与资本金注入也有差别。资本金注入是指将资本直接注入企业取得股权；而投资基金模式是由企业和社会资本共同合作设立基金，再将基金投向具体项目。

（2）PPP 模式。PPP 模式是公共部门与私营部门的一种合作方式，合作的目的是提供包括基础设施在内的公共物品或服务，强调利益共享、风险共担，在合作过程中，私营部门与公共部门实现共赢。例如，政府可以通过 BOT、BOOT、BOO、扩建后经营整体工程并转移、服务协议、运营和维护协议等形式，向社会资本转让全部或部分经营权，形成多样的公私合作模式，以化解政府投资运营的风险和负担。在不同的 PPP 模式下，政府和社会资本的资金具体运作方式各异，但是共同点是财政资金最终都参与了固定资产的形成，因此根据定义，PPP 模式也可以看作一种政府投资方式。

6.1.2 政府投资方式的分类与比较

6.1.2.1 投资方式的分类

政府投资方式根据不同的依据，可以进行不同的类别划分。一种方式可以属于多种类别。政府投资方式，以范畴最为宽泛且当前被广泛使用的分类方法来看，可以分成直接投资和间接投资（非直接投资）两种。而在此大分类下，政府投资方式还有许多其他分类方法，以适应不同的应用要求，如有偿性投资和无偿性投资、刚性投资和弹性投资、一般利益支出和特殊利益支出等。从较大范畴的分类来看，政府投资方式可依据资金是否直接用于注入项目分为直接投资和间接投资。直接投资是将投资资金直接投入到项目的建设或服务的提供当中；间接投资则是指将投资资金用于事前的投资基金的建立，或者事后的奖补优惠等方面，以政府投资来引导或助力政府投资项目的开展，而非直接用于项目建设。

从其他更细致的范畴分类来看，政府投资方式还可依照收入性质、投入控制力，以及投入受益范围等标准进行划分。按照收入性质划分，政府投资方式可以分为有偿性投资和无偿性投资。有偿性投资是将资金投入到一些国民经济建设项目中，这些项目往往具有一定的收益回报；无偿性投资则通常是投入到公益性质的项目中。按照投入控制力划分，政府投资方式可以分为刚性投资和弹性投资。刚性投资是指必须按照支付期限等要求进行投资，是不可变化的一系列投资，也称不可控制投资；弹性投资则可以根据需要的变化而做出适当增减，也称可控制投资。按照投入收益范围划分，政府投资方式可以分为一般利益支出和特殊利益支出。一般利益支出的投资对象面向全体社会成员；特殊利益支出的投资对象则是特定的个人或企业。

6.1.2.2 非直接投资方式

如前文所述，非直接政府投资方式包括资本金注入、财政补贴、贷款贴息、政府出资产业基金、以奖代补、先建后补和基于绩效的政府付费类固定资产投资活动（PPP 模式）等。

（1）奖励与补助类。

第一，财政补助。财政补助是指通过资金补助等方式，对于投资收益低于成本的情况，弥补社会资本的收益缺口，降低企业投资的风险。补助类投资主要用于正外部性明显或市场前景不太明确、风险较大而国家急需的行业，也包括制约经济社会发展的领域，或因改革不到位市场机制暂时难以有效发挥作用的领域。补助性投资应坚持扶弱、扶新、扶优、扶小的原则①。

第二，以奖代补。以奖代补是指以事后的奖励代替事前的补助，与财政补助类似，两者都能对需要资金扶持的行业与领域进行资金支持。但是财政补助的资金拨付与项目建设同步进行，而以奖代补则需要通过待项目完成后考核项目的绩效来决定是否奖励以及奖励多少。

第三，先建后补。先建后补，又称“后补助”，是指由项目实施单位自行筹集建设所需全部资金并组织实施，验收合格后，财政部门将财政补助资金一次性报账支付给项目实施单位。先建后补与财政补助同属补助的范畴，但是资金拨付的时间不同；此外，先建后补对于项目实施单位的资金筹集要求更高。

---

① 王元京．政府投资方式适用性研究［J］．经济研究参考，2006（4）：27－40，48.

（2）与社会资本合作类。

第一，资本金注入。资本金注入属于股权投入的范畴，政府通过注入资本金实现控股或参股。该方式的目的主要有取得关键领域的控股权、改善企业的财务结构、吸引民间资本加入等。

投资基金模式与资本金注入存在差别。资本金注入是指将资本直接注入企业取得股权；而投资基金方式是由政府和社会资本共同合作设立基金，再将基金投入项目。共同点在于都有与社会资本合作的因素，都能够通过吸引社会资本加入弥补单一政府资本或单一社会资本投资的不足。

第二，基于绩效的政府付费类固定资产投资活动。PPP 模式是公共部门与私营部门的一种合作方式，合作的目的是提供包括基础设施在内的公共产品或服务，强调利益共享、风险共担，在合作过程中，私营部门与公共部门实现共赢。在不同的 PPP 模式下，政府和社会资本的资金的具体运作方式各异，但是共同点是财政资金最终都参与了固定资产的形成，因此根据定义，PPP 模式也可以看作一种政府投资方式。PPP 项目可分为完全政府付费项目、完全使用者付费项目和可行性缺口补助项目三种，不同类型的项目适用于不同的管理模式。完全政府付费类项目可以参照政府直接投资管理；完全使用者付费项目可以按照一般企业项目进行管理；可行性缺口补助项目可以根据政府是否享有股权来区分，享有股权的按照资本金注入管理，不享有股权的按照投资补助进行管理①。

（3）非直接投资应用的领域。根据一定的标准，可以将政府投资的领域划分为纯公共产品领域、准公共产品领域和竞争性产品领域。在纯公共产品领域的政府投资方式主要为直接投资方式；而在准公共产品领域和竞争性产品领域，非直接投资方式适用性更强②。

第一，准公共产品领域。准公共产品是介于纯公共产品和私人产品之间的一类产品或服务，具有不完全的非竞争性和非排他性。准公共产品又

---

① 祁玉清．分级分类规范和拓展政府投资方式［J］．宏观经济管理，2020（2）：21－28.

② 李国义，曲洪建，王凯宏．论政府投资方式的选择［J］．学术交流，2006（6）：77－79.

可根据竞争性和排他性的不同分为俱乐部型准公共产品和拥挤型准公共产品。俱乐部型准公共产品具有完全的排他性，但具有非竞争性，例如有线电视等；拥挤型准公共产品具有较强的竞争性，当消费者的数量达到一定水平后将产生拥挤，但具有非排他性，例如城市绿地等①。

由于准公共产品或多或少具有公共产品的某些性质，所以不能完全由私人部门提供，部分的非竞争性和非排他性将导致纯粹的市场提供缺乏效率，因此政府投资介入准公共产品领域成为一种必要措施。例如医疗服务和教育虽在一定程度上具有排他性和竞争性，但同时具有受益上的外部性，因而需要政府在一定程度上介入该类产品的提供。

准公共产品也具有私人产品的部分特征，许多准公共产品能够以较低成本实现排他，设置收费机制。例如收费的高速公路能够将不付费者排除在外，能够通过收费实现对项目支出成本的部分覆盖，不需要由政府承担全部的支出。因此准公共产品的投资模式不适用于政府直接投资，间接投资方式是一种在准公共产品领域更有效率的投资方式。

第二，竞争性产品领域。竞争性产品的特点是具有竞争性和排他性。竞争性的存在使得私人投资该领域是有效率的；排他性的存在意味着能够通过设置收费机制实现盈利，从而对民间投资具有吸引力，例如各类工业项目等。竞争性的领域应该以社会投资为主，各级政府可以通过少量投资在竞争性领域的资源配置中起间接调控或促进经济发展的作用②。

在一些关系国计民生的关键领域，尽管竞争性产品可以由私人建设投资，但是为了维持社会的稳定和政府在这些领域的控制力，政府有必要通过参股或控股的方式掌握一定的股权。例如对于银行，中央政府应该拥有至少一家控股银行，地方政府也应该拥有一家控股银行；再如煤气生产和供应、煤矿、金矿、粮库、制药等，地方政府均应拥有控股企业。对于能够较大程度促进就业，或是能够增加本级财政收入的行业领域，政府则可

① 程浩，管磊．对公共产品理论的认识［J］．河北经贸大学学报，2002（6）：10－17.

② 李国义，曲洪建，王凯宏．论政府投资方式的选择［J］．学术交流，2006（6）：77－79.

以通过参股推进这些领域的发展。

此外，新兴行业和创新型产业领域具有高风险、投资回报不确定的特点，尤其是早期阶段的创新创业项目普遍存在资金匮乏、融资困难等市场失灵问题。政府可以利用非直接投资方式引导社会资本进入该领域，增加社会资本的投资信心，通过政府投资弥补社会资本投资的部分风险，推进创新创业领域的资金保障。例如通过产业投资基金引导社会资本进入特定领域，通过政策性金融给予其融资优惠等。

6.1.2.3 政策性金融

政策性金融政府投资方式主要指贴息贷款，即银行发放的由国家补贴利息的贷款。政策性金融具有公共性、金融性、国家信用性及特定选择性的特征，公共性是其最本质的特征①。政府通过承担建设项目的部分或者全部贷款利息，减轻贷款单位的利息负担，能体现国家的政策倾斜。贴息贷款主要应用于外部性不明显、有一定经济效益的经营性项目，其投资主体为企业。由于受到技术、规模、资金等因素的影响，完全依靠企业的独立投资，难以发挥更大的社会效益，因此，政府部门可以通过贴息等金融工具放大企业投资效益。

6.1.3 政府投资项目领域与投资方式的选择

许多学者对政府投资项目按领域划分，再针对不同领域提出政府投资方式选择的建议。如祁玉清（2020）将不同项目划分为社会事业与公共管理、公共基础设施、农业农村发展、生态环境保护和修复、区域协调发展、创新创业发展与供给侧结构性改革、国家安全、国际合作八个领域。社会事业与公共管理具体包括教育、卫生、文化、体育、养老、社会保

---

① 白钦先，张坤．论政策性金融的本质特征——公共性［J］．中央财经大学学报，2015(9)：23－30，54.

障、保障性住房、行政能力建设，公共基础设施包括城镇基础设施和重大基础设施，农业农村发展包括农业生产、农村基础设施、农村生态环境治理，生态环境保护和修复包括生态治理和生态修复。在不同领域中，又根据项目建成后是否收费提出政府投资方式的建议。与这种划分方式不同，秦丽涵等学者（2020）从项目运营属性的角度，将政府投资类项目划分为公益性项目和经营性项目。公益性项目一般包括市政道路、医院、学校、保障性住房等。经营性项目常见于地铁、收费公路及桥隧、污水处理厂、自来水厂、垃圾处理站等项目。公益性项目的特点是非营利性，社会资本投入的积极性不高，因此学者建议采取直接投资、银行贷款、专项债等方式。经营性项目有一定的营利性，学者建议可以引入社会资本，采取PPP模式。除此之外，学者们对于政府投资项目有不同的划分标准，其中对医疗卫生、基础设施、教育等领域的讨论较多。在前述项目领域划分的基础上，不同领域的项目适合不同的投资方式。如秦丽涵等学者（2020）提出，公益性项目建成后没有盈利，选择银行贷款、政府专项债模式更合适。经营性项目建成后有收费权，适合采用政府和社会资本合作模式。

对不同的项目按所属领域分类，有利于进行比较全面的分析和具体领域中政府投资方式的选择，按照该领域的特点给出适合的投资方式的建议。前述政策在提及政府投资时也是按照公共基础设施、生态环境保护治理、农村基础设施建设等具体领域阐述的，因此，按照领域划分讨论政府投资方式与这些政策文件的思想保持一致。

6.1.3.1 基础设施建设领域

基础设施领域的政府投资方式选择讨论较多。景宏福、王利彬（2020）提出一些可行的政府投资方式。

第一种是通过纳入预算实施。祁玉清对于不同资金渠道的政府投资方式选择，主要从一般公共预算、政府性基金预算、国有资本经营预算三方面进行了分析。这是传统的投资方式，但由于预算不足以覆盖投资资金需求，业主单位通常需要进行融资，这可能与当前财政政策中对融资平台的管控存在不一致的问题①。

第二种是通过举借政府债券进行投资。政府债券分为两类：一般债和专项债。对于没有收益的公益性事业，政府会发行一般债，以一般公共预算收入偿还。对于有一定收益的公益性事业且确实需要政府举借专项债务的，由地方政府发行专项债券，地方政府专项债可分为普通专项债和项目收益专项债两种。相比来说，前者支持的行业更为广泛，涵盖范围更加丰富，而后者的募集资金则主要用于土地储备、收费公路、棚户区改造、轨道交通等领域。随着专项债的发展，其资金逐渐投向更丰富的领域②。

第三种是通过引入社会资本投资。需要政府进行部分财政支持尤其是需要政府长期、远期进行财政支付的投资，通常选择政府与社会资本合作（PPP）的模式③。

6.1.3.2 医疗卫生领域

《国务院办公厅关于城市公立医院综合改革试点的指导意见》（国办发〔2015〕38 号）指出，“各级政府要落实符合区域卫生规划的公立医院基本建设和设备购置、重点学科发展、人才培养、符合国家规定的离退休人员费用和政策性亏损补贴等投入，对公立医院承担的公共卫生任务给予专项补助”。随着医改的深入，政府将对公立医院加大基础设施投资力度。除此之外，为了更好地满足人们不断增长的医疗卫生服务需求，国家和地方政府也在鼓励社会资本进入一些资源稀缺的领域，如康复、护理、产科、儿科、精神卫生等。杨蕾归纳了 PPP 模式在实践中的不同形式，如托管模式、股份制改造模式、优势资源互补合作模式、基本医保服务外包模式④。

---

① 祁玉清．分级分类规范和拓展政府投资方式［J］．宏观经济管理，2020，436：27－34.

② 夏诗园．地方政府专项债特征、优势及问题研究［J］．西南金融，2020，469：53－63.

③ 景宏福，王利彬．新形势下交通基础设施项目投融资框架梳理［J］．中国公路，2020，569：40－43.

④ 杨蕾．PPP 模式在医疗卫生行业中的应用［J］．中小企业管理与科技（中旬刊），2015：166－167.

在人口老龄化的背景下，国家开始推进医养结合试点单位的建立，一些学者对 PPP 模式在医养结合项目中的应用进行分析。杜静、匡彪将医养结合项目分为新建医疗机构类、机构签约服务类、机构增设类，根据项目的应用条件和发展现状，医养结合项目适合的运作模式有 BOT 模式、BOO 模式、TOT 模式、O&M 模式[①]。

6.1.3.3 教育领域

在教育领域，主要区分为义务教育、高中教育和高等教育。对于义务教育和高中教育，目前仍以直接投资为主。杨玲提出应当发挥市场在资源配置中的作用，积极引入市场机制配合政府，以此提高义务教育的质量水平[②]。对于公立高等学校，针对高等院校融资渠道相对单一的问题，王玮建议经济发展水平较高的地区鼓励吸收社会力量办学，经济欠发达地区仍以政策性资金为主，同时要逐步拓宽融资渠道[③]。对于非公立高等学校，阎菲认为非公立高等教育已成为高等教育的重要组成部分，但当前的政府投资政策没有使非公立高等学校享受到与公立高等学校相同的奖助学金、教师与科研经费、税收、金融信贷、土地政策等方面的支持和优惠。因此，阎菲建议中央政府制定具有直接性和普惠性的投资政策，地方政府制定具有竞争性和具体性的投资政策。选择更多样的政府投资方式，如直接投资方式有学生的奖学金、助学金和贷学金补助，教师福利保障和科研投资；间接投资方式有税收优惠、金融信贷优惠和鼓励捐赠政策[④]。

6.1.3.4 养老服务业

养老事业具有准公共产品的性质，因此不能完全交给市场；政府直接

---

① 杜静；匡彪 . PPP 模式在医养结合项目中的运用分析［J］. 工程管理学报，2018，163：50 – 55.

② 杨玲 . 义务教育质量提升中的财政投入研究［D］. 南京：南京师范大学，2015.

③ 王玮 . 中国政府高等教育人力资本投资效率评价研究［D］. 长春：东北师范大学，2016.

④ 阎菲 . 我国非公立高等学校政府投资政策研究［D］. 长春：吉林建筑大学，2015.

投资虽然是传统方式，但不能完全退出。胡祖铨提出养老服务体系建设资金应多渠道解决，可以发挥市场机制的作用，通过用地保障、信贷支持、补助贴息和政府采购等多种形式引导企业、慈善组织等社会力量参与，也可以使民政部本级福利彩票公益金及地方各级彩票公益金增加投入①。杨晓慧在比较国外养老服务业的相关政策后，建议在坚持直接投资部分项目的同时，政府还应该完善购买服务政策和补贴政策，完善税收优惠政策，拓展新的投入模式②。

6.1.3.5 保障性住房领域

低收入群体住房保障是保障民生的一个重要课题。黄俊峰总结了我国政府低收入群体住房保障的责任实践形式。政府对不同种类的住房有不同的投资方式，如对廉租房是采取租金补贴的方式，对公租房采取直接投资方式，对棚户区改造安置房则采取以政府为主导、以市场运作为基本原则的方式。黄俊峰建议目前的保障性住房在建设过程中仍以政府财政预算投入为主导，建立保障房专享的建设基金制度，对保障性住房的建设和运营采取税收上的优惠政策。除此之外，可以拓宽融资渠道，引导社会资本投入，采取地方债及政府债等融资措施③。潘文娟则将公租房的融资方式划分为直接融资方式和间接融资方式。直接融资方式包括中央专项补贴、地方财政支出、地方建设债券、住房公积金增值收益、土地出让金收益等；间接融资方式主要是指各金融机构贷款，包括国有商业银行、政策性银行和住房公积金贷款等。从目前公租房融资制度运行的实际情况来看，公租房融资仍然主要依靠各级政府财政、土地出让金净收益和住房公积金增值收益等三大融资渠道④。

---

① 胡祖铨．养老服务业领域政府投资规模研究［J］．宏观经济管理，2015，375，48－50．

② 杨晓慧．促进我国养老服务业发展的财税政策研究［D］．济南：山东财经大学，2016．

③ 黄俊峰．低收入群体住房保障中的政府责任研究［D］．长沙：湖南师范大学，2015．

④ 潘文娟．公租房投资效率评价研究［D］．西安：西安建筑科技大学，2016．

6.1.3.6 环境保护及治理领域

环境保护及治理方面，由于不同的环境类型所面临的问题不同，现有的文献中多是因地制宜分析某个较小区域的生态治理对策。郭露雪、韩俊华研究认为环境保护投融资以政府投资为主，还有国债、企业自筹资金、社会与个人投资、外商投资主体投资以及金融组织融资等多种融资渠道[①]。祁玉清提出建成后可收费的项目采取补助和 PPP 模式，对不可收费的项目采取直接投资和 PPP 模式[②]。

6.1.3.7 行政能力建设领域

国企作为国家中央政府投资或参与控制的企业，对于国家的利益以及社会的经济影响非常深远。而对于国企来说，行政管理主要是运用国家权力对社会事务进行管理的一种活动，对国企的发展有着重要的作用。但文献中关于行政管理的投资方式讨论较少。祁玉清提出在行政能力建设方面可采取直接投入和 PPP 的政府投资方式[③]。

6.2 我国政府投资方式的现状及问题

6.2.1 我国政府投资方式的发展变革

研究新时代背景下我国政府的投资方式，首先需要了解我国政府投资

① 郭露雪，韩俊华．环境保护投融资体制优化与创新研究——以安徽省为例［J］．中国乡镇企业会计，2017（2）：24－26．

② 祁玉清．分级分类规范和拓展政府投资方式［J］．宏观经济管理，2020，436：27－34．

③ 祁玉清．分级分类规范和拓展政府投资方式［J］．宏观经济管理，2020，436：27－34．

方式的发展历程，把握其整体变化趋势，结合不同的时代背景进行具体分析，从而更好地研究政府如何通过投资方式实现政府—市场关系的适应性变革。

改革开放以来，我国政府投资方式处于不断探索与变革中。1980 年全面实施“拨改贷”，打破了政府无偿拨款的计划经济财政投入模式；1981 年，我国政府开始通过发行国债筹集资金，开创了政府投融资的方式。这一时期，国家提出了财政贴息制度这一投资方式，1986—1994 年用于贴息的资金高达 70.8 亿元。1988 年国务院颁布的《关于投资管理体制的近期改革方案》明确，在生产性领域，投资需大量让位于市场主体；三年后，国务院要求地方政府不再直接投资基础设施建设，基础设施建设投资转为公司化运行模式，因此 1991 年城市建设投资公司开始出现，探索以财政资金引导社会资金投入的新途径。根据党的十四届三中全会关于深化市场经济体制改革的要求，政府投资做出了重大调整，规定政府只能从事公益性和基础性的项目投资，而竞争性项目交由市场进行投资，并鼓励政府与市场混合投资方式。三家政策性银行和国家开发投资公司于 1994 年成立。1997 年亚洲经济危机爆发，我国政府积极应对，启动了积极的财政政策，大规模增发长期建设国债以扩大投资规模；2003 年我国政府为防止经济过热，开始压缩政府投资规模、调整政府投资结构，转为稳健的财政政策；2004 年颁布的《国务院关于投资体制改革的决定》科学界定了政府投资范围与事权；应对 2008 年全球经济危机，我国推出了 4 万亿元扩大内需的投资计划；2012 年，地方政府持续加大投资力度，号称地方版“4 万亿计划”，加大了投融资风险，经济不确定性增加，外部风险不断加大，中国经济发展进入新常态；2013 年党的十八届三中全会通过《中共中央关于全面深化改革若干重大问题的决定》，PPP 模式作为有效弥补政府财力不足的新方式被大力推广；2014 年国家组建 PPP 工作领导小组、出台一系列政策文件并公布首批 30 个示范项目；2015 年，财政部印发《政府投资基金暂行管理办法》，明确政府投资基金这一方式的投资方向及领域。

总体上我国政府投资方式变革主要呈现出投资分权化的趋势：一方面，从投资主体来看，我国政府投资由计划经济时期的单一中央政府投资逐步演变为中央地方两级架构；另一方面，从投资模式上来看，我国政府从早期的单一政府直接投资到基本建设“拨转贷”、地方政府融资平台再到 PPP、政府投资基金的大力推行，体现了我国政府投资方式逐步转变为直接投资与间接引导控制并行，在竞争性领域不断向市场让渡，强调政府投资的引导作用，促进政府与市场不断融合。

6.2.2 新时代政府投资方式的背景特点

中国特色社会主义社会进入新时代，政府投资方式相应进行了适应性变革。新的时代，我们党也形成了新的理论概括，即新时代中国特色社会主义思想。习近平总书记在党的十九大报告中指出，经过长期努力，中国特色社会主义进入了新时代。对于新的时代提出了“主要矛盾转变”这一时代判断，阐明了经济领域的发展目标“建设现代化经济体系”。以供给侧结构性改革为主线，不断增强经济创新力和竞争力。转变发展方式、优化经济结构、转换增长动力，发展目标要更注重整体性及总体布局，从高速增长转为高质量发展，这就要求包括政府投资在内的一部分经济活动必须坚持质量第一、效益优先，因此政府于 2019 年 7 月 1 日正式施行了《政府投资条例》（以下简称《条例》），以规范政府投资行为、提升政府投资效率。

《条例》的出台意味着我国政府投资领域向规范化建设迈出了关键性一步，为政府乃至全社会的投资行为提供了具有一定权威性的规范参考。新中国成立以来首次为长期施行的政府投资提供了法规依据。《条例》明确提出了政府投资的决策、实施、监督等环节的工作及要求，内容涵盖了政府投资这一经济活动的全过程，着力解决现阶段政府投资存在的盲区问题。政府投资方式包括直接投资、银行贷款、政府和社会资本合作、政府债、政府投资基金等。

《政府投资条例》颁布之前，关于政府投资的规定常出现在其他法律中。如在《农业法》、《科学技术进步法》等法律中，提到加大在相关领域政府投资力度，并制定相关政策引导社会资本。在《预算法》中，规定地方政府只能通过政府债券方式举债。此外，党中央和国务院发表的论述和决议、行政法规也规定了政府投资方式①。

中共中央2016年发布《中共中央国务院关于深化投融资体制改革的意见》，提出鼓励直接融资，也要发挥政策性金融机构的作用，指出要在基础设施建设、环境保护等领域对项目提供资金支持，此外还需积极探索创新渠道及模式。在政府投资过程中，融投是不能分离的，融资方式往往也会对投资方式的选择产生影响。因此《意见》提出，政府投资一般不投资于经营性项目，而应主要投资于市场不能有效配置的领域，如基础设施、生态环境等。《意见》明确建立统一的项目库，按照项目安排政府投资，以直接投资为主，鼓励政府和社会资本合作。

地方政府也通过发行债券融资，地方政府债券包括一般债和专项债。专项债一般是为了特定项目或在特定情形下发行的债券。中共中央办公厅和国务院办公厅2019年印发《关于做好地方政府专项债券发行及项目配套融资工作的通知》（厅字〔2019〕33号），根据项目是否有收益以及收益归为何种财政收入，决定是否发行政府专项债券这种融资方式，重点支持国家重大战略以及基础设施建设、保障性安居工程等领域。

另一种融资方式是设立政府投资基金。《政府投资基金暂行管理办法》（财预〔2015〕210号）列示了政府投资基金不适用的七种业务。财政部据此颁布《关于财政资金注资政府投资基金支持产业发展的指导意见》（财建〔2015〕1062号），确定政府投资基金“主要应用于具有一定竞争性、存在市场失灵、外溢性明显的关键领域和薄弱环节”②。

2019年国务院颁布《政府投资条例》（国令第712号），对政府投资

① 杨云燕．我国政府投资立法研究［D］．合肥：安徽大学，2019.

② 《政府投资基金暂行管理办法》（财预〔2015〕210号）。

有了比较总括性的规定。其中对于政府投资方式的选择，规定政府投资以直接投资为主，主要投向基础设施、环境保护等市场不能有效配置领域中的非经营性项目。

6.2.3 当前政府投资方式存在的问题

6.2.3.1 政府投资方式行政干预的问题

（1）问题的体现。政府投资方式的选择有“政府选择，面向市场”的特点。政府投资方式的选择，是根据市场需要来确定的，不同的投资方式之间存在着效益、收益、成本之间的差距，选择使用何种方式的主体是政府相关部门。在这种情况下，政府自身既是“运动员”，又是“裁判员”。一些地方政府为了追求数量、追求规模等，可能会选择一些并非适当的投资方式。以可控制和不可控制投资即刚性投资和弹性投资为例，刚性指不可预期、不可更改、定额定向使用的政府投资，弹性则指较为灵活的政府投资。刚性投资具有无法改变的特点，而弹性投资可以根据具体情况对额度进行调整，政府部门可能选择刚性投资的方式，以规避一些检查或追求高于实际的政绩。行政手段会对政府投资方式的选择做出干预，进而影响公共产品供应的效率，无法产生应有的社会效益。从我国的实践来看，经济发展较为落后的地区，往往存在着较多的社会问题，而对于行政干预的诉求也比较强烈。上述不正当的干预，对于满足这类地区需求难以起到正效益，无法使这些地区摆脱落后的状况；同时，这类地区由于改革难度较大，更易出现故步自封、地方政府包揽的情况。

（2）问题存在的原因。这类问题存在的首要原因，在于政府部门在其中扮演的“双重角色”，即自己选择自己投资。法律覆盖存在盲区以及相关监督机制缺乏导致了这种弊端的出现。最终决定权的归属、法律法规的完善、监督机制的健全、优秀管理人才等问题亟待解决。

这一现象的另一诱因是合理评价机制的缺失。一些地方政府之所以会选择不适当的投资方式，是因为这些投资方式可能带来更好的政绩或其他不正当收益。一些政府之所以可以抓住这样的漏洞，是因为对政绩合理评价机制的缺失，往往追求政绩就意味着追求数量、追求规模，而忽视了质量与过程。这不仅会导致对地方政府的政绩评判失当，更会带来社会资源浪费、公共需求难以满足等问题。

此外，一些地区之所以只能选择行政化水平高的方式，是因为其可替代选择较少。此类地区的需求问题亟待解决，行政化是解决问题最为直接有效的手段。行政化的增强提升了对优秀管理人才的需要，而这些地区的实际情况往往比较复杂，管理难度较高，难以吸引国内一线管理人才。政府管理能力不足易出现此类舞弊现象。

6.2.3.2 某些领域的直接投资助长“依赖性”

（1）问题体现。在市场经济体制下，政府在经济生活中强调发挥自身的服务功能，但当市场经济运行中出现问题时，政府的干预会发挥一定的调节作用。在政府投资领域，政府投资便是政府干预市场的一种体现。政府投资往往投向市场难以满足、收益不高、侧重公益性的领域，而一些本应由社会资本负责的项目，如一些新兴产业初期往往会遇到一些困难，政府会通过投资来引导帮助其渡过初期及成长期的困难。但这些项目最终是需要由市场、由社会资本来供给的，政府投资的介入会助长对政府投资的依赖性，无论是直接投资还是间接投资，这种依赖性问题都会存在。在直接投资中这种依赖性直接体现为对财政资金注入的依赖，如地方政府对上级政府补助性直接投资过于依赖而忽视解决问题，即“只吃鱼，不学钓鱼”。在间接投资中这种恶性依赖性体现为对财政补贴优惠等的骗取。随着产业规模的不断扩大和推广数量的快速增加，个别企业受利益驱动，违反相关法律法规骗取和违规谋取财政补贴，严重扰乱了市场秩序。

以辽宁省振兴东北老工业基地为例，从辽宁省财政厅近年来公布的年度决算报告来看，中央政府财政转移支付补助仍占年度收入的很大比重。2017 年中央财政各项补助收入约 2320 亿元，占年度总收入的 32.3%；

2018 年中央财政各项补助收入约 2464 亿元，占年度总收入的 32.4%；2019 年中央财政各项补助收入约 2589 亿元，占年度总收入的 35.5%。振兴东北老工业基地，实质上应依靠东北地区众多重工业国有企业等自我发展，然而这三年国有资本经营收入分别只有 5.1 亿元、8.6 亿元、10.5 亿元，分别占年度总收入的 0.07%、0.11%、0.14%。国有企业盈利能力不足且存在历史遗留问题，常年依靠中央财政补助解决。这种依赖性不利于振兴东北老工业基地计划的完成。

（2）问题存在的原因。间接投资中的依赖性问题，源自政府补贴力度的增长。如果将公共财政补贴的目的扭曲为“供养式补贴”，会助长一些公司、企业对政策补贴的依赖，长此以往会出现骗取补贴的现象。在经济利益的导向下，不仅难以维系的僵尸企业会在政策补贴的温室里生长，其他正常甚至潜力企业也会为补贴中的优惠而造假，损伤企业增长潜力的同时，造成公共利益的损失。

上级政府对下级政府的补助往往被用于解决历史遗留问题，而非用于满足公共需求的项目建设，且政府间投资的数额难以满足地方政府过热的投资冲动带来的更多需求。以辽宁省为例，东北老工业基地的历史遗留问题之所以常年存在，是因为高额的改革成本给政府带来了经济成本、时间成本。

另外，骗取补贴或仰仗喂养都体现了这个过程中存在的漏洞，审核机制的不健全，导致一些管理难度较高的地区长期得不到正确的审核，错误现象常年延续，甚至可能存在自我监督或根本不存在检查审核的机制。对这一情况长期放任，会导致资源浪费、地区间差距持续拉大、社会建设水平难以提升等一系列问题。

6.2.3.3 某些政府投资方式的效率及回报问题

（1）问题体现。《政府投资条例》中规定，政府投资范围应是市场不能有效配置资源的社会公益服务、公共基础设施、农业农村、生态环境保护、重大科技进步、社会管理、国家安全等公共领域项目，以非经营性项目为主。上述领域大多具有较强的公益性质，社会效益远远大于经济效益，而社会效益与经济投入的权衡便是政府在决定投资规模时需考虑的一个问题。

某些政府投资方式涉及利率与期限的问题，在计算这些政府投资方式的回报时，需将期限内市场利率变化、物价水平浮动等因素考虑在内，还应将产生的时间成本和机会成本考虑在内。其中的计算及考虑因素较为复杂，对相关负责人员的专业能力要求较高。

政府投资如果不能产生足够的效益或回报，甚至出现亏损，可能会出现拖欠项目款项和工人工资等现象。

以北京兴延高速公路项目为例，该项目立项之初给出了三种不同的投资方案，每种方案的选择各有优劣，能否做出正确合理的选择会影响到该项目的效益。方案一是政府承担总投资的25% + 运营补贴。该方案优点在于符合公平、开放、透明的市场规则，控制了政府债务风险；缺点在于运营期间高额的运营补贴。方案二是政府承担工程总投资的25% + 征地拆迁费 + 运营补贴。该方案的优点在于能够缓解政府建设期投资压力，政府与社会资本合理分配风险；缺点在于不符合相关文件精神，超出政府需要承担的费用。方案三是采用传统的建设方案，即政府投入除项目自身能平衡的银行贷款以外的足额项目资本金，在运营期不进行任何补贴。此方案优点在于运营期政府补贴负担较低；缺点在于给政府增添了过多的建设期投资压力。该项目若未能做出合理正确选择，易出现京通高速公路建成之初的收益低下问题。京通高速公路在建成之初由于相邻的辅路不设收费项目，致使较长时间京通高速公路车流量不足，出现项目收益不足的风险。

（2）问题存在的原因。

首先，之所以需要使用一些政府投资方式投入到这些领域，是因为市场经济下社会资本不愿涉足此类难以盈利的领域。社会资本本身是利益导向，社会效益往往是低于经济效益的，这是市场经济的必然结果。市场在公益领域难以有效配置资源，使得政府必须承担这种社会责任，因而政府投资方式可能不会带来一定的盈利，导致一些经济方面的问题。

其次，建设服务型政府的形象、为人民服务的宗旨，也要求我国政府必须通过财政投资来承担社会责任，这不是政府定位的不足，而是社会主义向共产主义社会迈进的必然阶段。

再次，政府投资资金来源的有偿性也加大了回报较低的可能性。政府投资资金的来源既包括税收等无偿性来源，也包括负债等有偿性来源。使用有偿性投资的方式时，需要将资金的周转率以及回报率考虑在内。

最后，建设服务政府、承担社会责任也并不一定意味着财务上的损失，社会效益和经济效益并非两者不可兼得；预算前瞻上的不足，才真的会带来经济上的亏损。制作预算时过大的愿景、过多的“空头支票”、战线拉得过长、方案选择不合理等预算人员专业能力缺乏带来的缺陷，会为政府投资项目执行带来更多的困难，目标设定与实际能力之间的过大差距必然带来效率回报上的损失。

6.2.3.4 不同政府投资方式之间的对接问题

（1）问题体现。在政府的年度预算中，会有多种不同投资方式的财政项目，通常不同投资方式的项目之间较为独立，相互之间关联较少。不同政府投资方式之间的对接存在断层，容易导致政府投资的错位及缺位问题。具体来说，地方政府接受上级政府补贴这种方式的资金，往往被用于弥补历史遗留问题，而地方政府同时又会利用直接投资、资本金注入等方式满足基本设施、公共服务的需求，以补助类投资支持正外部性明显但市场风险较大的行业，地方政府过高的投资冲动又促使其大量发债，增加了地方政府财务负担，财政负担带来的压力又会影响地方政府的投资决策，进而加深了投资的错位与缺位。

实际运行中，政府投资的错位与缺位，既体现为预算制定基于历史经验，先做预算后安排项目导致偏离社会发展实际需求；又体现为许多补贴专项的设定只考虑到该补助的理论意义，忽略了管理过程和实际绩效，对于政府来说此补贴的管理终止于资金拨付，后续过程中出现的问题遭到忽视。

(2) 问题存在的原因。不同政府投资方式之间独立性较为显著，缺乏有效的对接方式。同一政府每年的财政运行中会使用多种投资方式，投入不同领域。而基于历史经验，每种投资方式往往对应着长期固定的独立领域。由于各自领域的独立性，容易出现投资方式之间缺乏衔接，导致整体规划失当的情况。

政府管理在投资方式与投资应用之间界限模糊。以中央补助地方政府投资这种方式为例，同一投资项目在不同层级政府之间采用了不同的投资方式，如对中央政府来说属于直接投资，而对地方政府来说属于资本金注入。实践中这类项目由于改革的滞后性及复杂性，多采用简易的政府直接投资模式进行管理，从而出现了分级的投资方式管理和应用之间的混淆，也容易造成决策适当，产生错位和缺位情况。

政府投资补助侧重点失当也是该问题存在的原因之一。上文所提及的以历史经验的决策与现实需求的脱离、资本退出机制的缺乏、补贴管理重点的偏差，都属于政府投资补助侧失当，而这种失当往往会对政府投资决策形成干扰，造成决策失误，从而带来政府投资错位与缺位的不良结果。

6.2.4 “PPP” 投资方式的专题讨论

6.2.4.1 “PPP” 投资方式的发展进程

从政策方面来看，20 世纪 80 年代以来我国开始了利用 BOT 方式吸引外资的积极探索，可以说包含了 PPP 模式的思想。1995 年 1 月，对外贸易经济合作部发布了《关于以 BOT 方式吸收外商投资有关问题的通知》，可以被称为我国发布的与 PPP 相关的最早的政策。之后仍有一些 PPP 项目的零星发展。2010 年 5 月，国务院发布《关于鼓励和引导民间投资健康发展的若干意见》，拓宽了民间投资的领域；2013 年党的十八届三中全会提出“允许社会资本通过特许经营等方式参与城市基础设施投资和运营”；2014 年 9 月，财政部在《关于推广运用政府和社会资本合作模式有关问题的通知》中拓宽了 PPP 模式在城镇化建成中的融资渠道；2015 年 5 月，国务院批准国家发展改革委《关于 2015 年深化经济体制改革重点工作意见的通知》，对推广 PPP 模式起了积极的促进作用。近年来，PPP 模式发展加快，相关政策体系不断完善，为 PPP 模式的规范运行提供了政策上的支持与保障。

从实施方面来看，PPP 模式在我国的运行数量与价值方面均呈稳中有增态势。财政部政府和社会资本合作中心数据显示：从数量角度来看，1990 年，我国正式出现第一项 PPP 模式项目，而截至 2021 年 1 月，全国 PPP 项目管理库 2014 年以来累计项目达 10034 个，仅 2019 年一年净入库 PPP 项目便有 786 个；从价值角度来看，截至 2021 年 1 月，投资额 15.5 万亿元[①]。

6.2.4.2 《政府投资条例》对“PPP”的适用性

（1）理论层面的探究。PPP 模式，作为政府和社会资本合作的一种投资模式，通常被认为是一种政府投资方式的创新，因而也属于政府投资方式的范畴。然而在国务院 2019 年 4 月 14 日发布并于同年 7 月 1 日施行的《政府投资条例》中的一些理论内容却并不能很好地适用于 PPP 模式。

首先，《条例》中规定“政府投资是指在中国境内使用预算安排的资金进行固定资产投资建设活动”，将采购的范畴限定在固定资产项目；而 PPP 模式的采购内容虽然也以固定资产为主，但并不局限于这个范围，还包括其他公共服务。所以，理论层面《政府投资条例》是否能够完全适用于 PPP 模式还有待商榷，并不能说理论上 PPP 模式完全属于《条例》中规定的政府投资方式。

（2）实际应用层面分析。虽然《条例》对政府投资的定义仅限定在固定资产范畴，但《条例》中还提及“政府投资资金应投向公益服务、

① 财政部政府和社会资本合作中心网站。

基础设施等领域”，这与 PPP 的投资领域基本一致。从财政部政府和社会资本合作中心网站 PPP 综合信息平台管理库所列出的项目类型来看，保障性安居工程、社会保障、医疗卫生、养老、政府基础设施、水利建设等项目符合《条例》中明确的政府投资领域，在其运营过程中可以以《条例》为依据解决实践中可能存在的矛盾纠纷。

《条例》中明确规定“经投资主管部门或其他有关部门核定的投资概算是控制政府投资项目总投资的依据，初步设计提出的投资概算超过经批准的可行性研究报告提出的投资估算 10% 的，项目单位应当向投资主管部门或者其他有关部门报告，投资主管部门或者其他有关部门可以要求项目单位重新报送可行性报告”，10% 的预算约束与 PPP 项目政府出资的财政限制互相呼应，即《财政部关于推进政府和社会资本合作规范发展的实施意见》中提出的“PPP 项目列支的财政支出部分，不得超过本级公共预算的 10%”。可见《条例》中这一比例的设定是考虑了 PPP 模式 10% 的红线的存在的。10% 的标准是参考国际 6%—7% 而设定的，然而在“减税降费”政策下部分地区存在资金短缺的问题，10% 的标准面临被突破的风险。由于政府性基金不计入 10% 的基数，政府会将 PPP 项目转入基金从而规避 10% 的风险红线，这是将来 PPP 项目管理改革需要注意的问题。

从入库管理的角度来看，我国设有专门的全国政府和社会资本合作（PPP）综合信息平台管理库，而政府投资项目同样拥有自身的政府投资项目库；从项目的法人主体来看，PPP 项目是以项目公司为法人主体并负责实施的，是以社会资本方为主导的，而政府投资项目的主体是政府机构或使用预算资金的政府授权事业单位，二者之间存在着一定的差异。

总之，在实际应用中，《条例》与 PPP 项目之间是交集的关系，涉及政府资金注入的项目基本适用《条例》。

（3）“PPP”的正向作用。

第一，“PPP”投资方式的正向作用。PPP 模式创设的目的之一，就是弥补全社会对于公共物品的需求和供给能力之间的差距。在 PPP 模式下，项目公司往往具备该领域内较高的技术和管理水平，并且绩效考核机制将私营机构的收入与项目完成的质量挂钩，因而在满足需求基础上，更能提升公共物品的供给质量，进而提升社会整体福利水平，树立一个更加良好的政府公共部门形象。面对新时代下我国公共服务各方面上需求的大幅增长，PPP 模式的推广为满足人民的公共需要提供了一种途径与手段。

第二，PPP 的优点还存在于公共部门与私人企业之间的合作关系之中，基于二者的平等合作关系，在立项初期便已经形成了风险共担的契约。PPP 模式下，政府能够主动承担部分风险，降低私人企业的融资负担以及运营压力。对于政府来说，PPP 模式相较于传统的政府包揽模式，能够在一定程度上降低政府在提供公共物品时承担的风险与压力。风险共担机制提高了公共部门和私人企业二者的财务稳健性。2020 年上半年，尽管我国生产生活各方面受新冠疫情严重影响，各项指标较往年同期均有所下降，但各级政府稳投资力度加大，PPP 项目新入库和净增投资额随着疫情状况的好转呈上行趋势，公共部门和私人企业之间的合作关系并没有受疫情严重影响。2020 年 1 月和 2 月新入库项目投资额 835 亿元，净增项目投资额 327 亿元；3 月和 4 月新入库项目投资额 3280 亿元，净增项目投资额 1307 亿元；5 月和 6 月新入库项目投资额 3821 亿元，净增项目投资额 2186 亿元。同时，新入库、净增、签约落地和开工建设等 4 类项目投资额均呈现二季度同比降幅较一季度明显收窄的特征①。

第三，PPP 模式的正向作用还体现在效率上，这个效率包括经济效率与时间效率两层含义。由于私人企业的专业性，其技术、经验等方面的优势会带来项目经济成本上的降低，多方合作损失共担的机制会降低风险成本。相对于传统模式来说，经济成本的降低会大大提高公共物品提供的经济效率，相对减轻了政府的财务压力。传统模式下公共部门承担施工方和

① 财政部政府和社会资本合作中心网站。

监督方两种角色，这种自我监督的模式往往会助长项目的惰性，对项目完工时间产生严重的拖延。PPP 模式下出资方（政府）对于工期的时限要求，以及评估中的收入效率挂钩机制，很好地提升了项目的时间效率。2015 年国务院印发《国务院办公厅关于推进海绵城市建设的指导意见》，2020 年 2 月 28 日财政部正式公布《污水处理和垃圾处理领域 PPP 项目合同示范文本》，这些文件均为我国通过 PPP 项目建设海绵城市提供了政策上的指导。2020 年上半年入库的项目的投资额中有 43.8% 被用于污染防治和绿色低碳效应项目，如湖北省荆门市屈家岭管理区污水处理厂工程 PPP 项目、河北省定州市经开区污水处理厂及配套基础设施 PPP 项目、河南省南阳市唐河县城区全域水生态综合治理工程项目等，均在生态效益、经济效益及社会效益等多个层面做出了应有的贡献。

第四，PPP 模式的存在为公共部门、私人企业的规划提供了许多应变空间，更有利于公共部门的决策。传统模式下，公共部门一手包揽，项目内部缺乏合作关系，使得项目的运营缺乏弹性。在利益与效益的驱动下，公共部门因为 PPP 模式而拥有了更多的选择，更好地进行长期决策规划，私人企业在生命周期成本法下会更合理地进行规划投入。2020 年《政府工作报告》明确提出，重点支持既促消费惠民生又调结构增后劲的“两新一重”建设。“两新一重”指的是新型基础设施建设、新型城镇化建设，以及交通、水利等重大工程建设。PPP 模式的存在，使得国家这一决策能够更好地做出与实施。财政部政府和社会资本合作中心数据显示，2020 年上半年，PPP 综合信息平台管理库中“两新一重”新入库项目 378 个，投资额达 6687 亿元，占全部新入库项目的 84.3%，签约落地项目 192 个，投资额达 4241 亿元，《政府工作报告》中的这一决策得益于 PPP 模式的良好实施。

（4）“PPP”可能存在的负向影响。尽管 PPP 模式是受国家广泛推广的投资方式，但在《政府投资条例》发布后，“PPP”在《条例》约束下可能存在一些弊端和负向影响。

第一，当前的政策法律适用性较差，目前与 PPP 模式有关的法律法规体系仍不算完善，《预算法》、《政府采购法》、《招标投标法》等法律法规及其相关条例都包含对 PPP 模式的要求，但并没有专门的法律为 PPP 模式的运行提供依据。上述法律在新时代下，尤其是进入 21 世纪 20 年代这一时代交接的关键节点，需要及时得到更新修正。此外，如上文所讨论的《条例》并不完全适用于 PPP 模式，也是这一弊端的政策体现之一。当前 PPP 模式运行中各个环节存在的一些问题与纠纷，很难有权威性、指导性的法律去遵循，一些责任归属的判断也难以得到落实。

第二，政府对 PPP 项目立项数量、质量的把控问题。PPP 模式是为了满足需求、缓解供给困难而创设的，然而近些年来随着社会经济的不断发展，人民生活水平的不断提高，对公共物品的需求逐年加强。政府每年选择入库的 PPP 项目也不断增加，截至 2016 年 9 月末，按照要求审核纳入 PPP 综合信息平台项目库的项目 10471 个，总投资额 12.46 万亿元，其中很多项目仍处于识别阶段，年度退库项目数量也较多。尽管近年来国家对管理库内项目进行了把控与限制，但在 2019 年入库项目 1434 个的情况下，退库项目仍高达 648 个，可见对入库项目的数量与质量把控仍需加强。过多的项目入库后难以达成或质量不达标而导致退库，不仅会增加资源资金的浪费，更会打击社会资本参与的信心。

第三，部分 PPP 项目存在管理机构交叉的现象，实际运营中易出现矛盾冲突、权责不明的问题。我国缺少 PPP 项目的专项主管机构，且 PPP 项目从立项到落地涉及较多部门，在管理过程中权责不明的现象有出现的可能性，造成管理及运营上的极大不便。不同部门之间的管理标准上也存在着一定差异，给社会资本方的工作实践增加不必要的成本负担。以 2019 年 7 月 19 日发起的浏阳市城镇生活污水处理提质增效 PPP 项目为例，该项目属于国家积极运用 PPP 模式主推海绵城市建设的重点工程之一，其各环节管理主体涉及当地人民政府、财政局、自然资源局、水利局、住建局、农业农村局、税务局等众多部门，如果不处理好管理责任及标准问题，容易出现上述问题和负向影响。

第四，国企、央企占比较高，造成民营社会资本参与度不足。PPP 模式旨在引导社会资本参与到公共项目的建设和公共服务的提供当中去，激活社会资本、缓解财政负担，但实际运营中，中标入库的项目多由国企、央企负责。从《全国 PPP 综合信息平台项目管理库 2019 年报》提供的数据来看，2019 年一年落地项目中，国企、央企等参与率近 7 成，仍占据主体地位，与 2016 年 55% 的占比相比有增长。国企、央企普遍具有财力雄厚、规模较大，但经济效益较低的特点，民营资本与之相比竞争力不足，难以参与到主要大型 PPP 项目当中，并没有实现 PPP 项目的初衷。

第五，政府部门对 PPP 项目中资本退出机制的构建并不完善，加大了社会资本参与的风险。在 PPP 项目中，资本退出包括主动退出与非主动退出两种形式，当前我国有关资本退出机制的内容大多侧重于非主动退出。PPP 运营中只看重引导社会资本进入而忽视对社会资本退出的保护，会加大社会资本方投入的风险担忧，前期大量投入并承担后续经营的风险阻碍了部分社会资本进入，使得对社会资本的引导作用受到削减①。

第六，PPP 项目周期过长这一特点会带来融资困难的问题。由于 PPP 模式下，政府投资有限，社会资本是投资主体，加上 PPP 项目金额较大，私人企业普遍面临着融资的问题。PPP 项目虽然有政府的参与和信用担保，但由于其公益性较强、周期性较长、经济收益难以保障的特点，传统的金融机构往往不愿出资资助，社会资本面临融资难的问题，参与积极性会收到较大的打击。此外，期限上的不匹配也是 PPP 项目融资难的原因之一。PPP 项目多为中长期项目，其期限长于当前市场比较常见的融资形式期限。这种期限上的不匹配给融资双方都带来了一定的风险，造成实际运作中的困境。

---

① 吴钦瑞，万冬君，马雪瑞．PPP 项目社会资本主动退出方式研究［J］．价值工程，2020，39（3）：49－52.

6.2.5 非直接投资方式专题讨论

6.2.5.1 非直接投资方式的资金利用效率问题

财政资金的利用效率，是研究政府投资方式时应密切关注的问题，尤其是在财政收支压力较大的情况下，如何保证每一笔财政资金都不浪费，值得深入探讨。非直接政府投资方式的资金运用，可以根据建设项目的周期划分为投资决策、项目运营管理和绩效评价三个阶段，各个阶段的有序运行是非直接政府投资方式提高效率、实现目标的保证。

（1）投资决策阶段。投资决策是政府投资行为的第一步，各种非直接政府投资方式都面临着投资领域和规模的决策问题。科学的投资决策是实现政府投资目标的前提，但目前我国非直接政府投资的决策过程中仍存在着许多问题。

第一，投资领域“错位”问题。在投资领域方面，非直接政府方式投资存在着投资领域“错位”的问题。政府投资存在的目的，是弥补市场投资的不足。目前我国政府投资几乎涵盖了所有竞争性行业，以最具有竞争性的制造业为例，政府投资涉及食品、纺织、皮革、木加工、造纸等制造业所有细分行业。以财政补助方式为例，很多领域的补助类项目按管理部门设立，确保“每人都有事干、人人都有权使”，因此存在政府投资“错位”的问题，造成了部分投资领域的效率低下①。

第二，投资决策的过程随意性大。在投资决策的过程中，存在较大的随意性，投资决策的科学性有待提高。以政府投资基金为例，部分地区确定基金数量和金额时随意性较强，某省基金管理部门工作人员表示，其政府投资基金目标募资额确定方法是询问一下相关行业部门，实现“十三五”目标需要多少资金，则基金目标规模就是多少，没有考虑到当地经

① 祁玉清．分级分类规范和拓展政府投资方式［J］．宏观经济管理，2020（2）：21－28．

济、金融环境和具体项目的情况[①]。

第三，投资决策过程公众参与度低。在公众参与方面，政府投资公众参与率低。首先，公众参与政府投资决策的途径没有明确的制度规范，在2019年发布的《政府投资条例》中，针对公众参与政府投资决策的途径并无程序性规定。其次，公众参与政府投资决策的方式单一，以传统意义上的听证会为主，且传统的听证会也存在诸多问题。再次，相关部门对公众参与的重视不足，政府投资部门倾向于认为公众对相关投资决策的专业性缺乏了解，因此并不重视公众参与。最后，信息不对称阻碍公众参与政府投资决策。一方面，政府在公开投资决策信息时经常会权衡各方利益，导致信息公开的内容及其程度都存在问题；另一方面，公众缺乏信息反馈机制，公众在参与政府投资决策时所提的建议和意见是否被采纳，以及采纳或不采纳的理由公众无法知晓。

（2）运营管理阶段。由于政府在资本金注入、产业投资基金等投资方式下，往往处于参股或者控股的状态，因此会参与项目或资金的运营管理，此外，政府出台的关于各种投资方式的政策性法规，也深刻影响着投资项目的运营过程。目前，非直接政府投资方式在管理环节仍有待优化。

第一，政策上存在着“政出多门”现象。在政府参与的投资基金领域，国务院办公厅、财政部和国家发改委分别于2008年、2015年、2016年出台了关于“创业投资基金”、“政府投资基金”和“政府出资产业投资基金”的管理办法。以上三种基金的目标，都是发挥财政资金带动社会投资、培育市场需求、推动重点产业发展、促进企业创业成长的作用，且在概念、投资领域、资金来源等方面均存在着重叠交叉，但设立程序、投资限制等又存在差异，这种情况给实际操作带来了诸多不便。例如，产

---

① 范媛．政府投资基金健康发展存四大隐患［N/OL］．中国经济时报，2019－12－10［2020－09－19］．https：//baijiahao. baidu. com/s? id = 1652458494683395583&wfr = spider&for = pc.

业投资基金及其管理人在发改委的系统中备案登记后，是否还应向协会备案及登记，相关部门并未明确，造成了实际操作中的不便，也不利于进行统一管理。

第二，管理的专业化有待提高。政府参与非直接投资方式的管理有直接管理和间接管理两种途径。直接管理主要适用于资本金注入方式下的控股权行使，间接管理则更多适用于产业投资基金这一投资方式。与直接管理不同，在产业投资基金的存续过程中，政府扮演了全部资本或部分资本的出资人的角色，但是并不参与基金的具体运作，而是选择基金管理人管理基金资产，并通过对基金管理人的资格筛查与选择、绩效评价等实现对产业投资基金的间接管理。在部分欠发达地区，私募投资机构较少，难以选到优秀的基金管理人，导致基金的管理水平低下。还有些地方政府特别是区县一级政府，对于基金管理仍然停留在传统的财政专项资金管理思维上，以行政手段干预替代监管，导致基金效率偏低①。

（3）绩效考核阶段。目前，绩效考核已成为我国非直接政府投资的管理过程中的重要环节。在以奖代补等方式中，绩效考核结果成为项目能否获得财政补助资金以及补助资金规模大小的关键依据；而在产业投资基金投资方式中，绩效评价结果是基金运行情况的重要体现，也受到社会资本投资者等利益相关方的关注。但是在绩效考核中也存在着绩效考核环节设置不全面、指标设置不科学等问题。

第一，绩效考核的环节设置不全面。在绩效考核的设置环节上，部分环节缺少绩效考核。以产业投资基金为例，目前的绩效评价机制仅局限于在基金投资期和退出期对投资基金的政策性、基金管理人的规范性和专业性、基金和基金管理人的信用状况、基金收益情况和已投企业运营情况等进行考核，缺乏对募资期资金到位率以及资金来源情况的考核，并没有对

① 范媛．政府投资基金健康发展存四大隐患［N/OL］．中国经济时报，2019－12－10［2020－09－19］．https：//baijiahao.baidu.com/s? id＝1652458494683395583&wfr＝spider&for＝pc.

基金做出募资期和管理期的绩效评价①。截至2018年9月末，国内产业投资基金总量为1996只，募集目标规模为11.7万亿元，已募集完成的基金数量为454只，其中422只披露了募集规模，总计2.11万亿元，仅占募集目标规模的18.03%。管理期绩效考核的缺位，导致很大一部分产业投资基金投资进度偏慢，形成大量闲置资金，地方部分产业投资基金的资产超过60%是银行存款②。与此相反，PPP项目更加注重全流程绩效管理。2020年3月31日，财政部发布《政府和社会资本合作（PPP）项目绩效管理操作指引》，旨在规范PPP项目全生命周期绩效管理工作，促进PPP项目更好地实现物有所值、按效付费③。

第二，指标设置有待优化。绩效考核指标的设置将对被考核主体的行为产生影响，绩效考核的目的在于促进绩效目标的实现，绩效考核的指标应该反映绩效目标的实现程度，同时要注意不能因为指标的设置扭曲被考核主体的行为，从而造成浪费。实践中，存在着绩效考核指标不科学的情况。例如，河南监管局对2019年非常规天然气开发利用补贴进行调研，发现依据企业煤层气开采利用量进行补贴，导致部分企业只重视抽采利用了多少煤层气，而不关心煤层气发电量以及经济效益，地方企业平均发电效率约为1.2%，而事实上个别技术先进企业可以提升到1.8%，提纯后更是可以达到4.8%。绩效考核指标没有将发电效率纳入，导致企业改进技术的动力不足和“重量轻质”现象的存在④。

---

① 国家发展改革委办公厅．关于做好政府出资产业投资基金绩效评价有关工作的通知［A/OL］．（2018-09-09）［2020-09-19］．http：//www.gov.cn/xinwen/2018-09/09/content_5320528.htm.

② 郑联盛，夏诗园，葛佳俐．我国产业投资基金的特征、问题与对策［J］．经济纵横，2020（1）：84-95.

③ 财政部．关于印发《政府和社会资本合作（PPP）项目绩效管理操作指引》的通知［A/OL］．（2020-03-16）［2020-09-19］．http：//www.gov.cn/zhengce/zhengceku/2020-03/31/content_5497463.htm.

④ 财政部河南监管局．关于进一步提高非常规天然气开发利用补贴绩效的建议［A/OL］．（2020-07-01）［2020-09-19］．http：//ha.mof.gov.cn/dcyj/202007/t20200701_3541682.htm.

6.2.5.2 政府资本与社会资本的关系问题

（1）社会资本参与度有待提高。在资本金注入、产业投资基金、PPP 模式等非直接投资方式下，政府投资的形式是与社会资本合作提供公共服务或产品，政府资本的作用之一是吸引社会资本参与。但是数据显示，政府资本在一些领域对社会资本的吸引力有限。例如，在 PPP 项目中，截至 2019 年 6 月末，5811 个落地项目中社会资本所有制信息完善的项目共 5747 个，涉及社会资本共 10187 家，其中民营资本仅 3543 家，占比仅为 34.8%，且同比有下降趋势[①]。在产业投资基金领域也存在着社会资本参与度有待提高、募资难的状况，产业投资基金的组织形式多为有限合伙制，作为一般合伙人的基金管理公司仅出资 1%，财政资金出资比例一般为 10%—30%，而较大比例的募资难以到位，尤其是社会资本的到位情况堪忧。国企参与较为深入，民营资本相对保守，截至 2018 年 9 月末，我国募集目标规模最大的 10 家基金全部是政府或国企主导[②]。

（2）政策性金融助力化解中小微企业融资难题。由于中小微企业自身条件的限制，长期以来中小微企业一直面临着融资难、融资贵的难题。在 2020 年新冠肺炎疫情的冲击下，许多中小微企业生存困难，各种政策纷纷出台支持中小微企业复工复产，其中包括政策性金融方面的支持。例如山东省提出对省级确定的疫情防控重点保障企业，山东省财政按人民银行专项再贷款利率 50% 给予贴息，利率在 1.65%—3.15% 之间，期限在 6—12 个月之间，有效缓解了企业的资金压力[③]。进出口银行也加大了对中小微外贸企业的信贷支持，通过地方中小银行将信贷资金投放给更多的

① 陶凤，肖涌刚．全国 PPP 项目总投资达 9 万亿 多方建言激活社会资本参与度［N/OL］．北京商报，2019-11-17［2020-09-19］．http://finance.ifeng.com/c/7rgEnOoIKsH.

② 郑联盛，夏诗园，葛佳俐．我国产业投资基金的特征、问题与对策［J］．经济纵横，2020（1）：84-95.

③ 山东财政：为中小微企业送上政策春风［N/OL］．经济日报，2020-03-10［2020-09-19］．https://baijiahao.baidu.com/s?id=1660773389485565578&wfr=spider&for=pc.

中小微外贸企业，创新开展小微“直贷”业务，积极落实延期还本付息等政策①。政策性金融作为不以营利为目的的政府非直接投资方式之一，在化解中小微企业融资困境上可进一步发力。

6.2.5.3 非直接政府投资方式下的政府债务风险

（1）相关政策制度逐渐形成，但仍有待完善。2019 年 3 月，财政部出台《关于推进政府和社会资本合作规范发展的实施意见》（财金（财金〔2019〕10 号），要求每一年度本级全部 PPP 项目从一般公共预算列支的财政支出，不超过当年本级一般公共预算支出的 10%，新签约项目不得从政府性基金预算、国有资本经营预算安排 PPP 项目运营补贴支出，建立 PPP 项目支出责任预警机制，对财政支出责任占比超过 7% 的地区进行风险提示，对超过 10% 的地区严禁新项目入库②。这一系列规定都有助于防范地方政府隐性债务风险，推进 PPP 模式规范化发展，但是现行政策规定中仍有许多地方有待进一步完善。2019 年 5 月发布的《政府投资条例》中明确的政府投资方式为直接投资、资本金注入、投资补助和贷款贴息四种，但从定义来看，产业投资基金、以奖代补、先建后补和 PPP 项目等也涉及固定资产的投资活动，也应属于政府投资方式。现行版本的《政府投资条例》回避了这些内容，直接的结果是产业投资基金等仍沿用以部门规章和规范性文件为主的管理模式，实际上对地方政府的约束效果有限，难以杜绝不规范行为，易造成地方政府债务风险加大③。

（2）存在对社会资本过度让利的现象。政府与社会资本合作类的非直接政府投资方式的政策目标实现与吸引社会资本参与密切相关，而吸引

---

① 倪铭娅．商务部：推动政策性金融机构加大对中小微外贸企业支持力度［N/OL］．中国证券报，2020－04－30［2020－09－19］．http://www.cs.com.cn/sylm/jsbd/202004/t20200430_6052719.html.

② 财政部．关于推进政府和社会资本合作规范发展的实施意见［A/OL］．（2019－03－10）［2020－09－19］．https://baijiahao.baidu.com/s?id=1665390824462047739&wfr=spider&for=pc.

③ 祁玉清．分级分类规范和拓展政府投资方式［J］．宏观经济管理，2020（2）：21－28.

社会资本参与的关键就是让利机制的设计，以此来平衡政府的政策引导目的和社会资本的盈利目的之间的矛盾。财政部发布的《政府投资基金暂行管理办法》（财预〔2015〕210号）规定，为更好地发挥政府出资的引导作用，政府可适当让利，但不得向其他出资人承诺投资本金不受损失，不得承诺最低收益。但是实践中存在着违规让利的情况，例如产业投资基金在发挥财政资金“放大功能”的过程中，被部分地方政府用于隐匿真实的负债水平和资产负债表风险，明股实债、设置兜底条款、以土地收入作为担保甚至采用各种抽屉协议以财政资金作为担保，一旦出现问题，相关的风险将转变为财政风险，增加政府债务负担①。

6.3 新时代政府投资方式的优化

6.3.1 政府投资方式的整体优化

6.3.1.1 理论层面对策

（1）完善相关法律政策体系。如前文所提，《政府投资条例》中对PPP这种当前正推广的投资方式相关内容定义较为模糊，适应性较差，使得PPP模式运营中相关问题纠纷无处咨询。建议《政府投资条例》在运行几年之后总结实践中出现的经验，反思其中出现的问题与不足，在日后推出修正案时，完善相关条文，新增PPP甚至更新型投资方式的专栏条目，以增强《条例》的普适性。

---

① 郑联盛，夏诗园，葛佳俐．我国产业投资基金的特征、问题与对策［J］．经济纵横，2020（1）：84－95．

对于PPP模式，我国现行的主要法律体系中并没有专门的、主流的法律为之服务，尽管一些地方性法规对其做出了相关规定，但并不具有推广意义。进入中国特色社会主义社会主义新时代，我国的法律体系也需要与时俱进做出相应的更新与完善。建议人大及其常委会在法律制定与修正时考虑出台与PPP相关的专门法律。

在上文提及的问题不足中，政府的缺陷产生了很大的影响，缺乏相关法律政策对管理难度较高地区的管制，使得这类地区的政府投资方式运用中出现许多纰漏。建议国家在对政府经济行为监督的相关法律政策当中，强化监督及惩罚力度，提高法律政策的适用性，以降低因地方政府投机而出现的投资损失。

（2）培养政府契约精神以及正确的政绩观。政府投资方式的选择与运用，是对政府这一主体的相关精神内核的一大考验，而契约精神是政府与其他经济主体合作时需秉持的一项原则，缺乏契约精神会引发政府一方通过违约等行为损害社会资本这一弱势方利益，出现社会资本方投资浪费、工程施工中农民工工资拖欠等问题。因此，在树立政府形象的过程中，把握契约精神是对政府及相关人员的必然要求。在政府投资这一中长期的经济活动中，确定政府投资方式也要坚持契约精神，保证平等、自由、互利、理性，按照合约将投资方式贯彻始终。

另外，政府出现上述选择不合适的政府投资方式、强化政府投资方式中的行政因素的问题，原因之一就是部分政府存在着不当的政绩观。错误的政绩观使得部分政府在选择政府投资方式时，过分追求数量、规模而忽视了质量与效率，因而在新时代政府形象的树立中，要把正确的政绩观提上日程，铭刻在各级政府相关人员的内心中。

（3）效益评价机制及奖励标准更新。进入新时代，对政府经济活动的评价标准同样需要更新。对政府投资方式选择的效益标准，要从单纯的经济效益标准转化为多方面的效益标准。具体来说，如《政府投资条例》第一条表明的“为了充分发挥政府投资作用，提高政府投资效益，规范政府投资行为，激发社会投资活力，制定本条例”，评价标准要强调发挥政府投资在公共物品提供中的服务作用，以及在投资活动管理上的模范带头与监督作用；要强调经济效益、社会效益、生态效益等多方面的效益，依据项目类型分别设定侧重点，如“海绵城市”等生态项目要以生态效益为主，国企央企等经营性项目要着重于经济效益；规范行为则如前文所提，避免出现现存的一些问题；激发活力则强调以政府投资引导社会资本投资，并以政府投资为社会资本的投入营造一个良好的投资环境与基础，加强社会资本进入信心，在PPP项目中降低国企央企的过分介入，强调平等竞争，以防过大的财务压力、竞争压力阻碍社会资本的进入。同样，效益评价要贯穿投资的全过程，不能出现政府投资终于资金拨付的现象。

关于政府投资的奖励方面，对于地方政府在政府投资方式上的选择、应用、管理方面得当的，可以国家政府名义对其进行名誉称号上的奖励，将其纳为优秀投资试点地区，以良好的营商环境鼓励一些公司在该地区增加投入。对于PPP项目中项目完成优秀的社会资本方企业，不仅可以增加对其投资的优惠政策，还可以给予其优秀投资企业的称号，鼓励政府在PPP项目招标时提高其优先级别。但优秀投资试点地区及优秀投资企业名单的设立不能影响公平原则，鼓励公平良性竞争仍是政府投资中要强调的原则之一。

6.3.1.2 实践层面对策

（1）设置专门政府投资监督机构。多数政府投资出现问题与不足的情况都是由于监管力度的不足，我国当前政府投资方式选择及政府投资的过程中，政府都扮演着“裁判员”与“运动员”的双重身份，自我监督机制并没有较高的监管意义。为确保政府能够正确运用适当的政府投资方式，建议国家在部门机构设置中，增添政府投资环节外的专门监督机构，将这一机构自上而下部署到各级政府，以强化对政府投资的约束，及时发现上述政府投资各环节中存在的问题，并通过专属通道向上层汇报，及时做出反应，改正政府投资方式中出现的错误选择。这一监督机构的专业性以及在政府投资之外的利益无关性，对良好的监督效果有积极的影响。

（2）规范推广 PPP 模式，推进传统政府投资方式改革。为应对新时代需求与供给之间的差距，我国当前正推广 PPP 这种混合式政府投资方式，但 PPP 模式并非十全十美，入库退库波动较大、融资困难、部分项目质量低下、落地困难等问题均有出现，推广 PPP 模式仍有许多需要规范之处。政府应控制 PPP 项目入库数量，把握 PPP 项目入库质量，合理控制入库项目地区间范围分布，避免入库后退库造成的不必要损失；相关金融机构应为 PPP 项目提供相关融资便捷产品与管理，财政部加快推进完善 PPP 融资支持政策，提供相应金融支持；地方政府应为 PPP 项目落地扫清障碍，构建良好的落地环境。当务之急，是构建我国 PPP 模式发展急需的法制制度，加快管理体制的创新。

（3）实行分级分类管理投资方式，强化方式之间的衔接①。当前政府投资方式的管理较为混杂，各种方式在应用时又相对独立，无法有效衔接。建议政府相关部门推行分级分类管理投资方式的策略，强化方式之间的衔接。

首先，之所以对方式的管理较为混杂，很大程度是因为政府投资方式种类过多，部分不符合新时代市场需求的投资方式仍在使用。建议对政府投资方式进行整理划分，考察各自方式应用时产生的效益及应用频率，取消落后的投资方式，对重复或相近的投资方式进行精简合并。国家可以以投资领域为划分依据，对不同领域进行评价分析，对仍需要大量投资的领域予以投资补助，对管理不规范的领域要规范其管理行为，对不需要或需求程度较小的领域，可以适当减少政府在该领域的投资或将其转交给社会资本。

其次，政府投资方式的管理要精细化，依照流向、主体、功能等标准进行分类梳理，强化政府服务功能，为市场开拓铺设基础、排除风险。在

① 祁玉清．分级分类规范和拓展政府投资方式［J］．宏观经济管理，2020（2）：21－28．

涉及多主体的投资项目中，要依照投资比例划分产权及责任，合理划分政府和社会资本之间的主体责任关系；在设计上下级政府之间的投资方式时，上级政府需负责完善统筹多渠道资金来源，下级政府各部门联合规划决策、制定投资计划，兼顾地方政府能动性和上级政府整体性，做好投资方式之间的衔接工作。

6.3.2 非直接投资方式的提升探讨

6.3.2.1 注重全过程管理，提高资金利用效率

（1）投资决策阶段。针对投资领域的“错位”问题，要及时解决。对现有政府投资补助领域进行系统全面的评估，根据评估结果确定是否保留补贴，以及补贴的规模和方式是否需要调整。对于仍需补助但补助方式需要调整的项目，要及时调整补助的具体方式，确保不损失效率；对于已经不需要补助的项目，财政资金要及时退出，并且要注重财政补贴退出过程中的平稳过渡。例如在新能源汽车技术成熟、形成规模效应后，财政部出台了新能源汽车推广应用财政补贴逐步退出的政策，要求2020—2022年期间补贴标准在上一年标准上分别减少10%、20%、30%，实行平稳过渡①。

针对投资决策过程中的决策随意性问题，要推进政府投资决策公开、透明，通过政府网站、各投资方式信息公示平台等对政府投资的决策依据、论证过程等进行公开，从而减少决策过程中的随意性。

要促进政府投资决策的公众参与，前提是要提高政府对公众参与政府投资决策的重视程度，强化财政民主意识。在参与途径上，要在完善和细

① 财政部，工业和信息化部，科技部，等．关于完善新能源汽车推广应用财政补贴政策的通知［A/OL］．（2020－04－23）［2020－09－19］．https：//baijiahao.baidu.com/s？id＝1665390824462047739&wfr＝spider&for＝pc.

化相关程序性规定的基础上，根据不同项目公益性和专业性的不同，选择与政府投资决策相匹配的决策参与形式，建立政府回应制度、公开听证制度和专家论证制度等，以保障公众的有效参与，进而提升决策质量和民众参与度[①]。

（2）运营管理阶段。针对产业投资基金政出多门、多头管理的问题，虽然多部门政策在一定程度上能够互补，但是存在的矛盾会给具体实践带来困难。各部门要对概念内涵相似、目标重叠的投资方式和渠道逐渐统一化管理，由相关部门联合出台相关管理办法，形成定义、制度、标准统一的监管体系，并且对产业投资基金运行的监管要符合市场化规则，减少以行政手段替代监管的现象。

（3）绩效评价阶段。建立各投资方式绩效考核体系，不断完善考核的环节和指标，将绩效考核覆盖投资的全过程，并且贴合实际制定绩效评价指标。在实践过程中根据指标体系暴露出的问题及时优化调整，使绩效考核既能够真实反映项目执行效果和目标实现度，又不扭曲被考核主体的行为，引导被考核主体积极作为，实现既定政策目标。

6.3.2.2 处理好政府资本与社会的关系，提高社会资本参与度

完善吸引社会资本投资的相关配套设施与制度，特别是法律制度，对社会资本适度让利，降低民营资本参与政府投资的门槛，明确民营资本参与政府投资的地位，增强政府资本对社会资本的吸引力。政策性金融要继续发挥在支持中小微企业发展上的作用，政策性金融机构要创新支持中小微企业融资的途径，为中小微企业提供更优惠的融资渠道。

6.3.2.3 完善相关制度，防范政府投资中的债务风险

细化完善《政府投资条例》等政策规范，将产业投资基金、以奖代

---

① 张昭．政府投资项目决策中公众参与问题研究［J］．中国经贸导刊，2016（25）：78－81．

补、先建后补和 PPP 模式等投资方式逐步纳入规范化管理。对社会资本让利要坚持合理、合法的原则，让利的规模要以政府投资的收益为限。政府不得向其他出资人承诺投资本金不受损失或承诺最低收益，防止因所投项目损失而造成政府债务压力加大。

7

新时代政府投资绩效研究

7.1 政府投资绩效概论

7.1.1 政府投资绩效的基本内涵

7.1.1.1 政府投资绩效定义

在学术上，“绩效”是一个相对复杂的概念。根据卓越2007年出版的《政府绩效管理概论》，绩效作为一种管理学概念，是指成绩与成效的综合，是一个“讲求内部管理与外部效应、数量与质量并重、兼顾经济因素与伦理政治因素、平衡刚性规范与柔性机制的范畴”①。Bernardin等认为，绩效是指在某一条件下事件或项目的完成效果，所指的条件包括特定的工作职能和范围、时间跨度、活动和行为等。Campbell等认为，绩效是由员工把控的，为组织目标的实现而实施的行为。绩效的衡量是多角度的，不存在单一的衡量标准；绩效本身是一种行为，这种行为的前提是员工是可控的。Salvatore等人强调，绩效是一个相对的概念，通过投入、过程、产出、结果四个维度进行描述，提出管理人员的好坏对最终的实施效果起着关键性作用，因此要重视外部效果，不能忽视内在努力的重要性。只关注外在效果衡量而忽视内在因素作用的绩效是片面的、有偏差的。

简而言之，绩效是实施一项活动或一个项目所达到的最终结果或成效。综合政府投资与绩效的定义，本书对政府投资绩效的定义如下：政府投资绩效是政府通过固定资产投资活动所取得的社会成就和效益效果。

① 卓越. 政府绩效管理概论［M］. 北京：清华大学出版社，2007：5.

在实践中，人们经常将“绩效”与“绩效评价”的概念混同使用。从语义上理解，“绩效”是一个静态概念，“绩效评价”是一个动态概念。需要明确的是，二者虽然词性不同，但在内涵和理论发展上高度重合。“绩效”本身即有评价的含义，人们对于绩效的关注与研究正是为了对人类活动进行更加科学的评价。不做评价的绩效没有意义，而欠缺绩效的评价没有根据。为强调评价、考评在“绩效”这一范畴内的作用，“绩效评价”逐渐代替“绩效”成为官方与民间在绩效相关事务上的常用词汇。

7.1.1.2　政府投资绩效的基本理论

（1）“3E”理论及其延伸。国内外对政府绩效的研究已开展多年，与之有关的术语和概念较多。经过长期实践的检验，以“经济（economy）”、“效率（efficiency）”和“效益（effectiveness）”组成的“3E”要素结构理论脱颖而出。由于这几个要素是建立在一个相当清楚的模式之上，成为分析绩效的最好出发点，因此可以被用来对项目实施进行测评。随着经济社会的不断前进和发展，社会福利与财富的分配、人类活动与自然的交互关系等因素受到越来越多的关注。“公平（Equity）”和“生态（Ecology）”也被纳入政府投资绩效的评价范畴，进而组成了政府投资绩效评价的“5E”理论（见图 7－1）。

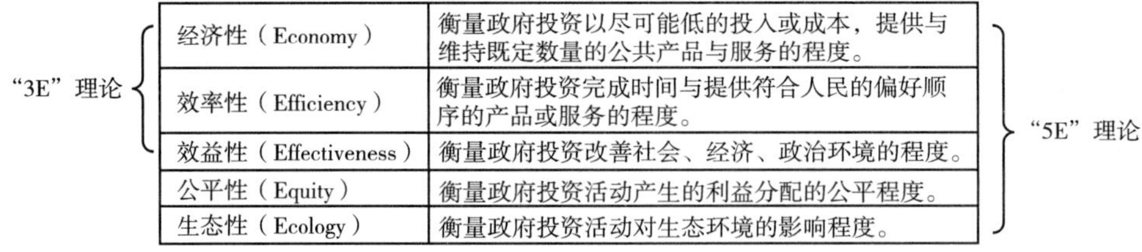

图 7－1　“3E”理论及其延伸

（2）委托代理理论。20 世纪 30 年代，美国经济学家伯利和米恩斯提出了委托代理理论。该理论以契约理论为基础，在公司所有权与管理权相分离的情况下，股东和管理层面临信息不对称条件，管理层可能产生损害股东价值最大化的行为，该理论是对公司治理问题相关理论的研究。在社会主义市场经济中，政府代表社会公众行使公共权力，代表公众利益，作为行政管理机构发挥着集中社会资金、统筹规划财政收支、最大限度保证纳税人利益的职能。从管理学的角度来看，与公司层面的委托代理问题相类似，由于社会公众和政府在信息、时间等诸多方面存在着不同程度的分离，社会公众难以凭借自身力量实现对政府行为的监督和掌控。因此，要对政府活动进行监督，必须借助一个相对独立的中介者，这就导致了绩效评价指标的产生。当前亟待解决的问题就是调节政府与公众之间的委托代理关系，通过引入绩效指标等方式对政府行为实施监督并引入竞争机制，减少社会公众在政府管理过程中可能面临的代理成本。

（3）新公共管理理论。新公共管理理论成型于20世纪70年代，其初衷在于解决各国政府面临的财政危机、管理危机和信任危机。新公共管理理论以现代经济学和私营企业管理理论为基础，主张参照企业管理办法引入竞争机制来提高政府公共服务，强调政府公共管理应以市场或社会公众需求为导向，对国家、社会与市场三者的关系进行重新调整，用这种“新型”服务型政府来代替人际关系复杂的官僚政府，将市场服务意识纳入政府决策考虑范畴中。新公共管理与传统行政管理相比，尤为关注产出与结果，政府绩效评价成为其中必不可少的一部分。各国政府逐步建立了科学的绩效管理体系以提高公共服务的效率与质量。

（4）可持续发展理论。可持续发展（Sustainable Development）理论出现于20世纪70年代初期。Edward B. Barbier 把可持续发展定义为，在不破坏自然资源和环境及保障服务质量的前提下，使经济发展的净效益达到最大化。可持续发展本质上体现的是人与自然之间的关系，既要满足当代人的生产发展的需要，又不对后代人的生活空间造成不可逆转的危害，要求经济、生态、社会各领域协调发展。由于可持续发展理念的出现，政府投资绩效评价有了长远的理论指导，即政府投资的绩效评价不仅要考虑当前的经济效益和社会效益，更要从可持续发展的角度，考虑对未来可能的潜在影响。

7.1.2 政府投资绩效管理

“绩效管理”理论于20世纪初起源于工商企业，随后法约尔（Henn Fayol）以更宏观的视角将这一概念从工商领域推广到其他领域，并提出政府公共部门的管理同样适用该理论。1938年克拉伦斯与赫伯特发表著作《市政活动的测量》，进一步推动了政府绩效的开展。直到20世纪70年代，以公共服务和顾客至上为理念的“新公共管理运动”兴起，标志着世界各地行政改革的核心将围绕政府绩效管理展开。

作为政府绩效管理的重要组成，政府投资绩效管理的理论与实践在“新公共管理运动”中逐渐丰富。经过多年实践，以预算、审计和评价为核心的政府投资绩效管理理论基本成型。

7.1.2.1 政府投资绩效预算

绩效预算是绩效管理的前提基础。根据《政府绩效管理概论》，政府绩效预算是一种相关机构根据政府业绩指标对政府预算计划进行成本效益分析，并据此进行财政资金分配的后果导向性预算模式①。进行全面的预算管理，是开展政府投资关键绩效的主要指标来源，也是整个绩效管理的基础和依据。设定科学的预算目标值，可以成为政府投资绩效管理指标的比较标杆。

政府投资绩效预算可分为宏观预算和微观预算两个层面。在宏观层面，政府在充分调研的基础上，根据政府的总体战略（例如五年规划或十年规划），结合公众需要，制定政府在一定期间内（通常是三年）的投资规划，形成预算指导框架。在微观层面，针对不同类型的项目制定预算的绩效指标及其相应的衡量基准，引进权责制会计制度，运用标准的成本计算方法，预计预算项目的单位成本（在成本核算基础上进行预期效益

---

① 卓越．政府绩效管理概论［M］．北京：清华大学出版社，2007：64.

分析），然后在成本效益分析的基础上，由政府监管部门结合社会实际的发展需要确定预算优先的项目。

政府投资绩效预算指标和衡量标准的确定，是一项极其复杂的工作。政府投资面向市场失灵的领域，短期甚至长期无法产生经济效益。因此在确定政府投资预算指标和衡量标准时，除了使用“成本效益”分析方法外，还应采取内外结合、由易到难的办法，对项目支出的直接效应和间接效应、短期效应和长期效应等完整考虑。所谓内外结合，是指采取内外部专家讨论和听取民众代表意见两个渠道；所谓由易到难，是指首先确定独立量化的指标，然后逐步完善相关性强的指标。

政府投资绩效预算对提高政府效率起三方面作用。首先，提高财政资金使用的责任感。绩效预算要求政府投资从满足使用者需求出发，因此，实行绩效预算可以强化政府为公众服务的观念，提高政府投资效率，使政府投资更加务实有效。其次，实施绩效预算有助于制止贪污浪费。绩效预算运用标准的成本计算方法，且要求政府投资达到预期的绩效指标，可有效杜绝资金浪费、挪用公款或以次充好等情况的发生。最后，实施绩效预算有助于政府投资结构的优化。在减税降费的行政环境下，政府需要根据轻重缓急统筹安排投资，减少不必要或低效率的支出，绩效预算给予政府部门项目筛选的标准，有助于促进政府投资资金结构的优化。

7.1.2.2 政府投资绩效审计

“政府绩效审计”的概念在各国文献中表述不一。根据《政府绩效管理理论》，政府绩效审计是国家审计发展到一定阶段的结果，其特点在于拥有独立的审计机关和专门的审计方法，能系统客观地评价政府投资项目的实际效益，从而提高整个政府运行的透明度和有效性。

政府投资绩效审计是一项有计划、有步骤的系统工程，审计工作需要按照既定的流程，使用科学的技术方法进行。我国《审计法》将绩效审计程序规定为：审计项目计划、审计准备、审计实施和审计终结。审计的计划和准备阶段的工作包括确定审计范围、审计假设、审计目标以及为实现目标而采用的方法，旨在控制审计过程，保证审计质量。审计的具体环节步骤主要包括：整理被审计单位数据信息，结合被审计单位业绩效率进行评价并得出审计结果，最后提出审计意见。审计终结阶段绩效审计人员应当拟定书面报告，传达绩效审计结果，并在审计结束后的一段时间，对审计建议和改进措施的执行情况进行回访性审计。

绩效审计的技术方法指收集能够证明绩效评估结论、产生原因和提出绩效改善建议的证据的方式手段。绩效审计的技术方法呈现多样性和学科交融的特点，根据中国审计学会立项课题研究报告（2004—2005 年），绩效审计使用最多的方法具体包括：对关键人物的针对性访谈，对目标单位政策、程序、系统的检查，对被审计单位数据和资料真实性可靠性的判别，采用调查问卷、抽查审计报告等相关材料等形式进行。

政府投资绩效审计对提高政府效率起三方面作用。首先，政府绩效审计有助于评价政府投资效益。政府绩效审计通过评估政府投资“3E”，对政府投资做出客观系统的评价，明确政府是否以尽可能小的成本为公众提供了更多更优质的服务，最终形成绩效审计报告。其次，政府绩效审计有助于对政府投资进行有效监督。绩效审计可提高政府投资活动的透明性，从而使市场各方对其合法性、经济性、效益性进行监督，并及时指出政府投资中存在的问题和薄弱环节，促使政府改进提高。最后，政府投资绩效审计有利于提升政府形象。政府绩效审计有助于政府部门展示工作成果或努力弥补不足，与公众形成良好互动，进而提高公众支持度。

7.1.2.3 政府投资绩效评价

绩效评价在政府投资绩效管理体系中起着承上启下的作用，通过评价，预算指标和审计报告中的信息产生价值，并为反馈建议提供指导。有效的评价需要依托科学的方法，政府投资绩效评价方法经过多年的研究发展已变得更为丰富。

（1）逻辑框架法。1970 年逻辑框架法由美国国际发展署提出，其主要是作为一种项目开发的工具，主要用于对项目的统筹规划、具体实施、过程监督和最终反馈等过程中。逻辑框架法要求对事件的关键因素进行分析后，再做出系统性评价。逻辑框架法可用于分析项目中许多因素间的因果关系，并预测其未来发展动向。其核心在于事物的因果逻辑关系，即某一条件会导致某一事件的发生，这些条件不仅包括事件的内部因素，还包括其外部影响。运用逻辑框架法对政府的财政投资活动进行评价的目的，是根据实际资料来确立目标层次之间的逻辑关系，从而对项目的效果、效率、持续性及影响进行分析。此方法的步骤：首先是将所有问题逐一罗列得到“问题树”，在明确问题核心后，分析核心问题所产生的影响和后果，并找到导致核心问题的原因，从而得到“目标树”，最后通过“规划矩阵”来完成后续工作。

（2）比较法。作为财政投资绩效评价常用的方法之一，比较法是指在一定时期内，通过对财政投资项目的实施效果进行横向、纵向比较，来分析项目的整体运营情况，从而对绩效目标实现程度进行评判。

（3）成本效益分析法。成本效益分析法是指将一段时间内项目付出的总成本与产生的总效益进行对比分析，利用多种预选方案对项目的成本效益进行分析，最终选择出最优的支出方案。成本效益分析法适用于那些成本和收益都能准确计量的项目，比如公路、铁路等一些公共工程类项目。然而对于部分以社会效益为主的支出项目来说不宜采用这种方法，因为这些项目无法用货币计量成本效益，比如环境治理、水利防洪等。

（4）公众满意度测评法。政府投资项目的实施效果需要让公众满意，因而可以将公众满意度作为财政投资绩效评价的核心标准，这也构成了财政投资绩效评估的重要方法——公众满意度测评法。对财政投资满意度的衡量可以参考客户满意度指数评价法，其作为一种综合衡量指数，能反映出经济运行和社会产出的相关关系。在编制该指数时，需要参照消费者行为理论、心理学、统计学、社会学等多学科的基本原理与方法设计逻辑模型。

利用公众满意度测评政府投资项目，主要分为三个阶段：

第一，前期准备。主要是对开展公众满意度测评的政府投资项目设计调查问卷，构建绩效评价指数体系。

第二，开展评价。可采用多种调查方法相结合的方式进行，如线上问卷、街头采访、入户访问、用户深度访谈等。

第三，结果处理及反馈。计算出最终的公众满意度分值，并对最终结果做出合理解释分析。通过政府项目满意度调查的方式，不仅能发现政府在项目执行中的潜在问题，也能激发社会公众对社会治理的参与感和积极性。

（5）平衡计分卡。作为一种新的战略性绩效管理系统和方法，平衡计分卡将财务指标和非财务指标相结合，用来评估企业或投资活动的绩效。具体情况如表 7－1 所示。

表 7－1　　平衡计分卡法的绩效管理指标

指标	具体内容
财务类指标	投资回报率 现金流量 盈利率 净利润等
客户类指标	客户满意率 市场份额 用户数量 平均用户收益等
学习发展指标	新业务服务 内部员工满意率 部门协作 员工收入等
营运类指标	安全事故率 工程项目完成周期率 工程项目质量 返工率等

平衡计分卡与传统绩效测评法相比，优势在于：对关键领域绩效的衡量有所侧重；使绩效的衡量可量化且具有可比性；建立平衡计分卡的过程也为企业、员工、政府的沟通提供了高效渠道。

（6）因素分析法。因素分析法是基于一定社会背景、战略与核心价值观，对不同财政投资项目提取关键的影响因素来进行分析，将影响绩效目标实现、绩效目标实施效果的内外因素进行综合，从而评价绩效目标的实现程度。因素分析法通过准确计算各影响因素来分析指标的影响方向和影响程度，有利于政府在进行投资活动时进行事前计划、事中控制和事后监督，促进政府进行目标管理，提高经营管理水平。

（7）最低成本法。在效益确定但不易衡量的情况下，可以通过对多个同类对象的实施成本进行横向比较，从而确定其中花费成本最小的项目，评价绩效目标实现程度，也称为最低成本法。最低成本法与成本效益法相似，适用于成本能够准确计量的项目。

7.1.3 国外政府投资绩效管理的实践与经验

政府投资绩效管理是政府公共管理的重要组成部分。在西方国家政府发展的 100 多年历程中，共经历了三次里程碑式的变革，即传统的公共行政模式、公共政策分析和公共管理范式。最初的传统行政模式更加注重对经济、效率及生产力层面的问题的研究；20 世纪 70 年代以来，增加了政府服务质量、效益及公众满意度等多个维度的考量。政府投资绩效管理在这一过程中日渐成熟。

7.1.3.1 美国的政府投资绩效管理实践

美国政府绩效管理实践中最有影响的是“政府再造（ReinventingGovernment)”运动。美国政府绩效管理起源于 1973 年；1993 年，美国国会通过《政府绩效与成果法》（The government Performance and Results Act, GPRA)，就政府部门的目标、标准及年报等相关问题做出具体规定；同年，美国国家绩效评审委员会出台了《从繁文缛节到结果导向——创造一个花钱少、工作好的政府》（简称《戈尔报告》)，成为指导 20 世纪末政府绩效改革的纲领性文件。

经过多年的政府绩效改革，美国政府投资绩效管理逐渐成熟。美国围绕政府投资制定了《联邦采购规章》（Federal Acquisition Regulation，FAR）等法律法规，为政府投资绩效管理奠定了法律基础。在绩效管理的控制方面，美国联邦与各州政府均为政府投资项目开展集中管理设立专门机构，包括美国国会的总审计署办公室、行政机关的检查总局和联邦法院等，这些机构对政府投资项目都有监督权。此外；政府投资项目的规划、方案和支出均向美国公众公开，以促进公众对政府投资项目的监督。在绩效管理的预算方面，美国政府投资实施严格、科学的决策程序，最终需由同级预算部门和议会严格审查。美国联邦总务署大型项目的设计审定需经过三个阶段：一是制定五年滚动投资计划，完善项目储备计划，保障政府可选项目的充足性；二是从项目库中挑选成熟项目上报；三是审批通过后，项目正式生效，总务署按照预算安排进行落地实施。

在成熟的绩效管理体系下，美国政府投资已实现事前、事中、事后的全过程管理。在项目规划阶段，政府投资绩效管理主要体现为对规划征询意见、调研、举行听证等；项目方案获批后，部门依法监督，各方依法开展招投标；在项目设计阶段，政府人员要向专家咨询，就设计图与专业人员进行沟通协商；在施工过程中，政府派驻专业人员或聘请中介机构进行监督，并于工程完工后审查验收和评价。

7.1.3.2 英国的政府投资绩效管理实践

英国政府绩效实践总体分为两大阶段：第一阶段为20世纪80年代，行政绩效改革聚焦于经济发展效率，并专注于帮助政府度过财政危机。进入90年代，改革的重点转变为对公共服务质量和效益以及公众满意的追求。

英国是最早进行政府绩效改革的国家之一，其政府投资绩效管理和美国一样较为成熟，但有自己的特色。在绩效管理的法规方面，英国的政府投资绩效管理制度统一在欧盟的法律框架下，政府投资项目需经过政府采购程序。为规范成员国的投资行为，欧盟发布了《公共工程采购指令》、《公共事业采购救济指令》等系列制度，对政府投资绩效管理进行规范。

在政府管理架构方面，英国政府投资绩效管理主要由议会、财政和审计机关三方负责。议会作为最高决策机构需对所有项目进行审批表决，待议会审批通过后方可执行。英国财政部以三年为单位制定公共支出的总预算，并以年度为单位指定年度预算报告上报议会审批。预算报告一经议会通过即成为法案，若政府实际收支超过预算申请范围，将会受到严格审查。在绩效管理的预算方面，英国政府投资绩效管理以控制预算为核心。为确定项目投资预算与工程量，相关部门制定了经财政部认可的各种建设标准的造价指标，成为确定工程项目规模和投资的基础。

在项目实施过程中，英国政府使用 FIDIC 合同对项目进行全过程管理，涉及项目范围、费用、时间、质量、人力、风险、采购等多方面、全方位的管理，不仅为项目参与方合同的签订提供了标准，也使实施步骤更具规范性，减少了可能出现的纠纷及争议。

7.2 我国政府投资绩效管理的现状及问题

7.2.1 我国政府投资绩效管理的发展历程

7.2.1.1 萌芽期（1990—2008 年）

20 世纪 90 年代，绩效评价逐步成为各国财政改革的重要措施。我国在这一时期逐步推行部门预算制度、政府采购制度、收支两条线、国库集中支付制度等，对新公共支出管理思想与模式进行探索，政府投资绩效管理在这一过程中崭露头角。20 世纪 90 年代初，交通部专门制定了公路和港口项目的绩效评价报告标准；1998 年，我国专门成立了一个办公室，主要负责政府投资重点建设项目的稽查和绩效评价工作。在这一时期，我国财政绩效评价体系的建设重点在于行政绩效评价，加强公共财政支出管理、提升公共财政支出效益是财政管理工作的主要目标，政府投资绩效评价被包含在公共财政绩效评价之中。政府绩效审计的理论与实践在我国得到快速发展，绩效审计在中央政府审计层面占据主导地位，地方政府绩效审计蓬勃发展，为日后政府投资绩效管理的发展打下了坚实基础。

7.2.1.2 探索发展时期（2008—2018 年）

随着我国社会主义市场经济的发展，政府投资规模和公共领域项目类别显著增加，政府投资方式和资金来源逐步丰富，相关利益方增多，政府投资管理的难度加大，政府投资绩效管理成为财政支出绩效管理体制改革的重要内容和主题。在这一时期，专门针对政府投资绩效管理制定的政策陆续出台。2008 年，《外国政府贷款项目绩效评价暂行办法》与《国际金融组织贷款项目绩效评价管理暂行办法》相继发布，对资金来源为国际贷款的政府投资项目绩效评价工作进行了规定。2009 年，《财政支出绩效评价管理暂行办法》出台，对财政支出绩效评价工作的方法、流程和评价指标体系做了详细规定。2013 年，财政部印发《预算绩效评价共性指标体系框架》，是对《财政支出绩效评价管理暂行办法》的进一步完善。2015—2017 年，随着《中央对地方专项转移支付绩效目标管理暂行办法》的发布，中央对地方专项转移支付资金绩效评价办法频繁发布，涉及城镇保障性安居工程、水污染防治、城市管网等诸多公共领域项目，政府投资绩效管理发展进入快车道。

7.2.1.3 全面推广时期（2018 年至今）

2018 年，《中共中央 国务院关于全面实施预算绩效管理的意见》（中发〔2018〕34 号）和《关于贯彻落实中共中央国务院关于全面实施预算绩效管理的意见的通知》（财预〔2018〕167 号）先后发布，我国政府预算绩效管理进入全面推广阶段。2019 年，国务院发布《政府投资条例》（国务院令第 712 号），政府投资领域迎来第一部行政法规。《政府投资条例》对政府投资的范围进行了明确规定，并提出政府投资年度计划，完善了宏观绩效预算管理。2020 年，财政部在《财政支出绩效评价管理暂行办法》（财预〔2011〕285 号）的基础上修订发布了《项目支出绩效评价管理办法》（财预〔2020〕10 号），政府预算绩效评价的纲领性文件实现升级换代。《项目支出绩效评价管理办法》充分强调绩效评价的项目导向和结果导向，采取单位自评、部门评价和财政评价三种方式。根据《项目支出绩效评价管理办法》，财政部门作为绩效评价的组织方，负责制定评价政府绩效的相关制度，指导本级及下级财政部门开展绩效评价工作。绩效评价根据期限不同，划分为年度评价、中期评价和项目结束后评价。项目实施期在 5 年及以上，应适时开展中期和实施期后绩效评价。各级财政部门、预算部门应当按照要求将绩效评价结果分别编入政府决算和本部门决算，报送本级人民代表大会常务委员会，并依法予以公开。

在《政府投资条例》和《项目支出绩效评价管理办法》的指导下，按照“分级负责”的原则，各级政府组织制定统一规范的本级政府投资项目审批职责规定和本级政府投资年度计划管理制度，保障本级人民政府统筹安排、规范使用各类政府投资资金，并围绕决策程序、资金安排、建设实施、信息共享、绩效管理、事中事后监管等方面有序完善工作机制和管理制度。我国政府投资绩效管理制度和体系建设开始全面推广（见表 7 – 2）。

表 7 – 2　　我国政府投资绩效评价文件汇总

时间	文件	备注
2008 年	《财政部关于印发〈外国政府贷款项目绩效评价暂行办法〉及有关评价指标的通知》	财金〔2008〕24 号
2008 年	《财政部关于印发〈国际金融组织贷款项目绩效评价管理暂行办法〉的通知》	财际〔2008〕48 号
2009 年	《财政部关于进一步推进中央部门预算项目支出绩效评价试点工作的通知》	财预〔2009〕390 号
2011 年	《财政部关于印发〈财政支出绩效评价管理暂行办法〉的通知》	财预〔2011〕285 号
2012 年	《预算绩效管理工作规划（2012—2015 年）》	财预〔2012〕396 号

续表

时间	文件	备注
2013 年	《财政部关于印发〈预算绩效评价共性指标体系框架〉的通知》	财预〔2013〕53 号
2014 年	《中华人民共和国预算法》	2014 年修正
2015 年	《财政部 住房城乡建设部关于印发〈城镇保障性安居工程财政资金绩效评价暂行办法〉的通知》	财综〔2015〕6 号
2015 年	《财政部关于印发〈中央对地方专项转移支付绩效目标管理暂行办法〉的通知》	财预〔2015〕163 号
2015 年	《住房和城乡建设部办公厅关于印发〈海绵城市建设绩效评价与考核办法（试行）〉的通知》	建办城函〔2015〕635 号
2016 年	《财政部 住房城乡建设部关于印发〈城市管网专项资金绩效评价暂行办法〉的通知》	财建〔2016〕52 号
2017 年	《关于印发〈水污染防治专项资金绩效评价办法〉的通知》	财建〔2017〕32 号
2018 年	《中共中央 国务院关于全面实施预算绩效管理的意见》	中发〔2018〕34 号
2018 年	《关于贯彻落实〈中共中央 国务院关于全面实施预算绩效管理的意见〉的通知》	财预〔2018〕167 号
2019 年	《政府投资管理条例》	国令第 712 号
2020 年	《项目支出绩效评价管理办法》	财预〔2020〕10 号
2020 年	《关于印发〈政府和社会资本合作（PPP）项目绩效管理操作指引〉的通知》	财金〔2020〕13 号
2020 年	《中华人民共和国预算法实施条例》	国令第 729 号

7.2.2 我国政府投资绩效管理的现状

政府投资绩效管理的实践在我国长期处于萌芽与探索发展阶段，绩效管理相关制度与管理体系尚不完善。从中央各部门到地方政府，在多年投资绩效管理实践中出台了诸多类型的绩效管理法规，对政府投资进行区域性、模式化的绩效管理。

7.2.2.1 国家发改委对中央预算内投资绩效管理的规范

2019 年 1 月 29 日，国家发改委发布了《关于加强中央预算内投资绩效管理有关工作的通知》，对科学合理设置绩效目标、认真填报绩效目标、严格审核下达绩效目标、不断加强绩效监控、认真开展绩效评价、进一步加强评估结果运用等问题，做出了相应要求。其中，对中央预算内投资专项提出的绩效评价指标包括实施效果指标、过程管理指标。实施效果指标又包括产出指标、效益指标、满意度指标等。

7.2.2.2 政府投资绩效管理的地方实践

在财政部《财政支出绩效评价管理暂行办法》（2011）与《浙江省政府投资预算管理办法》（2011）等文件的指引下，浙江省财政厅于2013年出台《浙江省政府投资项目绩效评价管理暂行办法》（以下简称《办法》），对政府投资项目实施全过程及其经济性、效率性和效益性进行评价。

《办法》对政府投资项目绩效评价的原则、依据、对象、内容、目标和方法等进行了详细规定。在绩效评价指标体系的构建方面，《办法》按照项目决策、管理、绩效的体系分别确定具体的绩效评价指标，并相应设置绩效权重。其中，项目决策和项目管理属于共性指标，适用于所有的评价对象；项目绩效属于个性指标，针对项目特点适用于不同项目类型的评价指标。共性指标主要包括项目目标、决策过程、预算安排、项目管理、财务管理等内容；个性指标则按照房屋建筑、道路桥梁、水利工程、污水处理、园林绿化等项目类别分别制定相应的评价指标体系。

在上述办法的引导下，浙江省各地市陆续出台基层政府投资绩效相关规范。以浙江省桐乡市为例，2015年《桐乡市政府投资项目绩效评价管理暂行办法》发布，2019年《关于加强政府投资项目全面预算绩效评价工作的通知》发布，并搭建了桐乡市政府投资项目绩效评价共性（个性）指标体系（见表7-3）。

7.2.2.3 不同模式政府投资的绩效管理现状

随着我国政府投融资体制改革的推进，地方基础设施项目的融资模式不断丰富。根据融资渠道的不同，目前地方公共领域基础设施项目的建设

表 7－3　桐乡市政府投资项目绩效评价指标情况（项目绩效个性指标以污水处理类项目为例）

一级指标	二级指标	三级指标	四级指标/评价标准	分值
决策（16）	项目目标	目标内容	目标明确（2分）	2
		合理程度	投资合理（2分）	2
	决策过程	决策依据	项目不符合社会经济发展要求和有关规划的扣2分；不完全符合的每项不符合扣0.5分，扣完为止	2
		决策程序	项目论证（2分）；程序完备（2分）	4
	预算安排	安排过程	程序到位（2分）	2
		安排结果	安排合理（2分）；资金筹集（2分）	4
管理（34）	项目管理	组织机构	机构设置（2分）；管理制度（2分）	4
		项目实施	土地征收（2分）；招标投标（2分）；合同管理（2分）；变更管理（6分）；安全施工（1分）；工程监理（2分）；施工进度（2分）；竣工验收（1分）	18
	财务管理	财务制度	制度制定（1分）；制度执行（2分）	3
		资金使用	投资控制（4分）；支出合法性（2）；支付及时性（1分）；竣工财务决算（2分）	9
绩效（50）	项目产出	产出数量	项目完成预定工程量，产出数量达到绩效目标得4分；数量存在一定不足的，每下降1%扣0.1分，扣完为止	4
		产出质量	项目质量达到绩效目标的得6分。保质期内质量存在问题的，发现一项扣0.2分，扣完为止	6
	项目效益	污染物去除率	主要污染物（BOD、COD、SS、NH3－N、TP）去除率应达到设计处理能力，每个指标每下降1%的扣0.2分，扣完为止	10
		污染物排放量达标率	主要污染物（BOD、COD、SS、NH3－N、TP）排放量达标率应达到设计处理能力，每个指标每下降1%扣0.2分，扣完为止	9
		污泥处理无害化	污泥处理工艺达到国内先进工艺并达到无害化处理，未达到的酌情扣分	6
		社会效益	项目建成后应实现较好的社会效益，实现社会效益一般的扣1—3分；实现社会效益较差或有负面影响的扣3—5分	5
		可持续效益	项目应实现较好的可持续效益，实现可持续效益一般的扣1—2分；实现可持续效益较差的扣2—5分	5
		服务对象满意度	服务对象满意度＝5×社会调查满意率（根据向项目周边居民（一般不少于20人）或使用者的调查问卷或其他有效方式获得）	5

注：由于篇幅限制，表中有四级指标的评价标准仅显示四级指标，不列示具体评价标准，详见桐乡市财政局《关于加强政府投资项目全面预算绩效评价工作的通知》。

模式主要分为委托代建模式、PPP 模式和政府债券模式。不同模式下的政府投资绩效评价重点与指标体系不尽相同，随着我国政府投资绩效管理的推进，针对不同模式的绩效管理政策持续出台。

（1）委托代建模式的绩效管理现状。广义的“委托代建”模式可分为标准的 BT 模式（融资方 + 管理者 + 建设主体）、非典型意义上的 BT 模式（融资方 + 管理者）和项目代建制（管理者）。BT 模式在我国的滥用导致政府隐性债务无序扩张，因此自 2012 年以来，监管部门对委托单位建设并承担逐年回购（BT）责任的模式进行了严格约束。在此背景下，委托代建模式的绩效管理聚焦于以合规为前提的项目代建制模式的绩效管理。

早在 2004 年 9 月，财政部发布《关于切实加强政府投资项目代建制财政财务管理有关问题的指导意见》（财建〔2004〕300 号），对代建制下的投资计划制定、支出预算申报及编制、建设资金拨付、项目会计核算及竣工决算、代建管理费核算等进行了较为详细的规定。北京、湖南、福建等多个省市也先后出台了项目代建制的管理办法。代建制模式是较早应用的政府投资模式，相关法规出台时间较早，但近十年来绩效管理政策缺乏更新。目前 BT 已基本停止。

（2）政府与社会资本合作（PPP）的绩效管理现状。政府和社会资本合作（Public – Private Partnership）模式是公共基础设施中的一种项目运作模式。《财政部关于推广运用政府和社会资本合作模式有关问题的通知》（财金〔2014〕76 号）指出，政府和社会资本合作模式是在基础设施及公共服务领域建立的一种长期合作关系。2014 年以来，PPP 模式在我国取得快速发展，同时也暴露出诸多问题。为规范 PPP 模式的绩效管理，财政部于 2020 年出台《政府和社会资本合作（PPP）项目绩效管理操作指引》（财金〔2020〕13 号）（以下简称《操作指引》），对 PPP 项目全生命周期进行绩效目标和指标管理、绩效监控、绩效评价以及结果应用。

《操作指引》将 PPP 项目绩效目标分为总体绩效目标和年度绩效目标。总体绩效目标是 PPP 项目在全生命周期内预期达到的产出和效果；年度绩效目标是根据总体绩效目标和项目实际确定的具体年度预期达到的产出和效果。此外，《操作指引》对不同阶段的 PPP 项目的绩效目标与指标管理做出了详细规定。根据指引，PPP 项目绩效评价结果是按效付费、落实整改、监督问责的重要依据。对于政府付费和可行性缺口补助项目，政府承担的年度运营补贴支出应与当年项目公司（社会资本）绩效评价结果完全挂钩；对于使用者付费项目，项目公司（社会资本）获得的项目收益应与当年项目公司（社会资本）绩效评价结果挂钩。

（3）政府债务项目的绩效管理现状。2014 年，财政部发布《地方政府专项债券发行管理暂行办法》（财库〔2015〕83 号），提出地方政府举债采取政府债券方式。其中有一定收益的公益性事业发展确需政府举借专项债务的，由地方政府通过发行专项债券融资，以对应的政府性基金或专项收入偿还。2015 年新《预算法》生效后，发行政府债券成为地方政府举借债务的唯一合法形式。近年来，以地方政府专项债券作为资金来源的政府投资项目数量和类型逐渐增加，地方政府专项债规模持续扩大。为规范地方政府债务管理，陕西省于 2018 年制定出台了《陕西省政府债务管理绩效评价暂行办法》，在全国率先启动了地方政府债务管理绩效评价工作，并将绩效评价结果作为下年度新增政府债务限额分配、省对市县均衡性转移支付分配及其他专项资金分配的重要参考因素。

与一般项目绩效管理办法相比，地方政府专项债务绩效评价体系需在政府投资绩效评价基本原则的基础上，重点关注偿债来源、融资与项目收益平衡、资金使用效率等因素，强调债务性融资的风险指标和成本指标。目前，全国性的地方政府债务绩效评价管理规范尚未出台。

7.2.2.4 政府投资基金的绩效管理现状

2015 年，财政部颁布《政府投资基金暂行管理办法》（财预〔2015〕210 号）和《关于财政资金注资政府投资基金支持产业发展的指导意见》（财建〔2015〕1062 号），2016 年发改委发布《政府出资产业投资基金管理暂行办法》（发改财金规〔2016〕2800 号）。在政策引导下，地方政府积极探索使用政府投资基金，结合地方经济发展规划、产业基础、资源优势等实际情况，利用财政资金杠杆作用，有效引导社会资本投向。经过多年的发展，逐步形成以中小企业、创新创业、产业培育和转型升级，以及基础设施建设和公共服务的四大类政府投资基金。

为规范政府投资基金的管理，2018 年国家发展改革委办公厅发布《关于做好政府出资产业投资基金绩效评价有关工作的通知》（发改办财金〔2018〕1043 号），依托全国政府出资产业投资基金信用信息登记系统，对政府出资产业投资基金的政策目标实现程度、投资管理能力、综合信用水平、经济效益等进行绩效评价。

根据基金所处的投资阶段，绩效评价分为投资期基金评价和退出期基金评价（见表 7－4）。主要指标按照属性可分为政策评价、管理评价、信用评价、经济评价四大类，按照类型可分为系统性指标、自评指标、他评指标和奖惩性指标。各级发展改革部门按照《政府出资产业投资基金管理暂行办法》确定的权限范围组织开展绩效评价工作。基金和基金管理人评价结果除告知基金和基金管理人主体外，部分内容将以适当形式向社会公开，并向有关部门、托管机构、社会资本推送；所有基金评价结果向省、市地方政府和基金财政出资方推送。

表 7－4　　政府出资产业投资基金绩效评价指标

政府出资产业投资基金绩效评价指标				
阶段	一级指标	二级指标	指标类型	分值
投资期	政策评价指标	基金投向	系统性指标	30
		财政出资放大倍数	系统性指标	20
		社会效益	奖惩类指标	[0，20]
	管理评价指标	托管规范性	奖惩类指标	[－5，0]
		投资进度	系统性指标	12
		投资规范性	奖惩类指标	[－5，0]
		投资规范性	奖惩类指标	[－10，0]
		基金管理人综合评价	自评指标	12

续表

政府出资产业投资基金绩效评价指标				
阶段	一级指标	二级指标	指标类型	分值
投资期	信用评价指标	登记备案和信息报送情况	他评指标	5
			他评指标	5
		基金管理人信用情况	自评指标	8
			自评指标	4
			自评指标	4
			奖惩类指标	[0, 10]
退出期	政策评价指标	基金投向	系统性指标	24
		财政出资放大倍数	系统性指标	16
		社会效益	奖惩类指标	[0, 20]
	管理评价指标	托管规范性	奖惩类指标	[-5, 0]
		退出进度	系统性指标	10
		基金管理人综合评价	自评指标	10
	信用评价指标	登记备案和信息报送情况	他评指标	4
			他评指标	4
		基金管理人信用情况	自评指标	6
			自评指标	4
			自评指标	2
			奖惩类指标	[0, 5]
	经济评价指标	基金收益情况	系统性指标	10
		已投企业运营情况	系统性指标	5
			系统性指标	5

注：评价主体、评价内容和计算公式详见《关于做好政府出资产业投资基金绩效评价有关工作的通知》。

7.2.3 我国政府投资绩效管理的问题

7.2.3.1 我国尚未建立完善的政府投资绩效管理制度

作为一种提高政府投资效益、提升社会公众满意度的重要手段，政府绩效管理首先兴起于西方，英国、美国等发达国家在20世纪70年代兴起了“新公共管理”和“政府再造”运动，倡导以企业家精神对政府进行改革，从而把政府绩效评估活动推向了全世界。1993 年美国通过《政府绩效与结果法案》，以立法的形式对政府进行绩效管理。2002 年美国总统管理与预算局以绩效为导向，开发出一种专门用于政府投资项目绩效评估定级的工具，从而提高了政府投资项目的绩效管理水平。英国和日本等发达国家虽没有像美国一样以立法的形式推进政府绩效管理，但也建立了相应的政府投资绩效管理制度。英国每年由投资决策机构与财政部联合制定政府投资计划，在公共投资计划实施前，由专业机构对每一个项目进行客观评估，以确保所有政府投资项目在效率、公正和责任方面满足要求。日本对工程建设管理采取分工负责制。对政府投资项目负责的机构，中央有国土交通省、各分管部门以及首相府所属的环境厅、国土厅。国土交通省全面负责政府机关办公建筑、国家公园、公路等交通设施、港口、大型水利设施和部分公私住宅工程的管理，各分管部门负责其余公共工程项目，首相府所属的环境厅、国土厅也行使部分指示、监督和管理职能。在政府投资项目绩效评估结果的应用与反馈上，日本成效显著，有效推动了项目绩效改进。

与西方发达国家相比，我国政府投资绩效管理起步较晚。虽然新中国成立以来，政府投资支出始终在我国国民经济中占据重要地位，国内大量基础设施建设项目不断兴建，但我国一直未建立一套较为完善的政府投资绩效管理制度。直到 2018 年 11 月 8 日中共中央和国务院出台《关于全面实施预算绩效管理的意见》（中发〔2018〕34 号）（以下简称《意见》），2019 年 4 月 14 日国务院出台《政府投资条例》（以下简称《条例》），我国才开始着手搭建政府投资绩效管理的制度框架。

我国之所以较长时期内没有建立起完善的政府投资绩效管理制度，一方面，由于绩效观念和重视程度不够，较长时间里我国实行 GDP 考核晋升机制，地方官员升迁主要以 GDP 为标准，导致地方政府对政府投资项目长期存在重投入轻管理、重支出轻绩效、决策上拍脑袋上项目、出了问题又无人负责等问题。虽然过去财政部门出台过一些措施，对这些问题试图予以纠正，但由于绩效考核的侧重点不在于项目投资效益，因而这些问题长期无法解决。另一方面，由于缺乏更高层面的顶层设计，导致无法自上而下建立一套完善的政府投资绩效管理制度。我国财政、审计等部门曾出台过一些改善政府投资绩效的措施，但由于缺乏更高层面的制度支持，这些举措往往执行不力、执行不畅，最终收效甚微。

《意见》和《条例》从不同方面完成了对我国政府投资绩效管理制度的顶层设计，提出用3—5年时间基本建成全方位、全过程、全覆盖的预算绩效管理体系，积极开展涉及一般公共预算等财政资金的政府投资基金、主权财富基金、政府和社会资本合作（PPP）、政府采购、政府购买服务、政府债务项目绩效管理。同时强调，项目责任人对项目预算绩效负责，对重大项目的责任人实行绩效终身责任追究制，切实做到花钱必问效、无效必问责。《意见》要求，大力推进绩效信息公开透明，主动向同级人大报告、向社会公开，自觉接受人大和社会各界监督。

《条例》则从政府投资范围、遵循的原则、如何监督和如何问责等方面对政府投资行为进行规范和约束。《条例》明确政府投资范围主要是投入公共领域，包括公共服务、公共基础设施、农业农村、生态环境保护、促进科技进步、社会管理和公共安全七个方面，政府投资要遵循科学决策、规范管理、注重绩效和公开透明的原则。在政府投资监管方面，要求监管部门采取在线监测、现场核查等方式，加强对政府投资项目实施情况的监督检查，同时规定，监管部门应建立项目信息共享机制，通过投资项目在线审批监管平台实现信息共享。《条例》明确了政府投资项目实施过程中各相关方的违法行为，强化监督问责，加大对项目管理过程中违法行为的查处力度。

虽然《意见》和《条例》的出台，对我国政府投资绩效管理制度的构建具有重要的意义，部分地方也开始落实政府投资绩效管理相关的政策部署，但我国仍需要建立起一套完善的政府投资绩效管理制度，可以由国家权力机关从政府投资绩效管理的原则、政府投资绩效管理机构、绩效政府投资绩效评估标准的设置、评估数据的采集方法方式、评估结果的运用等方面出台更为具体细致的法律规定。通过自上而下对政府投资绩效管理进行制度化法制化设计，政府投资绩效管理才能在全国范围内真正开展和实施，也才能真正实现政府投资绩效管理的目标。

7.2.3.2 我国政府投资绩效管理机制仍有待健全

政府投资绩效管理制度离不开健全的政府投资绩效管理机制。政府投资绩效管理机制的建立主要是从明确投资绩效评估主体或实施机构、开展事前绩效评估、对投资绩效运行进行监控、实施投资绩效评价和强化绩效运用几方面形成完整的管理链条，从而保障政府投资绩效管理制度的实施。但目前我国政府投资绩效管理机制仍有待健全。

首先，开展政府投资绩效管理需要明确绩效管理主体或实施机构，通过法律的方式对绩效管理主体或实施机构的权力和责任予以明确，可以明显增强绩效管理主体或实施机构的权威性，为正常开展政府投资绩效管理工作提供保障。但由于目前我国政府投资绩效管理仍处于起步阶段，政府投资绩效管理的主体涉及多个政府部门，这些政府部门互不统属，实施绩效管理往往是基于各部门行政职能基础上形成的职责，因而缺乏统一的绩效管理认识，更缺乏统一的绩效管理政策和规范。即使是对同一项目开展绩效管理，其标准和结果也可能截然不同，这显然对开展政府投资绩效管理不利。同时，由于政府投资绩效管理涉及面较广，不单是行政部门的责任，人大、审计、监察等立法和监督部门也难以置身事外。为了从更高层面对各绩效管理参与者在开展绩效管理工作时进行充分的协调，有必要通过法律方式明确各绩效管理部门的职责，但目前我国在这方面存在明显的缺失。

其次，开展政府投资绩效管理需要健全的事前绩效评估机制，通过加强政府投资事前绩效评估，并将评估结果与申请预算进行挂钩，作为建设单位预算申请的必备要件，有利于保障政府投资实施的科学性和合规性。但由于目前我国政府投资绩效评估机制不健全，一些地方政府投资项目决策仍然一味追求以 GDP 为主，重产出轻成本，重经济效益轻社会效益和环境效益，投资决策上主要领导说了算，可行性报告论证不规范，缺少充分的调研和科学论证，部分项目处于“重建设、轻管理、少论证、无评估”的状况，从而导致在工程实施中出现超预算、进度迟缓和资金浪费的现象，项目建设过程中以及建设后对生态环境产生严重破坏，给当地居民生活带来巨大的危害，给国家造成不可估量的损失，甚至影响经济社会可持续性发展。

再次，有效的绩效运行监控机制，既要对绩效目标实现程度进行监控，还要对预算执行进度予以监控，这样“双监控”能够及时发现问题，分析问题产生的原因并及时纠正，从而确保如期保质保量地实现绩效目标。但长期以来，由于我国建、管、控三者权利归一的建设体制，政府投资项目缺乏监控，实施过程中常常出现绩效目标跑偏、投资约束力不强等现象，尤其是项目实施过程中存在项目乱扩、资金乱用等问题，建设过程中任意改动建设计划，出现大量项目外投资，最终造成项目预算不足，无法继续施工或者不得不加大项目投资。

最后，积极实施绩效评价工作，强化绩效评价结果运用，是推动政府投资绩效管理制度正常运转的重要环节。目前由于我国政府投资绩效评价体系不完善、不规范，政府投资绩效评价工作往往流于形式和走过场。在绩效评价结果运用方面，由于欠缺绩效评价结果激励机制，同时问责机制也无法相应建立，绩效评价结果无法发挥应有的激励和惩戒作用。由于绩效评价结果普遍不公开透明，社会公众对绩效理念了解不清楚，无法实施有效的社会舆论监督。

总而言之，目前我国政府投资绩效管理由于存在机制上的不健全，导致绩效管理各环节存在较多的漏洞，无法做到对政府投资项目开展事前、事中、事后三位一体的全闭环绩效管理。

7.2.3.3 我国尚未组建规范化、科学化的政府投资绩效评价体系

政府投资绩效评价是指通过一定的评价方法和评价标准对政府投资利用资源的经济性、效率性和效果性进行鉴证评价的活动，主要包括对投资

决策的科学性、合理性评价，项目资金使用的真实性、合法性评价，项目管理的规范性、有效性评价，投资项目效益的评价等方面。目的是通过评价活动向政府投资部门提供经济责任履行情况的信息，并提供改进建议，更好地改进政府投资工作，提高经济效益和社会效益。

我国政府投资绩效评价工作开展时间比较早。1989 年和 1990 年国家交通部专门制定了公路和港口项目的绩效评价报告标准；1998 年我国专门成立了一个办公室，主要负责政府投资重点建设项目的稽查和绩效评价；2009 年财政部出台了《财政支出绩效评价管理暂行办法》(财预〔2009〕75 号)，2018 年中共中央和国务院出台了《关于全面实施预算绩效管理的意见》，从顶层设计方面对政府投资绩效评价体系进行架构。但目前我国离建立规范化、科学化的政府投资绩效评价体系仍然任重道远。

一是我国还未建立较健全的政府投资绩效评价法律体系。尽管有关部门已出台了投资项目绩效评价的相关部门规章，甚至对投资项目绩效评价工作做出了较为具体的规定，但整体上我国还缺少一部全面统筹政府投资绩效评价工作的法律法规，使得实践中政府投资绩效评价工作权威性不足，难以有效推动投资项目绩效评价工作。同时，由于评价工作比较复杂，绩效评价结果对相关利益主体会产生较大的影响，因而通过一套强硬的法律法规保证绩效评价过程的规范化和透明化，有利于绩效评价工作的顺利开展。但至今我国还没有制定出一套规范化、制度化的政府投资绩效评价法律体系。

二是绩效评价过程中存在评价主体单一、绩效指标设置不科学、评价方法过于单一等问题。目前，政府投资绩效评价的主体越来越朝多元化的方向发展，但实际工作中政府部门仍然居于主导地位，往往是上级对下级的评估，缺少公众的参与。这种评估不仅容易产生没有实际意义的评价结果，还容易引起一种以领导为导向的通病。政府投资项目涉及面较宽、内容较广，增加了绩效评价指标设置的复杂度和难度。目前我国政府投资领域缺乏一套统一的评价指标体系，发展改革委存在一套“建设项目经济评价指标体系”，财政部存在一套“政府投资项目预算绩效评价指标体系”，这两套指标体系有部分重合，也存在差别。同时，不同类型的政府投资项目，由于其功能不同，绩效评价的内容也不尽相同。比如高速公路和公立医院等项目，对社会效益的关注程度要高于经济效益；一些环保项目的建设，对环境效益和生态效益的关注程度要高于社会效益和经济效益。但目前我国政府投资评价的指标体系多以通用指标为主，不能囊括不同类型的政府投资项目。另外，指标权重的确定也会对评价结果产生直接的影响。目前的指标体系对权重的确定比较随意，没有遵循一定的原则，严重缺乏客观性。在绩效评价方法上，政府部门开展投资绩效评价工作时往往倾向于采用单一的评价方法，但由于政府投资项目的公共性和复杂性，很难找到唯一的评价方法来覆盖所有的政府投资项目。仅采用单一的评价方法，会导致绩效评价结果不客观、不准确。在定性、定量的方法上，政府部门往往倾向于依赖定性的方法，缺乏具体的可量化的评价指标，导致评价结果主观性强、科学性不够。另外，评价方法往往是基于静态评价，对项目整个生命周期缺少完整的动态和连续性评价。

三是绩效结果的运用保障不完善。一套好的政府投资绩效评价体系应当贯穿项目投资决策、资金使用、项目实施和投资效益整个过程，在事前、事中、事后每个阶段均做出及时、准确、客观的评价，从而保障项目开展的经济性、效率性和收益性。但目前我国政府投资绩效评价结果缺乏实际应用价值，既不能在项目实施中找出影响项目投资绩效的相关问题，也难以改进项目管理者的管理方式、提高管理效率。绩效评价结果虽然可以为将来的决策提供参考和改进意见，但不能及时解决已经发生的问题。同时，绩效评价没有设立合理的惩罚措施，没有切实通过考评来激发干劲，无法对推动下一年度的投资安排提供指导。绩效评价往往从政府的需要出发，难以回应社会公众的关切。

7.2.3.4 我国适应新时代政府投资绩效管理的人才队伍建设薄弱

我国政府投资绩效管理存在专业人员配备不足的现象，专业人员数量明显不足，整体水平明显偏低，对我国政府投资绩效管理工作的开展形成严重的制约。

我国政府部门日常工作繁多，专业人员数量普遍不够。受限于政府人员编制，政府投资绩效管理工作如果大规模开展，将会大幅增加政府部门的工作量，势必导致目前本已十分紧张的行政资源更紧张。而行政资源的不足，也将导致绩效管理工作质量难以持续得到提高。以绩效评价工作为例，目前我国很多地方政府没有设置政府投资绩效评价的专门科室，没有明确的专职人员负责。政府部门开展投资绩效评价工作所需要的工程、财务、计算机等专业人员，是从不同的科室临时抽调而来，但由于这些人员科室设置及任务分工不同，各自工作相对独立，平时合作和互动交流不多，将这些人员凑成一个团体开展绩效评估工作，需要较大的组织和协调能力。由于缺少专职人员负责，这方面的管理能力难以持续得到提高，对绩效评估质量造成了影响。

从人员素质来看，目前政府绩效管理参与人员难以符合开展绩效管理的要求。政府投资项目由于涉及面较广，参与政府投资绩效管理的工作人员需要系统掌握各行各业的基础知识，也需要掌握经济学、法律、财会与工程等各种专业知识，特别是能熟练运用绩效管理知识、具备多种专业技能的复合型人才。目前绩效管理工作人员往往是财务管理、项目管理专业人员，缺乏项目工程方面的专业知识，因而对投资项目中出现的问题做出科学客观的分析评价往往很难，无法满足绩效管理的要求。比如，由于绩效评价人员专业性不够，绩效评价指标设置中缺乏关联性、没有内在逻辑联系等问题和现象比比皆是。由于绩效管理人才队伍专业性水平等方面的欠缺，政府绩效管理部门难以精准地开展绩效目标评审监督和事后绩效管理。而政府投资绩效评价结果科学性不高，对绩效结果的权威性有着直接的影响。

尽管政府投资绩效管理可以借助社会力量，比如绩效评价工作充分利用中介机构、社会智库等外部资源，弥补政府人力、能力方面的不足，但为了提高外部人员的专业能力和政策素养，往往需要经常性地对外聘人员进行系统性培训，否则难以保障绩效管理的质量。由于外部人员流动性大，长期开展培训工作将消耗大量人力和物力，给政府部门带来了巨大的挑战。

7.3 新时代提高政府投资绩效的政策建议

7.3.1 推进政府投资绩效管理制度化法制化

当前，我国政府投资绩效管理工作亟待制度化的保障措施，依法保障绩效管理从上而下得以贯彻。通过制度化法制化的绩效管理措施，有利于明确政府部门对政府投资行为的绩效责任，有效约束政府投资行为。

以立法的形式推进政府投资绩效管理制度化，是实现政府投资绩效管理顺利开展的重要举措。我国虽然已经颁布了《意见》和《条例》，形成了有利于政府绩效管理制度化构建的良好局面，但涉及政府投资绩效管理的相关法律法规还比较少，这既影响了政府投资绩效管理工作的实施，也不利于《意见》和《条例》精神的落实。因而，要以立法的方式明确政府投资绩效管理的法律地位，从法律上使其成为政府管理过程中的重要环节。

首先，树立政府投资绩效管理机构在法律上的权威性，为各绩效管理机构明确各自的职责，依法赋予绩效管理主体更多权力，为绩效管理工作开展扫清各种障碍和限制，绩效管理主体方能独立自主不受外界干扰地开展绩效管理和评估相关工作。如果不能从法律上明确绩效管理机构和绩效管理主体的地位，政府投资绩效管理工作便难以顺利开展，仅靠上级政府对下级政府的绩效管理和上级部门对下级部门的绩效管理，政府投资绩效管理就可能沦为形式。

其次，在法律上还需对政府投资绩效管理原则、绩效管理相关程序、绩效问责制等方面做出具体的规定。通过法律手段将政府投资绩效管理过程法制化，保证了政府投资绩效管理的公正性和客观性，做到有法可依，有制度可依，防止舞弊的发生，确保了在法律保障下政府投资管理高效实施。

再次，建立健全的政府投资绩效评价法律体系。通过法律法规明确政府投资绩效评估机构的职责和权力、投资绩效评估标准的制定、绩效评估数据的采集方法方式、绩效评估结果的运用等，进而有效推动政府投资绩效评价工作。

最后，为了保障政府投资绩效管理制度的顺利实施，既要将绩效管理全过程纳入法制化轨道，还需更细化和具体化绩效管理的制度安排。比如，不同行业主管部门根据政府投资绩效管理细则制定出不同行业的绩效评估重点，地方政府根据其特殊需要补充或制定其主要投资的工程项目绩效管理制度。这些均是完善政府投资绩效管理制度的必要补充。

7.3.2 完善政府投资绩效管理机制

完善的政府投资绩效管理机制，有利于保障政府投资绩效管理制度得以顺利运转，是对政府投资项目事前、事中、事后三位一体的全闭环管理。

一是明确实施主体机构。目前财政部门和审计机构是承担我国政府投资绩效管理正常进行的主要机构。两大部门职能地位不同，实施绩效管理的依据不同，对政府投资绩效管理的目标和认知不一致，对绩效管理的影响也不一致，甚至存在一定的冲突。一方面，需要以法律的形式明确财政部门和审计部门开展政府投资绩效管理的权力和职责；另一方面，需要更高层面的权力部门，比如人大来统筹、主导政府投资绩效管理事务，加强各级人大在政府投资管理方面的权力和职责，有利于提高政府投资绩效管理的权威性和可执行性。

二是严格事前绩效评估机制。投资决策阶段，需要对项目立项、绩效目标、实施方案以及筹资渠道等开展全方面论证。在政府投资绩效目标设置上，除了产出、成本外，还包括社会效益、生态效益、可持续发展和公众满意度等绩效指标，从而充分保障政府投资决策的科学性和合理性。具体实施则由行业主管部门先对本行业、本领域绩效目标体系开展研究，项目立项需由建设单位完成对项目实施方案、可行性研究报告、环境影响综合评估和项目运营效果等的论证，可以聘请行业专家开展项目涉及方案论证，经行业主管部门初审后再报送投资主管部门开展投资评估工作。工程招投标阶段，应当严格审核工程项目前期招标文件和严格执行工程造价规范。

三是强化绩效监控机制。政府部门需要建立投资项目在线审批监管平台和重大建设项目库，在项目实施过程中结合日常调度、在线监测、现场监督检查等，对绩效目标实现和投资计划执行等情况实行跟踪监控，动态掌握政府投资管理情况。对绩效监控中发现的问题，要立行立改、即知即改，及时改进完善绩效管理工作，确保绩效目标落到实处；对绩效监控中发现的好的经验做法，要加强交流借鉴和宣传推广，进一步提高绩效管理水平。与此同时，政府部门要强制性提高信息透明度，扩大公众的知情权，充分发挥公众对政府投资项目实施过程中的监管作用，达到提高政府投资绩效管理水平的目的。

四是健全绩效评价机制。合理设置政府投资项目绩效评价指标体系，增强绩效评价工作的科学性和权威性。开展灵活多样的评价方式，引入第三方评价机构进行评价。项目单位对绩效目标实现、投资计划执行、投资项目管理等开展自我评级，投资主管部门可根据实际情况选择部分项目开展重点评价。

五是加强绩效评估结果运用。首先，由投资主管部门在绩效评价中发现问题，了解到项目存在的不足之处，及时落实整改措施，并把绩效评估结果作为以后年度政府投资申请、安排和分配的重要因素；其次，将绩效问责机制广泛应用于政府预算管理过程中，根据各部门使用财政资金绩效结果好和差的不同，增加或减少部门预算，将绩效纳入部门和领导干部考核事项，对绩效没有达到要求的单位或个人，根据相关程序追究其责任；最后，推行结果公示制度，向上级部门通报绩效评价的结果以及成功经验和做法，反映绩效评价中存在的问题、意见和建议，同时，利用公开渠道向社会公众公开。

7.3.3 完善政府投资绩效评估体系

构建完善的政府投资绩效评估体系，是开展政府投资绩效管理工作的重要环节。

第一，建立一套全方位、全过程、全覆盖的绩效评价体系。所谓全方位是指从投资决策、资金使用、项目管理和投资效益四个方面对政府投资活动进行全方位的评价，所谓全过程是指事前、事中和事后对政府投资项目实施整个过程的评价，所谓全覆盖是指对涉及政府投资的所有项目和支出进行评价。为了对政府投资进行全方位、全过程和全覆盖的绩效评价，可以对每一项政府投资项目和支出建立基础数据和档案，形成第一手的数据信息化资料，建立完整的数据库，同时，包括财政部门、审计部门和社会公众监督部门在内的各公共部门建立起分工明确与责任清晰的评价工作机制。

第二，建立一套全面的政府投资绩效评价指标。政府投资绩效评价指标既包括个性指标，也包括共性指标或通用指标。个性指标包括环境效益、社会效益、项目质量等，共性指标包括资金使用情况、资产配置情况、成本目标、满意度指标、支出预期效果等。对个性指标，要根据政府投资项目的特点进行设置，对共性指标或通用指标，要从评价的内容出发进行设置，从而保证既较好反映项目的自身特点，又能体现绩效管理的要求。因而，在绩效评估指标的设置上，要统一目前存在的不同政府部门的绩效评价指标体系，建立完善的通用性评价指标体系，还要根据不同项目的特点，由不同行业主管部门设置不同侧重点的绩效评价指标。同时，绩效指标体系的建立还要体现全面性和阶段性的特点。所谓全面性，是指既包括经济发展指标，又包括公众满意度和民生发展指标；既包括项目管理的合规性、效率性指标，又包括项目投入、产出的效益性和后续的社会、环境效益指标。所谓阶段性，是指在项目投入、实施、产出和效益四个环节构建不同阶段的指标体系，从而完成对政府投资项目整个生命周期的评估。

第三，重视评估方法的科学性。评估方法要根据评估内容来选择，不要采用定量为主定性为辅的固定范式，要灵活运用这两种方式。以前的绩效评价中以定性评价为主，但定量指标更为客观和全面，评价结果也更有说服力和可信性，因而，应当将定性指标转为定量指标。

第四，引入以公众为主体的评估体系。传统的政府投资绩效评估单纯由政府主导并开展，政府既当运动员又当裁判员，但政府投资项目必定会对社会公众的利益产生重大影响，忽视社会公众的意见将导致政府投资绩效评价缺乏客观性和公正性。应广泛地吸引公众参与绩效评估，调动公众参与的积极性，使得公众对公共服务的满意程度也能反映在评估结果中。对于一些公众关注度高、涉及群众切身利益的政府投资项目，政府部门应当予以高度重视，面向社会公众征集绩效评价方案，充分发挥社会公众的作用，提高评价的公信力。此外，政府投资绩效评估还要吸引第三方专业机构的参与，充分发挥第三方机构专业性强、易深入社会公众的特点，以增加绩效评估结果的可信度和说服力。

7.3.4 加强政府投资绩效管理人才建设

建立一支适应新时代政府投资绩效管理的人才队伍，对实施好政府投资绩效管理工作具有十分重要的意义。

第一，构建知识多元化的绩效管理人才队伍。政府投资绩效管理人员除了是来自财务、财政方面的专门人才外，还可以是工程、计算机、环境保护等多方面的专业人才。政府投资绩效管理人员最好具备交叉学科背景，具有一定的组织和管理能力。如果绩效管理人员只是财务或财政管理方面的人员，则很难为政府投资绩效管理的有效开展提供保障。以一些发达国家政府投资项目管理为例，这些国家在政府投资项目上成立了由建筑师、工程师和合同律师等专业人士组成的专业管理部门，并按照相应的程序选择和委托信誉好的工程咨询公司来管理，项目的重要技术环节（工程质量、工程技术、工程安全、工程成本）均有专业人士负责。

政府绩效管理部门应构建知识多元化的绩效管理人才队伍。首先，要激发现有政府部门绩效管理工作人员的工作热情，对绩效管理人员应当根据个人的经验和能力、专业情况等因素综合考虑，努力实现分工合理、人尽其才、才尽其用，逐步改变绩效管理部门效率低下、质量低下的局面。其次，重视对现有政府部门绩效管理人员的培养，加快绩效管理人员知识和技能操作的培训，提高开展绩效管理的专业水平和综合素质。定期开展投资项目绩效管理培训班和研讨会，可聘请业务领域的专家授课，邀请同业人员进行业务交流，不断促使绩效管理人员改变观念，逐步适应现代政府绩效管理工作的发展需要，将现有绩效管理人员打造成为一专多能的综合型人才。最后，政府绩效管理部门在招聘环节注重人才结构多元化，优先录取具有财会知识和工程技术的复合型人才，吸纳来自建筑行业、环保行业等不同领域的专业人士，从而优化政府绩效管理部门人才结构。还可以借调政府其他部门的优秀专业人才到绩效管理部门开展工作。

第二，若政府投资项目专业化程度较高，绩效管理难度较大，面临的问题较多，可以聘请社会上有实力的第三方机构参与，这在改善绩效管理工作效率的同时，有利于提升绩效管理工作的质量，弥补现有政府绩效管理人才资源等方面的不足。另外，如果政府投资绩效管理服务长期向社会第三方机构开放并采购，有利于长期培育市场专业化力量，从而保障政府投资绩效管理工作的顺利开展。

第三，建立绩效管理专家数据库。政府投资项目涉及范围广，需要不同方面的专业人员，但由于编制有限、资源有限，政府部门无法聘用所有类型的专业人才。可以建立专家数据库，借助专家在知识资源上的优势，提高政府投资绩效管理活动的专业程度和整体质量。政府在建立绩效管理专家库的过程中，可以针对不同项目的特点，聘请咨询、设计、财务、设备、工程建设等领域高水平的专业人员参与。

建立一支适应新时代政府投资绩效管理的人才队伍，非一朝一夕之功，需要政府部门从长期着眼，既要统筹规划，做好招聘和培养工作，又要善于挖掘现有人员的潜力。

8

新时代政府投资管理体制研究

8.1 政府投资管理体制概论

根据国务院发布的《政府投资条例》，政府投资是指在中国境内使用预算安排的资金进行固定资产投资建设活动的行为，主要包括新建、扩建、改建以及技术改造等。政府投资主要以非营利性项目为主，重点放在市场不能有效配置资源的社会领域上，比如国家安全、社会公益服务、公共基础设施、生态环境保护、科技发展、社会管理等。

由于政府投资大多关系国计民生，国家在各领域的投资不仅能够促进我国的经济以及社会发展，还能提高人民的生活水平。同时，政府投资还具有引导和带动社会资金投向的作用。所谓政府投资管理体制，是政府投资管理机构制度、政府投资决策制度、项目建设管理制度、资金管理制度和项目监管制度等各项制度的总称。而投资管理体制的核心，是各级政府之间、各个政府主管部门之间投资管理权限的划分，以及权责义务的统一。政府投资管理与一般投资管理相似，都是以规范投资行为、提高投资决策的科学性、防范投资风险、促进投资活动的有效开展为目标。但两者之间也有一定的差异，这主要是因为政府投资的范围、资金的预算约束、投资的方式、监管的方式等方面有所不同。

为了建立完善的政府投资管理体制，目前我国政府投资管理体制改革主要聚焦在以下几个方面：合理分工政府投资治理机构职能、实现科学民主的决策、统一协调资金管理、实现投资主体的多元化、运作项目管理市场化以及全生命周期监管项目等。

8.2 我国政府投资管理体制现状及问题

8.2.1 我国政府投资管理体制的历史沿革

新中国成立以来，我国的政府投资管理体制先后经历了计划经济时期和改革开放两个阶段，发生了巨大的变革。通过不断的探索前进，我国的政府投资管理体制与中国特色社会主义市场经济体制逐步相适应，步入更加成熟的阶段。

8.2.1.1 计划经济时期的政府投资管理（1949—1978 年）

我国在新中国成立以后到改革开放之前一直实行计划经济体制，经济实体的运行方式以国有国营为主，且其所有的投资建设由中央政府主管，全部纳入国家计划，可用于固定资产投资的相关费用，包括企业利润、税收以及固定资产折旧等都要全部上缴政府。后来，国家把一部分折旧资金留给地方和企业用于固定资产的更新改造，但投资建设资金绝大部分仍然采用计划的方式，地方政府只有一部分自有资金，企业并没有自主投资权。这段以计划经济为特征的政府投资管理体制时期可以分为以下四个阶段。

第一阶段，1949—1957 年，形成了政府投资主体的一元化。新中国成立初期，我国多种经济成分并存，主要包括民族资本、个体工商业、手工劳动者、外国资本等，这就导致投资主体多元化，资金来源于各种渠道，既有国家拨款，也有银行信贷。1956 年我国的社会主义改造以及“一五”计划的成功完成，形成了我国高度集中的计划投资体制。

第二阶段，1958—1960 年，中央政府与地方政府的投资分权。高度集中统一的计划投资体制逐步暴露出了缺点，中央政府为了克服其弊端、弱化计划投资体制以及调动地方政府的积极性，采取了实行投资资金包干制，扩大地方政府的投资审批权、投资计划编制权以及管理权等一系列措施。但由于“大跃进”时期导致了地方政府投资的盲目性、低效性以及重复性，该阶段的调整效果并不理想。

第三阶段，1961—1965 年，调整和恢复国民经济。为了恢复国民经济、维护社会稳定，中央政府贯彻执行“调整、巩固、充实、提高”的方针，对于大中型项目的新建或改建加强审批控制，以使用中央财政专项拨款为主，收紧地方政府投资的拨款权。这一阶段的调整、恢复，以达到协调平衡为目标，颇有成效。但归根结底是借助了行政命令，一定程度上加强了计划经济的色彩，并没有从实质上解决“一收就死，一放就乱”投资运行模式中的问题。

第四阶段，1966—1978 年，“文化大革命”。由于政治运动式地干预政府投资，虽然中央政府采取了再次下放投资审批权、扩大地方政府和企业的投资分配权、恢复投资包干制度等一系列改革措施，但收效甚微，甚至投资体制及运行机制持续瘫痪，出现投资规模失控、投资结构失衡、投资效益低下等局面。

1949—1978 年，我国政府投资体制一直处于“一收就死，一放就乱；再收又死，再放又乱”的死循环，且计划经济体制的色彩从未减退。该阶段的主要特征有以下几个：首先是投资主体单一化。国家是政府投资的主体，对其他经济成分的投资主体产生了“挤出效应”。其次是资金来源单一化。投资建设资金主要来源于中央财政拨款，地方基本无自主权。最后是投资管理主体和投资的组织实施高度集中。这一时期的投资体制虽然存在诸多弊端、备受诟病，但我们必须承认其在特定时期的成效。不仅建立了国营经济网，形成了完整的国民经济体系，还为中国特色社会主义市场经济体制的建立夯实了基础。

8.2.1.2 改革开放后的政府投资管理（1978 年—）

改革开放以来，为了解决计划经济时期的诸多弊端、适应市场经济发展，我国不仅重视投资体制的完善，还把政府投资管理体制作为改革的重点，力图充分发挥投资在经济和社会发展中的作用。随着经济社会的深入发展，我国在投资管理体制方面采取了诸多改革措施。

第一阶段，1979—1983 年，改革初步探索。该阶段是我国从计划经济向市场经济转变的初步探索，国务院通过实施“拨改贷”政策，力图解决以往计划经济时期的低效率、低报酬率等问题。改革开放的政策使得大量外资涌入国内，我国的政府投资形式更加多元化。但由于我国尚处于改革的起步摸索阶段，在政府投资的政策制定和实施方面尚不成熟，缺乏实践经验，因此出现了政府投资范围与各级政府间权责范围划分不清晰等问题，最终导致“拨改贷”政策实施不到位，效果并不理想。

第二阶段，1983—1988 年，改革逐步扩大。在此阶段颁布的《关于投资体制近期改革方案》，重点在政府投资范围、资金来源以及经营方式等方面进行了修改，且指出前期改革中出现的一些问题：一是政府投资向多元化转变，但投资规模和使用方向仍然缺乏科学有效的指导；二是投资项目过于考虑近期效益，尤其是预算外投资项目，往往会带来投资资金分配不均的问题；三是存在权责关系模糊、法律监管体系不健全等问题。为此，改革方案提出了相应的改进措施：首先，实施分层管理，明晰中央政府与地方政府的权责关系，避免造成不必要的管理脱节或双重管理现象；其次，对于有益于长期经济发展的基础设施项目建设，设立中央基本建设基金，保证政府投资资金来源稳定，简政放权，改进投资计划管理；最后，强化投资主体的自我约束机制，改善宏观调控体系，通过招标制、投标制的方式，充分发挥市场和竞争机制的作用。

第三阶段，1991—2004 年，改革进一步深化。1993 年党的十四届三中全会提出用项目登记备案制度代替行政审批制度，改革公益性、基础性以及竞争性项目的投融资。2003 年党的十六届三中全会提出建立对政府投资决策的约束机制，对中央政府和地方政府的权限进行科学合理的划分，避免出现之前政府投资建设的盲目、重复、低效等问题。

第四阶段，2004—2012 年，改革逐步完善。《国务院关于投资体制改革的决定》于2004年正式颁布，为我国政府投资体制改革指引了方向，针对政府投资体制存在的诸多问题提出了相应的建议。首先，政府要坚持按照“谁投资，谁决策；谁受益，谁承担风险”的原则对企业进行投资；其次，完善政府投资体制，规范政府投资范围；最后，在监督管理方面，完善法律法规体系，强化政府投资的监督机制。

第五阶段，2012年至今，改革日趋成熟。党的十八大以来，我国经济发展进入新常态，投融资领域大力推行“放管服”改革，释放经济主体活力。2019年发布的《政府投资管理条例》对我国政府投资管理体制进行了进一步的完善。一是要求政府投资的资金不能以经营性项目为主，应当投向市场不能有效配置资源的公共基础设施、农业农村、生态环境保护、科技发展等公共领域项目；二是明确规定了政府投资监督管理以及法律责任等问题；三是围绕推进供给侧结构性改革转变政府职能，创新政府投资机制，推进投资主体多元化。四是利用政府与社会资本合作（PPP）模式，进一步放开市场准入，激发市场主体活力和发展潜力；五是设立政府投资基金，加强对政府投资基金的规范化和制度化建设；六是大力支持高新技术产业、新兴战略性产业以及基础设施建设发展，充分发挥财政资金的杠杆作用，从而提高财政资金使用效益[①]。通过诸多改革措施，我国的政府投资管理体制与我国的社会主义市场经济相适应，并日趋成熟。

8.2.2 我国政府投资管理体制存在的问题

通过多年来不断的探索、试错，我国初步建立起了与社会主义市场经济相适应的政府投资管理体制。根据近年来的实践情况，我国政府投资管理目前仍然存在许多问题有待解决完善。

8.2.2.1 政府投资存在范围上的越位与缺位

市场失灵是最初需要政府干预经济活动的原因之一，而政府投资的范

① 温来成，徐磊．我国财政投融资管理体制回顾与展望［J］．中国财政，2020（7）：61－64.

围应该为市场失灵的领域，主要包括纯公共物品，比如国防、司法、防灾救灾、卫生防疫、江海治理等，以及准公共物品，比如高速公路、城市道路、供水供电等基础设施建设。一般来说，由于经济发展水平以及市场经济发展程度的差异，各国对纯公共物品和准公共物品的投入有很大的不同。在市场机制比较完善的发达国家，政府的投资主要集中在纯公共物品。而在社会筹资能力较弱的发展中国家，政府的投资更集中在准公共物品领域，如基础设施以及关键产业等领域。将政府投资更多地投入市场竞争，不仅会挤占民间资本，还会造成政府越位的问题，难以形成市场化的运行机制。

我国目前虽是世界第二大经济体，但仍然处于社会主义发展的初级阶段，还是发展中国家。我国的政府投资范围同大多数发展中国家一样，更多聚焦在竞争性领域上。导致这样局面的原因如下。

一是来自财政方面的压力。我国在分税制改革后，地区的基础设施建设变成地方政府的事权和支出责任。由于之前一直由中央把持着财政大权，地方政府财政压力很大，再加上一些地区政府机构组织臃肿并且人员冗余，很难维持财政的运转，无法发展基础设施。为了维持财政运转，地方政府想方设法增加税源、招商引资，其中土地收入占地方财政收入的很大比重。

二是来自不合理的官员考核和约束制度。一直以来，我国对官员的政绩考核重点主要是在任期间的经济增长，包括财政收入、招商引资等。将资金投到竞争性的领域，周期短、见效快，能够在有限的任期内取得较好的政绩，因此在竞争性领域投资成了大多数官员的优先选择。此外，官员进行政府投资所承担的权责不对等，投资成功能短期内提升官员的政绩，获得相应的利益，而如果投资失败，官员并不需要承担相应的责任。这导致很多“拍脑袋工程”的存在。

8.2.2.2 政府投资决策机制不健全

就目前而言，我国的政府投资在决策机制上并不健全，存在着诸多问题，影响我国政府投资管理体制的发展运行。首先，参与政府投资决策的部门太多，造成重复性、低效性建设。其次，投资项目的可行性调研环节不够科学，专家评审论证形同虚设。最后，由于采用指定的方式进行项目咨询评估和专家评审，评审的结果往往缺少公平性。为了更好地完善政府投资的决策机制，需要分析造成这一局面的原因。

一是政府投资决策过程的透明度不高。政府投资需要有专门的管理制度，而不能大而化之地与企业投资等同。两者无论是在投资目的方面，还是在资金来源、建设实施方面，都有一定的差异。也正因为过去一直没有区分这两者，才会造成政府投资决策的混乱。政府的投资决策主要由投资主管部门负责，虽然政府投资项目公示制度在逐步推行，但投资决策信息的透明度仍然不高。

二是公众参与决策的渠道不畅通。公众是公共产品的使用者，是利益相关者，他们的需求意愿最应该作为政府投资决策的依据。目前决策者出于多方面的考虑，违背公众对公共物品的需求意愿也是造成决策机制不健全的原因。一方面，公众没有参与决策的渠道，没有途径表达自己的意愿，决策者也不了解公众对公共产品的需求，只能凭掌握的有限信息进行政府投资决策，往往会导致公产品供需不平衡，投资无效。另一方面，决策者对公众信息的反馈缺少双向沟通机制。有的时候虽然决策者能掌握公众对公共产品需求的相关信息，但仍然从自身利益最大化的角度出发进行政府投资决策。即使决策失误，由于缺乏科学合理的问责机制，官员基本不用承担任何违反公众意愿的责任。

三是决策环节容易产生寻租行为。政府投资作为增加财政收入、提升政绩的重要手段，很容易产生寻租行为。各地区政府会采取各种手段、途径游说决策部门，争取投资项目投向本地区、本部门。项目决策者和分配投资资金者由于没有项目所有、处置和收益的权利，不需要承担对等的责任和义务，这就更容易产生寻租行为，主要包括政治租金和经济租金。这种寻租行为的存在，不但影响项目决策过程中的有效信息沟通，还会阻碍项目正常的决策程序，导致腐败。

8.2.2.3 “代建制”实施机制不够完善

“代建制”是以委托管理为核心的投资管理模式，政府从具有相应代建资质的项目管理企业或专业机构中通过招标形式选任合格的代建人，以代建合同的方式将投资项目实施建设的部分或全过程委托其管理，并支付相应代建费用的项目实施管理方式。从理论层面来说，“代建制”能够共担权责、分散风险，是一种较为合理的投资管理模式。但从我国现实实施的效果来看并不算成功，主要有以下三个原因。

一是缺乏明确、健全的法律法规保障。由于缺乏明确的制度规范，代建方权利得不到保障，责任得不到监督。一方面，代建方的权利没有法律的认可与保障，在项目进程中常常会被投资方干预，妨碍代建方独立行使权利，甚至出现朝令夕改的低效率的情况。另一方面，正因为没有健全的制度规范，代建方资质混乱，鱼龙混杂，代建的能力与质量也是良莠不齐，往往会导致在代建方选择上的困难。最终投资的项目缺乏统一科学的竣工验收评判标准以及相应的奖惩制度，无法对代建方的超标和粗制滥造进行约束，也就无法发挥对代建方的监督作用。

二是缺乏完善的配套措施。尤其是缺乏健全的代建保险制度，无法保障代建方的权益。在代建制度中，代建方需要承担超出约定投资资金的费用。政府投资的领域大多集中在准公共物品以及纯公共物品，这类项目投入往往巨大，超额的费用对于很多代建方来说无力承担。对于这种情况，发达国家通过保险制度转移赔付的风险，从而解决代建方的后顾之忧、保障代建方的权益。我国目前代建制度还不够成熟，没有健全的代建保险制度，因此很多代建方考虑到赔付风险而放弃委托。

三是目前我国的代建委托费用普遍偏低。代建制度的对象大多是高投入、回报周期长的项目，对于代建单位来说，其权利和责任严重不对称，目前代建费用的水平不足以匹配其承担的项目风险，使得很多代建单位放弃接受委托。与此同时，代建委托费用水平低也不利于各个代建单位的规模扩大和经济实力的提高，削弱了代建方可承担风险的能力，很难形成具有有效性、竞争性的代建市场。

8.2.2.4 政府投资监督机制不完善

无论是企业投资管理体制还是政府投资管理体制，都需要一个全面、完善的监督机制。我国目前的政府投资监督机制主要来自财政部门和审计部门，监督的主体是政府投资的主管部门以及行业的主管部门。无论是从制度的设计还是从实施的效果来看，我国的政府投资监督机制并不完善，主要存在以下问题。

一是属于内部监督，约束性差。在政府投资决策的全流程环节，即发展建设规划、投资项目立项、可行性研究、初步设计的审批中，都是由政府投资的主管部门以及行业的主管部门全权负责的，且仅由投资主管部门隶属的稽查机构进行监督。我国目前政府投资的监管机构为政府投资的主管部门和行业的主管部门，又是政府投资的组织实施者。换句话说，这是一种内部监督，是一种自己监督自己的行为。相较于外部监督，内部监督的约束性较差，很难发挥有效的监督效果。另外，政府投资大多是通过集体的方式进行决策的，所涉及的利益范围较广。这就导致一旦出现问题而问责查处时，往往会演变成“雷声大，雨点小”、“高高举起，轻轻放下”的局面，无法真正发挥监督的作用。

二是存在重复监督与监督缺位问题。目前我国政府投资的监督机制同时存在重复监督与监督缺位的问题。主要原因：首先，目前只有部门的规章制度对政府的投资活动进行监督，并没有专门针对政府投资监督的相关法律。其次，相关部门的规章制度对于各部门的监督职能并没有具体化，也没有厘清之间的界限，很容易出现各部门业务交叉导致的重复监督，再加上没有一个科学有效的大数据信息沟通平台，很容易增加行政成本、降低办事效率。最后，因为没有有效的信息沟通平台，信息不能及时有效共享。不同的监管部门只能关注自身环节，对于衔接环节以及全流程没有办法做到有效的监管。这就导致很多项目的细小但又非常重要的环节，比如投资项目的决策、设计变更、质量验收等无人监督，造成监督缺位的问题。

三是外部监督作用有限。外部监督主要是来自公众以及媒体的监督，但就目前我国的实际情况而言，外部监督的作用并没有发挥到极致。前文提到，政府投资的范围主要是非经营性项目，即主要是纯公共物品和准公共物品。大多数和公众的切身利益相关，因此公众参与监督对于促进政府投资的发展、提升社会的公共福利水平是有益的。政府在投资时广泛地听取民众的意见，解决信息不对称问题，以达到供需的匹配。此外，媒体的监督功能也没有得到充分的发挥。媒体可以通过扩大宣传范围、影响舆论而对政府的投资进行监督，但就目前而言，作用有限。

四是问责机制不够完善。政府投资的责任落实以及问责机制屡受诟病，即使学者们一再强调，责任落实不清晰、问责机制不严格的问题仍然屡见不鲜。一方面，投资项目一旦出现失误，对于责任的追究很难落到实处。因为一个政府投资的项目，在全流程中会涉及很多单位部门。一旦出现失误，责任往往难以落实到具体部门。由于是集体决策，责任很难落实，就算落实到了项目法人，项目法人也只是项目筹资的具体办事机构，最终还是由政府承担。另一方面，单就相关监管部门来说，其自身的责任就没有厘清，缺少对自身的约束。一旦投资的项目质量出现了问题，质量监督部门和稽查部门都应该承担相应的责任。目前，我国的政府投资监督中的问责机制还不够的明确清晰，有待未来进一步完善。

8.3 新时代政府投资管理体制改革的对策建议

8.3.1 科学划分政府的投资范围

我国作为最大的发展中国家，一直以来将政府投资更多放在竞争性领域中。这不仅会挤占民间资本，还会造成政府越位的问题，难以形成市场化的运行机制。因此，为了能让政府精准地投资到市场失灵的领域，我们要科学划分投资范围。根据前文所分析的，发展中国家更多地投资到准公共产品的原因，主要是来自财政方面的压力以及不合理的官员考核和约束制度。为了完善新时代政府投资管理体制，我们要从根源上理解政府投资范围不科学背后的原因。

一方面，我们要合理界定总的政府投资范围，在中央与地方之间适当划分，尽可能地缓解地方政府在财政方面的压力。我们要按照中央与地方在稳定分配和资源配置职能上的分工、不同类型公共物品的受益范围以及必要的中央集权等原则来进行划分。其中，中央政府主要负责全国性和跨区域的纯公共物品和准公共物品，以及一些需要全国协调统一的公共物品和准公共物品。中央政府要给予地方政府更多的自主权，鼓励其更多发展基础设施。另外，地方政府要精简组织机构，裁减冗余人员。

另一方面，我们要建立科学合理的官员考核和约束机制。我们不能仅仅以在任期间的经济增长作为官员政绩考核的重点，要建立全面的考核制度，除了关注财政收入、招商引资等经济增长指标，还要关注当地的公共服务水平、环境效益等。不仅如此，我们要对官员形成有效的约束机制，明确官员进行政府投资所需要承担的责任。对于官员实行终身责任制，不论是否在任职期间，一旦出现投资失败等情况，都要将责任落实到个人，从而避免一味地关注短期政绩而非长期效益等“面子工程”的存在。

8.3.2 建立科学健全的政府投资项目决策体系

一个科学健全的政府投资项目决策体系有助于我国政府投资管理体制的发展完善。为了能够形成成熟的政府投资管理体制，我们要从以下几个方面进行改革。

8.3.2.1 健全政府投资决策的信息披露机制，提高投资决策透明度

信息不对称、缺乏科学的信息披露机制都是导致政府投资透明度不

高，从而影响政府投资决策的重要原因。为了使我国的政府投资在决策机制方面更加完善，使决策更加公平科学，我们要健全政府投资决策的信息披露机制。具体可以从以下几个步骤入手。

一是建立强制性的投资项目公示制度。将政府投资项目的所有全流程环节的信息定期在政府官网上予以公示，从事前、事中和事后三个方面实现全周期公示，从而提升政府投资决策的透明度。事前公示主要是在项目招投标和承包合同签署后尚未开工建设前，将项目决策和招投标等有关情况发布到官网予以公示。事中公示是指在项目建设实施的过程中将相关信息定期公布，可以包括工程进度、重大事项变更等信息。事后公示是指在投资项目竣工决算或正式验收后将工期、质量和安全等相关信息公之于众。要切实通过投资项目公示制度发挥公众参与监督的作用，从而提高投资决策的透明度。

二是健全投资项目决策的听证制度。仅仅依靠政府投资的主管部门进行投资决策，往往存在主观性，缺少公平性。要健全投资项目决策的听证制度，在决策前通过听证会广泛听取相关利益者的意见和建议，从客观和公平的角度，参与政府投资项目的决策，堵住决策者在决策时利益最大化的决策疏漏。当然，为了让听证这一形式发挥的效用最大化、提高效率，可以选择社会舆论反馈强的项目进行听证。在听证会的各个环节中要严格把关，尤其是听证项目的类别、听证过程的公开、听证意见的处理等环节，以提高政府投资决策的透明度。

三是完善概算审批结果公示制度。外部监督是提高透明度的有效措施之一，而外部监督主要包括群众监督、媒体监督等。为了加强对概算评审结果的外部监督，我们要通过媒体将概算评审的结果向公众公示。在初步设计概算有调整修改的地方要详细地注明原因；政府投资主管部门在一定的公示期结束后，才能进行概算批复。

8.3.2.2 完善政府投资决策问责的长效机制

一直以来我国的政府投资的责任落实以及问责机制屡受诟病，不利于政府投资管理体制的建立，因此要完善政府投资决策问责的长效机制。一个合理科学的政府投资决策问责机制需要同时具备可操作性和针对性。为了避免投资项目出现失误后无法追究个人责任，我们可以从以下三点入手建立健全我国的政府投资决策问责长效机制。

一是明确政府投资的决策主体。目前我国政府投资决策时涉及多个部门，却无人负责、互相推诿。明确政府投资的决策主体，是追究落实政府投资责任的前提。各相关决策主体需要明确具体的权责，要保证所提供的所有项目相关资料的客观性与真实性。

二是加强政府投资项目决策过程中的约束性。政府投资失败后的问责并不是主要目的，能够尽可能地减少决策失误带来的损失才是最重要的。为了尽可能地减少决策失败，要加强项目决策过程中的约束，严格控制投资项目超规模、超标准、超概算的情况。将政府投资项目的决策落实到责任人而非部门单位，避免集体决策导致的互相推诿，必要时可以与责任人职务的晋升挂钩。对于政府投资项目，非必要时要严格控制预算，减少超额的情况。如果必须追加投资，需要经过人大审批同意才可以，否则不予通过。

三是建立科学合理的政府投资项目评价体系。一个科学合理的政府投资项目评价体系是决策问责的主要依据，该评价体系需要同时贯穿项目的全生命周期环节，力图做到全面、可操作。投资项目评价制度着重关注政府投资项目管理的相关法律法规建设，规范和明确项目建议书、可行性研究报告等相关内容。投资项目竣工后同样需要构建评价体系，主要包括投资项目的立项决策、建设实施、工程质量、投资效益和环境影响等。对投资项目全流程构建评价体系，完善我国政府投资管理体制。

8.3.2.3 健全政府投资项目决策的法律法规体系

为了维护政府投资决策的权威性，需要健全的法律保障体系，解决目前我国政府投资项目决策过程中法律不完善的问题，使政府投资项目决策的程序法制化。

一方面，项目决策的程序法治化。项目决策的全流程环节，包括项目规划、专家咨询论证、可行性评估、媒体公示、举办听证会等都要通过法律程序立法，使其成为每一个政府投资的决策者必须遵循的依据。

另一方面，项目决策的权力法治化。权力之间的相互制衡、相互牵制有利于法律法规的有序运行。1970 年以来，我国的政府投资管理仍然根据基建程序、基建大中型项目划分，以资本金制度管理为基础。这种管理方式使得各个决策部门利益化的问题非常严重。这主要归咎于各决策部门的权责界限不清晰，很难做到各决策部门相互制衡、相互牵制。未来，我们要以法律的形式合理划分各决策部门之间的职责与权限，从而规范政府投资决策程序，避免部门利益化。

8.3.3 健全完善“代建制”

“代建制”作为政府投资项目管理模式的合理性，是经过各国的实践检验的。根据前文分析，目前我国的“代建制”仍然存在许多问题，亟待完善解决。

一是加强代建单位委托的合法性。就目前而言，我国很多的政府投资项目都是采用政府直接指派的方式进行而非公开招标，这种方式很容易导致政府垄断和暗箱操作。因此，要加强代建单位委托的合法性，通过公平、公正、公开招标的方式选择代建单位，加强相关程序性的规定。

二是硬化代建前项目的规范性约束。目前我国政府投资项目的超规模、超标准、超概算问题屡见不鲜。为了避免这种问题，要加强代建前投资项目的约束，对于投资项目的建设规模、标准以及预算等指标要加强规范性约束，使代建方能够严格控制预算。

三是委托第三方谈判，采用招投标的方式选择代建方。通过设立专门的管理机构负责委托谈判，能够使代建方的选择客观公正，避免委托人和代理人之间的道德风险，也可以提高代建制的办事效率。但与此同时，在委托第三方专门机构进行谈判时，我们也要注重对第三方委托机构的选择与监管，避免第三方委托机构与代理人之间出现暗箱操作的情况。

四是提高代建单位的资质门槛。目前我国大多数的代建单位资质混乱、鱼龙混杂。为了选择代建能力较强的代建方，要提高代建单位的资质门槛，明确相关资质和法律责任。首先，代建单位需要具备雄厚的资金实力和良好的社会信用，具有较强的履约能力。其次，代建单位需要具备相关代建资质，可以独立承担民事责任。最后，代建单位需要具备丰富的项目管理经验，对于不同的投资项目游刃有余。

五是要建立有效的监管体系。委托代建单位进行建设需要有效的监督管理，有助于投资项目的顺利竣工。要建立有效的监管体系，对项目的全生命周期环节加强监管，尤其是要注重项目后的监管。在新时代下，对政府投资项目的监管更加专业化、技术化，需要专业的技术人员。可以委托专业的监理机构对委托建设项目进行监管，不仅有效还能节省行政成本。当然，和选择第三方谈判机构一样，要注重对第三方监理机构的选择与监管，避免第三方监理机构与代理人之间出现暗箱操作的情况。

8.3.4 建立以外部监督为主的政府投资项目监督体系

目前我国的政府投资项目主要是内部监督，自己监督自己，不能起很好的监督作用。为了完善我国的政府投资项目监督体系，要加强公众监督和媒体监督等外部监督，与内部监督相辅相成。

8.3.4.1 设立专业的外部监督机构

随着新时代的发展，目前政府投资的项目越来越具有专业性和技术性。因此外部监督机构需要具备专业性，适应新时代的发展。

首先，外部监督机构需要具备专业技术性。随着新时代的发展，政府投资管理不同于一般的行政管理，是技术与经济的结合，因此在设立外部监督机构时需要关注专业技术性。为了节约成本，可以委托第三方专门的监督机构进行监管，更好地提高效率。

其次，外部监督机构需要具备相对独立性。自己监督自己的监督效果较差，因此以外部监督为主。外部监督机构不能通过内设机构进行监督，否则就失去了外部监督的意义。

最后，充分利用现有组织和力量组建外部监督机构。我国目前具有项目监督职能的部门有发改委、国务院、审计署等。为了实现“1 + 1 > 2”的效果，在组建外部监督机构时要充分利用现有组织和力量，整合具备监督职能的部门单位，各司其职、相辅相成。

8.3.4.2 完善公众与媒体等社会监督机制

除了政府组建自身的外部监督机构，还要关注社会监督，比如公众监督、媒体监督。为了完善公众与媒体等社会监督机制，要切实做好以下几点。

一是建立投资项目公示制度。为了让公众广泛参与投资项目的监督，要建立健全投资项目公示制度，扩大政务公开，提高透明度。将政府投资项目的所有全流程环节的信息定期在政府官网上公示，从事前、事中和事后三个方面实现全生命周期公示，让公众和媒体进行监督。

二是让媒体监督的效用最大化。相较于公众监督，媒体监督具有时效性、广泛性、普及性和广泛参与性，因此要想社会监督发挥效用最大化，公众监督需要与媒体监督相结合。为了让媒体监督的效用发挥到最大化，要承认媒体监督的合法权益，减少对各媒体的限制。

三是健全投资项目决策听证制度。以市场经济为基础的社会是利益高度多元化的社会。仅靠政府投资的主管部门进行投资决策，往往存在主观性，缺少公平性。要健全投资项目决策的听证制度，在决策前通过听证会广泛听取相关利益者的意见和建议，从客观和公平的角度，参与政府投资项目的决策，堵住决策者在决策时利益最大化的决策疏漏。

9

新时代政府投资法制建设研究

9.1 政府投资法制建设概述

政府投资法制建设，是指设立和调整政府投资关系的法律规范，包括政府投资宏观调控制度、政府投资资金管理制度、政府投资项目管理制度、政府投资项目建设程序制度、政府投资监督制度，以及政府投资法律责任制度和政府投资管理体制等。

习近平总书记在党的十九大报告中指出："中国特色社会主义进入了新时代。"进入新时代以后，我国面临着国内外多种风险挑战，处理好政府与市场的关系，事关经济更高质量、更有效率、更加公平、更可持续性地发展。李克强总理指出："按照推进国家治理体系和治理能力现代化的要求，加快建设法治政府。"通过将政府工作全面纳入法制轨道，建立法治政府，来约束治理公权，厘清政府与市场、权力与权利的关系。政府投资是政府实施宏观调控、促进经济发展的重要手段，推动其法制建设，既是提高政府投资效率的需要，也是建设法治政府的需要。我国政府投资管理体制改革随着经济的发展不断推进，但是与之相适应的投资法律体系建设始终停滞不前。我国政府法制建设进程始终处于缓慢推进的状态。

9.1.1 1978 年以前计划经济时期的政府投资法制建设

在国民经济恢复时期，政府投资以中央投资为主、地方投资为辅，以铁路、交通、邮电、农业等基础设施以及基础工业为重点投资领域，主要集中人力、物力为未来经济建设做准备。1953 年，进入计划经济时期，我国政府投资管理体制始终与计划经济体制相适应。在中央的集中统一领导下，政府投资按国民经济与社会发展计划进行指令性计划管理，政府投资涵盖国民经济的各个领域。这一时期政府投资法制建设以部门规章为主。

9.1.2 1979—1991 年政府投资法制建设起步时期：相关规范性文件和部门规章发布

在经济转型时期与市场经济投资管理体制起步时期，随着“拨改贷”、“利改税”、中央政府逐步下放投资审批权限等改革的逐步推进，政府作为单一投资主体的禁锢被打破，由投资活动直接组织者转变为宏观管理者，政府与市场之间的关系开始厘清，政府开始给市场松绑。在“大的方面管住管好，小的方面放开放活”的指导下，要求以指令性计划建设关系国计民生领域，以指导性计划指导一般经济活动，而餐饮、服务等交由市场调节。这一时期，中央共颁布了约 3 部涉及政府投资的规范性文件及部门规章。在中央的指导下，地方政府发布了约 6 部相关法规，少数法律文件开始采用“政府投资”概念①，政府投资管理体制进入新阶段，政府投资法律体系建设开始受到关注，政府投资法制建设进入了起步阶段。

1984 年国务院批转了国家计委《关于改进计划体制的若干暂行规定》，初步划分了中央与地方基础设施投资责任，并强调审计机关要加强对政府投资项目的审计。《关于改进计划体制的若干暂行规定》规定，以计划控制全民所有制单位的固定资产投资，以指导性计划管理城乡集体所有制单位基础设施投资。根据资金来源、项目属性以及建设规模，初步划分了中央与地方基础设施投资责任。按资金来源进行划分，国家预算内资金投资由中央负责，地方自筹资金在中央指导下由地方管理；按项目属性进行划分，生产性建设项目中大型项目与总投资高于 3 亿元的项目由中央负责，非生产性建设项目原则上由地方负责。

随着经济体制改革的逐步推进，政府投资管理体制建设取得了初步的成效，但是仍未建立起适应多元投资渠道的调控体系。尽管已初步划分中

① 孙放．中国政府投资法律规范的缺失与困境——基于 1980—2010 年政府投资及其制度规范的实证分析［J］．甘肃政法学院学报，2012（3）．

央与地方责任范围，但是中央包揽过多的格局仍未改变，中央与地方权责划分严重脱节，没有真正形成竞争条件下的招投标制度。

1988 年国务院转批的《关于投资管理体制的近期改革方案》明确要求建立中央与地方分工负责制，初步划分政府投资范围，使企业成为一般性建设的投资主体；制定投资法，把投资活动纳入法治轨道，为财政投资体制改革确立了基本目标与思路。《关于投资管理体制的近期改革方案》主要在以下几个方面做出了规定：一是在固定资产投资方面，初步划分政府投资范围和中央与地方权责。对于固定资产投资，一般性建设投资交给市场，重大长期建设项目由政府负责。其中，面向全国范围关系国计民生的长期建设项目由中央或者以中央为主负责，包括跨地区的、面向全国的交通运输、重要的科技和文教设施、重大农业基地和重点防护林工程、国防工业等的建设；地方投资的具体范围包括地方交通运输、城市公共设施和服务设施、科教文卫设施等的建设。二是设立基本建设基金，负责基础工业、基础设施以及重大社会发展项目的建设运营，成立国家专业投资公司，负责经营管理中央投资的经营性项目。其中，经营性基本建设基金投资由国家专门的投资公司负责，非经营性基本建设基金投资范围包括科教文卫设施等中央直接建设项目。三是简政放权，推动投资管理体制发展，充分发挥市场和竞争机制作用。

在《关于投资管理体制的近期改革方案》的指导下，地方政府相继颁布《山西省邮电通信管理条例》、《天津市城市燃气管理条例》、《河北省水利工程管理条例》等地方性法规，分别在相应领域就政府投资权责划分、投资管理等进行了规定。

9.1.3 1992—2012 年政府投资法制建设的探索时期：更多专门规范性文件以及部门规章发布

随着中国特色社会主义市场经济的提出，我国政府投资法制建设发展进入了新阶段。在“十五”计划《纲要》的指导下，以“确立企业在竞争性领域的投资主体地位”为目标，企业投资主体地位逐步得到确认，政府投资范围逐渐明确。公益类项目由政府投资建设，基础性项目以政府投资为主、企业投资为辅，竞争性项目由企业投资，初步形成了投资主体多元化、资金来源多渠道、投资方式多样化、项目建设市场化的新格局。在此期间，与政府投资相关的规范性文件与部门规章大量涌现，政府投资的专门规范性文件和部门规章也逐渐增多。据不完全统计，截至 2010 年 12 月，中央颁布的与政府投资专门规范性文件和部门规章约为 16 部，政府相关性规范性文件和部门规章约为 525 部，地方政府颁布的专门政府投资法规约为 485 部，政府相关性法规约为 9172 部。中央与地方颁布的大量法规文件逐步规范了政府投资管理，进一步探索了科学合理的政府投资管理模式，推动了政府投资法制建设，为政府投资行政法规的出台奠定了基础①。

2004 年国务院颁发的《国务院关于投资体制改革的决定》强调以“规范政府投资行为，确立企业的投资主体地位”为指导思想，以“界定政府投资职能，落实企业投资自主权，加快投资领域立法进程”为目标深化投资体制改革。同时颁布的《政府核准的投资项目目录》，以“清单化”的形式明确划分了中央、省、市（县）的审批及核准责任。《国务院关于投资体制改革的决定》进一步界定了政府投资范围，明确政府投资应主要限制在市场不能有效配置资源的领域以及包括高新技术产业化、生态环境保护、欠发达地区发展以及公益性和公共基础社会建设等在内的社会领域；进一步划分了中央与地方投资范围及责任，明确中央政府主要负责本级政权建设、跨地区和跨流域的重大经济社会发展项目等方面的投资；进一步加强政府投资管理体制建设，强调健全政府投资项目决策机制，提出通过编制政府投资的中长期和年度计划规范政府投资资金管理，强调完善政府投资监管体系，实施政府投资项目全过程监管，建立政府部

① 孙放．中国政府投资法律规范的缺失与困境——基于 1980—2010 年政府投资及其制度规范的实证分析［J］．甘肃政法学院学报，2012（3）．

门间监管与社会监督相结合的监管机制，建立政府投资责任追究制度；提出按资金来源、项目性质以及调控需要，采取不用的政府投资方式，并针对不同的政府投资方式采取不同的审批及管理方式，强调加快推进非经营性政府投资实施“代建制”模式；进一步简政放权，完善政府投资项目以及社会资本投资项目审批程序，通过资本金注入、贷款贴息等方式鼓励和引导社会资本参与经营性的公益事业、基础设施项目建设。

2005年《国务院关于2005年深化经济体制改革的意见》要求全面落实《国务院关于投资体制改革的决定》，尽快推动配套政策出台，科学合理界定政府投资范围和规范政府投资行为。在《国务院关于投资体制改革的决定》的指导下，中央与地方各部门相继出台政府投资相关的文件，为进一步规范政府投资行为、加强政府投资管理提供了更多法规以及部门规章支持。2005年《中央预算内投资补助和贴息项目管理暂行办法》强调以投资补助和贴息方式使用政府投资资金的项目，应大体上限制在市场不能有效配置资源、确需政府支持的领域，并进一步规范了投资补助和贴息管理；2005年《国家发展改革委中央政府投资项目公示试点办法》、2006年《政府投资项目审计管理办法》以及2010年《政府投资项目审计规定》等文件加强了政府投资项目审计工作，规范了政府投资的社会监督以及审计机关监管；2007年《国家安全监管总局政府投资建设项目管理暂行办法》、2008年《中央政府投资项目后评价管理办法（试行）》以及2009《国家安全监管总局政府投资建设项目竣工验收管理规定（试行）》等文件加强了中央政府项目建设管理，健全了项目建设中以及项目建设后的评价机制。

在《国务院关于投资体制改革的决定》、中央颁布的政府投资规范性文件以及部门规章的指导下，地方政府出台了政府投资地方性法规，就如何规范政府投资行为进行了进一步的探索。例如，2006年邯郸市政府颁布《邯郸市政府投资项目管理办法》，具体划分了政府各部门的监管审计责任，明确了投资项目审批过程，按投资项目环节采取不同的政府投资方式；2009年宁波市政府颁布《宁波市政府投资项目管理办法》，就政府投资项目前期管理、项目计划、项目审批、项目建设管理、项目监督管理等政府投资项目建设全过程管理进行了规范；2009 年太原市政府颁布《太原市人民政府投资项目管理办法》，明确了针对政府投资项目性质采取相应的投资方式，针对不同的政府投资方式采取相应的管理模式和项目审批程序。

我国政府投资法制建设进程缓慢。在政府投资法制建设的起步时期，仅有屈指可数的相关性法规政策对政府投资进行了规定。在政府投资法制建设的探索时期，中央以及地方政府积极探索适应我国社会主义市场经济发展的政府投资管理体制。随着专门性的政府投资规范性文件和部门规章的相继出台，大量相关性的配套政策先后涌现，我国政府投资法制建设取了新进展，但是专门的政府投资行政法规仍然缺乏，更不用说政府投资法。2010 年国务院批转《关于解决当前政府投资工程建设中带有普遍性问题的意见》，明确提出要抓紧出台政府投资条例。

9.2 新时代政府投资法制建设的现状及问题

9.2.1 新时代政府投资法制建设的现状

党的十八大以来，中国特色社会主义进入了新时代，党中央、国务院大力推进“放管服”改革，我国投融资体制改革取得了突破性进展，政府投资行为得到科学合理规范，政府投资范围得到合理界定，政府与市场间的关系得到进一步厘清，投资项目审批范围大幅缩减、审批程序进一步简化，投资项目监管体系更加健全，政府投资职能得到更充分的发挥。但是与此同时，需要注意的是，为适应我国经济发展的新常态，面对转变政府职能与建立法治政府的要求，将政府投资行为纳入法治进程的任务更加紧迫，对政府投资法制建设也提出更高要求。为加快推动政府投资法制建设，事关政府投资的专门性与相关性文件相继出台。

9.2.1.1 2012—2016年为全面深化投融资体制改革与政府投资条例的出台做准备

在投资范围方面，2015年《国务院关于积极发挥新消费引领作用加快培育形成新供给新动力的指导意见》强调优化政府投资结构，加大对医疗、教育等基础设施的投资力度，尤其是适应新消费投资发展的基础设施建设投资和农村地区、西部地区基础设施投资，同时强调加强对高新技术产业发展的支持力度；2015年《国务院关于2014年度中央预算执行和其他财政收支审计查出问题整改情况的报告》明确提出，除确需保留的竞争性政府投资项目，减少直至取消以直接将投资补助分配到企业方式进行的、一般性竞争性项目的政府投资；2016年《国务院关于落实〈政府工作报告〉重点工作部门分工的意见》进一步强调应适当提高政府投资对民生薄弱环节的支持力度。

在投资方式方面，对于政府投资基金，2015年《政府投资基金暂行管理办法》对基金设置的领域、组织形式、出资方式、基金运作方式、风险控制、基金终止与退出机制、预算及资产管理、监督管理做出的明确规定。2016年《国务院关于深化财政转移支付制度改革情况的报告》明确提出，积极探索“由补变投”道路，以建立政府投资基金等方式取代经营性专项转移支付。对于建立政府与社会资本合作项目，2015年《国家发展改革委、财政部关于运用政府投资支持社会投资项目》强调要充分发挥政府投资的“四两拨千斤”的引导作用，积极探索政府投资以股权投资方式支持社会投资项目路径，积极探索政府投资资金采用投资补助、担保贷款、贷款贴息等方式支持政府同社会资本合作项目的路径。2015年《国务院关于积极发挥新消费引领作用加快培育形成新供给新动力的指导意见》强调加快政府投资与社会资本合作项目法制体系建设，明确划分政府与社会资本之间的权责利关系，引导社会资本为加快建设适应新消费发展的基础设施做出贡献。

在投资监管方面，2014 年《中央预算内直接投资项目管理》进一步规范了中央预算内直接投资项目管理，明确了项目申报、申报书审核、项目公示等项目决策全环节的操作细节和相关各部门责任分配，明确了项目建设管理，明确了各有关部门的监督检查和法律责任。同年颁布《中央政府投资项目后评价管理办法》和《中央政府投资项目后评价报告编制大纲（试行）》，以进一步健全政府投资项目建设完工并验收使用评价制度，提高中央预算内投资项目管理水平和投资效益。文件明确了项目评价程序、评价方式、评价大纲编制及内容、评价结果运用以及相关部门的法律责任，并将概算纳入项目决策文件。2015 年发改委印发《中央预算内直接投资项目概算管理暂行办法》，明确了概算核定，明确概算包括基本预备费、工程费用及工程建设其他费用、价差预备费等项目建设所需的全部费用，强调各相关部门要加强概算管理，并明确了各部门间的权责关系。2015 年《国务院关于 2014 年度中央预算执行和其他财政收支审计查出问题整改情况的报告》就规范政府投资项目按计划进行的问题，明确发改委应采取梳理项目进展与明确项目实际需要等方式，使项目建设满足计划安排，同时提出编制政府投资三年滚动计划，加强政府投资项目储备。2016 年《国务院办公厅关于印发 2016 年政务公开工作要点的通知》强调加快明确信息公开内容、程序、标准，推动重大建设项目的信息公开，加快推进政府投资项目从项目审批到项目建设全过程的信息公开，加大在线监测，推动执法信息公开。

在中央文件的指导下，各地方政府因地制宜制定了地方政府投资管理文件。2015—2016 年湖北省、四川省、内蒙古自治区等相继颁布《湖北省预算内直接投资项目管理办法》、《四川省省级预算内直接投资项目管理办法》、《预算内投资项目管理办法（暂行）》等文件，加强了地方政府预算直接投资项目管理；2015 年安徽省、玉林市等相继颁布《安徽省预算内直接投资项目概算管理暂行办法》、《玉林市政府投资项目设计变更及概算调整管理暂行办法》等文件，规范了地方政府投资项目概算管理；

2014—2016 年宁夏回族自治区、邯郸市、嘉庆市等相继颁布《宁夏回族自治区政府投资项目管理和责任追究办法》、《邯郸市人民政府办公厅关于进一步加强政府投资建设项目管理的通知》、《嘉兴市政府投资项目管理办法》等文件，进一步规范了地方政府投资项目管理。

9.2.1.2 2016—2019 年新时代政府投资法制建设：全面深化投融资体制改革

中国特色社会主义进入新时代，面对国内外经济发展的新阶段与经济下行压力的增大，充分发挥政府投资职能、稳定经济发展意义重大，加强政府投资管理体制创新、推动政府投资法制建设日渐紧迫。随着中央及地方政府投资文件的逐渐增多，围绕"落实企业投资主体地位"，政府投资范围进一步明确；随着政府预算内直接投资、投资补助、贴息、政府投资基金以及 PPP 项目管理的逐步详细，政府投资行为得到进一步规范；随着政府概算管理与项目评价体系规范化、政府监管责任落实明确化，政府投资管理体制进一步健全，政府投资法制建设进一步推进。需要看到的是，尽管自 2004 年以来我国投融资体制改革取得了长足的进步，尤其是进入了中国特色社会主义新时代，政府专门性规范文件与部门规章数量持续提升，但是政府投资法制建设滞后的局面仍未改变。为充分发挥政府投资在稳增长、调结构、惠民生中的关键作用，2016 年中共中央、国务院发布《中共中央国务院关于深化投融资体制改革的意见》（以下简称《意见》）。《意见》主要就政府投资范围、政府投资方式、政府投资管理、政府投资事中事后监管以及鼓励政府与社会资本合作五方面做出了明确规定。

明确政府投资范围，推动政府投资范围定期评估基机制建立《意见》明确强调原则上经营性项目不安排政府投资资金，政府投资资金的使用以非经营性项目为主，只聚焦于国家安全、社会管理、社会公共服务、生态环境保护与修复、农业农村、重大科技进步等公共领域项目，同时提出政府投资范围定期评估调整机制建设，优化政府投资结构，提高政府投资资金使用效率。

明确不同政府投资方式的安排，强调充分利用政府投资基金与PPP项目提高政府投资效益。《意见》明确了政府投资以直接投资方式为主，根据国家发展规划，采取资本金注入为主、投资补助和贷款贴息等为辅的方式，对确需支持的经营性项目安排政府投资资金。对于政府投资基金，《意见》强调为提高政府投资资金使用效率，应依法推动包括政府出资产业投资基金、公共服务发展基金在内的各类政府投资基金的设立，充分利用政府投资基金发挥政府投资的引导作用和放大作用。对于PPP项目，《意见》明确表示鼓励各地区积极探寻政府与社会资本合作路径，充分调动社会资本的积极性，鼓励和引导社会资本参与交通、环保、养老等公共基础设施和公共服务领域投资。各地区应因地制宜积极探索和创新政府与社会资本合作方式，可采取特许经营、政府购买等方式与社会资本在单个项目、组合项目或者连片开放项目上开展合作。《意见》还着重强调相关配套政策应随之出台以支持和鼓励社会资本同政府合作，强调发挥专业机构作用以提高项目决策的科学性合理性、项目管理水平的专业性、项目实施的有效性，防止政府盲目使用PPP模式。《意见》还强调政府投资资金安排不得设置歧视性条件，应平等对待各类投资主体。

明确推进三年滚动政府投资计划、政府投资项目库、政府投资项目信息统一管理机制的建立以及改进政府投资项目审批程序，以进一步规范政府投资管理。《意见》进一步明确了政府投资计划编制要求，强调计划编制应适应经济社会发展要求，依据国家宏观调整要求与国民经济发展规划进行编制，要求三年滚动政府投资计划的编制，应包含期限内重大政府投资项项目，强调计划的编制应与财政中期规划相衔接，政府投资项目建设应严格按下达的投资计划进行。为提高政府投资管理水平，防止投资项目的不合理审批，《意见》要求建立政府投资项目库，将各地区各部门的投资项目归纳整理入库，以支持政府投资顶层规划安排，明确对未入库项目原则上不予安排投资资金，以倒逼各地区政府加速推进各类政府投资项目的入库进展。为实现投资项目信息共享，完善项目信息的统一管理机制，《意见》要求建立贯通各地区各部门的政府投资统一信息平台。针对项目影响范围以及项目建设规模的不同，采取不同的审批程序。对于以直接投资或者资本金注入方式投资的、与人民利益息息相关的大规模投资项目应严格审批，审批材料包括项目建议书、可行性研究报告、初步设计等；对于投资规模较小、建设内容单一、已经批复的项目，简化审批程序。除此之外，《意见》还严格要求政府投资概算、建设标准、建设工期等。

明确要求加强政府投资内部监督与外部监督、事中监督与事后监督，完善政府投资监管机制，进一步加强政府投资监管。《意见》强调应加强政府审计监督，尤其是加强政府重大投资建设项目的稽查制度，建立健全政府内部监督机制；推动政府信息公开，提高政府投资项目透明度，鼓励群众监督政府投资建设全过程，建立健全社会监督机制。《意见》强调严格政府投资概算执行，健全概算审批以及概算调整管理机制，以加强政府投资项目事中监督；强调完善竣工验收机制，建立健全投资项目事后评价体系，以加强政府投资项目事后监督。除此之外，《意见》还提出在社会事业以及基础设施建设领域，应充分利用建筑信息模型技术，依托先进技术加强政府投资监督。

2016 年《中共中央国务院关于深化投融资体制改革的意见》，是继 2004 年《国务院关于投资体制改革的决定》之后颁布的又一个投融资体制改革的纲领性、综合性、指导性文件，是我国投融资体制改革史上第一部以党中央国务院名义印发的文件，是我国当前和今后一个时期投融资领域推进供给侧结构性改革的顶层设计①。在中央以及各部委出台的文件中，根据党的十八届三中全会关于使市场在资源配置中起决定性作用的要求，《意见》首次提出了“企业为主，政府引导”，明确定位了政府与市场的界线，为后续以法律形式界定政府投资范围奠定了基础。《意见》总结试点以及地方经验，针对政府投资管理的重大、关键问题，明确了政府投资方式、政府投资管理以及政府投资监督体制建设，有利于加快转变政

① 魏再晨．切实增速提质 服务市场经济——中共中央、国务院印发《关于深化投融资体制改革的意见》[J]．中国金融家，2016（8）：71－72.

府职能，充分发挥政府投资职能。

9.2.1.3 2019年至今新时代政府投资法制建设：首部政府投资行政法规出台

进入中国特色社会主义新时代，面对国内外复杂的经济环境，面对经济下行压力，必须充分发挥我国政府投资的宏观调控职能。当前，我国社会投资格局发生重大变化，随着投融资体制改革的不断深化，我国政府投资管理制度趋于成熟，政府投资项目审批机制逐步完善，监督检查体制逐步健全，投资项目验收和后评价机制逐步建立，以政府投资概算作为控制政府投资规模的主要指标体系初步建立，针对政府投资基金和PPP项目的管理也出台了相当数量的规范性文件和部门规章，各部门权责利进一步划分并得到落实，为政府投资行政法规的出台奠定了实践基础。与此同时，基于我国政府投资管理体制建设实践，我国政府投资理论研究共识逐渐增加，例如在政府投资资金应更多集中在市场失灵的领域、加强政府投资的绩效管理、进一步分化各级政府以及各政府部门之间的权责利关系等方面达成了基本共识，为进一步推动我国政府投资管理体制建设、出台更具权威性的政府投资行政法规奠定了理论基础。面对政府职能转变速度加快，为推动建立法治政府和服务型政府，必须进一步处理好政府与市场的关系，在投融资领域，必须全面深化投融资体制改革，确保企业投资主体地位进一步落实。

在中央与地方专门性以及相关性政府投资文件相继出台的基础上，我国逐步探索出了适应新时代中国特色社会主义经济社会发展的政府投资法制建设道路。从政府投资范围到投资项目建设全过程监管，从传统政府投资方式到建立政府投资基金、PPP项目等新型政府投资方式，事关政府投资各方面各环节各方式的规范性文件的出台，为更具权威性、更具整合性的政府投资文件的出台奠定了基础。2018年12月国务院常务会议通过的《政府投资条例》，自2019年7月起正式实施，我国第一部政府投资行政法规生效。《政府投资条例》以“发挥政府投资作用，提高投资效益，规范投资行为，引导和激发社会投资”为目标，明确政府投资应遵循科学决策、规范管理、注重绩效、公开透明的原则，强调政府投资资金安排应有利于推进我国中央与地方政府事权财权划分的改革，强调政府投资应当适应中国特色社会主义新时代经济社会发展。根据国家发展规划以及宏观调控政策，在结合财政收支情况下，统筹安排投资资金，加强政府投资的预算约束，并就政府投资的各方面进行了规范。《政府投资条例》主要有以下几方面内容。

在行政法规层面上界定了政府投资概念以及投资范围。《条例》明确政府投资是指在中国境内，使用预算资金进行的包括新建、扩建、改建以及技术改造等在内的固定资产投资建设活动。政府投资应当以非经营性项目为主，投资资金应当投向社会公益服务、公共基础设施、社会管理、农业农村、生态环境保护、国家安全、重大科技进步等市场不能有效配置资源的公共领域项目。政府投资概念的界定，表明凡与固定资产投资相关的预算资金的安排及使用均纳入政府投资的范畴，受《条例》管理，间接地说明了政府投资基金、政府与社会资本合作项目（PPP）均应纳入《条例》的管理，将政府投资资金的各种使用方式纳入法治轨道。《条例》强调政府投资应限制在市场不能有效配置资源的领域，体现了政府给市场“松绑”，有利于充分调动社会资本的积极性，发挥市场调节的基础性作用，有利于政府与市场各司其职、相互配合，提高政府与社会投资的效益。科学合理界定政府投资范围，事关确保政府投资既不“越位”，也不“缺位”；充分发挥政府投资职能，事关政府投资法治进程的推进，事关处理好政府与市场关系这一经济体制改革的核心问题。同时，《条例》并非以一成不变的方式框定政府投资范围，而是将建立政府投资范围定期评估调整机制的要求提高到行政法规层面，确保了投资范围适应新时代中国特色社会主义发展，推动全面深化投融资体制改革，落实企业投资主体地位。

在行政法规层面上确认了政府投资年度计划的编制，以及计划编制责任落实。《条例》明确了年度计划的编制主体为国务院投资主管部门、国务院其他有关部门、县级以上人民政府，《条例》明确了编制对象为可行性研究报告或者投资概算核定批准的，以直接投资、资本金注入方式安排政府投资资金的投资项目，已按相关规定办理手续的，以投资补助和贷款贴息等方式安排政府投资资金的投资项目以及其他符合相关规定项目。《条例》强调了各主体应编制与本级预算相衔接的，包括项目名称、建设内容及规模、建设工期、项目总投资、年度投资额及资金来源等在内的政府投资年度计划。编制政府投资年度计划对做好政府投资顶层设计，加强政府投资统筹管理，更好发挥政府投资职能，提高政府投资效益，有着积极影响，更好地将政府投资管理纳入法治进程。

在行政法规层面上对政府投资方式提出了要求。《条例》以行政法规的形式明确了政府投资资金的使用应服从项目安排。对于非经营性投资项目，采取以直接投资为主的方式进行投资；对于确需支持的经营性项目，主要采取资本金注入方式，也可以根据情况，适当采取贷款贴息、投资补助等方式。《条例》基于我国当前部分经营性项目社会投资盈利能力不足、经营风险较大等状况，在法律层面上规范了政府投资项目建设全过程管理，推进政府投资项目决策、项目实施、项目监督标准化管理。对于政府投资项目决策环节，《条例》规范了政府投资项目审批内容与标准，简化政府投资审批流程并将政府投资审批纳入法治进程，促进政府投资项目决策的科学化与民主化。对于一般政府投资项目，《条例》明确提出，对于采取直接投资和资本金注入方式投资的项目，政府投资项目单位提交的审批材料需包含项目建议书、可行性研究报告、初步设计。包括投资主管部门和其他有关部门在内的审批部门应当基于经济社会发展规划以及相关领域国家发展规划、相关政策法规等，以项目建设必要性、项目建设条件落实情况、投资概算是否符合相关规范以及其他事项为指标，除涉密项目外，应在在线审批监管平台进行审批，同时强调投资概算应作为控制政府投资项目总投资的依据。《条例》还明确指出，项目单位必须对其报送的材料负责，而审批单位必须通过在线平台公开与政府投资相关的政策以及审批流程、标准、规则等，做到投资项目审批程序公开透明。对于事关公众利益的重大项目与可简化流程项目，《条例》明确指出，对于重大项目的审批，除包含一般政府投资项目审批流程，审批应当以中介服务机构评估、公众参与、专家评议、风险评估的结果为依据，即体现了投资决策的科学性，也体现了决策的民主性。对于可简化流程项目，《条例》明确给出了可简化流程项目的范围，即部分单一、小规模、技术方案简单项目，突发应急建设项目适用简化的审批流程。在行政法规层面明确政府投资项目单位与审批单位的职责，并基于项目轻重缓急、影响程度等，对不同政府投资项目采取不同审批标准，有利于规范审批流程，提高审批效率，促进投资决策科学化和民主化。

对于政府投资项目实施环节，《条例》明确规定政府投资项目开工必须符合开工条件，项目单位需基于经核定的投资概算，依照政府投资审批部门核准的内容进行项目建设。强调项目建设资金应确保落实到位，项目单位不得垫资施工。项目建设竣工后，投资项目审批部门以及相关部门应按照国家有关规定，选择具有代表性的政府投资项目，委托中介服务机构根据项目竣工运营的实际情况，进行后评价并提出明确意见。对确因国家政策调整、价格上涨、地质条件变化等重大原因造成的项目不能按经核定内容进行的，《条例》明确要求应按法律法规以及国家有关规定，报审批部门再次审批，不得任意更改计划。政府投资项目从开工到竣工均应严格按照审批部门核准内容进行，加强了政府投资建设管理，确保政府投资项目建设按计划按要求进行，有效避免政府投资项目开工建设的任意性。强调政府投资项目后评价，有利于督促项目单位在按计划进行项目建设的同时，必须确保项目建设达到核准预期。强调项目建设单位不能垫资施工，有利于从源头控制政府隐性债务。在行政法规层面上，要求政府投资项目建设必须经投资主管部门等具有审批监督管理职责的部门核准，并严格按照审批内容开工建设，是从源头上避免政府投资项目建设的任意性，将政府投资项目实施纳入法治轨道的重要一环。

对于政府投资项目监管环节，《条例》对项目建设单位与项目监督单位均做出了规定。明确了对政府投资负有监督职责的单位，包括投资主管部门和依法对政府投资负有监督职责的其他部门。强调监管部门应当采取在线监测、现场核查等多种方式进行监管，且应建立政府投资项目信息共享机制，推动政府投资建设全过程公开透明化。明确提出政府投资项目建设单位应依法公开政府投资年度计划、政府投资项目审批和实施以及监督检查信息，同时将项目审批监督过程中有关文件、资料备份存档，建立健全政府投资项目档案管理体系。推动政府投资信息公开，加强政府投资项目相关信息备案，建立政府投资项目信息共享机制。一方面有利于加强政府投资外部监督与事后监管；另一方面有利于政府投资项目建设单位之间信息共享，推动信息公开规范化。

以行政法规形式，明确了政府投资概算是控制政府投资规模的依据，政府投资概算贯穿于政府投资管理的各环节。在政府投资审批环节，项目单位提交的政府投资项目建设初步设计材料需含投资概算，且投资概算不得超过经审批部门批准的可行性报告提出的投资估算的10%，审批部门需根据国家有关标准以及规范要求对政府投资概算进行审批。对于投资概算超过经审批部门批准的可行性报告提出的投资估算的10%的，审批部门应要求项目单位提供相关报告或者重新报送可行性研究报告。在政府投资实施环节，项目单位的项目建设总投资原则上不得超过经审批部门审批通过的政府投资概算，对于因重大因素确需增加投资概算的，项目单位应提交相关证明材料并确保资金来源可行，并报原初步设计审批部门审批。在政府投资问责体系中，对项目单位未按核定投资概算进行投资建设的领导人以及直接负责人给予处分。《条例》将政府投资概算与可行性报告中的投资估算的偏差进行了严格限定，要求建设单位原则上不得超概算建设，有利于确保项目单位有能力承担该项目建设，在项目建设前和建设过程中尽可能降低建设单位被迫垫资建设、项目烂尾、拖欠相关经费等隐患出现的概率。《条例》明确提出对不按核定概算进行建设的行为，追究领导人以及直接负责人的责任。

以行政法规形式，明确了政府投资相关单位法律责任，并对违规行为做出了具体说明。《条例》针对不同主体做出了具体规定，明确了政府投资主管部门以及具有审批职责的相关部门负有建立在线审批监管平台、按相关法规政策审批政府投资项目的责任，负有向项目单位提供相关咨询的责任，负有委托中介服务机构对具有代表性的投资项目进行后评价的责任；明确了政府投资主部门以及具有监管职责的相关部门负有依法监管政府投资项目实施情况的责任，负有建立政府投资项目信息共享机制、推动监管过程公开透明的责任；明确了政府投资项目单位负有按规定提交项目审批材料和确保材料真实性的责任，负有按审批部门核定内容建设项目的责任，负有项目开工建设、建设进度、竣工等基本信息公开和备案留底的责任；明确了国务院投资主管部门对其负责安排的政府投资有编制政府投资年度计划的责任和履行政府投资综合管理职责的责任，国务院其他有关部门对其负责安排的投资有编制政府投资年度计划的责任和履行相应政府投资管理职责的责任，县级以上地方政府有按照本级相关规定编制政府投资年度计划和履行相应政府投资管理职责的责任。《条例》针对不同情形，对负有责任的领导与直接负责人采取处分、追究法律责任、追究刑事责任的惩罚，对于有关审批和监管部门越权审批、破格批准、履行管理职责中玩忽职守、舞弊等情形给予处分，对违规举债，未按规定及时足额拨付投资资金，转移、侵占以及挪用投资资金三种情况依法追究法律责任；对项目单位未经批准或不按规定开工建设、弄虚作假骗取政府投资资金、要求施工单位垫资建设、未经批准更变政府投资项目建设内容或不实施批准项目、未按规定进行相关材料留底或者更改材料的，给予处分。《条例》对违规举债行为追究法律责任，有利于从源头控制地方政府债务。

《政府投资条例》以行政法规形式规范了政府投资范围，明确了政府投资方式，规范了不同投资方式下的政府投资决策、实施、评价，明确了政府投资有关部门间的权责利关系，对长期以来政府投资领域不明确的问题做出了明确的规定，将事关政府投资的各方面事项以法律形式规范下来。虽然《条例》在内容上，相较于2016年的《意见》并无实际上的突破，但是《条例》的颁布对于规范政府投资行为、提高政府投资管理水平、落实政府各部门责任仍有着重要意义，因为该法规实现了我国政府投资在行政法规数量上的零突破，总结了政府投资理论与实践，并上升为国家意志，改变了我国仅有政府投资规范性文件以及部门规章，而缺乏更具权威性的正式法规的局面，为提高我国政府投资管理法制化水平奠定了坚实基础，为以后把《条例》上升为《投资法》奠定了基础，是我国政府投资法制建设道路上的标志性事件。

9.2.2 新时代政府投资法制建设存在的问题

中国特色社会主义进入新时代以后，随着全面深化投融资体制改革进程的推进，我国政府投资法制建设稳步前进。当前以《政府投资条例》为核心的政府投资法制体系，基本适应了经济发展新常态和中国特色社会主义市场经济发展的需要，对确保政府宏观调控职能的发挥、建立服务型以及法治政府，发挥了重要作用。但是，面对我国经济发展的新常态，颁布于全面深化改革时期的《政府投资条例》，仅对政府投资做了原则性的规定而缺乏投资细节方面的具体规定。与政府职能转变和经济社会发展要求相比，我国政府投资法制建设滞后的问题依然没有得到很好的解决，当前法制建设仍然存在一些问题急需解决。

对政府投资范围的界定，仅有原则性规范而未明确划分，政府投资与市场的边界仍需厘清，政府与市场在部分领域的界线仍模糊不清。当前，政府投资仍存在公共领域等非经营性项目投资不足，经营性项目投资过度，政府投资对社会投资的引导和激励作用不够，挤占社会投资的问题。在公共领域，政府在教育、科技创新、医疗、卫生、环境、文化等领域投资不足，难以满足人民日益增长的美好生活需要，诸多备受瞩目的民生问题仍未得到很好的解决。例如，教育资源分配不均，义务教育与更高水平的教育发展不均衡，环境突出问题仍未解决，污染监控与修复机制仍需完善，取消以药养医政策正在落实，真正解决看病难看病贵问题仍有多道坎需要迈。在基础设施领域，社会资本对投资高速公路、供水、供电等具有稳定收益的项目，既有兴趣又有能力，但是以地方政府投资为主的模式给社会资本的进入造成了实际上的壁垒。尽管财政部提出逐步退出直至取消竞争性领域的公共预算安排，但是缺少更具权威性和更详细的法律法规，是阻碍政策实施效果的重要因素。

对于政府投资方式的管理，无论是政府投资项目决策，还是投资年度计划制定，仅对以直接投资和资本金注入方式使用政府投资资金做出了明确规范，而其他政府投方式的管理依旧缺乏法律依据。对于政府投资项目决策环节，现有政府投资行政法规仅明确了按直接投资和资本金注入方式进行政府投资的项目审批方式以及审批流程，而对投资补助、贷款贴息、建立政府投资资金、PPP 项目等使用政府投资资金的方式未做出明确要求，仅要求相关部门依据现有的规章政策办理手续，即直接投资和资本金注入方式以外的政府投资资金安排形式所依据的文件，仅有国家规范性文件和部门规章，未将政府投资资金安排的各个形式全面纳入法治进程。投资补助与贷款贴息等作为政府投资资金在经营性项目上安排的重要形式，缺乏更具权威性的法规的支持，不利于规范政府投资行为、激发社会投资活力，不利于贯彻落实财政部提出的“逐步退出直至取消竞争性领域的公共预算安排”要求。

《条例》未将政府投资基金与 PPP 项目排除在外，但也未就相关管理问题做出明确规范。当前，政府投资基金在支持创新创业、中小企业发展、我国产业结构优化升级等方面起了促进作用，但是基金设立阶段决策不够科学、缺乏统筹规划，管理阶段制度不够严谨、管理不够规范，效果评价机制不健全等问题依然突出。为充分发挥政府投资基金的放大效应与引导效应，将政府投资基金更多投向重点领域和薄弱环节，需加快相关法律法规的出台。PPP 模式是一种释放政府投资放大效应、发挥政府投资撬动作用的重要工具，2015 年《国家发展改革委 财政部关于运用政府投资支持社会投资项目的通知》发布后，大量 PPP 项目审批落地，但是 PPP 项目管理法律文件的缺失，不利于 PPP 项目优势的发挥。

对于政府投资项目实施环节，仍需进一步明确、细化相关条例，出台更具实操性的有关政策规章。现有的行政法规仅就“政府投资项目建设应按核准内容进行”做出了原则性规定。对于因故无法按原审批内容进行建设的项目，未做出具体规定，仅要求按现有法律法规和国家相关条例进行，缺乏专门性的法律法规。政府投资项目建设无论是在规模上还是在投资金额上均较为庞大，项目实际施工与计划施工之间存在偏差难以避免，如何界定和评估造成偏差的原因至关重要。现有的行政法规仅列举了国家政策、价格上涨、地质条件变化三种原因造成的确需调整投资概算的情况，但并未就具体事因做出规范。

对于政府投资项目监管环节，现有的行政法规仅围绕“信息公开”做出了相关规定，而对于政府投资项目的绩效管理、建设工程质量管理、安全生产管理等重要管理方式、管理流程、管理标准，仍未做出具体规定，仍缺乏专门性的行政法规。现有行政法规提出建立政府投资项目信息共享机制，推动政府投资项目建设单位公开投资年度计划、项目审批和实施情况、监督检查信息，加强政府投资项目内部监督与外部监督，但对于如何建立信息共享机制、如何实现监督方式以及监督过程标准化等问题如何解决，并未给出答案。同时，绩效管理、质量管理、安全管理等重要领域法律法规的缺失，不利于推进政府投资管理法治化，不利于进一步提高政府投资绩效。

就整个政府投资管理体制而言，投资政策政出多门、政府投资统筹规划不足、各级政府职责重复或缺位等问题仍需解决。现有行政法规规定国务院投资主管部门、国务院其他部门、县级以上人民政府对其安排的政府投资项目有编制政府投资计划的责任，但是政府投资计划多门编制，且缺乏涵盖全部项目的整合性计划，不利于统筹安排政府投资资金、更好发挥政府投资宏观调控职能。在现行体制下，财政投资、政府投资基金以及PPP项目等多头管理、政出多门，阻碍了政府投资合力的形成，不利于充分发挥政府投资宏观调控职能，不利于政府投资更好地适应我国经济发展新常态。除此之外，政策之间的相互冲突，在降低政策有效性的同时还可能扩大财政投融资的风险，对国家财政运行秩序造成冲击。投资管理权限在不同政府层级之间并未得到明确的划分，如何平衡各部门间的财权与事权，合理划分权责，例如发改部门和财政部门之间的权责划分，仍存在较大的争议。当前我国各级政府之间权责划分不够明确，导致我国财政投融资管理权责利存在重叠或者缺位的现象。

9.3 新时代政府投资法制建设的对策建议

为适应新时代中国特色社会主义市场经济发展的需要，推动我国财政投融资体制改革深化，更好发挥政府投资职能，将政府投资管理各方面纳入法治进程，针对当前存在的问题，我国政府投资法制建设应着重从以下几个方面入手，以进一步完善《政府投资条例》，为政府投资管理法的出台做准备。

进一步明确划分政府投资领域，厘清政府与市场之间的界线。以“发挥市场在资源配置中的决定性作用，落实企业投资主体地位”为指导，根据《政府投资条例》对政府投资范围的原则性界定，针对各领域各行业特点，进一步明确划分政府投资的具体范围，逐步实现按行业制定政府投资目录。在社会服务领域，政府投资以义务教育、公共卫生、公共文化等纯公共物品为主，对于准公共物品性质的公共服务，需出台政府投资配套政策，综合利用税收优惠、财政补贴等一系列政策工具，引导和激励社会投资资本参与建设，采取政府与社会资本合作方式或者社会资本独立投资方式进行建设。在基础设施领域，政府投资以桥梁、绿化、防灾减灾、文化保护、公共图书馆等无直接或者无稳定收益的设施为主。对于具有稳定营利能力的，如交通、供水、供电等基础设施建设，应采取政府与社会资本合作方式或者社会资本独立投资方式进行建设。在农业农村领域，政府投资以农业科技、水土流失、桥梁等无直接收益的设施为主。对于具有营利能力的项目，引导财政与农民、农村集体经济组织合作投资，或者由农民、农村集体经济组织独立投资。在重大科技进步领域，巨大的投资风险与不稳定的收益限制了社会资本投资。为提高我国创新能力，建立创新型国家，政府投资应适应创新驱动发展战略需求，加大对重大科技进步领域的投资，增加基础研发及应用基础研发投资，更多投资于市场不愿投资的项目。通过投资补助或者资本金注入方式，降低社会投资风险，引导社会资本参与投资，推动社会创新创业发展。在社会管理领域，政府投资应聚焦民生制度建设，如提供各类服务的设施建设以及社会风险评估机制建设等无收益项目。在明确各类主体的社会管理定位基础上，支持各类主体参与社会管理建设投资。在经营性项目领域，对确需政府支持的项目进行具体分化，加快建立政府投资退出机制，降低政府投资资本退出对市场经济发展带来的影响。除此之外，生态环境保护、国家安全等公共领域的投资项目，也需要进一步划分。

进一步完善政府投资管理，健全政府投资决策管理、投资项目建设管理、项目竣工后评价管理和监督管理的政府投资全过程管理体系，坚持政府投资概算管理在控制政府投资建设中的基础性作用，加强政府投资的绩效管理，推动绩效评价结果运用，提高政府投资效益。在政府决策管理中，着重推动采取投资补助、贷款贴息等方式安排投资资金的项目决策管理，明确审批标准、审批内容和审批流程，加快出台政府投资基金和 PPP 项目的决策管理文件，从源头上防范政府投资基金与 PPP 项目决策的任意性，防范地方政府通过政府投资基金与 PPP 项目变相举债。除此之外，在加强政府投资决策科学性的同时，应注重加强政府投资决策的民主性。各地政府应当因地制宜建立健全群众参评机制，确保群众对事关人民群众利益的重大项目有足够的发言权。在政府投资项目实施及竣工环节，进一步细化因故无法按原审批内容进行建设的项目的管理条例，科学合理界定造成建设偏差的原因，进一步完善投资项目竣工验收后评价管理，根据各领域各行业特点，细化评价指标、评价体系和评价流程，推动后评价机制标准化运作，提高运用评价结果的能力。在政府投资监督环节，进一步明确信息共享机制建设标准，确保各级政府投资信息得到充分共享；进一步完善政府投资信息披露制度，提高政府投资项目从建设到竣工验收全过程的透明度；进一步完善内部外部监督系统，提高政府投资监督效率和监管水平。对于政府投资的概算管理和绩效管理，在《条例》界定概算范围的基础上，针对各领域各行业特点，进一步规范政府投资概算计量，进一步明细政府投资概算对政府投资项目建设全过程的控制方式。对于政府投资的绩效管理，应综合考虑经济绩效和社会绩效，针对不同领域、不同行业的特点，出台更具操作性的、定性和定量相结合的、科学合理的绩效评价指标，建立健全绩效评价机制。

建立健全统一的财政投融资管理体系，进一步明确划分各级政府投资管理权限，建立多层次的政府投资风险责任分担机制。首先，整合财政部门内部机构，建立财政投融资管理局，对政府投资进行统一管理，集中行使分散在各个财政部门的投资职权。其次，在财政部门内部整合的基础上，推动政府部门之间的整合，统一协调政府投资职能。在整合财政部门和政府各部门财政职能的基础上，建立统一的财政投融管理体制。适应新时代中国特色社会主义和我国经济社会发展新常态的需要，整合国务院投资主管部门编制的政府投资年度计划、国务院其他部门编制的政府投资年度计划以及县级以上地方政府编制的政府投资年度计划，编制统一的政府投资年度计划和滚动计划，加强政府投资的顶层设计和统筹管理，确保调控投资政策目标统一、制度统一、决策管理统一，寻求政府投资的最大公约数，最大限度发挥政府投资职责，避免权责交叉和政策冲突带来的投资效益低下和财政运行秩序混乱。

在统筹管理的基础上，以各级政府职能和支出责任的界定为指导，明确划分各级政府投资管理权限，建立多层级管理体系。首先，明确划分中央政府与地方政府的投资管理权限，中央政府主要负责本级政权建设、跨地区以及跨流域的重大经济社会发展项目、国家重大科技项目、国家重大产业布局项目等方面的投资。在社会服务投资领域，中央政府应负责国防、义务教育、基础文化建设、基础卫生服务提供等具有全国意义的投资项目，加快缩小区域间公共服务水平差异，缩小收入分配差距。在基础设施投资领域，中央政府主要负责跨区域和跨流域的基础交通、园林绿化、供水供电供气、防灾减灾等大规模基础设施建设，而地方政府主要负责不具有或者基本不具有区域外部性的基础设施建设。在农业农村领域，中央政府要承担重要农业科技攻关投资，推动我国农业现代化发展，承担城乡一体化综合配套设施建设，破解我国经济二元结构，缩小城乡差距，而地方政府应因地制宜加快推动地区特色农业关键科技突破，加快缩小地区城乡差距。在重大科技进步领域，中央政府要承担重大科技攻关项目的投资，加大基础研究以及应用基础研究投资，提高我国创新能力，适应我国创新驱动发展战略的需求。其次，明确划分各级地方政府之间的投资管理权限，省级财政投资资金应主要负责本级政府建设投资，负责环保设施建设、文化设施建设、卫生设施建设、省级交通设施、供水供电等跨市县的社会服务设施与基础设施建设，负责缩小省内贫富差距、城乡差距等平衡本省经济社会发展差距方面的投资，负责本省农业农村发展和社会管理投资。市、县、乡级政府主要负责辖区范围内的社会服务、基础设施、农业农村等领域的投资。为明确划分各级政府之间的投资管理权限，有必要建立各级政府投资目录，以“清单”的形式对各级政府投资范围进行划分，同时建立各级政府投资项目的定期调整机制，以更好地适应我国经济社会发展新常态。进一步完善政府投资问责制度，增加问责标准，细化问责条款、问责程序以及申诉程序，使之更具操作性和威慑力。

10

新时代政府投资的国际比较研究

10.1 发达国家政府投资

10.1.1 美国政府投资

美国作为一个联邦共和制国家，实行联邦政府、州政府和地方政府三级行政管理体制。政府投资管理体制也包括相应的三级，即联邦政府投资、州政府投资和地方政府投资。州和地方政府是美国政府投资，特别是美国政府固定资产投资的主角，联邦政府在美国政府研发方面的投资中发挥着不可替代的重要作用。美国政府投资项目的决策和建设管理，既十分重视普通民众的参与和大型中介咨询公司的评审作用，又特别强调法律的约束和风险的防范。

10.1.1.1 美国政府投资规模

（1）绝对规模。20 世纪 60 年代以来，美国政府投资总额总体呈现出上升趋势，由 1961 年的 398.99 亿美元上升至 2017 年的 6209.20 亿美元。从政府投资总额的年度增长率来看，1961—2017 年，美国政府投资总额的年度增速变化波动较大，但增速总体呈下降趋势（见表 10－1 和图 10－1）。

表 10－1　1961—2017 年美国政府投资总额及增长率　单位：百万美元

年份	政府总投资	增长率（%）	年份	政府总投资	增长率（%）	年份	政府总投资	增长率（%）
1961	39899	10.83	1985	219872	13.82	2010	651817	0.74
1965	47863	3.18	1990	290367	7.37	2014	594356	0.34
1970	59793	0.42	1995	307680	4.59	2015	608119	2.32
1975	84397	10.81	2000	390254	5.91	2016	609707	0.26
1980	135952	13.20	2005	513641	5.15	2017	620920	1.84

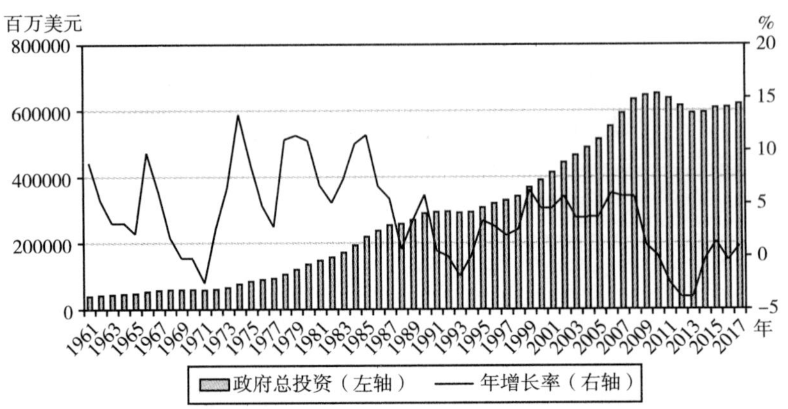

图 10－1　1961—2017 年美国政府投资总额及增长率

资料来源：在美国经济分析局（BEA）原始数据基础整理计算而得，https：//apps. bea. gov/histdata/file-StructDisplay. cfm? HMI＝7&DY＝2017&DQ＝Q4&DV＝Advance&dNRD＝January－29－2018。

（2）相对规模。

第一，政府投资总额占 GDP（名义）比重。如表 10－2 和图 10－2 所示，1961—2017 年，美国政府投资总额占其 GDP 的比重总体呈现出下降的趋势，由 1961 年的 7.08% 下降至 2017 年的 3.20%。

表 10－2　　1961—2017 年美国政府投资总额占 GDP 比重　　单位：百万美元

年份	财政总投资（A）	GDP（B）	比重（A/B）（%）	年份	财政总投资（A）	GDP（B）	比重（A/B）（%）
1961	39899	563303	7.08	1995	307680	7664060	4.01
1965	47863	743728	6.44	2000	390254	10284779	3.79
1970	59793	1075884	5.56	2005	513641	13093726	3.92
1975	84397	1688923	5.00	2010	651817	14964372	4.36
1980	135952	2862505	4.75	2015	608119	18120714	3.36
1985	219872	4346734	5.06	2016	609707	18624475	3.27
1990	290367	5979589	4.86	2017	620920	19386801	3.20

第二，政府投资总额占财政总支出比重。与政府投资总额占 GDP 比重变化的总体趋势基本相似，1961—2017 年，美国政府投资总额占其财政支出的比重总体也呈现出下降的趋势，由 1961 年的 24.68% 下降至 2017 年的 9.58%（见表 10－3 和图 10－3）。

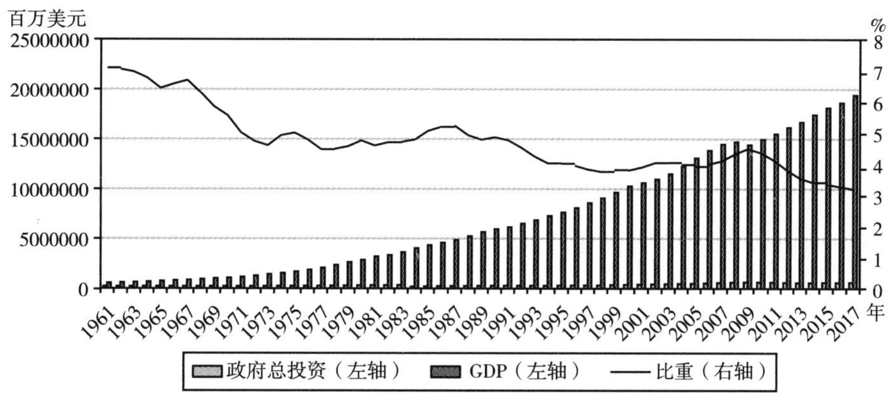

图 10－2　1961—2017 年美国政府投资总额占 GDP 比重

资料来源：美国经济分析局（BEA）和 Wind 数据库。

表 10－3　1961—2017 年美国政府投资总额占财政总支出比重　　单位：百万美元

年份	政府总投资（A）	财政总支出（B）	比重（A/B）（%）	年份	政府总投资（A）	财政总支出（B）	比重（A/B）（%）
1961	39899	161672	24.68	1995	307680	2561902	12.01
1965	47863	204337	23.42	2000	390254	3092680	12.62
1970	59793	339706	17.60	2005	513641	4257616	12.06
1975	84397	570944	14.78	2010	651817	5775206	11.29
1980	135952	923635	14.72	2015	608119	6066468	10.02
1985	219872	1473461	14.92	2016	609707	6269661	9.72
1990	290367	2025064	14.34	2017	620920	6484494	9.58

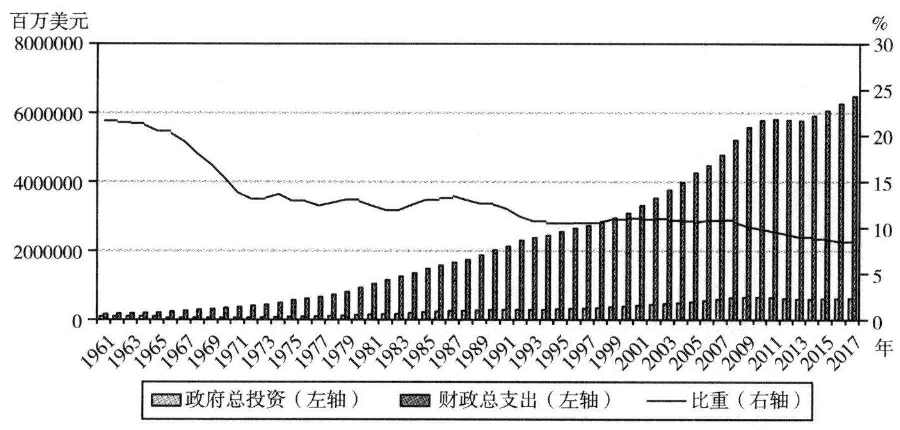

图 10－3　1961—2017 年美国政府投资总额占财政总支出比重

资料来源：在美国经济分析局（BEA）原始数据基础整理计算而得，https：//apps. bea. gov/histdata/fileStructDisplay. cfm？HMI＝7&DY＝2017&DQ＝Q4&DV＝Advance&dNRD＝January－29－2018。

第三，政府投资总额与私人总投资相比。按照部门分类，美国社会总投资可以分为政府总投资和私人总投资。如表 10－4 和图 10－4 所示，从政府总投资占私人总投资比重的变化趋势来看，政府总投资占私人总投资比重总体呈现出下降的趋势，由 1961 年 46.08% 的减少至 2017 年的 19.34%，表明政府部门所占的投资份额总体呈现出递减的趋势，私人部门所占的投资份额总体呈现出上升的趋势。

表 10－4　1961—2017 年美国政府投资总额占私人投资总额比重　单位：百万美元

年份	政府总投资（1）	私人总投资（2）	比重（1）/（2）（%）	年份	政府总投资（1）	私人投资（2）	比重（1）/（2）（%）
1961	39899	86579	46.08	1995	307680	1317478	23.35
1965	47863	129643	36.92	2000	390254	2033750	19.19
1970	59793	170050	35.16	2005	513641	2527109	20.33
1975	84397	257253	32.81	2010	651817	2100812	31.03
1980	135952	530098	25.65	2015	608119	3093580	19.66
1985	219872	829649	26.50	2016	609707	3057226	19.94
1990	290367	993453	29.23	2017	620920	3210650	19.34

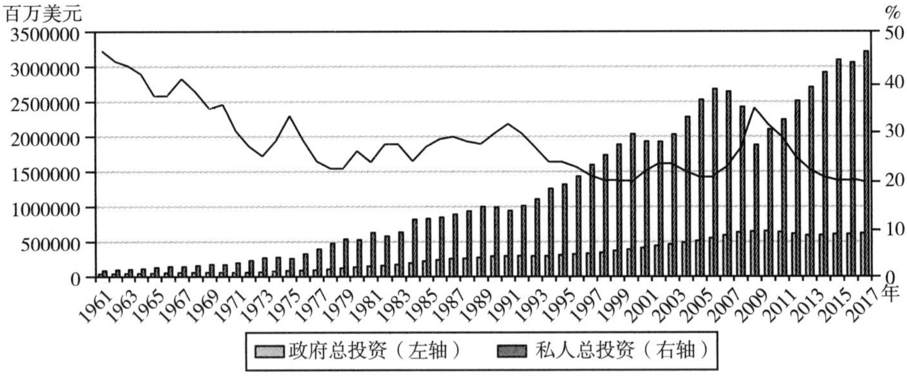

图 10－4　1961—2017 年美国政府投资总额占私人投资总额比重变化趋势

资料来源：在美国经济分析局（BEA）原始数据基础整理计算而得，https：//apps.bea.gov/histdata/fileStructDisplay.cfm？HMI＝7&DY＝2017&DQ＝Q4&DV＝Advance&dNRD＝January－29－2018。

10.1.1.2　美政府投资结构

（1）美国联邦及州和地方政府投资。按照政府行政管理层次分类，美国政府投资分为联邦政府投资及州和地方政府投资。如表 10 - 5 和图 10 - 5 所示，2017 年联邦政府、州和地方政府投资规模分别达到 2826. 13 亿美元和 3383. 06 亿美元，各自占美国政府投资总额的 45. 52% 和 54. 48% 。从联邦政府投资、州和地方政府投资分别占政府总投资比重的变化趋势来看，2000—2017 年，联邦政府投资占政府总投资的份额总体呈现出上升趋势，由 2000 年的 40. 33% 增加至 2017 年的 45. 52% ；而州和地方政府投资占政府总投资的份额总体呈现出下降趋势，由 2000 年的 59. 67% 下降至 2017 年的 54. 48% 。与此同时，联邦政府投资占政府总投资的份额一直小于州和地方政府投资占政府总投资的份额。

表 10 - 5　2000—2017 年美国联邦政府与州和地方政府投资额及比重　单位：百万美元

年份	美国政府	联邦政府		州和地方政府	
	金额（1）	金额（2）	比重（2）/（1）（%）	金额（3）	比重（3）/（1）（%）
2000	390254	157376	40. 33	232878	59. 67
2001	413634	163845	39. 61	249789	60. 39
2002	443572	180277	40. 64	263295	59. 36
2003	465256	196354	42. 20	268902	57. 80
2004	488461	211006	43. 20	277455	56. 80
2005	513641	222879	43. 39	290762	56. 61
2006	552347	238049	43. 10	314298	56. 90
2007	592206	251422	42. 46	340784	57. 54
2008	634626	275784	43. 46	358842	56. 54
2009	647029	283983	43. 89	363046	56. 11
2010	651817	299959	46. 02	351858	53. 98
2011	637882	297390	46. 62	340492	53. 38
2012	614436	284692	46. 33	329745	53. 67
2013	592325	268439	45. 32	323887	54. 68
2014	594356	263687	44. 37	330669	55. 63
2015	608119	263984	43. 41	344135	56. 59
2016	609707	266996	43. 79	342710	56. 21
2017	620920	282613	45. 52	338306	54. 48

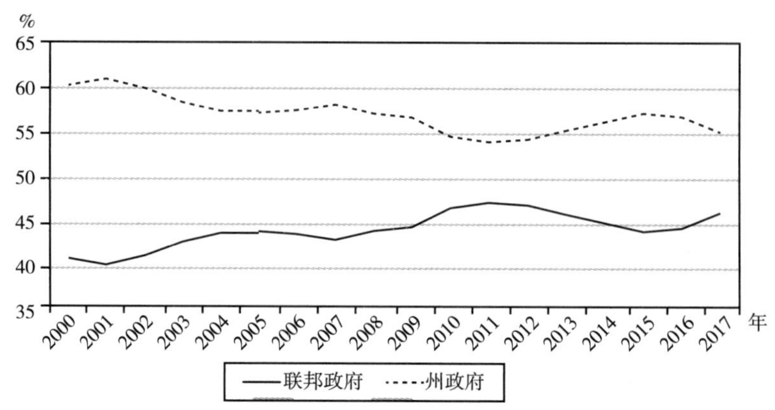

图 10－5　2000—2017 年美国联邦政府与州和地方政府投资比重变化趋势

资料来源：美国经济分析局（BEA）。

具体来看，联邦政府投资、州和地方政府投资分别占政府总投资比重的变化路径大致可以分为三个阶段：①2000—2011 年，联邦政府投资占政府总投资的份额总体呈现出上升趋势，由 2000 年的 40.33% 增加至 2011 年的 46.62%；州和地方政府投资占政府总投资的份额总体呈现出下降趋势，由 2000 年的 59.67% 减少至 2011 年的 53.38%。②2012—2015 年，联邦政府投资占政府总投资的份额总体呈现出下降趋势，由 2012 年的 46.33% 减少至 2015 年的 43.41%；州和地方政府投资占政府总投资的份额总体呈现出上升趋势，由 2012 年的 53.67% 增加至 2015 年的 54.48%。③2016—2017 年，联邦政府投资占政府总投资的份额总体呈现出上升趋势，由 2016 年的 43.79% 增加至 2017 年的 45.52%；州和地方政府投资占政府总投资的份额总体呈现出下降趋势，由 2016 年的 56.21% 减少至 2017 年的 54.48%。

（2）美国政府研发投资。1987—2007 年，美国研发投资规模总体呈现出上升趋势，由 1987 年的 713.52 亿美元增加至 2007 年的 1256.68 亿美元，年均增长率为 3.63%。美国政府研发投资由联邦政府研发投资、州和地方政府研发投资、大学和学院的政府研发投资构成。其中，联邦政府研发投资是美国政府研发投资的重要组成部分，2007 年联邦政府研发投资占美国政府研发投资的比重高达 89.57%。从联邦政府研发投资、州和地方政府研发投资、大学和学院的政府研发投资分别占美国政府研发投资比重的变化趋势来看，1987—2007 年，联邦政府研发投资占美国政府研发投资的份额总体呈现出下降趋势，由 1987 年的 95.01% 减少至 2007 年的 89.57%；州和地方政府研发投资、大学和学院的政府研发投资分别占政府研发总投资的份额均呈现出上升趋势，分别由 1987 年的 2.36% 增加至 2007 年的 3.54%，由 1987 年的 2.63% 增加至 2007 年的 6.89%（见表 10 - 6）。

表 10 - 6　1987—2007 年美国政府研发投资额及比重　单位：百万美元

年份	美国政府	联邦政府		州和地方政府		大学和学院	
	投资额	投资额	比重（%）	投资额	比重（%）	投资额	比重（%）
1987	71352	67791	95.01	1683	2.36	1878	2.63
1988	73058	69152	94.65	1813	2.48	2093	2.86
1989	73723	69429	94.18	1923	2.61	2371	3.22
1990	75505	70813	93.79	2042	2.70	2650	3.51
1991	74410	69425	93.30	2129	2.86	2856	3.84
1992	73902	68786	93.08	2162	2.93	2954	4.00
1993	73647	68380	92.85	2173	2.95	3093	4.20
1994	74441	68932	92.60	2220	2.98	3289	4.42
1995	75954	70203	92.43	2343	3.08	3408	4.49
1996	76506	70346	91.95	2472	3.23	3688	4.82
1997	78014	71317	91.42	2573	3.30	4124	5.29
1998	79411	72292	91.04	2652	3.34	4467	5.63
1999	80476	72765	90.42	2821	3.51	4889	6.08
2000	81555	73087	89.62	3021	3.70	5447	6.68
2001	88196	79019	89.59	3194	3.62	5983	6.78
2002	94631	84780	89.59	3397	3.59	6454	6.82
2003	102629	92326	89.96	3619	3.53	6684	6.51
2004	109746	99079	90.28	3793	3.46	6875	6.26
2005	115440	104138	90.21	3873	3.35	7429	6.44
2006	120420	108282	89.92	4082	3.39	8055	6.69
2007	125668	112564	89.57	4445	3.54	8659	6.89

资料来源：Wind 数据库原始数据整理计算而得。

（3）美国政府固定资产投资。

第一，住宅类与非住宅类政府固定资产投资。按照政府固定资产投资是否用于住宅领域，美国政府固定资产投资可以分为住宅类型的政府固定资产投资和非住宅类型的政府固定资产投资。如表 10－7 所示，2019 年美国住宅类型的政府固定资产投资和非住宅类型的政府固定资产投资分别达到 59 亿美元和 7478 亿美元，各自占美国政府固定资产投资的 0.78% 和 99.22%。从住宅类型的政府固定资产投资和非住宅类型的政府固定资产投资分别占政府固定资产比重的变化趋势来看，两者各自所占的份额变化幅度均不大。

表 10－7　2015—2019 年美国政府固定资产投资额及比重　单位：十亿美元

年份	住宅		非住宅							
			设备		建设		知识产权产品		总计	
	金额	比重（%）	金额	比重（%）	金额	比重（%）	金额	比重（%）	金额	比重（%）
2015	5.30	0.85	131.70	21.19	292.60	47.09	191.80	30.87	616.10	99.15
2016	5.50	0.86	134.20	21.01	303.90	47.57	195.20	30.56	633.30	99.14
2017	6.00	0.90	143.30	21.42	315.50	47.15	204.40	30.55	663.20	99.10
2018	5.80	0.82	152.70	21.69	331.80	47.13	213.60	30.34	698.10	99.18
2019	5.90	0.78	163.60	21.71	355.90	47.22	228.30	30.29	747.80	99.22

资料来源：Wind 数据库原始数据整理计算而得。

非住宅类型的政府固定资产投资又可以分为设备类、建设类和知识产权产品类。2019 年设备类、建设类和知识产权产品类的政府固定资产投资分别达到 1636 亿美元、3559 亿美元和 2283 亿美元，各自占美国政府固定资产投资的 21.71%、47.22% 和 30.29%。对建设类和知识产权产品类的政府固定资产投资进一步细分。如表 10－8 所示，建设类的政府固定资产投资可以分为运输、办公、能源、娱乐休闲、医疗保健、公共安全、商业和工业 8 个小类。2015—2019 年，运输类、办公类的政府固定资产投资占美国政府固定资产投资比重的排名均靠前。如表 10－9 所示，知识产权产品类的政府固定资产投资可以分为软件类、研究和发展类。研究和发展类的政府固定资产投资是知识产权产品类的政府固定资产投资的主要组成部分，2019 年研究和发展类的政府固定资产投资占知识产权产品类的政府固定资产投资的比重高达 73.24%。

表 10-8　2015—2019 年美国政府固定资产建设类投资额及比重（%） 单位：十亿美元

	2015 年		2016 年		2017 年		2018 年		2019 年	
	金额	比重（%）	金额	比重（%）	金额	比重（%）	金额	比重（%）	金额	比重（%）
运输	29.70	9.97	29.00	9.37	29.70	9.24	31.10	9.21	34.10	9.43
办公	23.30	7.82	23.30	7.53	23.60	7.34	27.80	8.23	31.70	8.76
能源	10.60	3.56	10.30	3.33	9.70	3.02	9.90	2.93	11.10	3.07
娱乐休闲	7.40	2.48	8.30	2.68	9.00	2.80	9.40	2.78	10.10	2.79
医疗保健	8.20	2.75	8.20	2.65	8.10	2.52	8.10	2.40	7.70	2.13
公共安全	4.20	1.41	4.30	1.39	4.40	1.37	4.80	1.42	5.40	1.49
商业	0.80	0.27	0.80	0.26	0.30	0.09	1.40	0.41	2.10	0.58
工业	0.70	0.23	1.00	0.32	1.00	0.31	1.00	0.30	1.30	0.36

资料来源：Wind 数据库原始数据整理计算而得。

表 10-9　2015—2019 年美国政府固定资产知识产权产品类投资额及比重 单位：十亿美元

年份	固定资产-知识产权产品投资				总计	
	软件		研究和发展			
	投资额	比重（%）	投资额	比重（%）	投资额	比重（%）
2015	46.50	24.24	145.30	75.76	191.80	100.00
2016	49.10	25.15	146.10	74.85	195.20	100.00
2017	52.20	25.54	152.10	74.41	204.40	100.00
2018	57.30	26.83	156.30	73.17	213.60	100.00
2019	61.10	26.76	167.20	73.24	228.30	100.00

资料来源：Wind 数据库原始数据整理计算而得。

第二，联邦政府与州和地方政府固定资产投资。按照政府行政管理层次分类，美国政府固定资产投资分为联邦政府固定资产投资、州和地方政府固定资产投资。如表 10-10 所示，2019 年联邦政府固定资产投资、州和地方政府固定资产投资分别达到 3229 亿美元和 4398 亿美元，各自占美国政府固定资产投资总额的 42.84% 和 57.16%。从联邦政府固定资产投资、州和地方政府固定资产投资分别占政府固定资产投资总投资比重的变化趋势来看，2015—2019年，联邦政府固定资产投资、州和地方政府固定资产投资分别占政府固定资产投资总投资的份额变化幅度均较小，分别由2015年的42.73%增加至2019年的42.84%，由2015年的57.27%增加至2019年的57.16%。

表10－10　2015—2019年美国政府固定资产投资额及比重　单位：十亿美元

年份	联邦		州和地方政府		总计	
	投资额	比重（%）	投资额	比重（%）	投资额	比重（%）
2015	265.50	42.73	355.90	57.27	621.40	100.00
2016	268.60	42.05	370.30	57.97	638.80	100.00
2017	283.70	42.40	385.50	57.61	669.10	100.00
2018	296.20	42.07	407.80	57.93	704.00	100.00
2019	322.90	42.84	430.80	57.16	753.70	100.00

资料来源：Wind数据库原始数据整理计算而得。

10.1.1.3　美国政府投资管理体制

（1）政府投资范围的确定。政府事权和支出责任的划分某种程度上决定了政府的投资范围。美国作为一个联邦制的国家，各州几乎是独立的王国，拥有高度的自治权（包括立法权、行政权和司法权），联邦政府与州政府之间的关系是横向协作，而非纵向隶属。州政府以下包括郡、市、镇等多种不同类型的地方政府，其职权由所隶属的州宪法负责授予。根据美国政府体系的结构，其财政管理体制包含相应的三级。联邦政府、州政府和地方政府拥有各自相对独立的财政制度。在政府事权和支出责任的划分方面，联邦政府主要负责国防、外交、航空航天、移民和邮政服务等与国家经济社会发展关系重大的事项；州政府主要负责本州区域内的文化、教育、医疗和城市交通基础设施建设；地方政府主要负责当地的供水、供电、供气和城市污水排放处理。

根据各级政府事权和支出责任的划分，相应确定了政府投资范围。联邦政府投资主要集中在国防、跨州基础设施建设、基础科学研究等领域；

州政府投资主要集中在改善该州区域内的经济社会发展和生态环境，比如教育、医疗和城市间高速公路等领域；地方政府投资主要集中在市内的交通基础设施、供水、供电、供气、生活垃圾和污水处理等。总的来看，美国政府投资主要集中在非竞争性的领域，而在竞争性的领域，还是以私人部门投资为主，政府干预较少。

（2）政府投资项目的决策管理。美国政府投资项目的决策管理，既强调多部门的相互协调和项目决策的公开透明，又重视民众的参与和中介咨询机构的评审。在联邦政府投资项目的决策过程中，管理与预算办公室、财政部以及国会发挥着各自的职能作用。管理与预算办公室负责审定政府投资项目的预算，国会负责批准已通过审核的预算方案，财政部负责项目建设所需资金的集中支付。在州和地方政府投资项目的决策过程中，需要经过同一级别的议会和财政部门的严格审核。政府投资项目决策的公开透明，主要体现为在项目的规划设计、可行性论证以及预算审核的整个环节，都要求有关部门和机构对项目所涉及的非保密信息进行及时披露。无论是联邦政府还是州和地方政府投资的相关管理职能部门，都需要在政府投资项目的规划和设计过程中，及时地向大众公布相关文件和资料，以便充分地征求既得利益集团和普通民众的意见，同时发挥民众在政府投资项目决策过程中的积极作用。此外，中介咨询机构的参与也是政府投资项目决策的重要环节。拥有专业人才、技术的咨询机构，能够为政府提供更加专业的建议和方案。更为重要的是，咨询机构站在独立的立场为政府提供咨询意见，因而能够提供更加科学和公正的建议和方案。

（3）政府投资项目的建设管理。政府投资项目的建设管理，是政府投资管理的一个关键环节，也是政府投资管理体制的重要组成部分。美国各级政府都非常注重政府投资项目的建设管理。美国政府投资项目所涉及的人力资本和物力资本的采购方式包括公开招标、竞争性谈判、单一来源采购。其中，公开招标是最主要的采购方式，而且在招标、评标、中标或落标环节所涉及的相关信息，都要及时向社会公示。项目建设管理的整个过程还会受到一系列严密的法律法规约束，其中最具有代表性和重要的是美国联邦采购政策办公室制定的《联邦采购规章》（Federal Acquisition Regulation，FAR）。该部法规的框架由概要、采购计划、采购方式及采购合同种类、政府采购的社会经济政策目标、具体的采购相关规定、特定采购相关规定、合同管理、条款及表格等8部分组成。美国政府投资项目的建设管理不仅强调合同的采用，还非常注重风险防范。合同的形式多以固定价格为主，除常规内容外，合同内还存在允许政府拥有特权的特别条款。担保机制的建设是防范政府投资项目风险的有效手段，比如《米勒法案》规定，如果联邦政府在公共建筑或工程领域的投资规模超过10万美元，合同被授予人必须提供履约担保和一定额度的付款担保。

（4）政府投资项目的监督管理。政府投资项目的监督管理，是防范项目决策和建设过程中可能出现的贪污腐败的有效手段，也是提高政府投资项目管理水平和政府投资资金使用效率的重要保障。从政府投资项目监督主体的角度来看，目前美国政府投资项目的监督管理体系包括国会监督、政府部门监督和社会大众监督三个层次。联邦政府责任办公室（原美国审计署）是国会下设的职能部门，有权对联邦政府的投资活动进行审计，体现了国会对政府投资项目的监督管理。另外，无论是联邦政府还是州和地方政府，每个负责政府投资管理的行政单位都会设立一个独立于政府投资项目管理的监督部门，以便对政府投资的决策和建设过程进行监督。社会大众监督一直贯穿于整个政府投资项目的生命周期，从项目的规划设计，到项目的建设过程，再到项目的竣工验收。从政府投资项目监督的内容来看，当前美国政府投资项目的监督管理主要包含城乡规划监督、建设用地监督和环境影响监督三个方面。无论是在城乡规划监督阶段还是在建设用地监督和环境影响监督阶段，公众、社区、各级政府和议会以及相关职能部门等相关利益主体发挥着重要作用。

10.1.2 日本政府投资

日本政府投资管理体制包含中央和地方两级。政府担保、产业投资和财政贷款是日本政府投资的主要方式。政府投资资金的主要来源是储蓄和财政投资贷款（FILP）机构债券。政府投资在交通、卫生和通信等基础设施，中小微企业，产业和创新，教育等方面发挥着重要作用。

10.1.2.1 日本政府投资规模

（1）绝对规模。2006—2019 年，日本政府财政投资贷款总额总体呈现下降趋势，由 2006 年的 275.5 万亿日元下降至 2019 年的 138.9 万亿日元。从财政投资贷款总额的年度增长率来看，日本政府财政投资贷款总额的年度增速变化波动越来越小，由 2006—2010 年的 -8.75%，变为 2011—2015 年的 -3.99%，再变为 2016—2019 年的 -2.59%（见表 10-11 和图 10-6）。

表 10-11　2006—2019 年日本政府财政投资贷款总额及年度增长率　单位：万亿日元

年份	2006	2007	2008	2009	2010	2011	2012
财政投资贷款	275.5	245.1	216	201.9	189.2	181.1	175.7
年增长率（%）	-8.04	-11.03	-11.87	-6.53	-6.29	-4.28	-2.98
年份	2013	2014	2015	2016	2017	2018	2019
财政投资贷款	169.3	162.2	154.3	150.9	148.1	142.5	138.9
年增长率（%）	-3.64	-4.19	-4.87	-2.20	-1.86	-3.78	-2.53

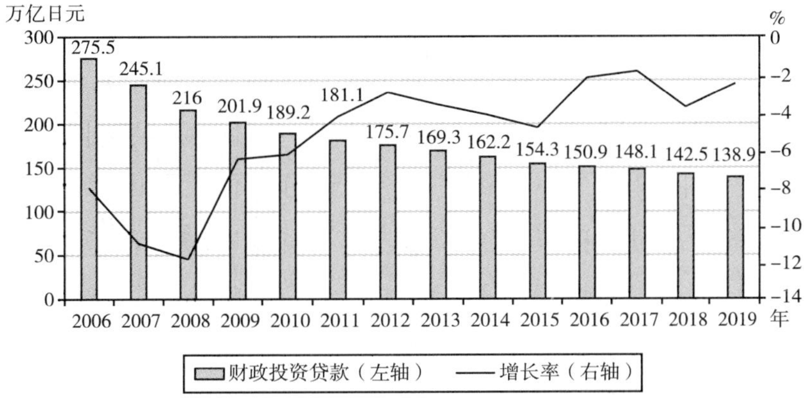

图 10-6　2006—2019 年日本财政投资贷款总额及年度增长率

资料来源：日本国家统计局官网，http：//www.stat.go.jp/english/info/148.html#p。

（2）相对规模。

第一，财政投资贷款总额占GDP（名义）比重。如表10－12和图10－7所示，2006—2019年，日本财政投资贷款总额占GDP的比重持续下降，由2006年的52.08%下降至2019年的25.05%。从财政投资贷款总额占GDP比重的变动幅度来看，该比值在此期间呈现出逐年平稳递减的趋势。

表10－12　2006—2019年日本政府财政投资贷款总额占GDP比重　单位：万亿日元

年份	2006	2007	2008	2009	2010	2011	2012
名义GDP	529	530.9	509.5	492	499.4	494	494.4
财政投资贷款	275.5	245.1	216	201.9	189.2	181.1	175.7
比重（%）	52.08	46.17	42.39	41.04	37.89	36.66	35.54
年份	2013	2014	2015	2016	2017	2018	2019
名义GDP	507.3	518.2	532.8	536.9	547.6	548.4	554.5
财政投资贷款	169.3	162.2	154.3	150.9	148.1	142.5	138.9
比重（%）	33.37	31.30	28.96	28.11	27.05	25.98	25.05

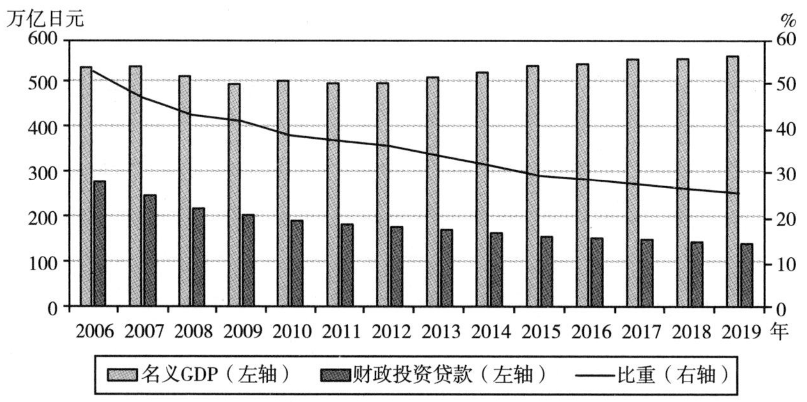

图10－7　2006—2019年日本政府财政投资贷款总额占GDP比重

资料来源：日本国家统计局官网、Wind数据库原始数据计算整理而得。

第二，财政投资贷款总额占财政支出比重。与财政投资贷款总额占GDP比重变化的趋势相同，2006—2019年，日本财政投资贷款总额占财政支出的比重连续下降，由2006年的338.26%下降至2019年的132.73%（见表10－13和图10－8）。从财政投资贷款总额占财政支出比重的变化情况来看，与2006—2009年的下降幅度相比，2009—2019年的下降幅度相对平缓。

表10－13　2006—2019年日本政府财政投资贷款总额占财政支出比重　单位：万亿日元

年份	2006	2007	2008	2009	2010	2011	2012
财政投资贷款	275.50	245.10	216.00	201.90	189.20	181.10	175.70
财政支出	81.45	81.84	84.70	100.97	95.31	100.72	97.09
比重（%）	338.26	299.48	255.03	199.95	198.51	179.81	180.97
年份	2013	2014	2015	2016	2017	2018	2019
财政投资贷款	169.30	162.20	154.30	150.90	148.10	142.50	138.90
财政支出	100.19	98.81	98.23	97.54	98.12	98.97	104.65
比重（%）	168.98	164.15	157.08	154.70	150.94	143.98	132.73

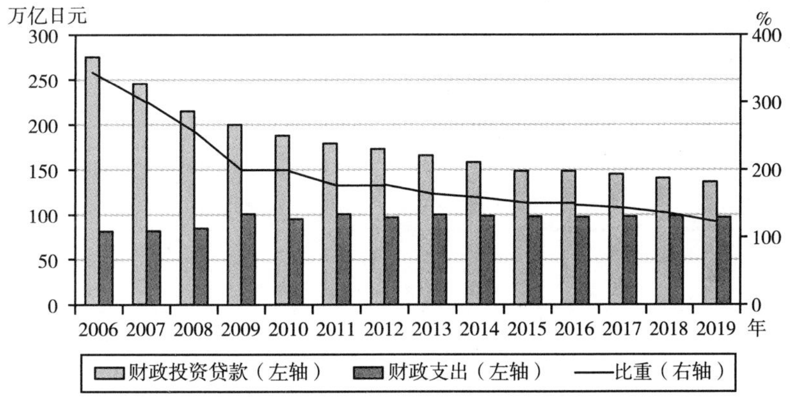

图10－8　2006—2019年日本政府财政投资贷款总额占财政支出比重

资料来源：日本国家统计局官网、Wind数据库原始数据计算整理而得。

因此，无论是从绝对规模还是从相对规模的角度来看，2006—2019年，日本政府财政投资贷款的规模在逐年缩小，也就意味着，日本政府对其经济社会投资的力度在逐年降低。

10.1.2.2　日本政府投资结构

（1）按投资方式分类。根据日本财政投资贷款计划，政府投资贷款的方式分为政府担保、产业投资和财政贷款三类。其中，财政贷款是日本政府投资的主要方式，2006—2019 年以该方式进行政府投资的资金规模占日本政府投资贷款总规模的 70% 以上。从政府担保、产业投资和财政贷款分别占政府投资贷款比重的变化趋势来看，财政贷款的份额呈现出总体递减的趋势，由 2006 年的 87.30% 下降至 2019 年的 74.30%；相反，政府担保和产业投资的份额呈现出总体递增的趋势，分别由 2006 年的 11.47% 上升至 2019 年的 21.53%，由 2006 年的 1.20% 上升至 2019 年的 4.18%（见表 10 - 14 和图 10 - 9）。

表 10 - 14　　2006—2019 年政府担保与产业投资和财政贷款占比　　单位：%

年份	政府担保	产业投资	财政贷款	年份	政府担保	产业投资	财政贷款
2006	11.47	1.20	87.30	2013	21.97	2.78	75.25
2007	13.42	1.35	85.27	2014	22.87	2.96	74.17
2008	15.65	1.57	82.78	2015	23.07	3.18	73.82
2009	16.99	1.83	81.18	2016	22.73	3.45	73.82
2010	17.49	2.01	80.50	2017	22.62	3.65	73.73
2011	18.66	2.26	79.13	2018	22.25	3.86	73.89
2012	20.26	2.62	77.18	2019	21.53	4.18	74.30

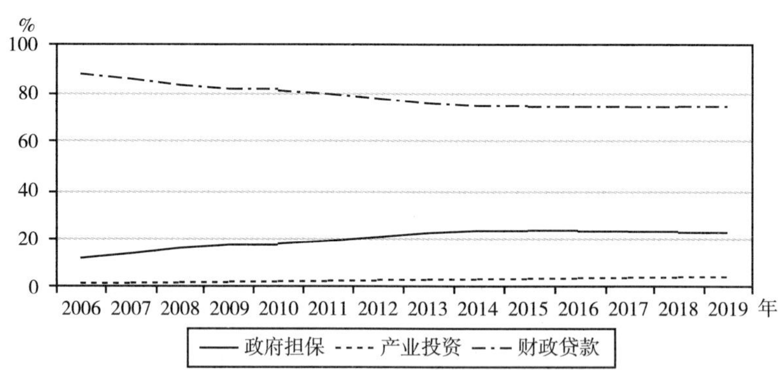

图 10 - 9　2006—2019 年政府担保与产业投资和财政贷款各自比重变化趋势

资料来源：日本国家统计局官网，http：//www.stat.go.jp/english/info/148.html#p。

（2）按支出功能分类。根据日本财政投资贷款计划，2019 年日本财政投资贷款按支出功能分类，包括社会资本（指交通、卫生和通信等基础设施）、中小微企业、产业和创新、教育、海外投资和贷款、房屋、福利和医疗、农林牧渔业、环保和其他等10项。其中，社会资本、中小微企业、产业和创新、教育、海外投资和贷款等5项的投资规模排名靠前，合计占财政投资贷款总规模的比重高达80%左右。从社会资本、中小微企业、产业和创新、教育、海外投资和贷款分别占政府投资总额比重的变化趋势来看，2016—2019年，中小微企业、产业和创新、教育的政府投资份额持续上涨，社会资本、海外投资和贷款的政府投资份额总体呈下降趋势（见表10-15和图10-10）。

表10-15 2016—2019年财政投资贷款部分类别支出规模和比重 单位：十亿日元

	2016年		2017年		2018年		2019年	
	金额	占比（%）	金额	占比（%）	金额	占比（%）	金额	占比（%）
社会资本	5440.4	35.78	5108.5	35.85	4464.3	36.53	4141	33.10
中小微企业	2546.7	16.75	2631.2	18.47	2328.3	19.05	2693.9	21.53
产业/创新	1214.7	7.99	1033.9	7.26	852	6.97	1434	11.46
教育	1084.9	7.13	1097	7.70	979	8.01	1051.2	8.40
海外投资和贷款	1838.9	12.09	1751	12.29	1152.4	9.43	961.5	7.69
合计	12125.6	79.74	11621.6	81.56	9776	79.99	10281.6	82.19

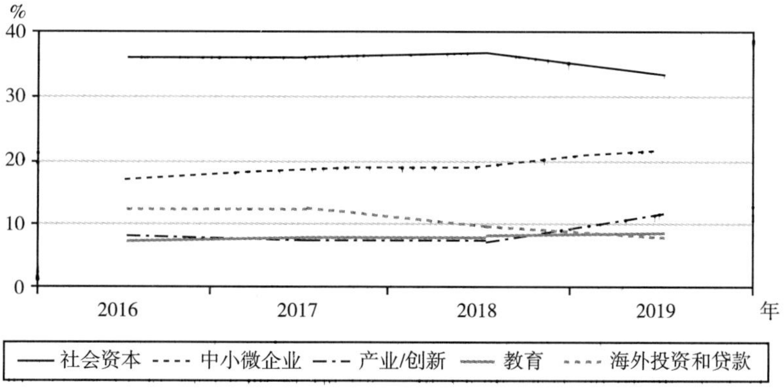

图10-10 2016—2019年财政投资贷款部分类别支出比重变化趋势

资料来源：日本国家统计局官网，http：//www. stat. go. jp/english/info/148. html#p。

10.1.2.3 日本政府投资的运作模式

（1）财政投资贷款资金的来源。财政投资贷款计划（FLIP），简称财政投资贷款，是日本政府以国家的信用为基础，积聚邮政储蓄存款、公共养老金、FLIP债券等各种资金，来实现其经济社会发展目标的政府投资活动。2001年以来，日本政府对FLIP进行了多轮改革，导致财政投资贷款资金来源结构不断变化。具体来讲，在2001年以前，日本财政投资贷款资金的来源包括邮政储蓄、养老金收入和其他储蓄，其中邮政储蓄占比最大。从2001年开始，日本财政投资贷款资金的来源新增了FLIP债券，而且FLIP债券资金占财政投资贷款的比重逐年扩大。2008年和2010年日本政府分别切断公共养老金和邮政储蓄作为财政投资贷款资金的来源途径。2010年以后，日本财政投资贷款资金的来源只包括FLIP债券和储蓄，而且从FLIP债券和储蓄所占比重的变化趋势来看，FLIP债券在补充财政投资贷款资金方面发挥越来越重要的作用。

（2）财政投资贷款资金的运用。如表10－16所示，2019年使用日本财政投资贷款资金的管理单位大致可以分为三类：第一类是和政府有关的金融公司，包括“两行”和“五库”，即日本开发银行、日本国际合作银行，微型企业和个体工商户金融公库、中小企业金融公库、农林渔牧业金融公库、促进产业发展金融公库、危机应急处理金融公库。这类机构主要是配合政府，将这部分财政投资资金转贷到政府需要投资的领域。第二类是地方政府，2019年地方政府实际直接管理的财政投资贷款资金规模达到2.99万亿日元，占财政投资贷款资金总规模的23.87%。第三类是公共事业机构，包括日本高速公路控股和债务清算公司、日本学生服务机构、城市修复机构、福利医疗服务机构、新关西国际机场有限公司。这类公司和机构直接代替政府负责管理基础设施建设、交易和医疗等领域的政府投资活动。

表10－16　　2019年度FLIP中管理机构　　单位：十亿日元

管理机构	初步计划（A）	调整（B）	上年盈余（C）	计划（A＋B＋C）	实际执行数
（1）日本金融公库	3837.3	85	—	3922.3	3290
①微型企业和个体工商户金融公库	2080.3	35	—	2115.3	1918.5
②中小企业金融公库	988	30	—	1018	881
③农林牧渔业金融公库	530	20	—	550	355.5

续表

管理机构	初步计划（A）	调整（B）	上年盈余（C）	计划（A+B+C）	实际执行数
④促进产业发展金融公库	140	—	—	140	100
⑤危机应急处理金融公库	99	—	—	99	35
（2）日本开发银行	780	500	—	1280	1270.3
（3）日本国际合作银行	1092.8	250	—	1342.8	636.8
（4）地方政府	2952.7	665.8	2199.6	5818.1	2986.2
（5）日本高速公路控股和债务清算公司	1520	550	—	2070	2070
（6）日本学生服务机构	674.4	—	—	674.4	652.4
（7）城市修复机构	445.4	57.3	—	502.7	419.4
（8）日本国际协力机构	549.2	—	—	549.2	231.9
（9）福利医疗服务机构	293.1	—	—	293.1	206
（10）新关西国际机场有限公司	150	—	—	150	150
（11）其他	824.5	8	19.4	851.9	596.6
总计	13119.4	2116.1	2219	17454.5	12509.5

资料来源：日本国家统计局官网，http://www.stat.go.jp/english/info/148.html#p。

10.1.3 英国政府投资

英国是一个君主立宪制国家，政府分为中央政府和地方政府两个层级。政府投资管理体制也包括相应的两级，即中央政府投资和地方政府投资。中央政府是英国政府投资的主角。英国政府投资的决策主要由中央政府负责制定，地方政府贯彻落实。在公共产品和服务供给方面，政府和社会资本合作（PPP）模式是政府投资的重要方式。

10.1.3.1 英国政府投资规模

第一，20 世纪 90 年代以来，英国政府投资总额总体呈现出上升趋势，由 1990 年的 282.01 亿英镑增加至 2019 年的 789.70 亿英镑，年均增长率为 6.00%。从政府投资总额年度增长率的变化幅度来看，英国政府投资总额的年度增速变化波动比较明显（见表 10－17 和图 10－11）。

表 10－17　　1990—2019 年英国政府投资总额及增长率　　单位：百万英镑

年份	政府投资	增长率（%）	年份	政府投资	增长率（%）	年份	政府投资	增长率（%）
1990	28201	—	2000	24310	－2. 55	2010	67228	－0. 54
1991	26829	－4. 87	2001	29562	21. 60	2011	61129	－9. 07
1992	26524	－1. 14	2002	32817	11. 01	2012	59566	－2. 56
1993	27224	2. 64	2003	38058	15. 97	2013	57993	－2. 64
1994	27456	0. 85	2004	40557	6. 57	2014	64710	11. 58
1995	26649	－2. 94	2005	53084	30. 89	2015	66791	3. 22
1996	23997	－9. 95	2006	46620	－12. 18	2016	66799	0. 01
1997	22088	－7. 96	2007	51736	10. 97	2017	72107	7. 95
1998	23475	6. 28	2008	59194	14. 42	2018	73043	1. 30
1999	24946	6. 27	2009	67596	14. 19	2019	78970	8. 11

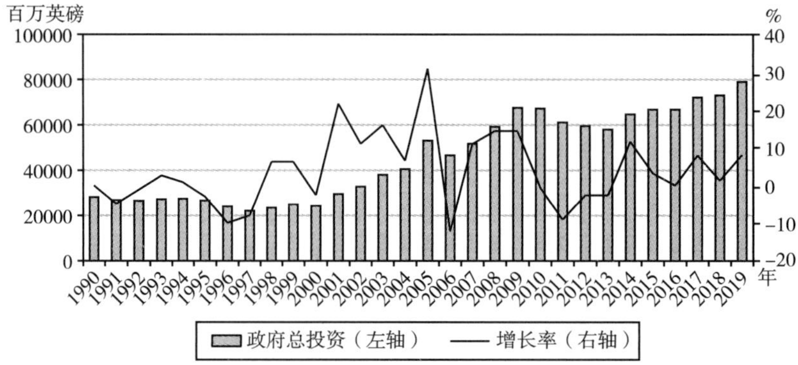

图 10－11　1990—2019 年英国政府投资总额及年度增长率变化趋势

资料来源：英国国家统计局，https：//www. ons. gov. uk/economy/governmentpublicsectorandtaxes/publicspending/datasets/esatable11annualexpenditureofgeneralgovernment。

第二，相对规模。

一是政府投资总额占 GDP（名义）比重。如表 10－18 和图 10－12 所示，1990—2019 年，英国政府投资总额占 GDP 的比重总体呈现出下降、上升、再下降，然后趋向于平稳的趋势。具体来讲，第一阶段由 1990 年的 4. 22% 减少至 2000 年的 2. 22%，第二阶段由 2001 年的 2. 60% 增加至 2009 年的 4. 37%，第三阶段由 2010 年的 4. 19% 减少至 2013 年的 3. 26%，第四阶段由 2014 年的 3. 47% 变为 2019 年的 3. 57%。

表 10－18　　1990—2019 年英国政府投资总额占 GDP 比重　　单位：百万英镑

年份	政府投资（1）	GDP（2）	比重（1）/（2）（%）	年份	政府投资（1）	GDP（2）	比重（1）/（2）（%）
1990	28201	668931	4.22	2005	53084	1393038	3.81
1991	26829	705464	3.80	2006	46620	1470719	3.17
1992	26524	730578	3.63	2007	51736	1546085	3.35
1993	27224	769159	3.54	2008	59194	1589259	3.72
1994	27456	809486	3.39	2009	67596	1548513	4.37
1995	26649	850181	3.13	2010	67228	1606027	4.19
1996	23997	907265	2.64	2011	61129	1660141	3.68
1997	22088	951750	2.32	2012	59566	1711770	3.48
1998	23475	997247	2.35	2013	57993	1780336	3.26
1999	24946	1039752	2.40	2014	64710	1863008	3.47
2000	24310	1095900	2.22	2015	66791	1919641	3.48
2001	29562	1138375	2.60	2016	66799	1994712	3.35
2002	32817	1187671	2.76	2017	72107	2068757	3.49
2003	38058	1256188	3.03	2018	73043	2141792	3.41
2004	40557	1317459	3.08	2019	78970	2214362	3.57

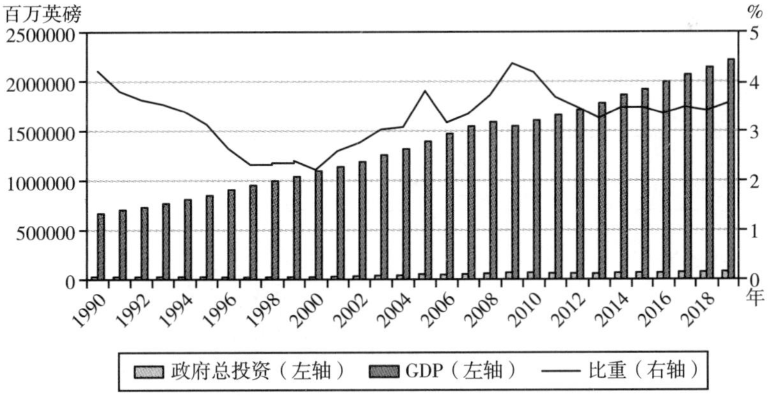

图 10－12　1990—2019 年英国政府投资总额占 GDP 比重及其变化趋势

资料来源：英国国家统计局、Wind 数据库整理计算而得。

二是政府投资总额占政府总支出比重。与政府投资总额占 GDP 比重变化的趋势基本相似，1990—2019 年，英国政府投资总额占政府总支出的比重总体呈现下降、上升、再下降、再上升的趋势。具体来讲，分别由

1990 年的 11.84% 减少至 2000 年的 6.27%，由 2001 年的 7.14% 增加至 2009 年的 9.25%，由 2010 年的 8.86% 减少至 2013 年的 7.42%，由 2014 年的 8.06% 增加至 2019 年的 8.68%（见表 10－19 和图 10－13）。

表 10－19　1990—2019 年英国政府投资总额占其政府总支出比重　单位：百万英镑

年份	政府总投资（1）	政府总支出（2）	（1）/（2）（%）	年份	政府总投资（1）	政府总支出（2）	（1）/（2）（%）
1990	28201	238267	11.84	2005	53084	575620	9.22
1991	26829	257203	10.43	2006	46620	600220	7.77
1992	26524	282513	9.39	2007	51736	633747	8.16
1993	27224	297167	9.16	2008	59194	705160	8.39
1994	27456	309719	8.86	2009	67596	730881	9.25
1995	26649	326420	8.16	2010	67228	759202	8.86
1996	23997	333637	7.19	2011	61129	759862	8.04
1997	22088	340249	6.49	2012	59566	780883	7.63
1998	23475	353026	6.65	2013	57993	781904	7.42
1999	24946	365394	6.83	2014	64710	802826	8.06
2000	24310	387440	6.27	2015	66791	811538	8.23
2001	29562	414095	7.14	2016	66799	828453	8.06
2002	32817	446492	7.35	2017	72107	853540	8.45
2003	38058	487380	7.81	2018	73043	879383	8.31
2004	40557	527716	7.69	2019	78970	909492	8.68

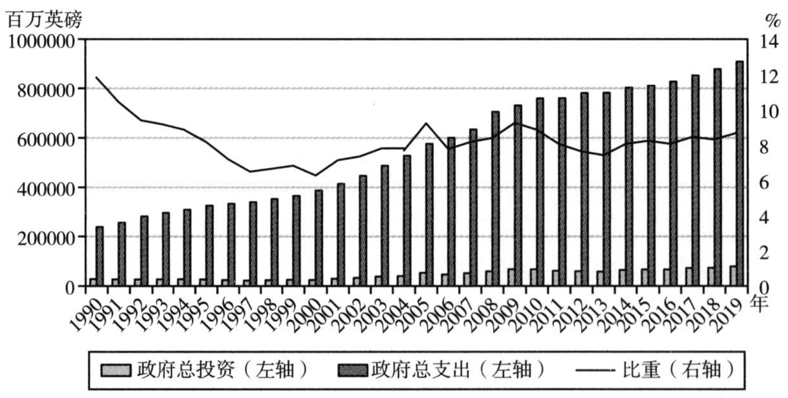

图 10－13　1990—2019 年英国政府投资总额与政府总支出及比重变化趋势

资料来源：英国国家统计局、Wind 数据库整理计算而得。

三是政府总投资与政府总消费。如表 10 - 20 和图 10 - 14 所示，2019 年政府总投资和政府总消费分别占政府总支出的比重为 8.68% 和 46.73%，这意味着，与政府总消费支出所占的份额相比，政府总投资占政府总支出的比重较小。从政府总投资和政府总消费分别占政府总支出比重的变化趋势来看，政府总投资的份额总体呈现出下降的趋势，由 1990 年的 11.84% 减少至 2019 年的 8.68%；政府总消费的变化总体趋于平稳，由 1990 年的 46.64% 变为 2019 年的 46.73%。

表 10 - 20　1990—2019 年英国政府投资总额与政府总消费占政府总支出比重　　单位：%

年份	政府总投资	政府总消费	年份	政府总投资	政府总消费	年份	政府总投资	政府总消费
1990	11.84	46.64	2000	6.27	47.63	2010	8.86	45.88
1991	10.43	47.44	2001	7.14	48.04	2011	8.04	46.03
1992	9.39	46.33	2002	7.35	48.69	2012	7.63	45.74
1993	9.16	44.86	2003	7.81	48.89	2013	7.42	46.07
1994	8.86	44.45	2004	7.69	48.90	2014	8.06	46.22
1995	8.16	44.02	2005	9.22	47.91	2015	8.23	46.27
1996	7.19	45.13	2006	7.77	48.83	2016	8.06	46.25
1997	6.49	45.20	2007	8.16	48.24	2017	8.45	45.54
1998	6.65	45.65	2008	8.39	46.31	2018	8.31	45.50
1999	6.83	47.33	2009	9.25	46.85	2019	8.68	46.73

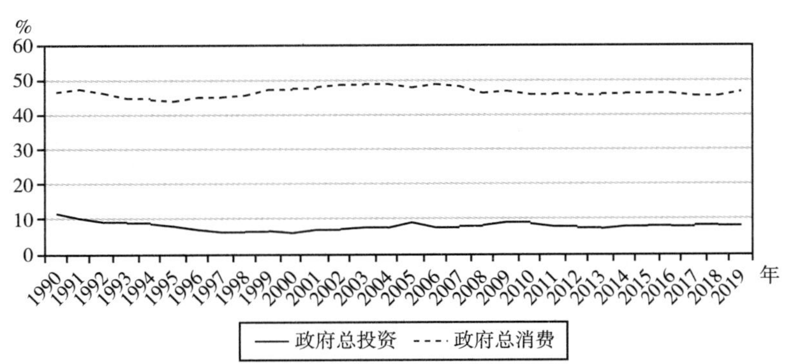

图 10 - 14　1990—2019 年英国政府总投资与总消费各占政府总支出比重变化趋势

资料来源：英国国家统计局、Wind 数据库整理计算而得。

10.1.3.2 英国政府投资结构

（1）中央政府和地方政府投资。按照政府行政管理层次的分类，英国政府投资分为中央政府投资和地方政府投资。如表 10－21 和图 10－15 所示，2019 年中央政府和地方政府投资规模分别达到 663.06 亿英镑和 249.70 亿英镑，各自占英国政府投资总额的 72.64% 和 27.36%。从中央政府投资和地方政府投资分别占政府总投资份额的大小比较来看，1990—2019 年，中央政府投资占政府总投资的比重一直大于地方政府投资占政府总投资的比重；与此同时，两者之间的差距也在缩小，由 1990 年的 56.31% 减至 2019 年的 45.29%。从中央政府投资和地方政府投资分别占政府总投资比重的变化趋势来看，两者各占政府总投资比例的变化总体均趋于平稳。

表 10－21　1990—2019 年英国中央政府和地方政府投资及其比重　单位：百万英镑

年份	中央政府		地方政府		年份	中央政府		地方政府	
	金额	比重（%）	金额	比重（%）		金额	比重（%）	金额	比重（%）
1990	23397	78.16	6539	21.84	2005	45319	75.00	15104	25.00
1991	23157	79.03	6145	20.97	2006	39583	72.06	15349	27.94
1992	22675	77.55	6563	22.45	2007	45446	73.85	16095	26.15
1993	23766	78.49	6513	21.51	2008	51131	72.57	19326	27.43
1994	22996	76.45	7084	23.55	2009	58976	73.21	21577	26.79
1995	22433	76.76	6790	23.24	2010	58533	73.04	21604	26.96
1996	20742	77.64	5974	22.36	2011	52673	70.54	21993	29.46
1997	19209	77.10	5706	22.90	2012	50833	70.08	21706	29.92
1998	19499	75.14	6452	24.86	2013	49381	71.13	20046	28.87
1999	21282	76.10	6685	23.90	2014	56133	73.41	20337	26.59
2000	18136	65.11	9718	34.89	2015	57632	72.34	22036	27.66
2001	22803	68.58	10448	31.42	2016	56439	71.93	22029	28.07
2002	25811	68.26	12003	31.74	2017	58311	70.69	24175	29.31
2003	30511	69.54	13366	30.46	2018	60417	71.72	23819	28.28
2004	33292	70.57	13883	29.43	2019	66306	72.64	24970	27.36

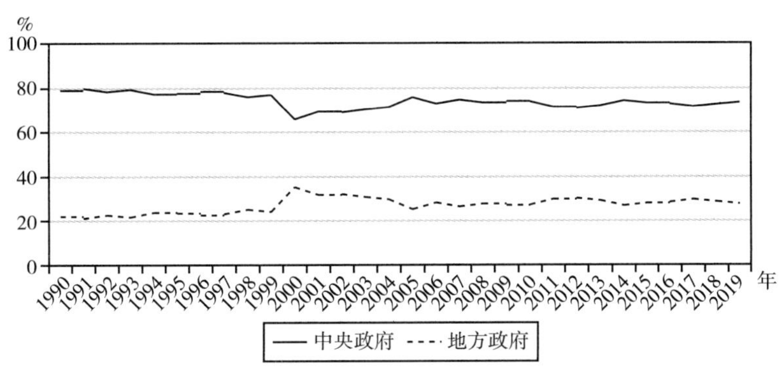

图 10－15　1990—2019 年英国中央和地方政府投资各占政府总投资比重变化趋势

资料来源：英国国家统计局原始数据计算而得。

（2）中央政府和地方政府固定资产投资。按照政府行政管理层次分类，英国政府固定资产投资分为中央政府固定资产投资和地方政府固定资产投资。如表 10－22 和图 10－16 所示，2019 年中央政府和地方政府固定资产投资规模分别达到 398.64 亿英镑和 221.42 亿英镑，各自占英国政府固定资产投资总额的 64.29% 和 35.71%。从中央政府固定资产投资和地方政府固定资产投资分别占政府总固定资产投资份额的大小比较来看，1990—2019 年，中央政府固定资产投资占政府总固定资产投资的比重一直大于地方政府固定资产投资占政府总固定资产投资的比重；与此同时，两者之间的差距也在缩小，由 1990 年的 36.25% 减至 2019 年的 25.58%。从中央政府投资和地方政府投资分别占政府总投资比重的变化趋势来看，除 1999—2006 年外，两者各占政府总投资比例的变化总体均趋于平稳。

（3）中央政府和地方政府投资补助。英国政府投资补助分为中央政府投资补助和地方政府投资补助。如表 10－23 和图 10－17 所示，2019 年中央政府和地方政府投资补助规模分别达到 264.42 亿英镑和 28.28 亿英镑，各自占英国政府投资补助总额的 90.34% 和 9.66%。从中央政府和地方政府投资补助分别占政府总投资补助比例的大小比较来看，1990—2019 年，中央政府投资占政府总投资的比例远远大于地方政府投资占政府总投资的比例，两者各自所占的比例常年在 90% 和 10% 左右。从中央政府投资补

表 10－22　1990—2019 年英国中央政府和地方政府固定资产投资及其比重　单位：百万英镑

年份	中央政府		地方政府		年份	中央政府		地方政府	
	金额	比重（%）	金额	比重（%）		金额	比重（%）	金额	比重（%）
1990	12127	68.13	5674	31.87	2005	28770	68.00	13541	32.00
1991	13363	72.53	5060	27.47	2006	22741	62.38	13714	37.62
1992	13101	71.10	5324	28.90	2007	24248	62.96	14267	37.04
1993	12943	70.96	5297	29.04	2008	29254	62.43	17602	37.57
1994	13379	69.55	5857	30.45	2009	31515	62.12	19217	37.88
1995	13089	69.01	5877	30.99	2010	31341	62.02	19195	37.98
1996	11539	69.68	5020	30.32	2011	29152	60.37	19135	39.63
1997	10796	69.95	4637	30.05	2012	28381	61.49	17774	38.51
1998	11909	69.73	5170	30.27	2013	28848	63.18	16811	36.82
1999	12346	69.07	5529	30.93	2014	33090	65.00	17815	35.00
2000	9567	52.32	8718	47.68	2015	32674	63.87	18484	36.13
2001	12235	56.21	9531	43.79	2016	32838	62.73	19512	37.27
2002	12594	53.01	11164	46.99	2017	34553	62.55	20688	37.45
2003	14087	53.59	12201	46.41	2018	35717	62.53	21400	37.47
2004	19097	59.95	12756	40.05	2019	39864	64.29	22142	35.71

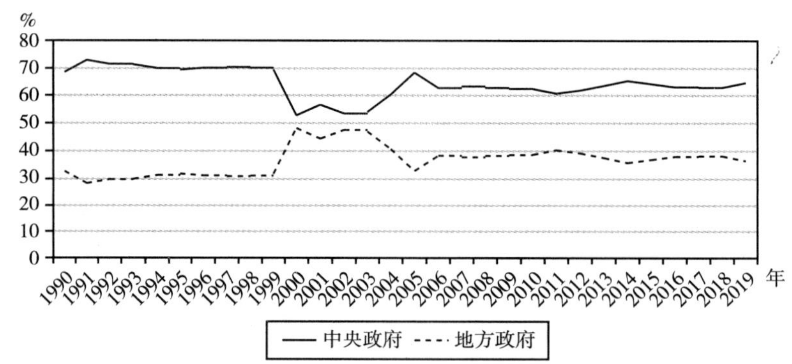

图 10－16　1990—2019 年英国中央和地方政府固定资产投资各自比重变化趋势

资料来源：英国国家统计局原始数据计算而得。

助和地方政府投资补助分别占政府总投资补助比重的变化趋势来看，两者各占政府总投资补助份额的变化波动较小。

表 10-23　1990—2019 年英国中央政府和地方政府投资补助及其比重　单位：百万英镑

年份	中央政府		地方政府		年份	中央政府		地方政府	
	金额	比重(%)	金额	比重(%)		金额	比重(%)	金额	比重(%)
1990	11270	92.87	865	7.13	2005	16549	91.37	1563	8.63
1991	9794	90.03	1085	9.97	2006	16842	91.15	1635	8.85
1992	9574	88.54	1239	11.46	2007	21198	92.06	1828	7.94
1993	10823	89.90	1216	10.10	2008	21877	92.70	1724	7.30
1994	9617	88.68	1227	11.32	2009	27461	92.09	2360	7.91
1995	9344	91.10	913	8.90	2010	27192	91.86	2409	8.14
1996	9203	90.61	954	9.39	2011	23521	89.17	2858	10.83
1997	8413	88.73	1069	11.27	2012	22452	85.10	3932	14.90
1998	7590	85.55	1282	14.45	2013	20533	86.39	3235	13.61
1999	8936	88.55	1156	11.45	2014	23043	90.13	2522	9.87
2000	8569	89.55	1000	10.45	2015	24958	87.54	3552	12.46
2001	10568	92.02	917	7.98	2016	23601	90.36	2517	9.64
2002	13217	94.03	839	5.97	2017	23758	87.20	3487	12.80
2003	16424	93.38	1165	6.62	2018	24700	91.08	2419	8.92
2004	14195	92.64	1127	7.36	2019	26442	90.34	2828	9.66

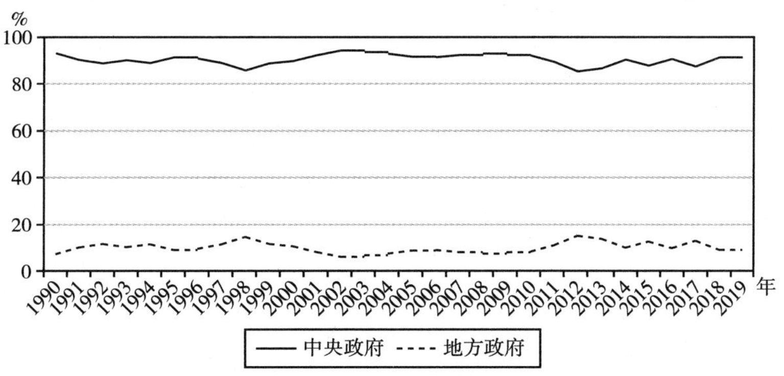

图 10-17　1990—2019 年英国中央政府与地方政府投资补助比重趋势

资料来源：英国国家统计局原始数据计算而得。

10.1.3.3　政府投资的决策和风险管理

（1）政府投资的决策管理。英国政府投资的决策管理具有三个特点：

一是中央政府在整个投资决策的过程中起决定性作用；二是政府投资决策严格遵循已制定的投资评估标准；三是非常重视中介组织和机构的参与。英国是单一制的君主立宪制国家，英国政府投资决策的管理机制几乎沿用了中央集权制。首相办公室下辖的公共服务提供专署（现为投资节省预算局 ISB）直接负责指导各产业主管部门以及相关职能部门提供公共物品和服务。ISB 联合财政部共同制定政府投资的年度计划，并以《公共服务协议》的文件形式向社会大众公示。对政府提供公共工程进行科学评估是政府投资决策的一项重要工作。政府投资的决策管理严格遵循相关评估标准，不仅有利于防止公共工程建设中的偷工减料和提高公共物品和服务的质量，而且有利于促进政府投资决策的规范管理和提升政府投资资金的使用效率。一般而言，政府公共工程建设评估的总体标准由财政部负责制定，其他产业部门则在财政部制定的总体标准基础上，结合工程建设过程中的实际情况，制定符合自己部门特点的评估标准。中介组织和机构在英国政府投资决策管理过程中发挥着重要的功能作用。比如，政府成立公共服务改革办公室（OPSR）和政府商务办公室（OGC）等中介组织来推动公共物品和服务供给的改革，提高政府提供公共物品和服务的效率和质量。另外，中介咨询机构的参与也是政府投资项目决策过程中的重要组成部分。中介服务机构凭借自身的专业优势，能够为政府提供更加可靠的咨询建议和意见，更为重要的是，拥有独立立场的中介服务机构提供的咨询结果更具有科学性和客观性。

（2）政府投资的风险管理。英国政府投资的风险管理主要包括两个方面。

一是在政府投资项目管理的过程中，必须发挥政府的指导性作用，以实现风险的估计和规避的效果。在英国，由财政部负责对政府投资项目的风险管理提供指导性意见。通常来讲，科学有效的政府投资项目的风险管理主要包括以下几方面的内容：①预先认识可能发生的风险，恰当使用防范机制，将负面影响降到最低程度；②建立风险预警系统，时时更新风险信息，使其可信且易于获取；③在适当的地方采用平衡控制以减轻风险的负面结果；④用风险分析和评估模型来支撑决策过程。其中，广泛应用的模型和方法包括决策树风险分析模型、敏感度分析法、蒙特卡罗模拟分析法和概率情景分析法等[①]。

二是保险公司的参与是减少政府投资风险的有效途径。英国作为老牌的资本主义国家，拥有高度发达的市场经济和较为成熟的保险市场，保险公司参与政府投资项目的现象十分普遍。当前在英国政府投资工程建设领域涉及的保险种类非常多，几乎涵盖了政府投资工程建设过程中的各个方面。其中，与政府投资工程紧密相关且最为常见的保险品种有雇主责任保险、货物运输保险、施工机具设备保险、履约责任保险、雇员忠诚保险、职业责任保险、工程交付延误及预期利润损失保险、工程质量保证保险。这些公共工程相关保险的出现，使得社会资本在很大程度上分担了政府在投资工程建设过程中所面临的风险。

10.2 发展中国家政府投资

10.2.1 印度政府投资

根据印度财政统计（Indian Public Finance Statistics）分类标准，印度政府财政总支出包含发展性支出、非发展性支出、借款和预付款三类。本书选取印度政府发展性支出数据作为政府投资规模。中央政府是印度政府发展性支出的主角。近些年印度政府投资规模总体呈现出上升趋势，政府投资结构持续优化。

① 张长春．政府投资的管理体制——总体框架、近期改革重点与促进措施［M］．北京：中国计划出版社，2005：181－182．

10.2.1.1 印度政府投资规模

（1）绝对规模。如表 10－24 和图 10－18 所示，1998—2017 年，印度政府的发展性支出总体呈现出上升趋势，由 1998 年的 1.81 万亿卢比增加至 2017 年的 21.37 万亿卢比，年均增长率高达 53.96%。从发展性支出的年度增长率来看，印度政府发展性支出的年度增速变化波动较大。比如，2003—2005 年，年度增长率由 2003 年的 16.22% 缩至 2004 年的 2.48%，再由 2004 年的 2.48% 扩至 2005 年的 19.23%。

表 10－24　1998—2017 年印度政府发展性支出及其年度增长率　单位：千万卢比

年份	发展性支出	年增长率（%）	年份	发展性支出	年增长率（%）
1998	181210.93	18.96	2008	694146.78	34.34
1999	208072.86	14.82	2009	793812.95	14.36
2000	219145.11	5.32	2010	957948.61	20.68
2001	238161.56	8.68	2011	1097027.74	14.52
2002	256629.13	7.75	2012	1245010.00	13.49
2003	298245.76	16.22	2013	1316054.00	5.71
2004	305629.35	2.48	2014	1460510.00	10.98
2005	364389.05	19.23	2015	1532904.00	4.96
2006	453172.97	24.37	2016	1854002.00	20.95
2007	516709.78	14.02	2017	2136930.00	15.26

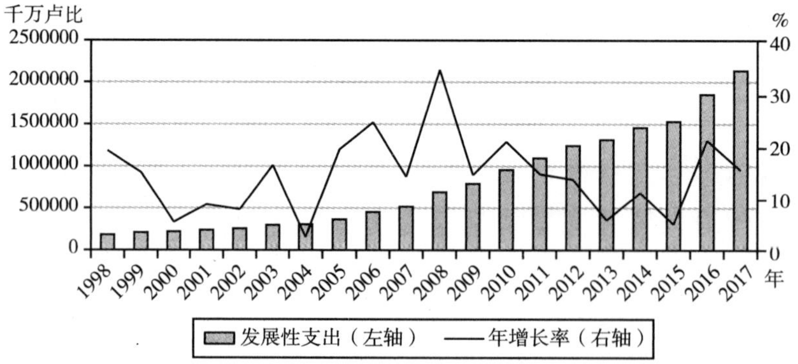

图 10－18　1998—2017 年印度政府发展性支出及其年度增长率变化趋势

资料来源：基于 Wind 数据库整理计算而得。

（2）相对规模。

第一，政府发展性支出占 GDP（名义）比重。2017 年印度名义 GDP 达到 165.95 万亿卢比，政府发展性支出占名义 GDP 的比重为 12.88%。从印度政府发展性支出占 GDP 比重变化趋势来看，1998—2017 年，印度政府发展性支出占 GDP 的比重总体呈现出平稳上升的趋势，由 1998 年的 10.68% 上升至 2017 年的 12.88%。从政府发展性支出占 GDP 比重的变动幅度来看，该比值在此期间的变化波动程度较小，基本处在 10.00%—13.50% 的区间内（见表 10－25 和图 10－19）。

表 10－25　1998—2017 年印度政府发展性支出占 GDP 比重　单位：千万卢比

年份	发展性支出	GDP	比重（%）	年份	发展性支出	GDP	比重（%）
1998	181210.93	1697116	10.68	2008	694146.78	5386268.937	12.89
1999	208072.86	1893640	10.99	2009	793812.95	5910605.792	13.43
2000	219145.11	2075283	10.56	2010	957948.61	7197823.792	13.31
2001	238161.56	2231620	10.67	2011	1097027.74	8453536.523	12.98
2002	256629.13	2406193	10.67	2012	1245010	9653912.834	12.90
2003	298245.76	2668928	11.17	2013	1316054	10933693.04	12.04
2004	305629.35	3013884.34	10.14	2014	1460510	12171056.84	12.00
2005	364389.05	3449887.373	10.56	2015	1532904	13402398.33	11.44
2006	453172.97	3994966.718	11.34	2016	1854002	14940170	12.41
2007	516709.78	4652091.994	11.11	2017	2136930	16595291	12.88

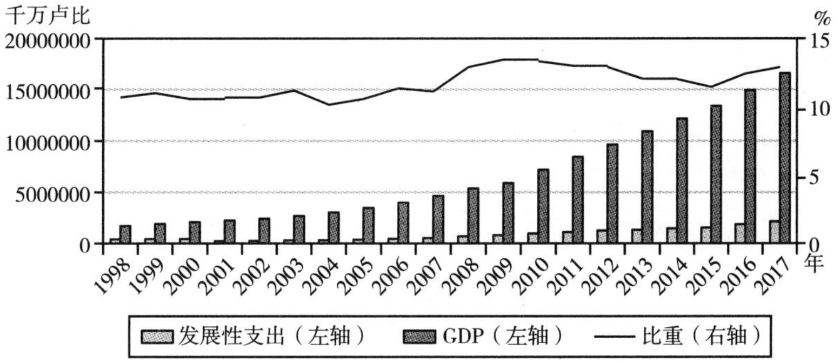

图 10－19　1998—2017 年印度政府发展性支出占 GDP 比重变化趋势

资料来源：基于 Wind 数据库整理计算而得。

第二，政府发展性支出占财政总支出比重。与政府发展性支出占GDP比重变化的趋势相似，1998—2017年，印度政府发展性支出占财政总支出的比重总体呈现出平稳上升的趋势，由1998年的41.91%上升至2017年的48.92%。从政府发展性支出占财政总支出比重的变动幅度来看，该比值在此期间的变化波动程度较小，总体趋于平稳（见表10－26和图10－20）。

表10－26　1998—2017年印度政府发展性支出占财政总支出比重　单位：千万卢比

年份	发展性支出	政府总支出	比重（%）	年份	发展性支出	政府总支出	比重（%）
1998	181210.93	432411.36	41.91	2008	694146.78	1426802.14	48.65
1999	208072.86	503727.35	41.31	2009	793812.95	1694121.48	46.86
2000	219145.11	549941.84	39.85	2010	957948.61	1951991.2	49.08
2001	238161.56	607217.57	39.22	2011	1097027.74	2205001.83	49.75
2002	256629.13	657873.15	39.01	2012	1245010	2459265	50.63
2003	298245.76	731048.27	40.80	2013	1316054	2734473	48.13
2004	305629.35	777167.86	39.33	2014	1460510	3048525	47.91
2005	364389.05	875816.66	41.61	2015	1532904	3397945	45.11
2006	453172.97	1023950.8	44.26	2016	1854002	4001509	46.33
2007	516709.78	1134501.32	45.55	2017	2136930	4368303	48.92

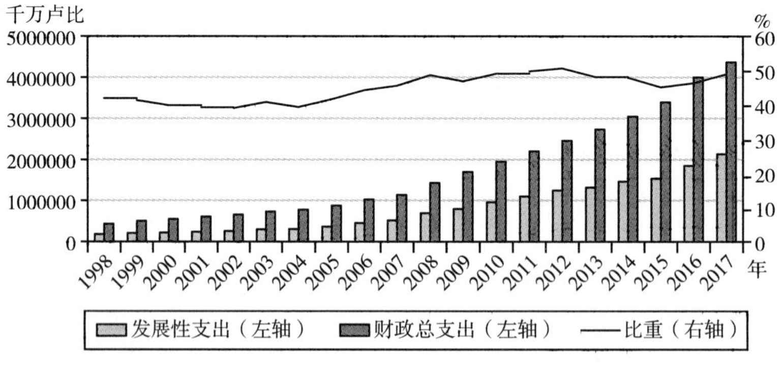

图10－20　1998—2017年印度政府发展性支出占财政总支出比重变化趋势

资料来源：基于Wind数据库整理计算而得。

第三，政府发展性支出与政府非发展性支出。按照政府支出是否用于经济社会发展，印度政府总支出可以分为政府发展性支出和政府非发展性支出。如表 10－27 和图 10－21 所示，2017 年印度政府发展性支出和政府非发展性支出分别达到 21.37 万亿卢比和 22.12 万亿卢比，各自占印度政府总支出的 49.14% 和 50.86%。从政府发展性支出和政府非发展性支出分别占政府总支出比重的变化趋势来看，政府发展性支出的份额总体呈现出上升的趋势，由 1998 年的 45.00% 增加至 2017 年的 49.14%；政府非发展性支出的份额总体呈现出下降的趋势，由 1998 年的 55.00% 减少至 2017 年的 50.86%。另外，两者所占份额之间的差距也在缩小，由 1998 年的 10% 减少至 2017 年的 1.72%。

表 10－27　1998—2017 年印度政府发展性支出和非发展性支出及其比重　单位：十亿印度盾

年份	发展性支出		非发展性支出		政府总支出	
	金额	比重（%）	金额	比重（%）	金额	比重（%）
1998	181210.93	45.00	221502.50	55.00	402713.43	100.00
1999	208072.86	44.26	262012.48	55.74	470085.34	100.00
2000	219145.11	43.39	285892.54	56.61	505037.65	100.00
2001	238161.56	42.64	320327.43	57.36	558488.99	100.00
2002	256629.13	42.17	351859.71	57.83	608488.84	100.00
2003	298245.76	43.79	382819.83	56.21	681065.59	100.00
2004	305629.35	41.85	424724.20	58.15	730353.55	100.00
2005	364389.05	44.15	461045.16	55.85	825434.21	100.00
2006	453172.97	46.84	514349.40	53.16	967522.37	100.00
2007	516709.78	47.89	562163.93	52.11	1078873.71	100.00
2008	694146.78	50.58	678301.14	49.42	1372447.92	100.00
2009	793812.95	48.70	836229.71	51.30	1630042.66	100.00
2010	957948.61	50.94	922761.08	49.06	1880709.69	100.00
2011	1097027.74	51.20	1045649.98	48.80	2142677.72	100.00
2012	1245010	51.85	1156287.00	48.15	2401297.00	100.00
2013	1316054	49.37	1349620.00	50.63	2665674.00	100.00
2014	1460510	49.34	1499758.00	50.66	2960268.00	100.00
2015	1532904	46.51	1762643.00	53.49	3295547.00	100.00
2016	1854002	47.73	2029986.00	52.27	3883988.00	100.00
2017	2136930	49.14	2212064.00	50.86	4348994.00	100.00

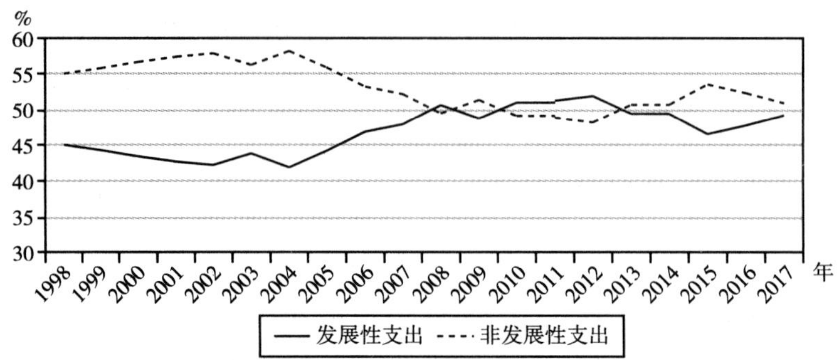

图 10－21　1998—2017 年印度政府发展性支出和非发展性支出各自比重变化趋势

资料来源：基于 Wind 数据库整理计算而得。

10. 2. 1. 2　印度政府投资结构

（1）按管理层次分类。按照政府行政管理层次分类，印度政府发展性支出包括中央政府发展性支出和地方政府发展性支出。如表 10－28 和图 10－22 所示，2019 年中央政府发展性支出和地方政府发展性支出分别达到 7. 19 万亿卢比和 14. 18 万亿卢比，各自占印度政府发展性支出的 33. 65% 和 66. 35% 。从中央政府发展性支出和地方政府发展性支出分别占印度政府发展性支出的份额比较来看，除 2008 年外，在此期间中央政府发展性支出所占的份额一直低于地方政府发展性支出所占的份额。从中央政府发展性支出和地方政府发展性支出分别占印度政府发展性支出比重的变化趋势来看，中央政府发展性支出的份额总体呈现先上升后下降的趋势，地方政府发展性支出的份额总体呈现出先下降后上升的趋势；两者所占份额之间的差距呈现出先缩小后扩大的趋势。

具体来看，中央政府发展性支出和地方政府发展性支出分别占印度政府发展性支出比重的变化路径大致可以分为两个阶段：①1998—2008 年，中央政府发展性支出占印度政府发展性支出的份额总体呈现出上升趋势，由 1998 年的 35. 42% 增加至 2008 年的 50. 85% 。地方政府发展性支出占印度政府发展性支出的份额总体呈现出下降趋势，由 1998 年的 64. 58% 减少至 2007 年的 49. 15% 。两者所占份额之间的差距也在不断缩小，由 1998

年的 29. 16% 减少至 2008 年的 1. 70%。②2009—2016 年，中央政府发展性支出占印度政府发展性支出的份额总体呈现出下降趋势，由 2009 年的 47. 31% 减少至 2016 年的 31. 47%。地方政府发展性支出占印度政府发展性支出的份额总体呈现出上升趋势，由 2009 年的 52. 69% 增加至 2016 年的 68. 53%。两者所占份额之间的差距也在不断扩大，由 2009 年的 5. 38% 增加至 2016 年的 37. 06%。

表 10 - 28　1998—2017 年印度中央政府和地方政府发展性支出及其比重　单位：千万卢比

年份	中央政府		地方政府		年份	中央政府		地方政府	
	金额	比重（%）	金额	比重（%）		金额	比重（%）	金额	比重（%）
1998	64178. 36	35. 42	117032. 57	64. 58	2008	352996. 23	50. 85	341150. 55	49. 15
1999	74581. 67	35. 84	133491. 19	64. 16	2009	375549. 42	47. 31	418263. 53	52. 69
2000	80729. 29	36. 84	138415. 82	63. 16	2010	464176. 76	48. 46	493771. 85	51. 54
2001	89214. 79	37. 46	148946. 77	62. 54	2011	520312. 95	47. 43	576714. 79	52. 57
2002	105372. 66	41. 06	151256. 47	58. 94	2012	536928	43. 13	708082	56. 87
2003	119363. 3	40. 02	178882. 46	59. 98	2013	558471	42. 44	757583	57. 56
2004	124996. 11	40. 90	180633. 24	59. 10	2014	539858	36. 96	920652	63. 04
2005	155103. 65	42. 57	209285. 4	57. 43	2015	510968	33. 33	1021936	66. 67
2006	196484. 02	43. 36	256688. 95	56. 64	2016	583506	31. 47	1270496	68. 53
2007	239171. 23	46. 29	277538. 55	53. 71	2017	719156	33. 65	1417774	66. 35

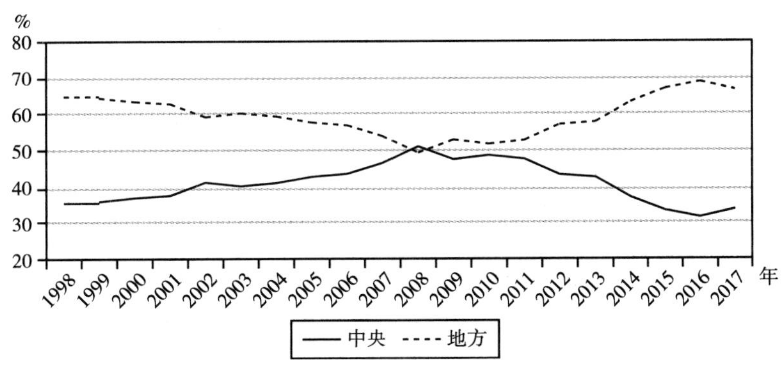

图 10 - 22　1998—2017 年印度中央政府和地方政府发展性支出比重变化趋势

资料来源：基于 Wind 数据库整理计算而得。

（2）按支出功能分类。根据2017年印度政府发展性支出的支出功能分类，政府发展性支出分为社会和团体服务、一般经济服务、农业相关服务、工业和采掘业、肥料补贴、电力灌溉和防洪、交通运输、公共工程8大类，而且这些大类又被细分为教育、艺术和文化、科学服务和研究、公共卫生和饮水卫生、家庭福利等28个小类（见表10－29）。

表10－29　2017年印度政府发展性支出科目分类情况

一、社会和团体服务	（1）教育	（2）艺术和文化	（3）科学服务和研究	（4）公共卫生和饮水卫生
	（5）家庭福利	（6）住房	（7）城镇发展	（8）广播
	（9）劳动和就业	（10）自然灾害抚慰金	（11）社会安全和福利	（12）其他
二、一般经济服务	（13）对外贸易和出口促进	（14）与他国合作费用	（15）其他	
三、农业相关服务	（16）种植业	（17）畜牧业	（18）粮食仓储	（19）农村发展
	（20）其他			
四、工业和采掘业				
五、肥料补贴				
六、电力、灌溉和防洪	（21）主要的大中型灌溉（非商业）	（22）小型灌溉	（23）电力工程	（24）其他
七、交通运输	（25）道路和桥梁	（26）民用航空	（27）港口、灯塔和航运	（28）其他
八、公共工程				

资料来源：在Wind数据库相关资基础上整理而得。

如表10－30和图10－23所示，从28个小类各自所占比重的排序情况来看，1998—2017年，教育、公共卫生和饮水卫生、农村发展3个小类的政府发展性支出规模排名靠前，合计占印度政府发展性支出总额的比重超过40%。其中，教育方面的政府发展性支出占印度政府发展性支出的比重常年在30%左右，表明教育是印度政府发展性支出的重要组成部分。从教育、公共卫生和饮水卫生、农村发展方面的政府发展性支出规模分别占政府发展性支出总额比重的变化幅度来看，1998—2017年，教育、公共卫生和饮水卫生、农村发展各自所占份额的变化幅度均较小。

表 10-30　　1998—2017 年印度政府部分科目发展性支出比重　　单位：%

年份	教育	公共卫生和饮水卫生	农村发展	合计	年份	教育	公共卫生和饮水卫生	农村发展	合计
1998	32.12	11.40	9.45	52.97	2008	25.28	7.67	11.11	44.06
1999	33.81	10.91	8.48	53.20	2009	27.82	8.74	9.60	46.16
2000	32.08	10.59	7.07	49.74	2010	28.24	8.50	8.75	45.49
2001	31.56	10.40	7.65	49.61	2011	28.33	8.19	7.71	44.23
2002	30.76	9.86	9.71	50.33	2012	27.84	7.98	7.26	43.08
2003	28.23	9.41	9.36	47.00	2013	29.14	8.28	7.41	44.83
2004	31.42	10.36	9.08	50.86	2014	28.44	8.61	7.70	44.75
2005	29.66	10.13	10.24	50.03	2015	29.31	9.70	8.42	47.43
2006	28.46	8.95	9.18	46.59	2016	26.87	10.12	11.49	48.48
2007	27.40	9.04	8.99	45.43	2017	26.80	9.96	10.73	47.49

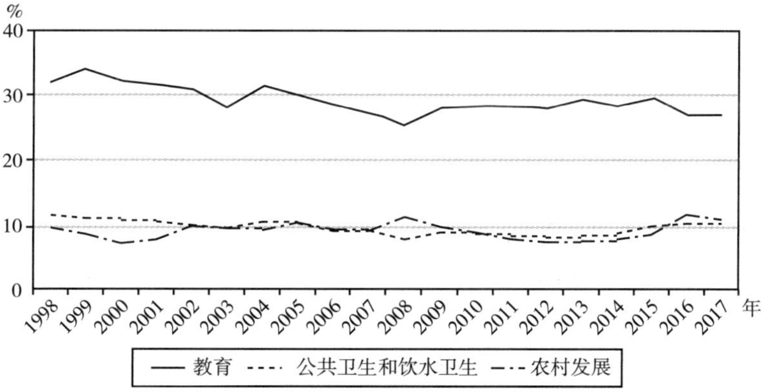

图 10-23　1998—2017 年印度政府部分科目发展性支出比重变化趋势

资料来源：基于 Wind 数据库整理计算而得。

10.2.1.3　印度社会与资本和资本合作（PPP）

（1）印度 PPP 模式的产生与发展。自 20 世纪 90 年代初 PPP 模式被印度引进以来，该模式在印度政府投资领域，特别是在公共基础设施和服务领域的应用越来越广泛。与此同时，PPP 模式的发展也越来越规范化和系统化。从 PPP 模式在印度的发展历程来看，大致可以分为三个阶段：

①1991—2006 年的 PPP 探索阶段，满足政府对公共基础设施建设资金的需求，解决政府投资资金使用效率不足等问题。印度政府通过在公共物品和服务领域引入 PPP 模式进行探索。但是无论是联邦政府还是地方政府，在这段阶段对 PPP 项目的关注较少，而且 PPP 项目主要集中在公路、桥梁和机场领域。②2006—2011 年的 PPP 推广阶段。PPP 模式在印度的发展取得了重大突破。为推动 PPP 在印度更好发展，印度政府对有关职能部门进行了一系列系统性的改革，极大简化了 PPP 项目审批流程。在这一时期，印度政府出台了一系列指导性文件：《中央 PPP 项目规划、评估和审批指南》、《PPP 基础设施项目财务支持方案和指南》、《印度基础设施项目开发基金方案和指南》。③2011 年后的 PPP 规范运作阶段。印度 PPP 模式进入了成熟期。按照中介服务机构经济学人智库（EIU）发布的《2014 亚太 PPPs 环境评估报告》，就 PPP 模式的运营成熟度而言，印度在亚太地区排名第一位。根据世界银行发布的《新兴市场和发展中国家基础设施 PPP 发展报告》，印度基础设施 PPP 规模在发展中国家排名靠前。截至 2013 年 3 月，印度已完成联邦和州层面的 693 个 PPP 项目，项目价值 269 亿美元，涵盖不同的行业。此外，正在实施中的 PPP 项目达 794 个，且根据行业预测，另外有 1076 个 PPP 项目正在筹备当中①。

（2）印度政府对 PPP 模式的认识。对 PPP 模式的不同认识关系着 PPP 管理框架的构建，关系着 PPP 具体操作方式的确定以及最终适用的成功与否。有时对同一个概念，就存在不同的认识。比如，对 PPP 内涵的界定，世界银行认为 PPP 是私营部门同政府部门建立长期合同，提供公共产品和服务，由私营部门承担主要风险并负责管理，私营部门根据绩效情况获取酬劳。经合组织（OECD）指出 PPP 是政府与私营部门之间的长期协议，私营部门方面使用资本资产交付或资助公共服务，分担相关风险。国际货币基金组织认为 PPP 是指私营部门提供传统上应由政府提供的基础

① 黄正华，郑伊．印度 PPP 发展概述——基于第二届亚洲 PPP 治理论坛暨第三届公共采购国际论坛会议综述［J］．中国政府采购，2017（2）：54－61．

设施资产和服务的模式。

印度是亚洲地区较早引入 PPP 模式的国家，就 PPP 模式的运营成熟度而言，在发展中国家排名靠前。同时 PPP 模式在印度经过了多年的发展，使得印度对 PPP 模式的认识比较充足。具体来讲，主要体现在以下几个方面：PPP 是突破政府预算约束、增加社会投资的主要方式；PPP 能够充分利用私人部门在项目建设、维护等方面的专业能力；PPP 能够充分利用私人部门在项目建设、维护等方面的专业能力；PPP 是一种注重项目全生命周期的管理方式；PPP 为社会资本进行创新提供持续的激励；PPP 以一种负责任的、可持续的方式向使用者提供可负担的、高质量的服务；PPP 是一种良好的资源分配方式，有利于促进各种生产要素在公共部门和私人部门之间自由流动；PPP 模式中，政府更加重视的是项目完成的结果，而不太关注项目实现的过程①。

10.2.2 越南政府投资

自 1986 年开始实行革新开放以来，越南经济保持高速增长，经济总量不断扩大，2019 年名义国内生产总值及其增速分别为 2620 亿美元和 7.02%②。越南政府投资分为中央政府投资和地方政府（省和直辖市等）投资。越南政府投资资金分为国家财政预算、贷款、国有企业权益及其他来源三大类。越南政府投资的主角逐渐由中央政府变为地方政府。越南政府对国内制造业的投资力度逐渐加强。

10.2.2.1 越南政府投资规模

（1）绝对规模。进入 21 世纪以来，越南政府投资总额总体呈现出上

① 黄正华，郑伊．印度 PPP 发展概述——基于第二届亚洲 PPP 治理论坛暨第三届公共采购国际论坛会议综述［J］．中国政府采购，2017（2）：54－61．

② 《美国国家概况》，2020 年 5 月更新，中国外交部网站。

升趋势，由2000年的89.42万亿越南盾增加至2019年的634.95万亿越南盾，年均增长率高达25.42%。从政府投资总额的年度增长率来看，越南政府投资总额的年度增速变化波动较大，但增速总体呈下降趋势。受2008年世界金融危机影响，2008—2009年越南政府投资规模的波动较为明显，年增长率由2008年的5.58%暴涨至2009年的37.56%（见表10-31和图10-24）。

表10-31　2000—2019年越南政府投资总额及年度增长率　单位：十亿越南盾

年份	政府投资	增长率（%）	年份	政府投资	增长率（%）
2000	89417	16.19	2010	316285	10.00
2001	101973	14.04	2011	341555	7.99
2002	114738	12.52	2012	406514	19.02
2003	126558	10.30	2013	441924	8.71
2004	139831	10.49	2014	486804	10.16
2005	161635	15.59	2015	519878	6.79
2006	185102	14.52	2016	557633	7.26
2007	197989	6.96	2017	596096	6.90
2008	209031	5.58	2018	618661	3.79
2009	287534	37.56	2019	634948	2.63

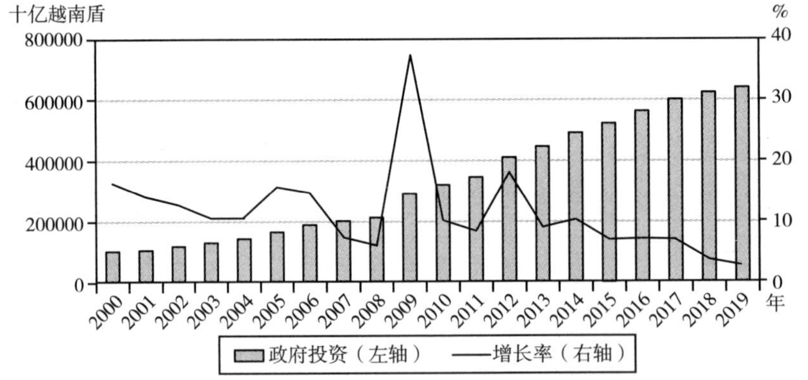

图10-24　2000—2019年越南政府投资总额及年度增长率变化趋势

资料来源：基于Wind数据库整理计算而得。

（2）相对规模。

第一，政府投资总额占GDP（名义）比重。如表10-32和图10-25

所示，2000—2019 年，越南政府投资总额占其 GDP 的比重总体呈现出先上升后下降的趋势，由 2000 年的 20.25% 上升至 2002 年的 21.42%，再由 2003 年的 20.63% 下降至 2019 年的 10.52%。从政府投资总额占 GDP 比重的变动幅度来看，该比值在此期间的变化波动较小，总体趋于平稳。

表 10 - 32　　2000—2019 年越南政府投资总额占 GDP 比重　　单位：十亿越南盾

年份	政府投资	GDP	比重（%）	年份	政府投资	GDP	比重（%）
2000	89417	441646	20.25	2010	316285	2157828	14.66
2001	101973	481295	21.19	2011	341555	2779880	12.29
2002	114738	535762	21.42	2012	406514	3245419	12.53
2003	126558	613443	20.63	2013	441924	3584262	12.33
2004	139831	715307	19.55	2014	486804	3937856	12.36
2005	161635	914001	17.68	2015	519878	4192862	12.40
2006	185102	1061565	17.44	2016	557633	4502733	12.38
2007	197989	1246769	15.88	2017	596096	5005975	11.91
2008	209031	1616047	12.93	2018	618661	5542332	11.16
2009	287534	1809149	15.89	2019	634948	6037348	10.52

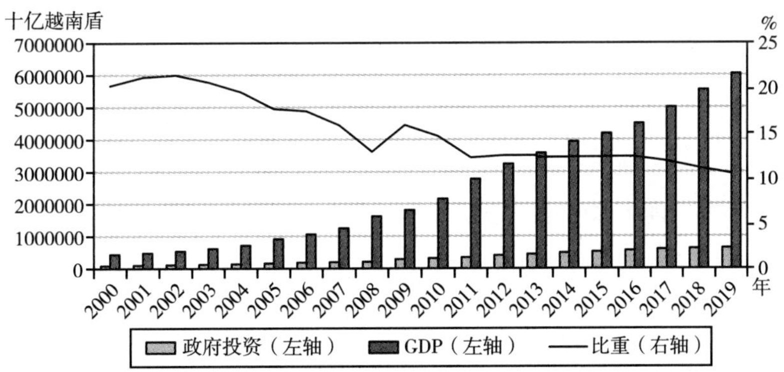

图 10 - 25　2000—2019 年越南政府投资总额占 GDP 比重及其变化趋势

资料来源：基于 Wind 数据库整理计算而得。

第二，政府投资总额占财政总支出比重。与政府投资总额占 GDP 比重变化的趋势相同，2000—2019 年，越南政府投资总额占财政支出的比重总体呈现出下降的趋势，但下降的趋势更加平稳，由 2000 年的 82.06% 下降至 2009 年的 51.23%，再降至 2019 年的 36.19%（见表 10 - 33 和图 10 - 26）。

表 10－33　　2000—2019 年越南政府投资总额占财政总支出比重　　单位：十亿越南盾

年份	政府投资	财政总支出	比重（%）	年份	政府投资	财政总支出	比重（%）
2000	89417	108962	82.06	2010	316285	657582	48.10
2001	101973	129777	78.58	2011	341555	787554	43.37
2002	114738	148212	77.41	2012	406514	978463	41.55
2003	126558	181183	69.85	2013	441924	1088153	40.61
2004	139831	214176	65.29	2014	486804	1103983	44.10
2005	161635	262697	61.53	2015	519878	1276451	40.73
2006	185102	308058	60.09	2016	557633	1298290	42.95
2007	197989	399402	49.57	2017	596096	1355034	43.99
2008	209031	452766	46.17	2018	618661	1616414	38.27
2009	287534	561273	51.23	2019	634948	1754515	36.19

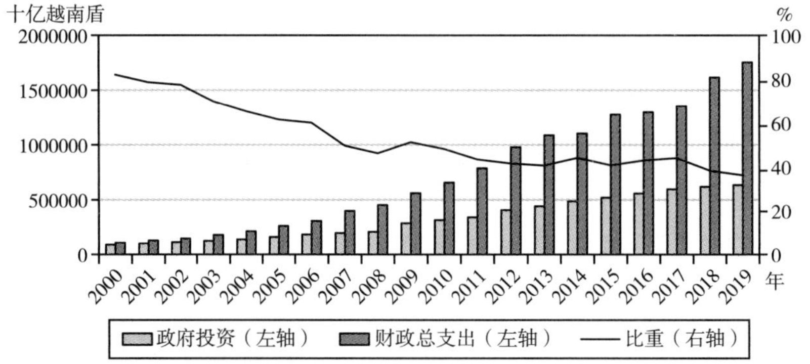

图 10－26　2000—2019 年越南政府投资总额占财政总支出比重及其变化趋势

资料来源：基于 Wind 数据库整理计算而得。

第三，政府投资总额占社会总投资比重。按照部门分类，越南社会总投资包括政府部门投资、私人部门投资和外资部门投资三大类。从政府部门、私人部门和外资部门投资分别占社会总投资比重的变化趋势来看，政府部门投资的份额总体呈现出递减的趋势，由 2000 年的 59.14% 下降至 2019 年的 31.02%；私人部门投资的份额总体呈现出递增的趋势，由 2000 年的 22.88% 上升至 2019 年的 46.04%；外资部门投资的份额总体呈现出先递减后递增的趋势，由 2000 年的 17.97% 先下降至 2004 年的 14.21%，再由 2005 年的 14.89% 上升至 2019 年的 22.93%（见表 10－34 和图 10－27）。

表 10－34　2000—2019 年越南政府和私人与外资部门投资及其比重　单位：十亿越南盾

年份	政府部门		私人部门		外资部门		社会总投资
	金额	比重（%）	金额	比重（%）	金额	比重（%）	
2000	89417	59. 14	34594	22. 88	27172	17. 97	151183
2001	101973	59. 81	38512	22. 59	30011	17. 60	170496
2002	114738	57. 33	50612	25. 29	34795	17. 38	200145
2003	126558	52. 90	74388	31. 09	38300	16. 01	239246
2004	139831	48. 06	109754	37. 73	41342	14. 21	290927
2005	161635	47. 11	130398	38. 00	51102	14. 89	343135
2006	185102	45. 74	154006	38. 05	65604	16. 21	404712
2007	197989	37. 21	204705	38. 47	129399	24. 32	532093
2008	209031	33. 89	217034	35. 19	190670	30. 92	616735
2009	287534	40. 56	240109	33. 87	181183	25. 56	708826
2010	316285	38. 09	299487	36. 07	214506	25. 84	830278
2011	341555	36. 95	356049	38. 51	226891	24. 54	924495
2012	406514	40. 24	385027	38. 12	218573	21. 64	1010114
2013	441924	40. 38	412506	37. 69	240112	21. 94	1094542
2014	486804	39. 88	468500	38. 38	265400	21. 74	1220704
2015	519878	38. 05	528500	38. 68	318100	23. 28	1366478
2016	557633	37. 48	578902	38. 91	351103	23. 60	1487638
2017	596096	35. 69	677900	40. 59	396200	23. 72	1670196
2018	618661	33. 31	803298	43. 26	435102	23. 43	1857061
2019	634948	31. 02	942449	46. 04	469441	22. 93	2046838

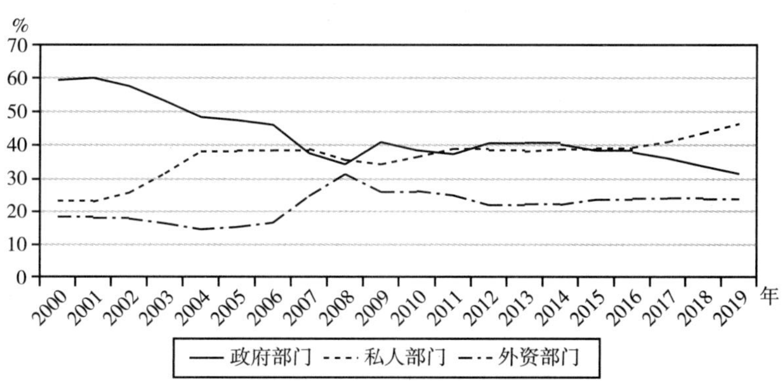

图 10－27　2000—2019 年越南政府和私人与外资部门分别占社会总投资比重趋势

资料来源：基于 Wind 数据库整理计算而得。

总体来说，2006—2019 年，从绝对规模来看，越南政府总投资规模逐年递增，表明越南政府对其经济社会投资的力度在逐年增加。但是，从相对规模的角度来看，该期间内越南政府总投资的规模在逐年缩小，也就意味着，从某种意义上讲，越南政府对其经济社会投资的力度在逐年降低。

10.2.2.2 越南政府投资结构

（1）按支出功能分类。根据 2019 年越南政府投资的支出功能分类，政府投资可以分为农林牧渔业、采矿业、制造业、运输仓储业、建筑业和信息通信业等 19 项（见表 10 – 35）。2008—2019 年，制造业、批发零售业和修理业、运输仓储业三个行业的政府投资规模排名靠前，合计占越南政府投资总额的比重高达 1/3 以上。从制造业、批发零售业和修理业、运输仓储业的政府投资规模分别占政府投资总额比重的变化趋势来看，2008—2019 年，制造业、批发零售业和修理业的政府投资份额总体呈上升趋势，分别由 2008 年的 16.99% 上升至 2019 年的 27.35%，由 2008 年的 4.58% 上升至 2019 年的 7.60%；而运输仓储业的政府投资份额总体呈下降趋势，由 2008 年的 12.39% 下降至 2019 年的 9.70%（见表 10 – 36 和图 10 – 28）。

表 10 – 35　　2019 年越南政府投资科目分类情况

序号	指标名称	序号	指标名称	序号	指标名称
1	农林牧渔业	8	运输仓储业	15	政党和社会组织
2	采矿业	9	住宿餐饮业	16	教育和培训业
3	制造业	10	信息通信业	17	卫生与社会工作
4	电力、燃气、空调供应业	11	金融保险业	18	艺术、娱乐及休闲活动
5	供水以及污水等污染防治活动	12	房地产业	19	其他服务业
6	建筑业	13	专业、科学及技术服务业		
7	批发零售业和修理业	14	管理和支持服务业		

资料来源：基于 Wind 数据库整理而得。

表 10－36　　　　2008—2019 年越南政府部分科目投资比重　　　　单位：%

年份	2008	2009	2010	2011	2012	2013
制造业	16.99	16.95	19.50	20.12	22.03	24.01
运输仓储业	12.39	12.04	11.54	11.32	10.53	10.70
批发零售业和修理业	4.58	4.40	4.90	5.35	6.42	7.39
合计	33.96	33.39	35.94	36.79	38.98	42.10
年份	2014	2015	2016	2017	2018	2019
制造业	26.40	29.60	28.46	27.78	27.44	27.35
运输仓储业	13.50	11.80	10.58	9.90	9.61	9.70
批发零售业和修理业	6.10	6.50	6.72	7.35	7.55	7.60
合计	46.00	47.90	45.76	45.03	44.60	44.65

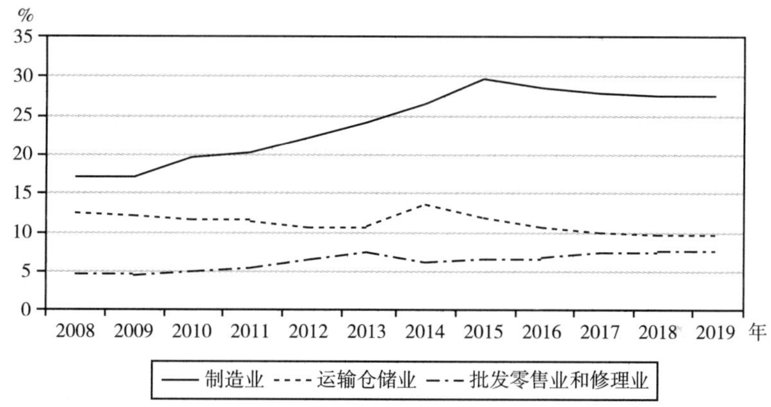

图 10－28　2008—2019 年越南政府部分科目投资比重趋势

资料来源：基于 Wind 数据库整理计算而得。

（2）按管理层次分类。按照政府行政管理层次分类，越南政府投资分为中央政府投资和地方政府投资。如表 10－37 和图 10－29 所示，2019 年中央政府和地方政府投资规模分别达到 257.15 万亿越南盾和 377.79 万亿越南盾，各自占越南政府投资总额的 40.50% 和 59.50%。从中央政府投资和地方政府投资分别占政府总投资比重的变化趋势来看，中央政府投资占政府总投资的份额总体呈现出下降趋势，由 1996 年的 57.75% 减少至 2019 年的 40.50%，而地方政府投资占政府总投资的份额总体呈现出上升趋势，由 1996 年的 42.25% 增加至 2019 年的 59.50%。

具体来看，中央政府投资和地方政府投资分别占政府总投资比重的变化路径大致可以分为三个阶段：①1996—2001 年，中央政府投资占越南政府总投资的份额总体呈现出下降趋势，由 1996 年的 57.75% 减少至 2001 年的 55.62%，地方政府投资占政府总投资的份额总体呈现出上升趋势，由 1996 年的 42.25% 增加至 2001 年的 44.38%，且中央政府投资占政府总投资的份额一直大于地方政府投资占政府总投资的份额。②2002—2009 年，中央政府投资和地方政府投资分别占政府总投资比重的变化波动比较小，且两者所占的份额差距很小。③2010—2019 年，中央政府投资占政府总投资的份额总体呈现出下降趋势，由 2010 年的 48.00% 减少至 2019 年的 40.50%，地方政府投资占政府总投资的份额总体呈现出上升趋势，由 2010 年的 52.00% 增加至 2019 年的 59.50%。值得注意的是，该阶段中央政府投资占政府总投资的份额一直小于地方政府投资占政府总投资的份额。

表 10-37　1996—2019 年越南中央政府和地方政府投资及其比重　单位：十亿越南盾

年份	中央政府		地方政府		年份	中央政府		地方政府	
	金额	比重（%）	金额	比重（%）		金额	比重（%）	金额	比重（%）
1996	24772	57.75	18122	42.25	2008	103328	49.43	105703	50.57
1997	30055	56.10	23515	43.90	2009	143241	49.82	144293	50.18
1998	36750	56.51	28284	43.49	2010	151817	48.00	164468	52.00
1999	43815	56.93	33143	43.07	2011	148580	43.50	192975	56.50
2000	53503	59.84	35914	40.16	2012	175004	43.05	231510	56.95
2001	56717	55.62	45256	44.38	2013	186711	42.25	255213	57.75
2002	57031	49.71	57707	50.29	2014	215101	44.19	271703	55.81
2003	63870	50.47	62688	49.53	2015	249022	47.90	270856	52.10
2004	70613	50.50	69218	49.50	2016	268221	48.10	289412	51.90
2005	82531	51.06	79104	48.94	2017	260494	43.70	335602	56.30
2006	93902	50.73	91200	49.27	2018	253032	40.90	365629	59.10
2007	95483	48.23	102506	51.77	2019	257154	40.50	377794	59.50

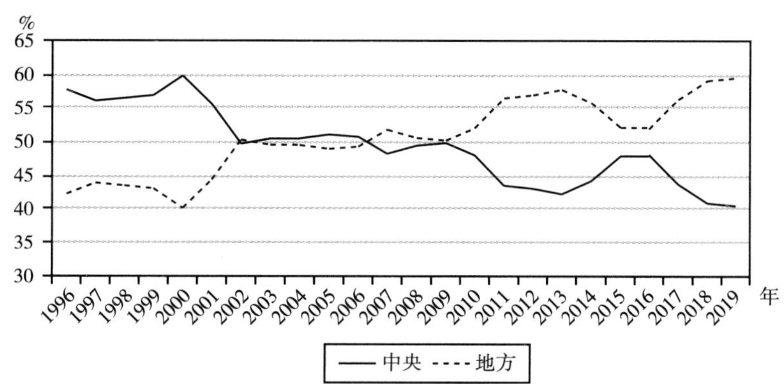

图 10－29　1996—2019 年越南中央和地方政府投资各占政府总投资比重变化趋势

资料来源：基于 Wind 数据库整理计算而得。

（3）按资金来源分类。根据越南政府投资资金来源分类，越南政府投资分为国家财政预算、贷款、国有企业权益及其他来源三类。其中，越南政府投资的资金主要来源于国家财政预算。2019 年，来自国家财政预算的政府投资资金 342.95 万亿越南盾，占政府投资资金的 54.01%；来自贷款的政府投资资金 186.39 万亿越南盾，占政府投资资金的 29.36%；来自国有企业权益及其他来源的政府投资资金 186.39 万亿越南盾，占政府投资资金的 29.36%。

从来自国家财政预算、贷款、国有企业权益及其他来源的政府投资资金分别占政府总投资比重的变化趋势来看，国家财政预算、贷款的份额总体呈现出上升的趋势，分别由 1996 年的 45.56% 上升至 2019 年的 54.01%，由 1996 年的 19.30% 上升至 2019 年的 29.36%；国有企业权益及其他来源的份额总体呈现出下降的趋势，由 1996 年的 35.13% 下降至 2019 年的 16.63%（见表 10－38 和图 10－30）。

表 10－38　1996—2019 年按资金来源分类的三大政府投资金额及其比重 单位：十亿越南盾

年份	国家财政预算		贷款		国有企业权益及其他来源		政府总投资
	金额	比重（%）	金额	比重（%）	金额	比重（%）	
1996	19544	45.56	8280	19.30	15070	35.13	42894
1997	23570	44.00	12700	23.71	17300	32.29	53570
1998	26300	40.44	18400	28.29	20334	31.27	65034

续表

年份	国家财政预算		贷款		国有企业权益及其他来源		政府总投资
	金额	比重（%）	金额	比重（%）	金额	比重（%）	
1999	31763	41.27	24693	32.09	20502	26.64	76958
2000	39006	43.62	27774	31.06	22637	25.32	89417
2001	45594	44.71	28723	28.17	27656	27.12	101973
2002	50210	43.76	34937	30.45	29591	25.79	114738
2003	56992	45.03	38988	30.81	30578	24.16	126558
2004	69207	49.49	35634	25.48	34990	25.02	139831
2005	87932	54.40	35975	22.26	37728	23.34	161635
2006	100201	54.13	26837	14.50	58064	31.37	185102
2007	107328	54.21	30504	15.41	60157	30.38	197989
2008	129203	61.81	28124	13.45	51704	24.74	209031
2009	184941	64.32	40418	14.06	62175	21.62	287534
2010	141709	44.80	115864	36.63	58712	18.56	316285
2011	177977	52.11	114085	33.40	49493	14.49	341555
2012	205022	50.43	149516	36.78	51976	12.79	406514
2013	207152	46.88	162486	36.77	72286	16.36	441924
2014	207704	42.67	198202	40.71	80898	16.62	486804
2015	233378	44.89	201000	38.66	85500	16.45	519878
2016	270883	48.58	202052	36.23	84698	15.19	557633
2017	288746	48.44	211550	35.49	95800	16.07	596096
2018	324109	52.39	193831	31.33	100721	16.28	618661
2019	342948	54.01	186390	29.36	105610	16.63	634948

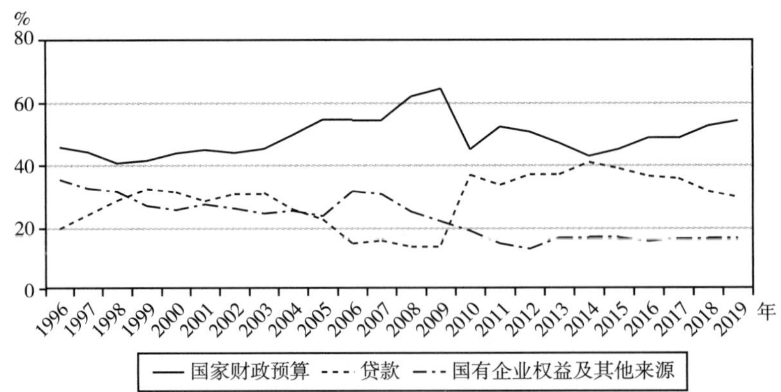

图 10-30 1996—2019 年按资金来源分类的三大政府投资比重变化趋势

资料来源：基于 Wind 数据库整理计算而得。

10.3 政府投资的国际经验借鉴

10.3.1 在政府投资项目决策过程中，重视信息公开、中介服务机构和公众参与

目前，美国和英国等发达国家在政府投资项目的决策方面已经形成了一套成熟的运行管理机制。这些国家在政府投资项目决策的过程中既要强调项目决策相关信息的公开透明，又要重视中介服务机构和社会大众的参与。政府投资项目决策信息公开是政府信息公开的重要内容，也是建设现代化服务型政府的必然要求。政府投资主管部门依据其所在地区经济社会发展需要和财政收支状况开展项目的规划设计，然后组织相关行业专家和中介服务机构进行项目可行性论证。在政府投资项目决策过程中的两个关键阶段，都应要求所涉及的利益主体对项目决策的相关信息及时进行公示，以提高政府投资项目决策管理水平。

政府投资项目决策信息的公开，不仅有利于防范政府工程相关的贪污腐败行为，而且有利于推动中介服务机构和公众积极参与项目的决策。由于政府投资涉及老百姓的自身利益，因而项目决策信息的公开透明必然提高老百姓参与项目决策的热情。同时拥有专业人才、技术的中介服务机构能够为政府提供高质量的建议和方案，更为重要的是，中介服务机构作为独立的第三方，有效保证了咨询结果的客观性和科学性。

10.3.2 注重构建全方位、多维度的政府投资监管体系，提高监管水平和效率

政府投资项目的监督管理不仅有利于防止发生政府工程建设过程中类

似于权钱交易的贪污腐败行为和维持政府树立的良好形象，而且有利于提高政府投资项目管理水平和政府投资资金使用效率。政府投资的监管主体涉及多个机关单位、职能部门和组织以及群体，比如行政系统内部的监察、司法和审计部门，行政系统外部的社会组织和公众。如何充分发挥政府投资监管体系的作用，目前国外主要从以下两个方面着手。

一是构建全方位、多维度的部门协同监管。目前美国政府投资项目的监督管理体系包括国会监督、政府部门监督和社会大众监督三个层次。鉴于此，我国有必要尽早建立全方位、多维度的部门协同监管机制，以提高政府投资的监管水平。政府投资项目信息共享机制是实现政府投资多部门协同监管的根本前提，而政府内部的信息孤岛问题又是当前建立政府投资项目信息共享机制所面临的最大障碍。因此，构建多部门协同监管机制应首要解决政府内部的政府投资项目信息孤岛问题。具体来讲，首先，建立健全中央顶层设计、省级统筹、市县级政府投资主管部门直接负责的项目信息管理体制。由中央负责统一政府投资项目信息收集、储存、交换和共享的标准，以及相关法律法规的制定。通过引入政府投资项目信息共享激励机制和补偿机制，打破部门横向之间的壁垒，同时加速推动信息在同一部门内上下级单位的顺畅流通。二是加强社会和群众的监督力度。社会和群众的监督是政府投资监管体系的重要组成部分，在提高政府投资监管水平和效率方面发挥着不可替代的功能作用。强调社会和群众的监督也是新时代中国民主化的重要体现。

10.3.3 相关法律法规体系的完善是促进政府投资规范发展的重要前提

政府投资法律法规的健全和完善，是推动政府投资规范化发展的重要前提，否则可能会扰乱市场秩序，造成资源配置的扭曲。通过对世界各国政府投资的先进经验进行比较，可以发现成功实践政府投资的国家，都具有一系列符合本国国情的政府投资法律法规文件。1935 年美国国会通过《米勒法案》（The Miller Act），旨在防范政府投资风险，要求所有参与联邦政府工程建造的总承包商必须向业主提供履约担保和付款担保。1998 年美国颁布《运输基础设施金融与创新法案》（Transportation Infrastructure Finance and Innovation Act，TIFIA），规定了获得联邦政府信贷资助的项目的资格标准、帮助的形式以及联邦政府投入的比例标准。此外，美国联邦采购政策办公室制定了《联邦采购规章》（Federal Acquisition Regulation，FAR）。2018 年 2 月，特朗普政府出台《美国重建基础设施立法纲要》，重点投资现代交通、新能源、5G 通信基站、智能电网、宽带网络、大数据等领域①。在英国，首相办公室直属的公共服务提供专署每年通过公布《服务设施提供协议》来指导各公共产业主管部门有效地提供公共服务。日本 PPP 起步较晚，但立法进展十分迅速，目前已形成了一套完整的法律政策体系。1999 年日本首次颁布《PFI 推进法》，旨在鼓励私人资本参与公共基础设施建设。2001 年 7 月至 2016 年 9 月对《PFI 推进法》总共开展了五轮修订。此外，日本还在 1999 年 7 月正式颁布了《关于充分利用民间资金促进公共设施等建设法令》②。

10.3.4 在基础设施建设领域，PPP 模式逐渐成为政府投资的重要方式

政府投资方式因世界各国的政治体制结构和经济发展水平存在差异而有所不同。但总体来看，政府投资方式大致有投资拨款、资本注入、投资补助、政策性贷款贴息和税收优惠等类型。其中，在基础设施建设领域，PPP 模式逐渐成为政府投资的重要方式。美国和英国近年来在基础设施领

---

① 计世研究院 2020 年 9 月 27 日发布的《美国近年来推进“新基建”的布局及启示》。

② 王天义，杨斌．日本政府和社会资本合作（PPP）研究［M］．北京：清华大学出版社，2018.

域为吸引私人部门的参与，越来越多地下放权力给私人企业，以激励它们参与投资公路建设。印度政府先后颁布《PPP 基础设施项目财务支持方案和指南》、《印度基础设施项目开发基金方案和指南》，推动了 PPP 模式在道路、港口和航空等领域的广泛应用，截至目前，印度共授予 262 个国家高速公路项目和 56 个港口项目，总投资额分别为 316.92 亿美元和 63.41 亿美元①。与此同时，根据世界银行发布的《新兴市场和发展中国家基础设施 PPP 发展报告》，印度基础设施 PPP 项目数量和价值在发展中国家的排名靠前。PPP 模式在日本经过近 20 年的实践，极大地提高了基础设施服务质量和水平，对解决日本 20 世纪因房地产泡沫引起的财政问题起了一定作用。自 1999 年日本引入 PPP 模式以来，日本 PPP 项目数量和价值一直呈现出稳步递增的趋势。截至 2017 年 3 月，日本 PPP/PFI 项目累计数为 609 个，合同金额高达 54686 亿元（约合 3244 亿元人民币）。从历史来看，1999—2017 年，日本 PPP 项目数量从 3 个增长至 609 个，项目合同金额从不到 100 亿日元增加至 54686 亿元。从项目的行业分布来看，城市建设类项目数合计 132 个，占 21.7%②。鉴于此，结合我国国情，在新基建中积极引入 PPP 模式，提高政府投资效率。构建以 PPP 模式为主导的投资方式机制，促进新基建发展。

10.3.5 最优政府投资规模和结构与本国国情紧密相关

政府投资的规模和结构在不同的时期会因国家政治体制、社会制度、经济发展水平存在差异而有所不同。从政府投资绝对规模的变化趋势来看，美国、英国、印度和越南政府投资总额总体呈现出上升趋势，而日本政府投资规模总体呈现下降趋势。从政府投资相对规模（政府投资总额

① 黄正华，郑伊．印度 PPP 发展概述——基于第二届亚洲 PPP 治理论坛暨第三届公共采购国际论坛会议综述［J］．中国政府采购，2017（2）：54－61.

② 王天义，杨斌．日本政府和社会资本合作（PPP）研究［M］．北京：清华大学出版社，2018.

占名义 GDP 比重）的变化趋势来看，尽管这些国家政府投资的相对规模总体呈现出下降的趋势，但各国下降的幅度会有很大的差异。比如，日本和印度政府投资相对规模的变化幅度较小，而英国政府投资相对规模的变化幅度较大。政府投资相对规模变化波动的大小在某种程度上取决于这个国家政府投资政策的稳定性。换而言之，如果在一定时期内某个国家的政府投资相关政策变动较大，则很有可能这个国家的政府投资规模也会发生较大的波动。从政府投资结构的差异来看，美国是一个联邦制的国家，各州几乎是独立的王国，拥有高度的自治权（包括立法权、行政权、司法权），因而州和地方政府投资是美国政府投资的主角。相反，英国作为一个君主立宪制国家，采用中央集权制，中央政府投资是英国政府投资的主角。总体来说，一个国家的政府投资规模（无论是绝对规模还是相对规模）和投资结构与该国的国情紧密相关。

参考文献

[1] 曹书维，田广辉．挤入还是挤出：东北三省政府投资对私人投资的影响研究——基于 GMM 动态面板和 2000—2017 年东北三省 34 个地级市的实证分析［J］．工业技术经济，2020，39（5）：23－30.

[2] 陈斐，吴青山，王振伟．中国公共投资最优规模的测算与区域差异［J］．统计与决策，2018，34（9）：90－94.

[3] 陈工．政府投资学［M］．北京：高等教育出版社，2012：106－107，111.

[4] 陈建先．从公共管理理论分析西部地方政府投资抉择［J］．探索，2003（4）：132－134.

[5] 陈清．中外政府投资体制比较研究［J］．亚太经济，2005（4）：71－73.

[6] 陈曦．改革开放以来中国政府投资变迁探析［J］．时代金融，2017（11）：8－10.

[7] 陈志勇，陈思霞．制度环境、地方政府投资冲动与财政预算软约束［J］．经济研究，2014，49（3）：76－87.

[8] 翟艳敏．控制政府投资规模　防范融资财政风险［J］．宏观经济管理，2010（3）：53－54.

[9] 邸乘光．论习近平新时代中国特色社会主义经济思想［J］．新疆师范大学学报（哲学社会科学版），2019，40（1）：7－25，2.

[10] 丁灵．政府引导基金能引导企业科技创新吗——基于创业投资

引导基金［J］．北方经贸，2020（1）：40－42.

［11］杜文中．论投资行为与再生产［J］．山东工程学院学报，1996（1）：63－66.

［12］范伯格．经济学中的规则和选择［M］．西安：陕西人民出版社，2011.

［13］管敏，刘长生．新兴大国政府投资规模和结构对民营资本投资的影响研究［J］．湖南师范大学社会科学学报，2019，48（6）：37－45.

［14］国家发展改革委．政府出资产业投资基金管理暂行办法（发改财金规〔2016〕2800号）［Z］．2016.

［15］国务院．政府投资条例（中华人民共和国国务院令第712号）［Z］．2019.

［16］李国义，曲洪建，王凯宏．论政府投资方式的选择［J］．学术交流，2006（6）：77－79.

［17］李伟民．金融大辞典［M］．哈尔滨：黑龙江人民出版社，2002：11.

［18］李娅，王希元．中国政府人力资本投资的增长效应与最优规模研究［J］．云南财经大学学报，2016，32（5）：51－61.

［19］刘国亮．政府公共投资与经济增长［J］．改革，2002（4）：80－85.

［20］刘立峰．政府投资学［M］．北京：科学出版社，2018：13－15.

［21］刘薇．PPP模式理论阐释及其现实例证［J］．改革，2015（1）：78－89.

［22］刘学梅．新时代政府和市场关系的新突破［N］．中国社会科学报，2019－07－17（004）.

［23］刘雅丽．“瓦格纳法则”实现方式的国际比较与启示［J］．西部论坛，2011，21（4）：59－64.

［24］刘永恒．加快发行使用地方政府专项债券　更好发挥有效投资拉动作用［J］．中国财政，2019（18）：45－47.

［25］楼继伟．应对亚洲金融危机的财政政策［J］．中国财政，1998（11）：3-5．

［26］马海涛，温来成，姜爱华．财政学［M］．北京：中国人民大学出版社，2012：13．

［27］马克思．资本论（第二卷）［M］．北京：人民出版社，1975：392．

［28］马克思．资本论（第二卷）［M］．北京：人民出版社，2004：550-590．

［29］迈克尔·泰勒．合作的可能性［M］．伦敦：剑桥大学出版社，1987：1．

［30］诺思．经济史中的结构与变迁［M］．上海：上海三联书店，上海人民出版社，1997：225-226．

［31］帕特里克·敦利威．民主、官僚与公共选择——政治科学中的经济学解释［M］．张庆东译．上海：上海人民出版社，2005．

［32］祁玉清．分级分类规范和拓展政府投资方式［J］．宏观经济管理，2020（2）：21-28．

［33］阮守武．公共选择理论的方法与研究框架［J］．经济问题探索，2009（11）：1-7．

［34］上海财经大学投资研究所．2003中国投资发展报告［M］．上海：上海财经大学出版社，2003．

［35］沈洪亮．县政府投资规模最优选择及对策建议［J］．中国新技术新产品，2012（11）：215．

［36］沈满洪，谢慧明．公共物品问题及其解决思路——公共物品理论文献综述［J］．浙江大学学报（人文社会科学版），2009，39（6）：133-144．

［37］束云超．政府投资项目管理优化研究［J］．财经界（学术版），2016（8）：136．

［38］宋延清，王选华．公共选择理论文献综述［J］．商业时代，

2009（35）.

［39］孙放．从政府投资行为到政府投资制度：结构主义的映射［M］．上海：复旦大学出版社，2015.

［40］孙早，杨光，李康．基础设施投资促进了经济增长吗——来自东、中、西部的经验证据［J］．经济学家，2015（8）：71－79.

［41］陶为群．马克思社会再生产理论的应用性深化与拓展研究［J］．创新，2018，12（5）：69－75.

［42］田林海．公共投资对民营投资的挤出效应研究［D］．北京：中国财政科学研究院，2017.

［43］田映吉，吴冠勇．马克思社会资本再生产理论及其现实意义［J］．遵义师范学院学报，2016，18（2）：39－42.

［44］万道琴，杨飞虎．严格界定我国公共投资范围探析［J］．江西社会科学，2011，31（7）：73－77.

［45］王广正．论组织和国家中的公共物品［J］．管理世界，1997（1）：209－212.

［46］王婧．供给侧结构性改革助推产业结构转型升级——基于政府投资引导民间投资的实证分析［J］．经济学家，2017（6）：42－49.

［47］王立国．政府投资项目科学决策问题研究［J］．财经问题研究，2008（12）：50－55.

［48］王陇刚．地方政府出资产业投资基金的运营研究［J］．冶金财会，2020，39（2）：37－42.

［49］王胜利．马克思社会资本再生产理论的当代启示［J］．传承，2016（1）：123－125.

［50］王小广，钟颉．中国政府投资趋向与行业结构变化研究［J］．区域经济评论，2019（2）：32－44.

［51］温来成，徐磊．我国财政投融资管理体制回顾与展望［J］．中国财政，2020（7）：61－64.

［52］温来成．优化政府投资引导基金 促进经济持续健康发展［J］.

中国财政，2016（6）：14－16.

［53］温来成．财政投融资专题研究［M］．北京：中国财政经济出版社，2018.

［54］吴洪鹏，刘璐．挤出还是挤入：公共投资对民间投资的影响［J］．世界经济，2007（2）：13－22.

［55］吴钦瑞，万冬君，马雪瑞．PPP 项目社会资本主动退出方式研究［J］．价值工程，2020，39（3）：49－52.

［56］习近平谈治国理政：第 2 卷［M］．北京：外文出版社，2017：206－262.

［57］邢坤．供给侧结构性改革的马克思主义社会再生产理论源流分析［J］．新西部，2019（5）：3，5.

［58］熊斯婷．政府投资对企业技术创新投入驱动效应实证分析［J］．统计与决策，2015（17）：62－64.

［59］徐其瑞．对当前我国政府投资若干问题的思考［J］．宏观经济管理，2009（1）：23－26.

［60］薛艳．政府公共投资与区域经济增长的关系研究——基于半参数混合模型的分析［J］．宏观经济研究，2016（2）：81－88.

［61］于长革．政府公共投资的经济效应分析［J］．财经研究，2006（2）：30－41.

［62］元京．政府投资方式适用性研究［J］．经济研究参考，2006（4）：27－40，48.

［63］张国平．政府投资决策权研究［M］．北京：中国法制出版社，2012.

［64］张开，顾梦佳，王声啸．理解习近平新时代中国特色社会主义经济思想的六个维度［J］．政治经济学评论，2019，10（1）：92－113.

［65］张琦．布坎南与公共物品研究新范式［J］．经济学动态，2014（4）：131－140.

［66］张琦．公共物品理论的分歧与融合［J］．经济学动态，2015

(11)：147－158.

[67] 张润枝．中国特色社会主义新时代“新”在何处［N］. http：//www. qstheory. cn/2017－10/23/c_1121843178. htm，2017. 10. 23.

[68] 张长海，李泽正．优化评价方式 提升政府投资效益［J］. 中国投资（中英文），2020（Z6）：86－87.

[69] 赵健．投资与产业结构升级：基于民间投资与政府投资的差异性、协调性视角［J］. 经济问题探索，2019（2）：137－141.

[70] 中共中央文献研究室．十八大以来重要文献选编：中［M］. 北京：中央文献出版社，2016：774－833.

[71] 中共中央文献研究室．习近平关于社会主义经济建设论述摘编［M］. 北京：中央文献出版社，2017：115－334.

[72] 中共中央宣传部．习近平总书记系列重要讲话读本（2016 年版）［M］. 北京：人民出版社，2016：288.

[73]《中央预算内投资补助和贴息项目管理办法》（中华人民共和国国家发展和改革委员会令 2016 年第 45 号）.

[74] V·奥斯特罗姆，D·菲尼，H·皮希特．制度分析与发展的反思 问题与抉择［M］. 北京：商务印书馆，1992.

[75] Arow K. Social Choice and Individual Values［M］. New York：Wiley，1951.

[76] Brenna G，Buchanan JM. The Reason of Rules：Constitutional Political Economy［M］. Cambridge：Cambridge University Press，1985.

[77] Buchanan JM. The Demand and Supply of Public Goods，Rand Mc-NMally & Company，1968.

[78] Buchanan JM. The Theory of Public Choice［M］. Ann Arbor：The University of Michigan Press，1972：5，11，19.